国家自科面上项目,项目批准号:72273076;71873080

应用经济学
高峰建设项目文库

Heterogeneous Policy Effect

Identification, Inference and Applications

政策效应异质性的识别和推断
理论与中国案例

张征宇　周亚虹 ◎ 著

上海财经大学出版社

图书在版编目(CIP)数据

政策效应异质性的识别和推断:理论与中国案例/张征宇,周亚虹著.—上海:上海财经大学出版社,2024.4
ISBN 978-7-5642-4315-9/F·4315

Ⅰ.①政… Ⅱ.①张…②周… Ⅲ.①经济政策—政策效应—研究—中国 Ⅳ.①F120

中国国家版本馆CIP数据核字(2024)第027387号

本书由"上海财经大学中央高校双一流引导专项资金"和"中央高校基本科研业务费"资助出版

□ 责任编辑　刘晓燕
□ 封面设计　桃　夭

政策效应异质性的识别和推断:理论与中国案例
张征宇　周亚虹　著

上海财经大学出版社出版发行
(上海市中山北一路369号　邮编200083)
网　　址:http://www.sufep.com
电子邮箱:webmaster@sufep.com
全国新华书店经销
苏州市越洋印刷有限公司印刷装订
2024年4月第1版　2024年4月第1次印刷

710mm×1000mm　1/16　20.25印张(插页:2)　331千字
定价:89.00元

总　序

一流学科是建设一流大学的基础,一流大学都具有鲜明的一流学科印记。

根据党中央、国务院关于建设世界一流大学和一流学科的重大战略决策部署,上海市持续推进高峰高原学科建设,对接国家一流大学和一流学科建设。

为此,2018年,由上海财经大学牵头、复旦大学和上海交通大学协同共建的"上海国际金融与经济研究院",承接了高峰建设学科"应用经济学"学科项目。

作为"应用经济学"高峰建设学科的牵头单位,上海财经大学成立于1917年;1996年,成为国家"211工程"重点建设高校;2006年,成为国家"优势学科创新平台"建设高校;2017年,入选国家"双一流"建设高校,在财经专业学科建设方面,积淀深厚。其中,"应用经济学"在教育部第五轮学科评估中,上海财经大学位列前茅。

"应用经济学"是上海市启动建设的相关高峰学科中唯一的人文社会学科。"上海国际金融与经济研究院"自2018年实体化运营以来,深耕学术科研,通过同城协同,汇聚优质资源,服务区域经济发展,努力打造国际一流、国内顶尖的高水平学术机构和高端智库,形成易于为国际社会所理解和接受的新概念、新范畴、新表述,强化中国话语的国际传播,贡献中国智慧;同时,在国际学科前沿形成重大原创性成果,推动上海"应用经济学"整体学科水平进入世界一流行列。

"归来灞陵上,犹见最高峰。"

经过不懈的努力,自2021年"应用经济学"高峰学科建设的第二轮建设周期启动以来,陆续产生一批阶段性的成果:

首先，创新驱动，服务国家重大战略部署、聚焦地方重大需求。"应用经济学"高峰学科建设以国家自然科学基金重大和重点项目、国家社科重大和重点项目、教育部哲学社科研究重大攻关项目为抓手，以高水平研究型智库建设为平台，产出一批支撑国家和区域经济发展的高质量课题成果。

其次，聚焦前沿，打造原创性学术成果，把握国际学术话语权。"应用经济学"高峰学科建设结合中国经济发展的优势领域，以多学科协同为纽带，产出一批高水平的学术论文，在国际上不断提升中国"应用经济学"的影响力和话语权，持续高频次在《经济研究》《中国社会科学》《管理世界》等国内外高质量期刊发表学术论文，获得孙冶方经济科学奖、吴玉章奖、教育部高等学校科学研究优秀成果奖等。

再次，融合发展，突破学界与业界藩篱。在学科建设的同时，初步形成了应用经济学系列数据库（已经有 2 万家企业 10 年数据，将持续更新）、长三角金融数据库等。这些数据库不仅有助于支撑本学科的研究，还可在不断完善的基础上实现校企融合；与上海财经大学新近成立的"滴水湖"高级金融学院、数字经济系，以及"中国式现代化研究院"等形成多维互动，进而为应用经济学的进一步研究提供强大支撑，为学科可持续发展奠定重要基础条件。

最后，以德统智，构建课程思政育人大格局。"应用经济学"高峰学科建设强调全面推进应用经济学类课程思政高质量建设与改革，实现课程思政建设在应用经济学所有专业、所有课程和所有学历层次的全面覆盖。

习近平总书记在党的二十大报告中提出"加快构建中国特色哲学社会科学学科体系、学术体系、话语体系"的重大论断和战略任务。

在二十大报告精神指引下，本次推出的"应用经济学·高峰建设项目文库"即是对相关学术研究进一步学理化、体系化的成果，涉及金融学、宏观经济学、区域经济学、国际贸易、社会保障、财政投资等诸多方面，既是"应用经济学"高峰学科建设的阶段性成果展示与总结，也旨在为进一步推动学科建设、促进学科高质量发展打下坚实基础。

当前，世界百年未有之大变局加速演进，我国经济已由高速增长阶段进入高质量发展阶段;同时,我国发展进入战略机遇与风险挑战并存、不确定因素增多的时期;而上海也正值加快推进"五个中心"和具有全球影响力的科技创新中心建设的关键时期,需要有与上海地位相匹配的"应用经济学"学科作为支撑,需要"应用经济学"学科为国家经济建设提供富有洞察力的学术新知和政策建议。

为此,上海财经大学和"上海国际金融与经济研究院"将与各方携手,在"应用经济学"前沿,继续注重内涵建设、关注特色发展、突出学科带动、聚焦服务战略,全力构建具有世界一流水平的"应用经济学"学科体系,突出围绕"四个面向",为我国努力成为世界主要科学中心和创新高地做出更大贡献!

上海财经大学 校长

前　言

　　长期以来，应用研究者在估计经济政策对地区、企业、家庭、个人产生的效果时，仅仅满足于估计政策对所有个体产生的平均影响，称为"平均处理效应"。实证研究常用的线性回归、两阶段最小二乘、双重差分、匹配法、断点回归设计等方法所估计的对象本质上都属于政策"平均效应"的范畴。随着中国经济迈向新发展阶段，数字经济、普惠金融、收入分配与共同富裕、包容性增长等议题更多地与"社会公平，缩小收入差距、关注弱势人群，以及区域协调发展"密切相关。想要分析这些问题并给出合理的政策建议，仅仅依靠估计单一维度的"政策平均效应"是远远不够的。

　　例如，"益贫式增长"这一名词是发展经济学家关注贫困、增长与分配时所提出的概念，强调经济增长给穷人带来的增长比例须高于平均增长率，要求增长机会平等、对贫困群体给予更多关注。类似的概念还有"包容性增长""普惠性"等。此类概念的一个共同内涵是：要求政策对位于目标变量，例如，对位于收入、消费或福利等分布最左端人群所产生的正效应"高于"对全体人群产生的正效应。因此，检验一项政策能否促进增长，且这种增长是"益贫式""普惠性"的，不仅要求政策对"所有人"的平均效应为正，还要求政策对低收入人群的正向作用"显著大于"高收入人群。这需要研究者同时关注政策的增长效应和再分配效应。

　　研究者之所以要关注政策效应的异质性，原因有：第一，估计异质性是检验平均效应可信度（外部有效性）的有力工具。如果平均效应的估值为正，但实际上政策只对全体中"一小部分人"产生正向作用，且政策对这一小部分人产生的正向作用远超对其他人产生的作用，这时政策效果就不能由平均效应这种单一数值来代表。我们不仅需要探究政策效果差异如此之大的原因，还要考虑从其他角度评价这一政策。第二，众多有关社会福利、缩小收入差距、共同富裕、地区之间发展均衡等问题的回答都有赖于研究者了解政策效应在整个受众人群中的分布形状。第三，估计政策效应异质性是进行政策反事实效应预测，乃至政策优化的前提。倘若政策效应没有异质性，即所有个体受到政策的影响是一个常数，那么政策预测将变成一件十分平凡和无趣的事情，政策也失去进一步优化的空间。

本书是迄今为止国内第一本以"政策效应异质性"（heterogeneous policy effect）为讨论对象，系统介绍现代微观计量经济学在刻画、识别、估计和推断政策效应异质性方面前沿理论与方法的专著。目前市场上以"政策评价与因果推断"为主题的书籍大多是在总结、综述已有文献中成熟的计量分析方法和范式（主要围绕平均处理效应的估计）。与这些著作、教材不同，本书作者结合自身的研究经验，除了梳理现有文献中异质性政策效应分析的相关理论之外，还介绍了刻画、识别和推断异质性政策效应的最新研究成果。例如，本书第三章系统介绍了一种刻画政策效应异质性的新参数，称为"因变量条件平均偏效应"以及相应的"因变量条件分位数回归"。与传统分位数回归相比，这一新方法可以估计出在因变量无条件分布的不同位置上，政策对各个子人群产生的不同影响。另外，除了讨论分位数回归、分位数处理效应等常见的异质性参数，本书还讨论了反事实分布分解方法、利用边际处理效应构造新的政策参数，以及在断点回归设计模型中估计政策效应异质性等较为前沿和新颖的主题。

本书的结构如下：

第一章讨论了政策效应异质性的定义，及其研究意义。

第二章介绍了分析政策效应异质性的常用概念和工具。与政策平均效应相比，政策效应异质性参数在计量分析上具有许多与众不同的地方。为了让读者对研究政策效应异质性的基本工具有所了解，本书第二章介绍了估计随机变量条件分布函数的两种回归方法：条件分布回归与条件分位数回归，以及边际处理效应的概念。

第三章是本书的核心部分，介绍了本书作者近年来的主要研究成果：一种分析政策效应异质性的新方法"因变量条件分位数回归"（OCQR）以及相对应的异质性参数"因变量条件平均偏效应"的估计和推断。提起估计解释变量 X 对因变量 Y 的异质性影响作用，读者首先想到的是分位数回归模型（QR）。QR 可以帮助研究者了解在扰动项条件分布的不同位置上，X 对 Y 产生的异质性影响作用。但是，QR 模型中系数的解释依赖于不可观察扰动项的具体含义，这使得 QR 系数的经济学意义并不总是那么清晰。第三章提出的 OCQR 克服了这一问题：它能够直接识别并估计因变量位于其无条件分布的某一分位点（或区间）时，解释变量对因变量的平均边际影响。OCQR 不仅能够刻画解释变量对因变量的异质性影响,并且在某些场合下,该方法比 QR 具有更为清晰的经济学解释。

第四、第五章展示了异质性参数在分析中国劳动力市场问题中的作用。第四章将异质性政策效应分析框架运用于劳动经济学中的"工资分解"问题。Oaxaca(1973)和 Blinder(1973)提出的均值分解方法(OB 分解)能够将两组人群工资均值的差异分解成禀赋效应和结构效应。OB 分解方法的缺点在于仅从"均值"视角无法全面刻画工资分布整个形状的改变及原因。于是文献中开始出现"工资分布分解"方法,这可以看成"异质性政策效应参数"在工资分解文献中的延伸与应用。第四章提出一种新的"反事实"分布分解方法,用于分析不同收入水平人群的收入增长变动趋势及影响因素。与传统 OB 分解只能对整体人群的收入均值差异进行分解不同,新方法能够对收入位于给定范围内人群的收入差异进行分解,故称为因变量条件(Outcome Conditioned,OC)分解。与 Firpo 等(2018)提出的 RIF 分解相比,OC 分解的最大特点是能够控制个体在考察初期的"反事实"收入水平,故更适用于分析不同收入阶层人群收入增长和不平等的演变与成因。

第五章利用边际处理效应的概念研究了 1999 年中国高等教育扩招对人力资本积累的异质性影响。一般认为,接受高等教育总是可以提升人力资本,使个人在劳动力市场上获得更高的工资。第五章回答这样一个问题:提高大学录取率是否总能提升全社会的平均人力资本?为了使用微观数据准确估计录取率对个人收入的影响,本章创新性地构造了"政策边际强度"这一参数,用于刻画当其他因素不变时,仅仅提高政策实施力度对于因变量平均值的边际影响。我们证明了政策边际强度等价于边际处理效应在某些特定值上的估值。既然对于边际处理效应的估计和推断,文献中已有成熟的方法可借鉴,因此政策边际强度亦可被估计。通过估计政策边际强度效应我们发现,扩招政策的边际影响随着录取率的提高而下降,在某些特定的录取率下甚至为负。在这种情况下,进一步提高大学录取率对人力资本积累的益处已微乎其微。而对广大家长和考生而言,上大学并不总会带来更高的人力资本回报,因此接受高等教育并非通向成功的唯一选择。

当政策变量是内生时,如何在不依靠工具变量的前提下,识别出政策的分布效应?第六章研究如何利用断点回归设计框架估计内生政策的分位数处理效应,并用提出的方法研究了退休对中国家庭消费的影响作用。为了识别内生政策的分布效应,我们要求 Y(潜因变量)方程中的扰动项在受政策干预与不受干预时具有相同的分布函数。此类条件称为"秩相似"。基于中国城镇调查微观数据（UHS），我们通过研究发现中国家庭的各类非耐用品消费在退休后均有不同程度下降。这与"生命周期假说"矛盾，提示"退休—消费之谜"在中国似乎存在。接着，我们从一个新的视角再次审视"退休—消费之谜"，即检验退休前后家庭消费观念、偏好是否发生显著改变。在中国，男性收入高于女性，这使得男性退休前掌握家庭话语权。退休后，丈夫收入下降，话语权从丈夫向妻子转移。由于妻子通常比丈夫寿命更长，其更愿意储蓄，因此话语权的转移可能导致家庭消费偏好发生改变。第六章提出了一种检验消费偏好的分布在断点附近是否相同的方法。检验后发现退休前后居民的非耐用品消费偏好没有发生显著改变。这表明，从不可观测的消费偏好视角来看，中国的家庭消费仍然具有平滑特征，这支持了生命周期假说。

本书可供从事社会科学实证研究的研究生、教师、科研工作者了解政策评价计量经济学前沿理论与方法之用，亦可作为经济学、管理学、社会学等相关专业开设研究生层次计量经济学课程的教材或参考书。

本书得以顺利出版，我们要感谢上海财经大学出版社的大力协助，感谢上海财经大学应用经济学高峰建设项目的资助。在成书的过程中，博士生金泽群、曹思力、张昱、林丽花、邵黎娜、王智信提供了不少帮助，在此一并表示感谢。当然，文责自负。

张征宇　周亚虹
2024 年元月

目　录

前言

第一章　政策效应异质性 / 1
　　第一节　何为政策效应异质性 / 1
　　第二节　代际流动中的位序回归：一个均值恒为零的参数 / 11
　　第三节　本书的贡献和特色 / 21
　　第四节　本书的主要内容和结构 / 23

第二章　异质性政策效应的常用分析工具 / 28
　　第一节　引言 / 28
　　第二节　条件分布回归和条件分位数回归 / 29
　　第三节　边际处理效应（MTE）及其应用 / 36
　　第四节　异质性政策参数推断的一般理论：Bootstrap 方法 / 46

第三章　因变量条件分位数回归与因变量条件平均偏效应 / 62
　　第一节　引言 / 62
　　第二节　因变量条件分位数回归（OCQR）模型 / 65
　　第三节　实证案例：最低工资能否缩小收入差距？/ 96
　　第四节　实证案例：房价对家庭消费的异质性影响 / 100
　　第五节　因变量条件平均偏效应的识别和估计 / 105
　　第六节　政策变量内生时因变量条件平均偏效应的识别和估计 / 119
　　第七节　利用 OAPE 预测政策的反事实效果 / 124
　　第八节　OAPE 与其他异质性政策参数之间的关系 / 143
　　第九节　OAPE 的双稳健估计以及半参数效率界 / 151

第四章　收入分配与阶层流动：一种新的反事实分布分解方法 / 166

第一节　引言 / 166

第二节　工资分解方法概述与问题的提出 / 171

第三节　阶层流动效应的识别：一个新的工资分解框架 / 175

第四节　阶层流动效应的估计 / 182

第五节　教育、收入增长与阶层流动：2010—2018 年 CFPS 实证分析 / 195

第六节　本章小结 / 204

第五章　边际处理效应的应用：大学扩招中的最优录取率 / 208

第一节　引言 / 208

第二节　最优录取率和人力资本积累：一个理论模型 / 210

第三节　政策边际强度与 MTE / 216

第四节　实证分析：大学扩招对人力资本积累的影响 / 223

第五节　政策边际强度识别条件的检验 / 232

第六节　本章小结 / 239

第六章　中国的"退休—消费之谜"是否存在？来自断点回归分位数处理效应的证据 / 243

第一节　引言 / 243

第二节　从断点回归到分位数处理效应：文献综述 / 246

第三节　利用"秩相似"识别分位数处理效应 / 251

第四节　QTE 估计量与大样本性质 / 261

第五节　QTE 的 Bootstrap 一致推断 / 269

第六节　数值模拟与识别条件的检验 / 277

第七节　实证研究：中国的"退休—消费之谜"是否存在？ / 291

第一章　政策效应异质性

第一节　何为政策效应异质性

现代经济学以个人理性行为假设及一系列隐含前提作为逻辑基础构筑起它的理论大厦。面对日益复杂的现实世界，经济理论并不总能很好地解释异象纷呈的经济现象。经济学乃至一切人文社会科学，其理论架构、科学性、内部有效性以及预测新事物的能力（外部有效性）等，取决于微观行为基础的承载力。经济理论与计量经济模型只有建立在能够容纳足够复杂、灵活的个体异质性的微观基础上，才有望解释复杂多变的经济现象，更好地应用于现实。

本节首先回顾了"政策评价计量经济学"要解决的基本问题，然后定义了什么是"政策效应异质性"，对文献中已提出的异质性政策参数进行了分类。最后说明了研究政策效应异质性的意义。

1.1　政策评价的基本问题

2021年10月，美国加州大学伯克利分校经济系教授David E. Card因其对劳动经济学的实证贡献，美国麻省理工学院经济系教授Joshua D. Angrist和美国斯坦福大学经济系教授Guido W. Imbens因其对经济学中因果推断的方法论贡献，共同分享了2021年诺贝尔经济学奖。

经济学与社会科学中的大量问题，本质上都需要搞清楚某个政策（policy）或者干预（intervention）对人们感兴趣的某个结果变量（outcome）产生的因果效应（causal effect）。我们称政策D对结果变量Y具有因果效应，或者说D"是引起Y变动的原因之一"，是指：当其他一切因素（既包括除了D以外影响Y的其他所有变量，也包括各个变量之间的函数关系）不变时，仅仅改变D会引起Y（的分布函数）发生改变。若干年前，居住在大城市的人们常问：来自其他城市的外来人口，是造成本地企业职工下岗的原因吗？这一问题中，外来人口流入（的程度或数量）是一种"政策干预"，"职工下岗"是结果。现在，我们常问：如果推出房产税，房价是涨还是跌？这个问题中，房产税是"政策"，房价是因变量。在实际应用中，评价一项政策对受众人群产生的净效应总会用到因果推断模型。反过来，因果推断的最新理论方法总是可以在评价实际政策中发挥作用，因此在计量经济学中，"政策评价"（program evaluation）与"因果推断"（causal inference）几乎是同一个意思。

近年来，国内出版的计量经济学教材大多已将"因果推断模型"作为必不可少的内容写入书中。同时，国内经济学科研究生对估计平均处理效应、匹配法、工具变量估计、双重差分法、断点回归设计、拐点回归设计等常见的因果推断方法都有了一定程度的了解。佐证以上观点的事实是：近十年来，国内权威经济学期刊像《经济研究》《管理世界》《经济学（季刊）》《世界经济》等几乎每一期至少发表一篇采用因果推断方法分析与研究国内经济政策或"干预冲击"的文章。有鉴于此，本书不再耗费大量篇幅详细介绍因果推断的基本模型与方法（尤其是以平均处理效应（ATE）作为估计对象的方法）。本书的重点任务在于介绍政策评价中异质性政策参数的识别、估计与推断，并用大量的中国现实问题作为案例加以说明。与其他以"政策评价计量经济分析"为主题的同类著作相比，本书是迄今为止国内第一本以"政策效应异质性"（heterogeneous policy effect）为核心关键词，系统介绍现代微观计量经济学在刻画、识别、估计和推断异质性政策效应参数方面前沿理论与方法的专著。想要了解因果推断基本模型和基础知识的读者，可参考周亚虹和张征宇所编的《现代计量经济学导论》以及 Angrist and Pischke（2009）所著的 *Mostly Harmless Econometrics: An Empiricist's Companion*。

正如 2021 年诺贝尔经济学奖得主所证明的，社会科学中的许多重大问题都可以使用自然实验，即利用偶发性事件或政策冲击使得不同组人群受到不同程度干预的事实，采用类似于医学临床试验的方式加以研究。为了说明如何运用"自然实验"思想估计政策净效应，我们举一个具体例子：假设政府准备实施一项旨在鼓励企业通过技术升级提高生产率的政策 D。如果第 i 个企业参与了政策，记 $D_i=1$；反之，$D_i=0$。记第 i 家企业未参与政策时的生产率是 Y_{0i}，参与后的生产率是 Y_{1i}。则 $Y_{1i}-Y_{0i}$ 度量了该政策对企业 i 的生产率产生的净效应。然而，现实中我们只能观测到个体 i 在 D 已实现状态下的结果，即只能观测到 $Y_i=D_iY_{1i}+$

$(1-D_i)Y_{0i}$,而无法同时观测到(Y_{1i}, Y_{0i})。这意味着,一般来说我们无法识别个体层面的处理效应。以上问题被称为政策评价的基本问题(the fundamental problem of policy evaluation)。为了克服它,经济学家需要在一定假设(即识别条件)下,利用已知数据包含的信息预测出个体在未知处理状态下的反事实(counterfactual)结果。从这个意义上说,政策评价的核心问题是"预测"个体(或总体)在"没有真实发生"情景下的反事实结果(或分布)。本书将通过具体实例说明,预测"还未发生的新政策"的反事实结果往往要建立在估计"已发生政策"的异质性效应基础之上,这是我们要研究政策效应异质性的原因之一。

无法同时观测到(Y_{1i}, Y_{0i})导致政策效应一般不能在个体层面得到识别。常用的度量政策效应的参数有平均处理效应(Average Treatment Effect,ATE)$E(Y_1 - Y_0)$,它反映了政策对所有人产生效应的平均值。除此以外,还有处理组平均效应(Average Treatment Effect on the Treated,ATET)$E(Y_1 - Y_0 \mid D=1)$,它反映了政策对受到政策影响那部分个体产生效应的平均值。例如在双重差分(difference-in-differences)模型中,研究者往往只关心政策的 ATET 而不是 ATE。无论是 ATE 还是 ATET,它们的共同特点是用单一参数简洁地刻画了政策对某个感兴趣群体所产生影响作用的平均值。

近年来,在评价政策的实际经济效果时,研究者和政策制定者越来越关心政策对不同子人群的异质性影响作用。随着中国迈向新发展阶段,经济逐步从高速增长转向高质量增长。数字经济、普惠金融、收入分配与共同富裕、包容性增长等重要议题更多地与"社会公平,缩小收入差距,关注弱势人群福利,以及区域协调发展"等密切相关。想要分析这些问题并提出合理的政策建议,仅仅依靠估计简单的、单一维度的"政策平均效应"是不够的。研究者需要了解政策对"各类子人群",特别是"由政策目标变量(因变量)定义的不同子人群"产生效果的异质性。此类度量政策效应的参数称为"异质性政策参数"。

常见的刻画政策效应异质性的参数包括分位数处理效应(Quantile Treatment Effect,QTE)与分布处理效应(Distributional Treatment Effect,DTE)。政策评价计量经济学对经济学其他分支,包括劳动经济学、发展经济学、环境经济学和健康经济学的一项重要贡献是:前者在为后者这些研究领域建立实证模型时,允许政策对个体产生的影响作用具有高度灵活的异质性;即使两个人(不妨记为 i 和 j)在所有可观测变量方面是完全一样的(即 $X_i = X_j$ 和 $Y_i = Y_j$),政策对这两个人带来的影响仍然可以是互不相等的,即 $Y_{1i} - Y_{0i} \neq Y_{1j} - Y_{0j}$。这种十分灵活且符合现实情况的设定,极大地提高了经济学实证研究的可靠性,并使得实证结果具有一定外部有效性。例如,本书第三章提出了一种刻画政策效应异质性的新方法,称为"因变量条件分位数回归"。利用该方法,研究者可以识别并估计政策效果在因变量上取值不同的子人群(同一子人群中个体的 Y 观测值相同,例如都满足 $Y = y$)上的差异性。

1.2 政策效应异质性的定义

政策效应异质性是本书研究的重点。我们首先定义什么是"政策效应异质性"。从字面上看,所谓"政策效应异质性",应当指政策对个体(个人,家庭,企业,地区)产生的效果"因人而异",不是一个常数(constant),而是一个随机变量(random variable)。假设个体 i 的潜因变量(potential outcome)方程是:

$$Y_{1i} = m_1(X_i, U_i),$$
$$Y_{0i} = m_0(X_i, U_i),$$

其中,X_i 是个体 i 的可观测特征,U_i 表示不可观测的扰动项(U 的维数可以是任意)。那么

$$Y_{1i} - Y_{0i} = m_1(X_i, U_i) - m_0(X_i, U_i)$$

衡量了当其他一切因素不变(可观测的 X 不变,不可观测的 U 不变,函数形式 $m_1(\cdot,\cdot)$ 与 $m_0(\cdot,\cdot)$ 也保持不变)时,仅仅将受政策干预状态 D 从 0 变动至 1,相应的因变量的变化值。因此 $Y_{1i} - Y_{0i}$ 精确刻画了政策对个体 i 产生的因果效应(causal effect)。一般来说,$Y_{1i} - Y_{0i}$ 不是一个常数,而是一个随机变量。为了全面地反映个体处理效应 $Y_{1i} - Y_{0i}$ 的特征,我们应当去估计它的分布特征,例如分布函数、均值、方差、分位函数、高阶矩等。从这个意义上说,所谓估计"政策效应异质性",就是去估计可以反映 $Y_{1i} - Y_{0i}$ 分布特征的参数(并不仅限于均值)。

例如,在研究数字普惠金融能否缩小收入差距这一问题时,我们的计量分析需要关注这一问题的两个方面:第一,金融科技的发展是否使得各收入水平的人群都从中获益?这一点可以通过检验金融科技(政策)对个人收入的平均影响是否为正来实现。第二,普惠金融通过产品创新,缓解金融对低收入、低社会资本人群的金融排斥,使其获得更为正规的金融

服务。只有当普惠金融对低收入、贫困人群收入的促进作用大于对高收入人群的促进作用时，才可以起到缩小收入差距、实现社会财富的相对平等的目的。这一点事关政策对不同子人群产生的异质性影响作用，需要估计异质性政策参数才能实现。

政策效果"因人而异"不表示政策效果毫无任何规律可言。从经济学理论角度来说，政策效果呈现杂乱无章局面的概率很低。无论个体之间的差异有多大，他们的行为都会遵守某些共同的逻辑（例如趋利避害，决策遵循利益或效用最大化原则；采取一项行动当且仅当收益大于成本等）。与此相关地，本书第五章提出这样一个问题：既然"读大学"总是被认为可以提升人力资本（至少不会降低人力资本），并且读完大学后可以在劳动力市场中获得更高的工资，为何政府没有将大学录取率设置在一个很高的水平上（通过像 1999 年大学扩招这样的政策），让每个人都有机会去读大学？第五章通过构造一个新的异质性政策效应参数（称为政策边际强度效应）回答了这个问题：高等教育对个体人力资本积累具有显著的异质性。随着录取率的提高，扩招政策的边际影响逐渐减弱。我们的估算表明：如果将录取率设置在 55.5%（与 1999 年扩招后实际录取率接近）水平上，此时政策的边际影响仅为 4.43% 且统计意义上不显著；这意味着当录取率为 55.5% 时，"恰好被录取进大学"的个体的高等教育回报率只有 4.43%。进一步的反事实分析表明，当录取率提升至 57.0% 之后，扩招政策的边际影响为 －1.78%。这些结果表明高校扩招并非总是"好事"。实施扩招政策时，应注意扩招的幅度，避免过度扩招对人力资本积累所带来的负面效应。

在分析政策效应异质性时，可以把所有人按照一定方式分成若干类型（或组）。当"组"的数量足够多时，可以近似认为，政策对每组中个体产生的效果是相同的。异质性政策参数正是通过这一方式来刻画政策对不同个体产生效果的差异性，并使得所定义的参数是"可识别的"。不同的异质性参数采用不同的标准对人群进行分组，由此产生了形形色色的、从不同视角刻画政策异质性的方式。我们可以把文献中已经存在的异质性参数分成若干类型。

首先，我们可以从可观测个体特征 X 的角度刻画异质性。此类参数包括条件平均处理效应（conditional average treatment effect）：

$$ATE(x) = E(Y_1 - Y_0 \mid X = x). \tag{1.1.1}$$

图 1.1 "异质性政策参数"如同等高线地形图

$ATE(x)$ 度量了政策对个体特征符合 $X=x$ 的子人群产生的平均效应。事实上,在大量的实证研究中,我们经常看到应用研究者在利用全部样本进行计量分析(回归)之后,会进行所谓的"异质性分析"。在异质性分析过程中,研究者往往考察基准回归结果在不同性别、户籍、地域、行业,或更一般地,由 X(解释变量)所定义的不同子样本上是否具有显著差异。这种"分样本回归"做法与通过 $ATE(x)$ 分析政策效应异质性在思想上是一致的。[①]

其次,我们可以从个体在扰动项分布所处不同位置出发定义政策效应异质性。计量经济模型中扰动项代表了不可观测的个人偏好、能力、风险态度、运气等。例如在工资方程中,扰动项代表个人能力。在消费方程中,扰动项表示消费偏好。因此从扰动项角度刻画异质性,可以反映政策效应在具有不同偏好、能力水平、消费倾向子人群中的差异性。这类异质性参数的代表是条件分位数回归(Quantile Regression,QR)以及由 James J. Heckman 及其合作者提出的边际处理效应(Marginal Treatment Effect,MTE)。MTE 的定义是:

$$MTE(x,v) = E(Y_1 - Y_0 \mid X=x, V=v), \quad (1.1.2)$$

[①] 众所周知,回归(regression)也可以看成估计平均处理效应的一种方式。例如匹配法中的回归调整(regression adjustment)做法。详见 Angrist and Pischke(2009)第三章"Making regression make sense"。

其中，V 是选择方程（政策参与方程）扰动项。本书将在第二章对有关 MTE 的理论做简要回顾。它们是用来构造更为复杂的异质性参数的基石和思想源泉。

第三，从可观测因变量无条件分布的不同位置刻画政策效应异质性。此类参数包括分位数处理效应（QTE）和分布处理效应（DTE），以及本书第三章要介绍的因变量条件分位数回归（OCQR）和更为一般的因变量条件平均偏效应（OAPE）。上一段所提到的"从扰动项分布不同位置"刻画异质性（像 QR 或 MTE）存在一个缺陷：由于扰动项本身是无法观测的，从扰动项的取值来定义的子人群是"不可识别的"；或者说，研究者不能从可观测变量出发判别某个人是否属于"该子人群"。例如式(1.1.2)中，MTE 定义在选择方程扰动项 $V=v$ 的子人群上，但是研究者有时并不清楚 V 代表的含义。从因变量分布角度定义异质性克服了这个问题：由于因变量 Y 的含义是十分清晰明确的，研究者可以从 (X,Y) 直接判断个体是否属于某个"子人群"。例如，分布处理效应的定义是：

$$DTE(y) = F_1(y) - F_0(y),$$

其中，$F_1(\cdot)$，$F_0(\cdot)$ 分别表示潜因变量 Y_1 和 Y_0 的边际分布函数，y 是 Y_1 和 Y_0 取值范围（支撑集）交集中的任何一点。DTE 度量了政策干预前后，潜因变量分布的水平差异，DTE 和 ATE 的关系是：

$$ATE = E(Y_1 - Y_0) = \int y dF_1(y) - \int y dF_0(y) = \int y d(DTE(y)).$$

与 DTE 密切相关的分位数处理效应（QTE）度量了政策干预前后因变量分位函数的水平差异：

$$QTE(\tau) = q_1(\tau) - q_0(\tau),$$

其中，q_1，q_0 分别表示潜因变量 Y_1 和 Y_0 的分位数函数，$\tau \in (0,1)$。从因变量分布视角定义的政策参数还包括本书第三章将要详细介绍的"因变量条件平均偏效应"（Outcome Conditioned Average Partial Effect, OAPE）：

$$\theta(y_1, y_2) = E(\partial_D m(D, X, U) \mid y_1 < Y < y_2),$$

其中，$\partial_D m(D, X, U)$ 表示 $m(\cdot, \cdot, \cdot)$ 关于第一个分量求偏导。$\theta(y_1, y_2)$ 度量了"对于可观测因变量 Y 位于区间 (y_1, y_2) 中的个体，D 的改变对这些人产生的平均净效应"。由于 $\theta(y_1, y_2)$ 涉及对 D 求偏导，因此要求

D 是连续型变量。当 D 是取值 $0-1$ 的离散型变量时,我们可以定义"因变量条件平均处理效应"(Outcome Conditioned Average Treatment Effect, OATE):

$$\vartheta(y_1, y_2) = E(m(1, X, U) - m(0, X, U) \mid y_1 < Y < y_2).$$

$\vartheta(y_1, y_2)$ 度量了对于可观测因变量位于 (y_1, y_2) 中的个体,政策对这些人的平均处理效应。上述参数适用于分析与"社会公平,缩小收入差距,关注弱势人群福利"等密切相关的问题。例如,"益贫式增长"是经济学家关注贫困、增长与分配问题所提出的概念,强调经济增长给穷人带来的增长比例大于平均增长率,要求增长机会平等、对贫困群体给予更多关注。类似的概念还有"包容性增长"等。此类概念的一个重要内涵是:要求政策对位于因变量(收入、消费以及福利的其他度量等)分布最左端人群产生的正效应大于对全体人群产生的正效应。这等价于要求 $\theta(y_1, y_2)$ 在任意区间 (y_1, y_2) 始终为正,且 (y_1, y_2) 取值较小时的 $\theta(y_1, y_2)$ 要大于 (y_1, y_2) 取值较大时的 $\theta(y_1, y_2)$。因此,检验一项政策是否促进增长,且这种增长是否属于"益贫式"的,刚好契合"因变量条件分位数回归"这一方法的经济学意义。

除了从以上三个角度定义异质性参数,还可以从其他角度加以定义。例如,条件分位数处理效应:

$$QTE(\tau, x) = q_{1|X}(\tau \mid x) - q_{0|X}(\tau \mid x)$$

度量了政策干预前后潜因变量分位函数在满足 $X = x$ 子人群上的水平差异。这样,$QTE(\tau, x)$ 不仅是分位点 τ 的函数,同时也是 x 的函数。不同类型异质性参数之间的核心区别在于:它们从不同侧面将整个样本进行"分组",从不同视角定义哪些个体互相之间是"可比的"(comparable)。例如 $ATE(x)$ 认为个体特征 X 取值相同的个体之间是可比的,QTE 认为位于潜因变量分布相同位置(分位点)的个体之间是可比的;OAPE 则认为位于可观测因变量 Y 分布相同位置(分位区间)中的个体是可比的。

1.3 研究政策效应异质性的重要性

为什么在获得了政策平均效应的估计之后,我们还需要进一步研究政策效应的异质性?

第一,估计异质性政策参数是检验平均效应可信度(外部有效性)的

有力工具。平均处理效应（ATE）仅仅反映了政策对所有个体产生作用的平均值。ATE 是应用研究者在评价政策时首要关注的参数。但是，如果 ATE 可以代表政策效果的全貌，这应当基于"政策效应在整个人群中分布是同质的"这样的假设。通过估计异质性政策参数（例如分位数处理效应（QTE）），我们可以检视 ATE 的可信度。试想，如果 ATE 的估值为正，而 QTE 估计显示政策只对全体中"一小部分人"产生正向作用，且政策对这一小部分人产生的正向作用远超对其他人产生的作用，即 $E(Y_1-Y_0|Y_1>Y_0)$ 远大于 $E(Y_1-Y_0|Y_1\leqslant Y_0)$。由于 $E(Y_1-Y_0)=E(Y_1-Y_0|Y_1>Y_0)P(Y_1>Y_0)+E(Y_1-Y_0|Y_1\leqslant Y_0)P(Y_1\leqslant Y_0)$，这时政策效果就不能由 ATE 这一个数值来代表。我们不仅需要探究政策效果差异如此之大的原因，还要考虑从其他角度评价这一政策。例如，本书第六章使用分位数断点回归设计（quantile regression discontinuity design）分析了国内退休政策对家庭消费的影响作用。我们将看到，如果不对家庭支出的类型进行区分，"退休"总体而言降低了家庭的总支出（非耐用品消费），且这种消费降级在各个消费水平的家庭均会出现。仅从"平均效应"角度并不能揭示退休导致消费下滑的机制和原因。当对消费类型进一步分类之后，可以发现：对于食品类消费（"吃"方面的消费），退休对低消费家庭（或者几乎等价地说，低收入家庭）影响较大，而对高收入家庭没有什么影响。另一方面，对于闲暇类消费（"玩"方面的消费）则正好相反：高收入家庭娱乐方面的支出下降较为显著，而低收入家庭娱乐方面消费下降不显著。因此，通过更为细致的异质性分析，我们就能理解是什么原因使得家庭因为退休而减少消费，有助于在"老龄化"进程加速背景下为稳定国内居民消费提出更好的政策建议。

第二，众多有关社会福利、缩小收入差距、共同富裕、地区之间发展均衡等问题的回答都有赖于研究者了解政策效应在整个受众人群中的分布形状。以中国从 1999 年起实行的大学扩招政策为例。在短短几年内，中国的高等教育迅速由精英教育过渡到大众教育。目前中国高等教育毛入学率达到 40%，普通高等院校年招生规模突破 700 万大关，居世界第一。长久以来，对高等教育扩张利弊的讨论一直是个有争议的话题。争论的焦点之一就是扩招政策是否真的有助于减少收入不平等，增进社会公平，有助于共同富裕。如果我们只估计由大学扩招引起的教育回报率的平均变化（ATE），那么充其量我们只能了解这一政策提升了人们的平均工资，但是难以知道政策如何影响不同时期人们的工资分布，从而无法回答有关收入不平等方面的问题。为了回答有关收入不平等的问题,我们需要从工资分布函数出发,构建反映工资不平等的各种度量,例如方差、Gini 系数等,进而估计这些反映工资不平等的度量指标在扩招前后是否发生了显著改变。与此有关地,本书第四章提出了一种新的反事实工资分布分解方法。利用这一新方法,我们可以识别出不同收入水平的个体在收入阶层之间的流动(阶层流动)对组间工资差异的影响。这一分解方法也可以推广至"除了均值之外"工资分布的其他特征(例如方差)上。通过对不同收入阶层人群工资方差差异的分解,我们可以了解工资的不平等程度如何分解成阶层流动效应、禀赋效应以及结构效应。

第三,估计政策效应异质性是进行更高级与更复杂政策评价分析的前提。这里所说更为复杂的"政策评价分析"至少包含两点:一是指政策的反事实效应预测,即预测"尚未发生的政策"将会产生的效果。二是指政策的最优学习(optimal policy learning)。按照 Athey and Wager (2021) 的说法,政策学习是指在一定约束(预算约束、公平性约束、政策执行简便性约束等)下,从个体可观测特征出发,决定哪些人应当受政策干预,以及哪些人不受政策干预的过程。诺贝尔经济学奖得主 James J. Heckman 在《计量经济学手册》第六卷中提出:基于微观计量经济模型的政策评价要开展的任务可以分成互为递进的三个层次。政策评价的第一层任务是评估已实施政策的效应。此时,研究者将政策视作不变的、固定的,从静态角度看待政策产生的效应。政策评价第二层任务是探索政策的外部有效性(external validity),即预测已实施的政策在新环境、新人群中将要产生的效应。例如,房产税政策在试点城市对房价产生了预期的调控效果,如将其推广至全国,会产生何种效果?再如,断点回归设计中,研究者通常只能估计出驱动变量 R(也称执行变量)在不连续(跳跃)处对应的子人群的平均政策效应,即 $E(Y_1 - Y_0 \mid R = r_0)$,其中 r_0 是 R 的跳跃点。一个重要的问题是,这一效应能否推广至远离 $R = r_0$ 的那些人?这些均属政策评价的第二层任务。

除此以外,政策评价还有第三层任务:预测尚未实施的"新政策"在新的环境中将要产生的效应。例如,个人缴纳的所得税多少直接影响可支配收入,进而与居民消费密切相关。"个税"政策可以看成是由"起征点、累进税率、专项附加扣除"等一系列变量所构成。随着个税改革不断深入,政府会关心如果进一步提高起征点,修改现有税率表,扩大专项附加扣除范围以及调整扣除金额,这些个税政策条款的改变会对居民消费产生何种影响？这些都属于政策评价的第三层任务。无论是政策评价的第二层还是第三层任务，都需要研究者采用"动态的""发展的"的眼光看待政策效应的变化趋势，预测尚未真实发生的事件可能产生的效果。由于计量经济学的基本思想是从"现有数据"中提取信息并加以分析和外推，从现有数据中推得的政策效应异质性必然会和"尚未发生的政策"产生的效果发生关联。倘若政策效应没有异质性，即所有个体受到政策的影响是一个常数，那么政策预测将变成一件十分平凡和无趣的事情，政策效应外推也失去了意义和可信度。

第二节　代际流动中的位序回归：一个均值恒为零的参数

为了说明异质性政策参数区别于"均值型参数"（以"平均处理效应"为代表）的特点，本节讨论一个有趣的例子。在估计代际流动性（intergenerational mobility）的文献中，一个基本的问题是：父代收入位序（rank）与子代收入位序之间是否存在某种正向关系？如果父代收入在同辈中排序越高，相应地子代收入排序也越高，且这一正向关联程度越高，则说明代际流动性较差，阶层固化严重。反之，如果父代收入和子代收入关联性与零无显著差异，则说明代际流动性较好（Fan *et al.*，2021；杨沫等，2020；Solon，1992）。在当前中国谋求高质量发展、实现共同富裕的过程中，研究代际流动问题，对于让不同阶层群体共享现代化成果，形成合理、畅通、有序的社会流动秩序，完善具有中国特色的社会流动体系具有重要意义。

在研究代际流动的文献中，研究者通常估计一个称为"线性位序回归"（rank-rank linear regression）的方程：

$$R_i^s = \beta_0 + \beta_1 R_i^p + \beta_2 X_i + \epsilon,$$

其中，(R_i^s, R_i^p) 分别表示第 i 对父代—子代配对样本中子代个体和父代个体的收入的排序。例如，第 i 个父亲的收入在样本中所有父亲收入中从低到高排在第 100 位，则 $R_i^p = 100$。X_i 是影响子代收入的其他控制变量，例如包括父代和子代的教育水平、年龄、工作经验等。研究者通过 OLS 来估计 R_i^p 前面系数 β_1 来了解代际收入流动性的强弱：β_1 数值越小（一般为正值），则说明代际流动性越好。

本节中，我们把上述"线性位序回归"的思想加以推广，构造一个叫做

"偏位序效应"(Partial Rank Effect, PRE)的参数,来度量父代收入的"相对排序"(rank)的改变对子代收入"相对排序"产生的净效应。简单地说,PRE 度量了父代收入排序提升 1%,相应地子代收入排序提高的百分比。PRE 以更一般的方式度量了代际收入流动性的强弱。PRE 可以看成是"位序回归"的非参数估计。

本节中,我们将证明 PRE 这个参数具有以下性质:(1)在一个完全非参数的模型设定中,PRE 可被识别与估计;(2)PRE 在全体人群中的平均值(平均位序效应)"恒"等于零。这一结果的直觉意义是:与随机变量本身的取值不同,随机变量的位序具有一个特殊性质,即当一部分人的 Y(子代收入)的排序上升的同时,必然有另一部分人的 Y 排序下降。这好比在一场体育比赛中,无论各选手的实力如何,第一名一定会有一个也只有一个。这一理论性质对于使用"位序回归"研究代际流动性具有极强的指导意义:它意味着从"均值角度"计算 PRE 具有误导性(misleading);如果研究者打算从"相对位序"角度刻画代际收入流动,则构造合适的异质性政策参数(例如估计代际流动性的分布特征而非均值)是必需的。

用 Y 表示子代个体的收入,X_1 表示父代个体收入,X_2 包含了影响子代收入的其他因素。假设 Y 的生成过程为:

$$Y = m(X_1, X_2, \epsilon). \qquad (1.2.1)$$

研究者感兴趣的问题是:当其他因素不变时,X_1 相对排序(rank)的变化对于 Y 相对排序的影响。为了研究这一问题,首先要搞清楚如何度量一个随机变量的"相对排序"。注意到任何连续型随机变量 X_1 都可以表示成:

$$X_1 = Q_1(U_1), \qquad (1.2.2)$$

其中,$Q_1(\cdot)$ 是 X_1 的边际分位函数,U_{1i} 是 X_{1i} 的位序,反映了 X_{1i} 在全体 $\{X_{1i}\}_{i=1,\cdots,n}$ 中排在第几位,$U_{1i} \in (0, 1)$。由于 $Q_1(\cdot)$ 可以从 X_1 的观测值中直接估计,因此 U_1 可识别。当 X_1 是离散型变量(例如表示是否读了大学)时,X_1 的位序不能被完全识别(point identification),这时需要用到更为复杂的"部分识别"(partial identification)概念。本节仅考虑 X_1 是连续变量情形。

我们还可以定义随机变量的"条件"位序。有时候,研究者还想了解父代收入在"同龄人中排序"(即在具有相同年龄父代个体中的排序)的变化对子代收入排序的影响。为了反映 X_1(父代收入)在给定 $B = b$(例如

B 表示父代年龄）时的相对排序，定义

$$X_1 = Q_{1|B}(U_{1|B} \mid B), \qquad (1.2.3)$$

其中，$Q_{1|B}(\cdot \mid b)$ 是 X_1 在 $B=b$ 时的条件分位数，即对于任意的 $\tau \in (0, 1)$，$P(X_1 \leqslant Q_{1|B}(\tau \mid b) \mid B=b) = \tau$。本节附录中，我们证明了 $U_{1|B}$ 恰好度量了 X_1 在给定 B 时的"相对排序"，即对于任意的个体 i，下式成立：

$$P(U_{1|B} < U_{1|B,i} \mid B=b) = U_{1|B,i}. \qquad (1.2.4)$$

式(1.2.3)等价于

$$U_{1|B} = F_{1|B}(X_1 \mid B), \qquad (1.2.5)$$

其中，$F_{1|B}(a \mid b) = P(X_1 < a \mid B=b)$。由于分布函数 $F_{1|B}(a \mid b)$ 可识别，$U_{1|B}$ 也可被直接估计。

另外，容易证明 $(U_{1|B}, B)$ 与 (X_1, B) 包含的信息一一等价。这意味着式(1.2.1)等价于

$$Y = m(U_{1|B}, X_2, \epsilon), \qquad (1.2.6)$$

其中，B 是 X_2 中一部分。

接着我们定义何为 X_1 给 Y 带来的位序效应。当其他因素不变时，X_1 的（无条件或条件）位序 $U_{1|B}$ 增加 δ，Y 相应地变成：

$$Y_\delta = m(U_{1|B} + \delta, X_2, \epsilon). \qquad (1.2.7)$$

相比于式(1.2.6)，式(1.2.7)中除了 X_1 的位序 $U_{1|B}$ 增加了 δ，模型中其他一切因素均保持不变。更重要的是，如果将 X_2 也写成 $X_2 = Q_2(U_2)$，那么式(1.2.7)除了改变 X_1 的位序以外并没有改变 (U_1, U_2) 的联合分布，这保持了 $X = (X_1, X_2)$ 各分量之间相关性（copula）不变。

记与反事实因变量 Y_δ 对应的位序是 $F_{Y_\delta}(Y_\delta)$，其中 $F_{Y_\delta}(\cdot)$ 是 Y_δ 的无条件分布函数。定义 X_1 带来的平均（偏）位序效应（average partial rank effect）是：

$$APRE = E\left(\frac{\partial F_Y(Y)}{\partial U_{1|B}}\right) \doteq \lim_{\delta \to 0} E\left(\frac{F_{Y_\delta}(Y_\delta) - F_Y(Y)}{\delta}\right). \qquad (1.2.8)$$

上述 APRE 度量了当其他因素不变时，X_1 的位序（rank）的边际变化对因变量位序的平均影响。从 APRE 的定义说明，改变 X_1 的位序从两条

渠道影响 Y 的位序。第一条渠道是：在 X_1 边际分布不变的情形下，提高 X_1 位序的同时也提高了 X_1 的实现值，进而通过式(1.2.6)改变了 Y 的大小。第二条渠道是：提高 X_1 的位序改变了 Y 的分布函数形状。

正如定义 X_1 的条件位序一样，更一般地，我们也可以关注 X_1 的位序的边际变化对因变量条件位序的影响。例如，我们想了解提高父代在同龄人中的收入排序对子代在同龄人中收入排序的影响。记子代个体的年龄变量是 A，定义 X_1 的(条件)位序对 Y 的(条件)位序带来的平均偏效应是：

$$APRE_A = \lim_{\delta \to 0} E\left(\frac{F_{Y_\delta|A}(Y_\delta \mid A) - F_{Y|A}(Y \mid A)}{\delta}\right), \quad (1.2.9)$$

其中，$F_{Y_\delta|A}(y \mid a) = P(Y_\delta < y \mid A = a)$。

一个重要的问题是：上述定义的参数 APRE 是否可识别？下面给出识别 $APRE_A$ 需要的假设。我们让扰动项 ϵ 依赖于 X_1 的取值，即 $\epsilon = \epsilon_{X_1}$，并记 S_{X_1} 是 X_1 的支撑集。

假设 1.2.1 对于任意的 $x_1 \in S_{X_1}$，给定 X_2 时，X_1 和 ϵ_{x_1} 独立，即 $X_1 \perp \epsilon_{x_1} \mid X_2$，对于任意 $x_1 \in S_{X_1}$ 成立。

$\epsilon = \epsilon_{X_1}$ 是子代收入方程中的扰动项，我们将其理解为子代个体的能力。假设 1.2.1 允许拥有不同父代收入 (X_1) 的子代个体具有不同水平的能力 (ϵ_{X_1})。同时，X_1 作为核心解释变量(政策变量)，必须条件独立于扰动项。可以证明(见本节附录)，假设 1.2.1 与下述假设 1.2.1′ 等价。

假设 1.2.1′ 对于任意的 $x_1 \in S_{X_1}$，给定 X_2 时，$U_{1|B}$ 和 ϵ_{x_1} 独立，即 $U_{1|B} \perp \epsilon_{x_1} \mid X_2$，对于任意 $x_1 \in S_{X_1}$ 成立。

假设 1.2.2 给定 X_2，ϵ_{x_1} 的条件分布不随 x_1 变化，即 $\epsilon_{x_1} \mid X_2 \stackrel{d}{\sim} \epsilon_{x_1'} \mid X_2$，对于任意的 $x_1, x_1' \in S_{X_1}$ 都成立。

假设 1.2.2 限制了 ϵ 随 X_1 不同取值而可以灵活变化的程度。即要求各个 ϵ_{x_1} 之间必须具有相同的条件分布。注意到如果 ϵ 不随 X_1 变化，即 $\epsilon_{X_1} \equiv \epsilon$，则假设 1.2.2 显然成立。

假设 1.2.3 $m(x_1, x_2, \epsilon)$ 关于第三个分量 ϵ 严格单调增加。

当 ϵ 表示个人能力时，假设 1.2.3 意味着个人能力越强，收入越高。

当假设 1.2.3 中的"严格单调增加"换成"严格单调减少"时,以下结论仍然成立。

下面定理说明个体层面的位序效应

$$PRE_{A,i} = \lim_{\delta \to 0} \frac{F_{Y_\delta|A}(Y_{\delta,i} \mid A_i) - F_{Y|A}(Y_i \mid A_i)}{\delta},$$

是可识别的。

定理 1.1 数据生成过程服从式(1.2.1),或等价地服从式(1.2.6)。假设 1.2.1—1.2.3 成立,则

$$PRE_{A,i} = -f_{Y|A}(Y_i \mid A_i) \left[\frac{\nabla_2 F_{Y|U_{1|B},X_2}(Y_i \mid U_{1|B,i}, X_{2i})}{f_{Y|U_{1|B},X_2}(Y_i \mid U_{1|B,i}, X_{2i})} \right.$$
$$\left. - E\left(\frac{\nabla_2 F_{Y|U_{1|B},X_2}(Y_i \mid U_{1|B,i}, X_{2i})}{f_{Y|U_{1|B},X_2}(Y_i \mid U_{1|B,i}, X_{2i})} \mid Y_i, A_i \right) \right].$$

定理 1.1 的证明见本节附录。它指出,$PRE_{A,i}$ 本质上是一个"去条件均值"后的随机变量,因此它在全体人群上的均值恒等于零,即

$$APRE_A = \lim_{\delta \to 0} E\left(\frac{F_{Y_\delta|A}(Y_\delta \mid A) - F_{Y|A}(Y \mid A)}{\delta} \right) \equiv 0.$$

(1.2.10)

不仅如此,$PRE_{A,i}$ 在所有给定 $(Y, A) = (y, a)$ 的子人群上的均值也恒等于零。正如本节开头提到的,在研究父代—子代收入相关性时,研究者经常做一种称为"位序回归"的计量分析。他们首先计算每个子代和其对应的父代个体按收入高低在整个样本中的排序。然后用子代的收入排序对父代的收入排序以及其他控制变量进行回归,接着通过检验父代收入排序前系数是否显著大于零来判别代际收入流动性的强弱。采用上述步骤估计代际流动的研究者认为:父代收入排序前的系数反映了收入的平均位序效应。但是本节的定理 1.1 指出,这一系数在全体人群中的平均值无限趋于零。这说明"位序线性回归"在理论上存在天然缺陷。如果研究者想从"位序效应"视角分析代际收入流动,需要定义一个新的能够反映"位序效应"异质性的参数。

下面我们给出 $PRE_{A,i}$ 的估计步骤。

第 1 步:计算 $U_{1|B,i} = F_{X_1|B}(X_{1i} \mid B_i)$。为简单起见,不妨假设 B 是一维变量,且是离散取值的(例如年龄)。则

$$\hat{U}_{1|B,i} = \frac{\sum_{j \neq i} 1\{X_{1j} < X_{1i}\} \cdot 1\{B_j = B_i\}}{\sum_{j \neq i} 1\{B_j = B_i\}}.$$

第2步：在每一个 $y \in S_Y$，或者一系列密集的 $y_1 < y_2 < \cdots < y_K$ 上，使用条件分布回归估计 $F_{Y|U_{1|B},X_2}(y \mid u, x_2)$。可假设 $F_{Y|U_{1|B},X_2}(y \mid u, x_2)$ 服从以下参数设定：

$$F_{Y|U_{1|B},X_2}(y \mid u, x_2) = \Lambda(\beta_0(y) + \beta_1(y)u + x_2'\beta_2(y)),$$

其中，$\Lambda(\cdot)$ 是任意连续随机变量的分布函数，例如标准正态分布。若样本容量足够大，以上分布函数参数设定中还可以包含尽可能多的 $(U_{1|B}, X_2)$ 之间的交互项和高次项。使用分布回归得到 $F_{Y|U_{1|B},X_2}(y \mid u, x_2)$ 的估计量是：

$$\hat{F}_{Y|U_{1|B},X_2}(Y_i \mid \hat{U}_{1|B,i}, X_{2i}) = \Lambda(\hat{\beta}_0(Y_i) + \hat{\beta}_1(Y_i)\hat{U}_{1|B,i} + X_{2i}'\hat{\beta}_2(Y_i)).$$

第3步：估计 $\nabla_2 F_{Y|U_{1|B},X_2}(Y_i \mid U_{1|B,i}, X_{2i})$，$f_{Y|U_{1|B},X_2}(Y_i \mid U_{1|B,i}, X_{2i})$。

$$\nabla_2 \hat{F}(Y_i \mid \hat{U}_{1|B,i}, X_{2i}) = \lambda(\hat{\beta}_0(Y_i) + \hat{\beta}_1(Y_i)\hat{U}_{1|B,i} + X_{2i}'\hat{\beta}_2(Y_i))\hat{\beta}_1(Y_i),$$

其中，$\lambda(\cdot) = \Lambda'(\cdot)$。

$$\hat{f}(Y_i \mid U_{1|B,i}, X_{2i}) = \frac{\begin{bmatrix} \Lambda(\hat{\beta}_0(Y_i + h_1) + \hat{\beta}_1(Y_i + h_1)\hat{U}_{1|B,i} + X_{2i}'\hat{\beta}_2(Y_i + h_1)) - \\ \Lambda(\hat{\beta}_0(Y_i - h_1) + \hat{\beta}_1(Y_i - h_1)\hat{U}_{1|B,i} + X_{2i}'\hat{\beta}_2(Y_i - h_1)) \end{bmatrix}}{2h_1}.$$

第4步：估计 $E\left(\dfrac{\nabla_2 F_{Y|U_{1|B},X_2}(Y_i \mid U_{1|B,i}, X_{2i})}{f_{Y|U_{1|B},X_2}(Y_i \mid U_{1|B,i}, X_{2i})} \bigg| Y_i, A_i\right)$。

由第3步，记 $\dfrac{\nabla_2 F_{Y|U_{1|B},X_2}(Y_i \mid U_{1|B,i}, X_{2i})}{f_{Y|U_{1|B},X_2}(Y_i \mid U_{1|B,i}, X_{2i})}$ 的估计值是 $\hat{\pi}_i$。

$$\hat{E}\left(\frac{\nabla_2 F_{Y|U_{1|B},X_2}(Y_i \mid U_{1|B,i}, X_{2i})}{f_{Y|U_{1|B},X_2}(Y_i \mid U_{1|B,i}, X_{2i})} \bigg| Y_i, A_i\right) = \frac{\sum_{j \neq i} \hat{\pi}_j K\left(\dfrac{Y_j - Y_i}{h_2}\right) 1\{A_j = A_i\}}{\sum_{j \neq i} K\left(\dfrac{Y_j - Y_i}{h_2}\right) 1\{A_j = A_i\}}.$$

第 5 步：利用核函数(kernel)估计 $f_{Y|A}(Y_i \mid A_i)$。

把以上各步结果代入定理 1.1 中 $PRE_{A,i}$ 的识别表达式,就得到 $PRE_{A,i}$ 的估计量。得到每个 i 对应的 $PRE_{A,i}$ 之后,我们可以通过构造 $PRE_{A,i}$ 的经验分布或密度函数了解位序效应在全体人群上的分布。

本节附录

(一) 式(1.2.4)的证明。

记 $U_{1|B,i}=a$.

$$\begin{aligned}
P(U_{1|B}<a \mid B=b) &= P(F_{1|B}(X_1 \mid B)<a \mid B=b) \\
&= P(F_{1|B}(X_1 \mid b)<a \mid B=b) \\
&= P(X_1<F_{1|B}^{-1}(a,b) \mid B=b) \\
&= F_{1|B}(F_{1|B}^{-1}(a,b) \mid b)=a.
\end{aligned}$$

(二) 假设 1.2.1 和假设 1.2.1′ 的等价性。

由于 B 是 X_2 的一部分,因此给定 X_2 时,$U_{1|B}=F_{1|B}(X_1 \mid B)$ 仅是 X_1 的函数,且还是 X_1 的严格单调递增函数。这意味着给定 X_2 时,$U_{1|B}$ 与 X_1 之间是一一映射关系。故假设 1.2.1 等价于假设 1.2.1′。

(三) 定理 1.1 的证明。

证明分为四步。

第 1 步：正则化处理。

不妨设 $1 \in S_{X_1}$,记 $F_{\epsilon_1|X_2}(a \mid x_2)=P(\epsilon_1<a \mid X_2=x_2)$。

令 $\tilde{\epsilon}_{X_1}=F_{\epsilon_1|X_2}(\epsilon_{X_1} \mid X_2)$,或者等价地,$\epsilon_{X_1}=F_{\epsilon_1|X_2}^{-1}(\tilde{\epsilon}_{X_1},X_2)$。代入数据生成过程式(1.2.6)得:

$$Y=m(U_{1|B},X_2,F_{\epsilon_1|X_2}^{-1}(\tilde{\epsilon}_{X_1},X_2)) \doteq \tilde{m}(U_{1|B},X_2,\tilde{\epsilon}_{X_1}).$$

下面证明,上述"新"数据生成过程依然满足假设 1.2.1—1.2.3(用 $\tilde{\epsilon}_{X_1}$ 代替 ϵ_{X_1}),不仅如此,任取 $x_1 \in S_{X_1}$,$\tilde{\epsilon}_{x_1}$ 是 $(0,1)$ 上均匀分布,即

$$\tilde{\epsilon}_{x_1} \mid X_2 \sim^d \text{Uniform}(0,1). \tag{1.a}$$

(1) $\tilde{m}(\cdot)$ 仍然关于 $\tilde{\epsilon}$ 严格单调递增。这是因为假设 1.2.3 与 $F_{\epsilon_1|X_2}^{-1}(\cdot,\cdot)$ 关于第一个分量严格单调递增(两个递增函数的复合还是递增函数)。

(2) 给定 X_2 时，X_1 和 $\tilde{\epsilon}_{x_1}$ 独立，以及 $U_{1|B}$ 和 $\tilde{\epsilon}_{x_1}$ 独立。这是因为 $\tilde{\epsilon}_{x_1} = F_{\epsilon_1|X_2}(\epsilon_{x_1} \mid X_2)$。给定 X_2 时，$\tilde{\epsilon}_{x_1}$ 和 ϵ_{x_1} 一一对应。

(3) 给定 X_2 时，$\tilde{\epsilon}_{x_1}$ 和 $\tilde{\epsilon}_{x_i}$ 分布函数相同（理由同(2)）。

(4) 式(1.a)的证明。因为

$$P(\tilde{\epsilon}_{x_1} < a \mid X_2 = x_2) = P(F_{\epsilon_1|X_2}(\epsilon_{x_1} \mid x_2) < a \mid X_2 = x_2)$$
$$= P(\epsilon_{x_1} < F^{-1}_{\epsilon_1|X_2}(a, x_2) \mid X_2 = x_2)$$
$$= P(\epsilon_1 < F^{-1}_{\epsilon_1|X_2}(a, x_2) \mid X_2 = x_2)$$
$$= F_{\epsilon_1|X_2}(F^{-1}_{\epsilon_1|X_2}(a, x_2) \mid x_2) = a.$$

上述推理说明，不失一般性，我们可以直接假设式(1.a)成立。

第2步：计算 $F_{Y_\delta|A}(y \mid a)$。

记 $X_2 = (\tilde{X}_2, A)$。

注意到

$$F_{Y_\delta|U_{1|B}, \tilde{X}_2, A}(y \mid u_1, \tilde{x}_2, a) = P(Y_\delta < y \mid U_{1|B} = u_1, \tilde{X}_2 = \tilde{x}_2, A = a)$$
$$= P(m(U_{1|B} + \delta, \tilde{X}_2, A, \epsilon_{X_1}) < y \mid U_{1|B} = u_1, \tilde{X}_2 = \tilde{x}_2, A = a).$$

由于当 $U_{1|B} = u_1$，$B = b$ 时，$X_1 = Q_{1|B}(U_{1|B} \mid B) = Q_{1|B}(u_1 \mid b)$。

记 $x_1 \doteq Q_{1|B}(u_1 \mid b)$。

$$P(m(U_{1|B} + \delta, \tilde{X}_2, A, \epsilon_{X_1}) < y \mid U_{1|B} = u_1, \tilde{X}_2 = \tilde{x}_2, A = a)$$
$$= P(m(u_1 + \delta, \tilde{x}_2, a, \epsilon_{x_1}) < y \mid U_{1|B} = u_1, \tilde{X}_2 = \tilde{x}_2, A = a)$$
$$= P(\epsilon_{x_1} < m^{-1}(u_1 + \delta, \tilde{x}_2, a, y) \mid U_{1|B} = u_1, \tilde{X}_2 = \tilde{x}_2, A = a)$$
$$= P(\epsilon_{x_1} < m^{-1}(u_1 + \delta, \tilde{x}_2, a, y) \mid \tilde{X}_2 = \tilde{x}_2, A = a)$$
$$= m^{-1}(u_1 + \delta, \tilde{x}_2, a, y).$$

其中，第1个等号来源于条件期望性质，并注意到 $x_1 = Q_{1|B}(u_1 \mid b)$；第2个等号来源于假设1.2.3；第3个等号来源于假设1.2.1；第4个等号来源于式(1.a)。以上证明了

$$F_{Y_\delta|U_{1|B},\widetilde{X}_2,A}(y\mid u_1,\widetilde{x}_2,a)=P(Y_\delta<y\mid U_{1|B}=u_1,\widetilde{X}_2=\widetilde{x}_2,A=a)$$
$$=m^{-1}(u_1+\delta,\widetilde{x}_2,a,y).$$

在上式中令 $\delta=0$，得：
$$F_{Y|U_{1|B},\widetilde{X}_2,A}(y\mid u_1,\widetilde{x}_2,a)=P(Y<y\mid U_{1|B}=u_1,\widetilde{X}_2=\widetilde{x}_2,A=a)$$
$$=m^{-1}(u_1,\widetilde{x}_2,a,y).$$

直接比较以上两个式子可以发现
$$F_{Y_\delta|U_{1|B},\widetilde{X}_2,A}(y\mid u_1,\widetilde{x}_2,a)=F_{Y|U_{1|B},\widetilde{X}_2,A}(y\mid u_1+\delta,\widetilde{x}_2,a).$$

因此
$$F_{Y_\delta|A}(y\mid a)=\int F_{Y_\delta|U_{1|B},\widetilde{X}_2,A}(y\mid u_1,\widetilde{x}_2,a)\mathrm{d}F_{U_{1|B},\widetilde{X}_2|A}(u_1,\widetilde{x}_2\mid a)$$
$$=\int F_{Y|U_{1|B},\widetilde{X}_2,A}(y\mid u_1+\delta,\widetilde{x}_2,a)\mathrm{d}F_{U_{1|B},\widetilde{X}_2|A}(u_1,\widetilde{x}_2\mid a).$$

第3步：计算 Y_δ。

对于任意的 $u_1\in S_{U_{1|B}}$, $(\widetilde{x}_2,a)\in S_{X_2}$, $\tau\in(0,1)$,
$$P(Y<m(u_1,\widetilde{x}_2,a,\tau)\mid U_{1|B}=u_1,\widetilde{X}_2=\widetilde{x}_2,A=a)$$
$$=P(m(U_{1|B},\widetilde{X}_2,A,\epsilon_{X_1})$$
$$<m(u_1,\widetilde{x}_2,a,\tau)\mid U_{1|B}=u_1,\widetilde{X}_2=\widetilde{x}_2,A=a)$$
$$=P(m(u_1,\widetilde{x}_2,a,\epsilon_{x_1})$$
$$<m(u_1,\widetilde{x}_2,a,\tau)\mid U_{1|B}=u_1,\widetilde{X}_2=\widetilde{x}_2,A=a)$$
$$=P(\epsilon_{x_1}<\tau\mid U_{1|B}=u_1,\widetilde{X}_2=\widetilde{x}_2,A=a)$$
$$=P(\epsilon_{x_1}<\tau\mid \widetilde{X}_2=\widetilde{x}_2,A=a)=\tau.$$

所以
$$m(u_1,\widetilde{x}_2,a,\tau)=Q_{Y|U_{1|B},\widetilde{X}_2,A}(\tau\mid u_1,\widetilde{x}_2,a).$$

以及
$$Y_\delta=m(U_{1|B}+\delta,\widetilde{X}_2,A,\epsilon_{X_1})$$
$$=Q_{Y|U_{1|B},\widetilde{x}_2,A}(\epsilon_{X_1}\mid U_{1|B}+\delta,\widetilde{X}_2,A).$$
$$F_{Y_\delta|A}(Y_\delta\mid A)=\int F_{Y|U_{1|B},X_2}(Q_{Y|U_{1|B},X_2}(\epsilon_{X_1}\mid U_{1|B}+\delta,\widetilde{X}_2,A)\mid u_1$$
$$+\delta,\widetilde{x}_2,A)\mathrm{d}F_{U_{1|B},\widetilde{X}_2|A}(u_1,\widetilde{x}_2\mid A).$$

第 4 步：计算 $\lim\limits_{\delta \to 0} \dfrac{F_{Y_\delta|A}(Y_\delta \mid A) - F_{Y|A}(Y \mid A)}{\delta}$。

$$\lim_{\delta \to 0} \frac{F_{Y_\delta|A}(Y_\delta \mid A) - F_{Y|A}(Y \mid A)}{\delta} = \lim_{\delta \to 0} \frac{\partial F_{Y_\delta|A}(Y_\delta \mid A)}{\partial \delta}$$

$$= \lim_{\delta \to 0} \int \frac{\partial F_{Y|U_{1|B}, X_2}(Q_{Y|U_{1|B}, X_2}(\epsilon \mid U_{1|B} + \delta, \widetilde{X}_2, A) \mid u_1 + \delta, \widetilde{x}_2, A)}{\partial \delta} \cdot$$

$$\mathrm{d}F_{U_{1|B}, \widetilde{x}_2|A}(u_1, \widetilde{x}_2 \mid A)$$

$$= \int [f_{Y|U_{1|B}, X_2}(Y \mid u_1, \widetilde{x}_2, A) \nabla_2 Q_{Y|U_{1|B}, X_2}(\epsilon \mid U_{1|B}, \widetilde{X}_2, A)$$

$$+ \nabla_2 F_{Y|U_{1|B}, X_2}(Y \mid u_1, \widetilde{x}_2, A)] \mathrm{d}F_{U_{1|B}, \widetilde{x}_2|A}(u_1, \widetilde{x}_2 \mid A).$$

上式中 $\nabla_2 Q_{Y|U_{1|B}, X_2}(\epsilon \mid U_{1|B}, \widetilde{X}_2, A)$ 仍然无法识别，因此需要进一步化简。注意到以下恒等式：

$$F_{Y|U_{1|B}, X_2}(Q_{Y|U_{1|B}, X_2}(\epsilon \mid U_{1|B}, X_2) \mid U_{1|B}, X_2) = \epsilon.$$

上式两边同时对 $U_{1|B}$ 求导得：

$$\nabla_2 Q_{Y|U_{1|B}, X_2}(\epsilon \mid U_{1|B}, X_2) f_{Y|U_{1|B}, X_2}(Y \mid U_{1|B}, X_2) +$$
$$\nabla_2 F_{Y|U_{1|B}, X_2}(Y \mid U_{1|B}, X_2) = 0.$$

移项得：

$$\nabla_2 Q_{Y|U_{1|B}, X_2}(\epsilon \mid U_{1|B}, X_2) = -\frac{\nabla_2 F_{Y|U_{1|B}, X_2}(Y \mid U_{1|B}, X_2)}{f_{Y|U_{1|B}, X_2}(Y \mid U_{1|B}, X_2)}.$$

因此

$$PRE_A = -\int f_{Y|U_{1|B}, X_2}(Y \mid u_1, \widetilde{x}_2, A) \frac{\nabla_2 F_{Y|U_{1|B}, X_2}(Y \mid U_{1|B}, X_2)}{f_{Y|U_{1|B}, X_2}(Y \mid U_{1|B}, X_2)} \cdot$$

$$\mathrm{d}F_{U_{1|B}, \widetilde{x}_2|A}(u_1, \widetilde{x}_2 \mid A)$$

$$+ \int \nabla_2 F_{Y|U_{1|B}, X_2}(Y \mid u_1, \widetilde{x}_2, A) \mathrm{d}F_{U_{1|B}, \widetilde{x}_2|A}(u_1, \widetilde{x}_2 \mid A)$$

$$= -\int f_{Y|U_{1|B}, X_2}(Y \mid u_1, \widetilde{x}_2, A) \frac{\nabla_2 F_{Y|U_{1|B}, X_2}(Y \mid U_{1|B}, X_2)}{f_{Y|U_{1|B}, X_2}(Y \mid U_{1|B}, X_2)} \cdot$$

$$f_{U_{1|B}, \widetilde{x}_2|A}(u_1, \widetilde{x}_2 \mid A) \mathrm{d}u_1 \mathrm{d}\widetilde{x}_2$$

$$+ \int \nabla_2 F_{Y|U_{1|B}, X_2}(Y \mid u_1, \widetilde{x}_2, A) f_{U_{1|B}, \widetilde{x}_2|A}(u_1, \widetilde{x}_2 \mid A) \mathrm{d}u_1 \mathrm{d}\widetilde{x}_2$$

$$
\begin{aligned}
&= -\int \frac{f(Y, u_1, \widetilde{x}_2, A)}{f(u_1, \widetilde{x}_2, A)} \frac{\nabla_2 F_{Y|U_{1|B}, X_2}(Y \mid U_{1|B}, X_2)}{f_{Y|U_{1|B}, X_2}(Y \mid U_{1|B}, X_2)} \frac{f(u_1, \widetilde{x}_2, A)}{f(A)} \mathrm{d}u_1 \mathrm{d}\widetilde{x}_2 \\
&\quad + \int \nabla_2 F_{Y|U_{1|B}, X_2}(Y \mid u_1, \widetilde{x}_2, A) \frac{f(u_1, \widetilde{x}_2, A)}{f(A)} f(u_1, \widetilde{x}_2 \mid Y, A) \cdot \\
&\quad \frac{f(Y, A)}{f(Y, u_1, \widetilde{x}_2, A)} \mathrm{d}u_1 \mathrm{d}\widetilde{x}_2 \\
&= -f_{Y|A}(Y \mid A) \frac{\nabla_2 F_{Y|U_{1|B}, X_2}(Y \mid U_{1|B}, X_2)}{f_{Y|U_{1|B}, X_2}(Y \mid U_{1|B}, X_2)} \\
&\quad + E\left[\frac{f_{Y|A}(Y \mid A)}{f_{Y|U_{1|B}, X_2}(Y \mid U_{1|B}, X_2)} \nabla_2 F_{Y|U_{1|B}, X_2}(Y \mid U_{1|B}, X_2) \,\Big|\, Y, A\right] \\
&= -f_{Y|A}(Y \mid A)\Bigg[\frac{\nabla_2 F_{Y|U_{1|B}, X_2}(Y \mid U_{1|B}, X_2)}{f_{Y|U_{1|B}, X_2}(Y \mid U_{1|B}, X_2)} - \\
&\quad E\left(\frac{\nabla_2 F_{Y|U_{1|B}, X_2}(Y \mid U_{1|B}, X_2)}{f_{Y|U_{1|B}, X_2}(Y \mid U_{1|B}, X_2)} \,\Big|\, Y, A\right)\Bigg].
\end{aligned}
$$

上式最后一步仅依赖于可观测(或已识别)变量 $(Y, U_{1|B}, X_2)$，其中，$U_{1|B} = F_{1|B}(X_1 \mid B)$，以及它们的条件分布和密度函数，因此 PRE_A 可识别。

第三节　本书的贡献和特色

近年来，常见的因果推断方法(匹配法、工具变量法、双重差分法、事件研究设计、断点回归设计、拐点回归设计等)与处理效应模型(特别是估计平均处理效应)的基础知识已普遍写入国内研究生级别的计量经济学教材中。有鉴于此，向读者细致介绍因果推断与政策评价计量经济模型的基础知识已不是本书的主要目的。想要了解这方面基础知识的读者可以参考周亚虹和张征宇(2023)，姚东旻(2022)，朱保华(2021)，邱俊鹏(2020)，邱嘉平(2020)等。本书第二章介绍了在研究异质性政策参数过程中须用到的基本概念和分析手段。

与目前国内同类主题的其他著作、教材相比，本书的贡献和特色在于：

第一，本书是迄今为止国内第一本以"政策效应异质性"(heterogeneous policy effect)为讨论对象，系统介绍现代微观计量经济学在刻画、识别、估计和推断政策效应异质性方面前沿理论与方法的专著。长期以来，研究者在估计经济政策对个人、家庭、企业和地区产生的效果时,首要关注政策产生的平均影响,即"平均处理效应"。例如,实证研究中常用的线性回归(OLS)、两阶段最小二乘估计、双重差分法、匹配法、断点回归设计等方法所估计的参数本质上都属于"平均效应"的范畴。与均值型参数相比,异质性参数在计量分析上具有许多与众不同的地方。异质性参数往往是函数型取值(function valued)的。例如,反映政策对具有个体特征 $X=x$ 的子人群产生效果的"条件平均处理效应"(conditional ATE) $E(Y_1-Y_0 \mid X=x)$ 是定义在 S_X 上的函数;分位数回归模型的系数或者分位数处理效应可以看成是 $\tau \in (0,1)$ 上的函数;分布处理效应与本书第三章要介绍的因变量条件平均偏效应则是定义在因变量支撑集 S_Y 上的函数。其次,异质性政策参数估计量的渐近方差往往十分复杂,因此通常的代入法(plug-in)难以得到方差的精确估计。在这一问题上,更为现代的处理方式是通过 Bootstrap 获得估计量的标准差,并进行后续的检验推断。有鉴于此,第二章介绍了利用 Bootstrap 推断政策参数的一般理论与典型实例。

第二,目前市场上以"政策评价与因果推断"为主题的书籍主要总结、综述已有文献中成熟的计量分析方法和范式(主要围绕平均处理效应的估计)。与这些著作、教材不同,本书作者结合自身的研究经验,除了梳理现有文献中异质性政策效应分析的相关理论之外,还介绍了刻画、识别和推断异质性政策效应的最新研究成果。例如,本书第三章系统介绍了一种刻画政策效应异质性的新参数,称为"因变量条件平均偏效应"以及相应的"因变量条件分位数回归"。和传统分位数回归相比,这一新方法可以估计出在因变量无条件分布的不同位置上,政策对各个子人群产生的不同影响。另外,除了讨论分位数回归、分位数处理效应等常见的异质性参数,本书还讨论了反事实分布分解方法(第四章)、利用边际处理效应构造新的政策参数(第五章),以及在断点回归设计模型中估计政策效应异质性(第六章)等较为前沿和新颖的主题。

第三,本书不仅包含严谨的计量理论分析,还提供了大量分析中国实际问题的案例,用来说明如何在实证研究中使用这些方法。党的二十大报告提出"中国式现代化是全体人民共同富裕的现代化",强调"着力维护和促进社会公平正义,着力促进全体人民共同富裕,坚决防止两极分化"。数字经济、普惠金融、收入分配与共同富裕、包容性增长等重要议题更多地与"社会公平,缩小收入差距、关注弱势人群福利,以及区域协调发展"

密切相关。想要分析这些问题并提出合理建议,仅仅依靠估计简单的、单一维度的"政策平均效应"是不够的。面对当前中国特色社会主义已进入新时代,社会形态叠合转型,改革开放纵深推进,不同群体利益矛盾交织凸现,个体异质性异彩纷呈,这迫切需要更具针对性的、具有中国实践特色的理论方法创新,才能更好地刻画中国社会经济环境中微观主体的行为特征,建立与中国特色相对应的政策评价方法体系。

第四节 本书的主要内容和结构

与均值型参数(以 ATE 为代表)相比,异质性参数在计量分析上具有许多与众不同的地方。为了让读者对研究政策效应异质性的基本工具有所了解,本书第二章先介绍了估计随机变量条件分布函数的两种"回归"方法:条件分布回归(CDR)与条件分位数回归(CQR),以及这两种方法之间的联系。在概念上,应用研究者可以将这两种方法看作"均值回归",即 OLS 的推广。除此以外,第二章还介绍了边际处理效应(MTE)的概念。MTE 是诺贝尔经济学奖得主 James J. Heckman 与其合作者对于政策评价计量经济学的重要贡献之一。James J. Heckman 证明了在处理效应模型中,MTE 扮演着"底层结构参数"的角色,即其他所有政策参数均可以表示成 MTE 的某种加权平均。MTE 在政策的反事实效应预测方面发挥着关键作用。同时,估计异质性政策参数往往涉及多步计算,因此算出它的渐近方差绝非易事。使用代入法估计标准差显得力不从心。对这些问题更为现代的处理方式是通过 Bootstrap 获得估计量的标准差,并进行后续的检验推断。第二章第四节介绍了利用 Bootstrap 推断政策参数的一般理论。

第三章是本书的核心部分,介绍了本书作者近年来的主要研究成果:一种分析政策效应异质性的新方法:"因变量条件分位数回归"(OCQR)以及相对应的异质性参数"因变量条件平均偏效应"的估计和推断。提起估计解释变量 X 对因变量 Y 的异质性影响作用,读者首先想到的是分位数回归模型(QR)。QR 可以帮助研究者了解在扰动项条件分布的不同位置上,X 对 Y 产生的异质性影响作用。但是,QR 模型中系数的解释依赖于不可观察扰动项的具体含义,这使得 QR 系数的经济学意义并不总是那么清晰。第三章提出的 OCQR 克服了这一问题:它能够直接识别并估计因变量位于其无条件分布的某一分位点(或区间)时,解释变量对因变量的平均边际影响。OCQR 不仅能够刻画解释变量对因变量的异质性影响，并且在某些场合下，该方法比 QR 具有更为清晰的经济学解释。

第三章篇幅较长，根据内容层次可分为前后紧密相联的两部分。第一节至第四节为前半部分，在线性随机系数模型设定下讨论了 OCQR 的估计、推断和应用。线性随机系数模型可以看成研究者所熟悉的多元线性回归模型的自然推广，具有理解和使用方便的特点。为了使读者尽快理解 OCQR 的应用场景，我们采用 OCQR 分析了两个其他计量分析方法难以回答的问题：(1) 最低工资标准上调是否有助于缩小收入差距？(2) 房价上涨对不同消费水平家庭消费的影响作用。

第三章第五节起，我们进一步讨论与 OCQR 有关的、更深层次的理论问题。第五节定义了一个与 OCQR 估计目标含义近似的政策参数，称为"因变量条件平均偏效应"(OAPE)，然后在完全非参数的框架中讨论该参数的识别、估计和推断。第六节将第五节的结果推广到政策变量是内生的情形。第七节讨论如何进一步发挥 OAPE 在政策预测方面的强大功能，利用 OAPE 开展"新政策"效果的预测。第八节研究了 OAPE 和 Firpo et al. (2009) 所提出的无条件分位数回归(UQR)之间的联系和区别。第九节建立了 OAPE 的双稳健矩条件，并推导了 OAPE 的半参数效率界。

"政策效应异质性分析"的内涵并不仅限于估计政策的分位数处理效应与分布处理效应。第四、五章展示了异质性参数在分析中国劳动力市场问题中的作用。第四章将异质性政策效应分析框架运用于劳动经济学中的"工资分解"问题。Oaxaca(1973) 和 Blinder(1973) 提出的均值分解方法(OB 分解)能够将两组人群工资均值的差异分解成禀赋效应和结构效应。OB 分解方法的优势在于分解步骤简便，缺点在于仅从"均值"视角无法全面刻画工资分布整个形状的改变及原因。于是文献中开始出现"工资分布分解"方法，这可以看成"异质性政策效应参数"在工资分解文献中的延伸与应用。第四章提出一种新的"反事实"分布分解方法，用于分析不同收入水平人群的收入增长变动趋势及影响因素。与传统 OB 分解只能对整体人群的收入均值差异进行分解不同，新方法能够对收入位于给定范围内人群的收入差异进行分解，故称为因变量条件(Outcome Conditioned, OC)分解。与 Firpo et al. (2018) 提出的 RIF 分解相比，OC 分解的最大特点是能够控制个体在考察初期的"反事实"收入水平，故更适用于分析不同收入阶层人群收入增长和不平等的演变与成因。我们深入讨论了 OC 分解与 RIF 分解的区别,研究了 OC 分解中各项的识别和估计,并给出了各效应分解到每一个单独解释变量的表达式。接着,基于 2010—2018 年中国家庭追踪调查(CFPS)数据,我们利用新提出的 OC 分解考察了近十年来经济发展所带来的不同收入阶层收入增长趋势及异质性特征。

第五章利用边际处理效应(MTE)的概念研究了 1999 年中国高等教育扩招对人力资本积累的异质性影响。一般认为,接受高等教育总是可以提升人力资本,使个人在劳动力市场上获得更高的工资。第五章回答这样一个问题:提高大学录取率是否总能提升全社会的平均人力资本?这一问题中,研究者感兴趣的因变量是个人工资,核心解释变量是每个人在选择读大学时的录取率。倘若这些变量都可以在个人层面观测到充分的变化,那么采用线性回归就可以轻松研究以上问题。然而,大学录取率是一个宏观层面的变量,同一年龄段的人在选择读大学时期(18 岁左右)面临几乎相同的大学录取率。为了使用微观数据准确估计录取率对个人收入的影响,本章创新性地构造了"政策边际强度"这一参数,用于刻画当其他因素不变时,仅仅提高政策实施力度对于因变量平均值的边际影响。在较弱的条件下,我们证明了政策边际强度等价于边际处理效应在某些特定值上的估值。既然对于边际处理效应的估计和推断,文献中已有成熟的方法可借鉴,因此政策边际强度亦可被估计。通过估计政策边际强度这一新参数,我们发现,扩招政策的边际影响随着录取率的提高而下降,在某些特定的录取率下甚至为负。在这种情况下,进一步提高大学录取率对人力资本积累的益处已微乎其微。而对广大家长和考生而言,上大学并不总会带来更高的人力资本回报,因此接受高等教育并非通向成功的唯一选择。

当政策变量是内生时,如何在不依靠工具变量的前提下,识别出政策的分布效应?第六章研究如何利用断点回归设计框架估计内生政策的分位数处理效应,并用提出的方法研究了退休对中国家庭消费的影响作用。为了识别内生政策的分布效应,我们要求 Y(潜因变量)方程中的扰动项在受政策干预与不受干预时具有相同的分布函数。此类条件称为"秩相似"(rank similarity),最早由 Chernozhukov et al. (2005)提出,并用于工具变量分位数回归模型估计中。在研究退休对消费影响这一问题中,"秩相似"条件要求不可观测的家庭消费偏好(的分布)在退休前后保持不变。

基于2002—2009年中国城镇调查微观数据(UHS),我们的实证研究发现中国家庭的各类非耐用品消费在退休后均有不同程度下降。这与"生命周期假说"矛盾,提示"退休—消费之谜"在中国似乎存在。接着,本章从一个新的视角再次审视"退休—消费之谜",即检验退休前后家庭消费观念、偏好是否发生显著改变。在中国,男性收入高于女性,这使得男性退休前掌握家庭话语权。退休后,丈夫收入下降,话语权从丈夫向妻子转移。由于妻子通常比丈夫寿命更长,其更愿意储蓄,因此话语权的转移可能导致家庭消费偏好发生改变。由于家庭话语权偏好一般难以直接度量,因此需要检验U_1和U_0的分布是否发生显著改变。在估计QTE的基础上,第六章提出了一种检验U_1和U_0的分布在断点附近是否相同的方法。检验后发现退休前后居民的非耐用品消费偏好没有发生显著改变。这表明,从不可观测的消费偏好视角来看,中国的家庭消费仍然具有平滑特征,这支持了生命周期假说。

本书可供从事社会科学实证研究的研究生、教师、科研工作者了解政策评价计量经济学前沿理论方法之用,亦可作为经济学、管理学、社会学等相关专业开设研究生级别计量经济学课程的教材或参考书。

本章参考文献

[1] [韩]李明宰. 匹配、断点回归、双重差分及其他. 朱保华等译. 上海:格致出版社,2021.

[2] 邱嘉平. 因果推断实用计量方法. 上海:上海财经大学出版社,2020.

[3] [意]乔万尼·赛鲁利. 社会经济政策的计量经济学评估:理论与应用. 邱俊鹏译. 上海:格致出版社,2020.

[4] 杨沫,王岩. 中国居民代际收入流动性的变化趋势及影响机制研究. 管理世界,2020,36(03):60-76.

[5] 姚东旻. 因果推断初步:微观计量经济学导论. 北京:清华大学出版社,2022.

[6] 周亚虹,张征宇. 现代计量经济学导论. 北京:高等教育出版社,2023(待出版).

[7] Angrist J D, Pischke J S. *Mostly Harmless Econometrics: An Empiricist's Companion*. New Jersey: Princeton University Press, 2009.

[8] Athey S, Wager S. Policy Learning With Observational Data. *Econometrica*, 2021, 89(1):133-161.

[9] Blinder A S. Wage Discrimination: Reduced Form and Structural Estimates. The Journal of Human Resources, 1973, 8(4):436-455.

[10] Chernozhukov V, Hansen C. An IV Model of Quantile Treatment Effects.

Econometrica, 2005, 73(1): 245-261.

[11] Fan Y, Yi J, Zhang J. Rising Intergenerational Income Persistence in China. American Economic Journal: Economic Policy, 2021, 13(1): 202-230.

[12] Firpo S, Fortin N M, Lemieux T. Unconditional Quantile Regressions. Econometrica, 2009, 77(3): 953-973.

[13] Firpo S, Fortin N M, Lemieux T. Decomposing Wage Distributions Using Recentered Influence Function Regressions. Econometrics, 2018, 6(2): 28.

[14] Heckman J J, Vytlacil E J. Econometric Evaluation of Social Programs, Part I-III. Handbook of Econometrics, Vol. 6, Amsterdam: Elsevier, 2007: 4779-5303.

[15] Oaxaca R. Male-Female Wage Differentials in Urban Labor Markets. International Economic Review, 1973, 14(3): 693-709.

[16] Solon G. Intergenerational Income Mobility in the United States. The American Economic Review, 1992, 82(3), 393-408.

第二章 异质性政策效应的常用分析工具

第一节 引　　言

在讨论具体的政策效应异质性参数以及它们的应用之前，本章介绍研究和理解这些参数所需的基础知识。

与均值型参数不同，异质性参数着力刻画政策的分布效应以及政策在不同子人群上产生效果的差异性，因此研究它们需要对"多个随机变量"之间的概率关系进行建模。我们首先在第二节引入估计随机变量条件分布函数（Conditional Distribution Function，CDF）的两种"回归"方法：条件分布回归（Conditional Distribution Regression，CDR）与条件分位数回归（Conditional Quantile Regression，CQR）。应用研究者可以将这两种方法看作"均值回归"，即 OLS 的推广。国内出版的研究生水平的计量经济学教材大多已对分位数回归做了一定介绍，因此本节重点讨论近年来在政策评价计量经济学文献中广泛使用的 CDR 方法，以及该方法与 CQR 之间的联系和区别。

第三节介绍边际处理效应（Marginal Treatment Effect，MTE）的概念以及它在因果推断模型中的应用。MTE 是诺贝尔经济学奖得主 James J. Heckman 与其合作者对于政策评价计量经济学的重要贡献之一。James J. Heckman 在他的一系列论文中论证了这样一个事实：在政策变量取值 0—1 的处理效应模型中，MTE 扮演着"底层结构参数"的角色，即其他所有政策参数（包括 ATE, ATET, LATE, PRTE 等）均可以表示成 MTE 的某种加权平均。更为重要的是，MTE 在政策的反事实效应预测方面发挥着关键作用。沿用这一想法，本书第三章第七节建立了一个适用于连续政策处理效应模型的"边际处理效应"参数，并说明如何用它来预测新政策产生的异质性效果。另外，本书第五章研究了如何利用 MTE 来预测政策实施力度的调整（例如大学入学率的提高）对于感兴趣因变量(个人收入)的平均边际影响。这些都可以看成是 MTE 所蕴含的思想在实际问题中的运用。

估计异质性政策参数往往涉及多步运算,因此计算它的渐近方差绝非易事。另外,有关异质性参数的一类重要检验是:"政策对不同子人群产生的效果是不是一个常数?"在分位数回归中,这等价于检验 $\beta(\tau_1)=\beta(\tau_2)$ 对于任意的 $\tau_1, \tau_2 \in (0, 1)$ 都成立。像这样的检验无法依靠 t 检验实现,而需要将 $\hat{\beta}(\tau)$ 视作 τ 的函数并得到它的一致极限分布(高斯过程)。要计算异质性参数的渐近方差,并完成各种统计检验,常用的代入法已显得力不从心。对这些问题更为现代的处理方式是通过 Bootstrap 来进行。本章第四节介绍了利用 Bootstrap 推断政策参数的一般理论,并提供了若干实例。除此以外,本书第六章在断点回归模型中估计出分位数处理效应之后,也是借助 Bootstrap 进行统计推断。因此可以说,Bootstrap 是研究政策评价计量经济学的重要工具。

第二节　条件分布回归和条件分位数回归

在估计政策参数之前,首先需要研究参数的识别(identification)问题。我们称参数 θ 可识别,是指在一定的条件下(也称为关键性识别假设,例如要求政策条件独立于扰动项(unconfoundedness)、工具变量条件独立于扰动项等),θ 可以表示成可观测变量联合分布(joint distribution)某种形式的泛函(functional)。由于随机向量的联合分布可以写成条件分布(CDF)的积分(期望),因此估计政策参数时往往需要涉及 CDF 的估计。

为说明联合分布和 CDF 之间的关系,考虑一个数值例子:假设 (X, Y) 是二维连续随机变量,取值范围都是 $(-\infty, +\infty)$。则对于任意的 $(a, b) \subset \mathbf{R}^2$,利用条件概率的性质:

$$F_{YX}(a, b) = P(Y<a, X<b) = P(Y<a \mid X<b) P(X<b).$$

$P(Y<a \mid X<b)$ 可以进一步写成条件分布函数 $F_{Y|X}(y \mid x)$ 的泛函,即

$$\begin{aligned} P(Y<a \mid X<b) &= E(1\{Y<a\} \mid X<b) \\ &= \int 1\{y<a\} f(y \mid X<b) \mathrm{d}y \\ &= \frac{\int 1\{y<a\} f(y, X<b) \mathrm{d}y}{P(X<b)} \end{aligned}$$

$$=\frac{\int 1\{y<a\}\int_{-\infty}^{b}f(y,x)\mathrm{d}x\mathrm{d}y}{P(X<b)}$$

$$=\frac{\int 1\{y<a\}\int_{-\infty}^{b}f(y\mid x)f(x)\mathrm{d}x\mathrm{d}y}{P(X<b)}$$

$$=\frac{\int_{-\infty}^{b}E(1\{y<a\}\mid X=x)f(x)\mathrm{d}x}{P(X<b)},$$

其中，$f(y, X<b)$ 表示概率 $P(Y=y, X<b)$，最后一个等号交换了积分次序。因此

$$F_{YX}(a,b)=\int_{-\infty}^{b}E(1\{y<a\}\mid X=x)f(x)\mathrm{d}x$$

$$=\int_{-\infty}^{b}F_{Y\mid X}(a\mid x)f(x)\mathrm{d}x.$$

这说明联合分布函数 $F_{YX}(a,b)$ 可以表示成 CDF $F_{Y\mid X}(a\mid x)$ 的加权平均。

在实际应用中，CDF 有四种常见的估计方式：(1)使用条件分位数回归(CQR)估计；(2)使用条件分布回归(CDR)估计；(3)使用核函数方法加以估计；(4)使用 sieve 或者更加复杂的机器学习方法（例如 Lasso）加以估计。其中第四种方式超过了本书讨论的范围（此项内容放到讨论高维估计或者机器学习的专著中更为合适）。第三种估计方式受限于条件变量 X 维数过高而导致的维数诅咒问题。第一种 QR 方法已在现有的教材中得到了一定程度的讨论。有鉴于此，本节重点介绍近年来由 Chernozhukov et al. (2013) 所提出的 CDR 方法，并讨论这一方法与 CQR 之间的联系。我们首先举两个例子，说明异质性政策参数的识别和估计经常会用到 CDF。

例 2.2.1　（分布处理效应，Distributional Treatment Effect，DTE）

Firpo(2007)考虑了当政策满足条件外生性，也称"依可观测变量选择"(select on observables)时，DTE 的识别和估计。假设数据生成过程服从

$$Y=m(D,X,U), \tag{2.2.1}$$

其中，D 是一个取值 0—1 的二元变量，$D=1$ 表示个体受到政策干预。研究者感兴趣的参数是不可观测潜因变量 $Y_1=m(1,X,U)$ 的分布函数

和 $Y_0 = m(0, X, U)$ 分布函数之间的水平差异，即

$$DTE(y) = F_1(y) - F_0(y). \tag{2.2.2}$$

其中，$F_d(y) = P(Y_d < y)$，$d = 0, 1$。$DTE(y)$ 能够全面反映当其他因素不变时，政策干预对因变量的分布函数带来的影响。为了让式(2.2.2)有良好定义，y 须取值于 Y_1 和 Y_0 支撑集的交集上。现在考虑在条件独立性假设

$$D \perp U \mid X \tag{2.2.3}$$

之下 $DTE(y)$ 的识别。注意到

$$\begin{aligned}
F_Y(y \mid 1, x) &= P(Y < y \mid D = 1, X = x) \\
&= P(m(1, x, U) < y \mid D = 1, X = x) \\
&= P(m(1, x, U) < y \mid X = x) \\
&= P(m(1, X, U) < y \mid X = x) \\
&= P(Y_1 < y \mid X = x).
\end{aligned}$$

其中，第1个等号来自分布函数定义，第2个等号来自数据生成过程，第3个等号因为式(2.2.3)，第4、5个等号依然来自数据生成过程。根据以上推理，

$$F_1(y) = \int P(Y_1 < y \mid X = x) \mathrm{d}F_X(x) = \int F_Y(y \mid 1, x) \mathrm{d}F_X(x).$$

同理，

$$F_0(y) = \int P(Y_0 < y \mid X = x) \mathrm{d}F_X(x) = \int F_Y(y \mid 0, x) \mathrm{d}F_X(x).$$

因此

$$DTE(y) = \int F_Y(y \mid 1, x) \mathrm{d}F_X(x) - \int F_Y(y \mid 0, x) \mathrm{d}F_X(x). \tag{2.2.4}$$

以上推理表明，在"依可观测变量选择"假设式(2.2.3)下，DTE 是两个条件分布函数 $F_Y(y \mid 1, x)$ 和 $F_Y(y \mid 0, x)$ 关于 x 的积分之差。因此在估计 DTE 的过程中，对 $F_Y(y \mid 1, x)$ 和 $F_Y(y \mid 0, x)$ 的估计起着至关重要的作用。

例 2.2.2 （因变量条件平均偏效应，Outcome Conditioned Average

Partial Effect, OAPE)

假设数据生成过程服从

$$Y = m(D, X, U),$$

其中，D 是一个连续取值的政策变量。本书第三章定义了一个新的异质性政策参数，称为"因变量条件平均偏效应"：

$$\theta(y_1, y_2) = E(\partial_D m(D, X, U) \mid y_1 < Y < y_2). \quad (2.2.5)$$

其中，$\partial_D m(\cdot,\cdot,\cdot)$ 表示 $m(\cdot,\cdot,\cdot)$ 关于第一个分量 D 求偏导。$\theta(y_1, y_2)$ 度量了"对于可观测因变量 Y 的取值位于区间 (y_1, y_2) 中的那些个体，D 的边际变化对这些人的平均净效应"。在实际应用中，当 D 表示个人受教育年数时，$\theta(y_1, y_2)$ 可以反映多接受一年教育对"高收入"和"低收入"人群影响作用的差异性；当 D 表示企业的实际税负（率），Y 是全要素生产率时，$\theta(y_1, y_2)$ 可以反映企业税负的边际变化对全要素生产率不同水平的企业异质性影响作用。

我们在第三章第五节证明了，在非常弱的条件（仅需给定 X，D 和 U 条件独立，以及其他一些技术性假设）下，$\theta(y_1, y_2)$ 等于

$$\theta(y_1, y_2) = \frac{-1}{P(y_1 < Y < y_2)} E\left(\partial_D \int_{y_1}^{y_2} F(y \mid D, X) \mathrm{d}y\right), \quad (2.2.6)$$

其中，$F(y \mid d, x)$ 是 Y 给定 $D=d$，$X=x$ 的条件分布函数。进一步地，第三章第六节还证明了，当 D 具有内生性（即给定 X，D 和 U 依然相关）时，

$$\theta(y_1, y_2) = \frac{-1}{P(y_1 < Y < y_2)} E\left(\partial_D \int_{y_1}^{y_2} F_{Y \mid D X \widetilde{V}}(y \mid D, X, \widetilde{V}) \mathrm{d}y\right), \quad (2.2.7)$$

其中，$\widetilde{V} = F_{D \mid ZX}(D \mid Z, X)$，$\widetilde{V}$ 起到控制函数的作用，Z 是工具变量。注意到式(2.2.7)中出现了两个 CDF：$F_{D \mid ZX}(d \mid z, x)$ 和 $F_{Y \mid DX \widetilde{V}}(y \mid d, x, \widetilde{v})$。上述例子充分说明了条件分布函数在估计政策参数中的重要地位。

下面我们讨论如何估计 $F_{Y \mid X}(y \mid x)$。Chernozhukov et al. (2013) 提出的条件分布回归（CDR）将 $F_{Y \mid X}(y \mid x)$ 设成如下灵活参数（flexible parametric）形式：

$$F_{Y|X}(y \mid x) = \Lambda(P(x)'\beta(y)) \qquad (2.2.8)$$

其中，$\Lambda(\cdot)$ 称为链接函数（link function）。常见的链接函数包括标准正态分布和 Logistic 分布函数，以及其他任何连续随机变量的分布函数。由于 $\Lambda(\cdot)$ 的值域始终保持在 0 和 1 之间，因此即使 $P(x)'\beta(y)$ 的取值范围是 $(-\infty, +\infty)$，式（2.2.8）等号两边都能保持在 $(0, 1)$ 中（因此等号有望成立）。$P(x)$ 表示由 x 各分量构成的基函数向量。例如，当 X 包含两个分量，即 $X = (X_1, X_2)$ 时，则 $P(x)$ 可以是 $(1, x_1, x_2, x_1 x_2, x_1^2, x_2^2)$ 以及由更高次项构成的向量。将 CDF 设置成式（2.2.8）的逻辑在于：每次固定 $y \in S_Y$ 时，$\Lambda^{-1}(F_{Y|X}(y \mid x))$ 是 x 的某个性质良好的非线性函数。如果非线性函数 $\Lambda^{-1}(F_{Y|X}(y \mid x))$ 可以表示成基函数 $P(x)$ 的一个线性逼近，即当 $P(x)$ 包含足够多项时，存在 $\beta(y)$，使得下式成立：

$$E\{\Lambda^{-1}(F_{Y|X}(y \mid X)) - P(X)'\beta(y)\}^2 \to 0.$$

那么我们就能用 $\Lambda(P(x)'\beta(y))$ 无限逼近 $F_{Y|X}(y \mid x)$。

为进一步理解 CDR 的工作原理，假设数据生成过程服从

$$Y = m(X, U),$$

其中，$m(x, u)$ 关于 u 严格单调增加，且 X 和 U 互相独立。记 $\eta(x, y)$ 是 $m(x, u)$ 关于 u 的反函数。注意到

$$\begin{aligned} F_{Y|X}(y \mid x) &= P(Y < y \mid X = x) = P(m(x, U) < y \mid X = x) \\ &= P(U < \eta(x, y) \mid X = x) = P(U < \eta(x, y)) \\ &= F_U(\eta(x, y)). \end{aligned}$$

其中，$F_U(\cdot)$ 是 U 的边际分布函数。以上推导表明：CDR 能够较好估计 $F_{Y|X}(y \mid x)$ 的一个充分条件是：估计时使用 $F_U(\cdot)$ 作为链接函数，且 $P(x)'\beta(y)$ 能够很好地逼近 $\eta(x, y)$。

当 X 的取值范围是有限个数值时，即 $X \in \{a_1, \cdots, a_m\}$ 时，令 $P(X) = (1\{X = a_1\}, 1\{X = a_2\}, \cdots, 1\{X = a_m\})'$，则必定存在唯一的 $\beta(y)$ 使得

$$\Lambda^{-1}(F_{Y|X}(y \mid X)) = P(X)'\beta(y),$$

即

$$F_{Y|X}(y \mid X) = \Lambda(P(X)'\beta_y).$$

为理解这一点,考虑一个极端的情形:X是一维,且只能取值 0—1。令 $P(X) = (1\{X = 1\}, 1\{X = 0\})'$,令 $\beta(y) = [\Lambda^{-1}(F_{Y|X}(y \mid 1)), \Lambda^{-1}(F_{Y|X}(y \mid 0))]'$,则必定成立

$$\Lambda^{-1}(F_{Y|X}(y \mid X)) = P(X)'\beta(y).$$

如果式(2.2.8)的设定正确,则$\beta(y)$的估计量是:

$$\hat{\beta}(y) = \arg\max_{b} \sum_{i=1}^{n} 1\{Y_i \leqslant y\} \ln \Lambda(P(X_i)'b) + $$
$$1\{Y_i > y\} \ln[1 - \Lambda(P(X_i)'b)]. \quad (2.2.9)$$

估计量式(2.2.9)在形式上与极大似然估计(MLE)非常类似。这并不意外,因为式(2.2.8)可以写成一个条件概率模型:

$$P(Y < y \mid X = x) = \Lambda(P(x)'\beta(y)).$$

同时,式(2.2.9)也说明计算 CDR 估计量时所采用的程序与估计二元选择模型(probit 或 logit)极大似然估计量的程序是一样的。除此以外,可以将式(2.2.8)写成一个条件均值模型:

$$E(1\{Y < y\} \mid X = x) = \Lambda(P(x)'\beta(y)).$$

因此也可以通过非线性最小二乘法(nonlinear OLS)估计$\beta(y)$:

$$\hat{\beta}(y) = \arg\min_{b} \sum_{i=1}^{n} \{1\{Y_i \leqslant y\} - \Lambda(P(X_i)'b)\}^2$$

下面我们讨论 CDR 和 CQR 之间的关系。Koenker(2005), Koenker et al.(1978)提出的 CQR 可以看成是 CDR 的对偶模型。与 CDR 对 CDF 进行建模不同,CQR 直接针对条件分位数函数$Q_{Y|X}(\tau \mid x)$进行建模,即设定

$$Q_{Y|X}(\tau \mid x) = P(x)'\gamma(\tau). \quad (2.2.10)$$

当$P(x) = x$时,就是通常的分位数回归。若式(2.2.10)的设定正确,则$\gamma(\tau)$的一个一致估计量是:

$$\hat{\gamma}(\tau) = \arg\min_{\gamma} \sum_{i=1}^{n} \rho_{\tau}(Y_i - P(X_i)'\gamma)$$

其中$\rho_{\tau}(u) = (\tau - 1(u < 0))u$被称为 check 函数。估计出了$\hat{\gamma}(\tau)$后,

$$\hat{Q}_{Y|X}(\tau \mid x) = P(x)'\hat{\gamma}(\tau).$$

在此基础上,我们也可以从条件分位数出发推出 CDF:

$$\hat{F}_{Y|X}(y \mid x) = \int_{u \in (0,1)} 1\{P(x)'\hat{\gamma}(u) < y\} \mathrm{d}u.$$

我们已经说明,无论从 CDR 出发还是从 CQR 出发,都可以获得 CDF 的估计。在实际应用中,研究者关心的问题是:当使用 CDR 和 CQR 两种方式估计同一个分布函数 $F_{Y|X}(y \mid x)$ 时,两者具有何种区别及联系?

第一,一般来说,分别采用 CDR 与 CQR 估计同一组样本对应的 CDF 时难以得到完全相同的结果。这是因为 $Q_{Y|X}(\tau \mid x) = P(x)'\gamma(\tau)$ 与 $F_{Y|X}(y \mid x) = \Lambda(P(x)'\beta(y))$ 这两个对数据生成过程的设定(约束)并不总是兼容。为说明这一点,仍然考虑 X 只包含一个取值 0—1 的随机变量情形。令 $P(X) = (1\{X=1\}, 1\{X=0\})$。根据 CDF 和条件分位函数互为反函数的关系,$Q_{Y|X}(F_{Y|X}(y \mid x) \mid x) = y$ 必须对任意的 x, y 都成立,因此只有当

$$P(x)'\gamma(\Lambda(P(x)'\beta(y))) = y.$$

对于任意的 x, y 都成立时,CQR 和 CDR 才能得到互为一致的估计结果。设 $\gamma(\tau) = (\gamma_1(\tau), \gamma_2(\tau))$,$\beta(y) = (\beta_1(y), \beta_2(y))$。上式等价于 $\gamma_1(\Lambda(\beta_1(y))) = y$ 且 $\gamma_2(\Lambda(\beta_2(y))) = y$ 对任意的 y 都成立。这一例子说明:即使在最简单的情形下,CDR 和 CQR 想要得到互为一致的估计结果,也须满足一定的条件。

第二,采用 CDR 估计 CDF 时,不仅适用于 Y 是连续取值的情形,也适用于 Y 是离散,以及删尾(censoring)取值的情形。在实证研究中,离散型与删尾型因变量出现的频率非常之高。例如受最低工资法令约束的劳动者工资、每周工作小时数、家庭在购买汽车等耐用品上的支出金额往往具备删尾特征。CDR 之所以对离散与删尾型因变量具有稳健性,是因为它的目标函数式(2.2.9)中 $1\{Y_i \leqslant y\}$ 成分所具有的特点。与此不同,CQR 只能适用于 Y 是连续取值的情形,这是因为 CQR 模型数据生成过程 $Y = Q_{Y|X}(\tau \mid X)$ 中,$Q_{Y|X}(\tau \mid X)$ 关于 τ 严格单调递增,且 τ 在 $(0, 1)$ 上连续变化。

第三,由于当 (Y, X) 可观测时,CDF 和 CQF 都是非参数可识别的。例如,假设 X 是离散取值的,CDF 总是可以通过以下核函数方法估计:

$$F_{Y|X}(y \mid x) = \frac{\sum_{i=1}^{n} 1\{Y_i < y\} 1\{X_i = x\}}{\sum_{i=1}^{n} 1\{X_i = x\}}. \quad (2.2.11)$$

由于式(2.2.11)的成立不需要对 CDF 施加任何函数形式的限制，因此研究者可以通过比较式(2.2.11)与从 CDR 或 CQR 出发算得的 CDF 估计值之间的差异(是否显著)来检验像 $F_{Y|X}(y \mid x) = \Lambda(P(x)'\beta(y))$ 这样的参数化假设是否正确。因此，无论 CDR 还是 CQR 模型，均可以通过实际数据加以检验。Rothe et al.(2012)提供了一个判别条件分布函数设定是否正确的检验。当 CDF 函数形式设定正确(未拒绝)时，采用 CDR 或 CQR 估计 CDF 的好处在于：不受 X 变量个数导致的维数灾难影响，同时系数收敛速度可以达到 $\sqrt{n}$；而核函数估计的收敛速度较慢。

第四，当样本容量足够大，$P(x)$ 包含的成分足够丰富时，CDR 与 CQR 均能很好地逼近真实的 CDF。原则上说，在没有任何有关 CDF 函数形式的事前信息时，两种方法估计 CDF 的"准确度"难分高下。但是，在某些情况下，使用其中一种方法具有相对优势。当 Y 表示个人工资时，由于最低工资法令的限制，一部分个体的工资观测值堆积在整个人群工资分布的最左端，此时采用 CDR 估计工资的条件分布效果会更好。另外，由于分位数回归模型 $Y = Q_{Y|X}(U \mid X)$ 天然地要求 Y 关于扰动项 U 严格单调递增。因此如果研究者知道 Y 的生成过程关于扰动项严格单调，则使用 CQR 的估计效果会更好。Chernozhukov et al.(2013)的附录提供了一个详细的比较 CDR 和 CQR 数值模拟效果的分析。

第三节 边际处理效应(MTE)及其应用

与研究者熟悉的平均处理效应(ATE)和处理组平均处理效应(ATET)相比，边际处理效应(Marginal Treatment Effect, MTE)是一个相对更为"微观"的政策参数。本节介绍 MTE 的定义、识别和估计方法。我们还讨论了 MTE 和其他政策参数之间的关系。

考虑一个政策变量 D 取值 0—1 的模型。个体受到和未受到政策干预时的潜在因变量分别是：

$$Y_1 = m_1(X, U_1),$$
$$Y_0 = m_0(X, U_0). \quad (2.3.1)$$

研究者观测不到 Y_1 和 Y_0，但可以观测到 $Y=DY_1+(1-D)Y_0$，其中 D 的生成过程是：

$$D=1\{\eta(X,Z)>V\}. \qquad (2.3.2)$$

其中，Z 是工具变量(不进入 Y_1 和 Y_0 的方程)，且独立于 (U_1,U_0,V)（工具变量外生性）。式(2.3.1)、(2.3.2)中的 $m_1(\cdot)$，$m_0(\cdot)$ 和 $\eta(\cdot)$ 函数形式均未知。研究者可以观测到 (Y,D,X,Z) 的一个独立同分布抽样。

对于以上模型，研究者熟悉的政策参数包括以下几种：

平均处理效应(ATE)	$ATE=E(Y_1-Y_0)$
处理组平均效应(ATET)	$ATET=E(Y_1-Y_0\mid D=1)$
条件平均处理效应(CATE)	$ATE(x)=E(Y_1-Y_0\mid X=x)$
局部平均处理效应(LATE)	$LATE=E(Y_1-Y_0\mid D_1>D_0)$

其中，$D_z=1\{\eta(X,z)>V\}$，$z=0,1$。与以上参数不同，在 James J. Heckman 与其合作者的一系列论文(Heckman and Vytlacil, 2007, 2005, 2001, 1999)中，定义了一个比上述参数更为"微观"的参数，称为边际处理效应(MTE)：

$$MTE(x,v)=E(Y_1-Y_0\mid X=x,V=v). \qquad (2.3.3)$$

从式(2.3.3)形式上看，MTE 反映了政策对具有个体特征 $X=x$，且选择方程扰动项取值等于 v 的"子人群"产生的平均处理效应。从选择方程式(2.3.2)的意义来看，给定 (X,Z)，当 V 趋于 $-\infty$（或取值很小）时，个体参与政策($D=1$)的概率非常高；反之，当 V 趋于 $+\infty$ 时，个体不参与政策($D=0$)的概率非常高。因此，V 反映了不可观测的、个体参与政策(选择进入 $D=1$ 这一状态)的潜在倾向(propensity)。较大的 V 值对应着具有较低政策参与倾向的个体，较小的 V 值对应着具有较高政策参与倾向的个体。

在正式讨论 MTE 的识别、估计以及它的各种应用之前，我们首先说明选择方程扰动项 V 总是可以正则化为一个服从 $(0,1)$ 上均匀分布的随机变量(这意味着 V 的取值范围至多是 $(0,1)$)。设 V 是一个连续的随机变量，其给定 X 的条件分布函数是 $F_{V|X}(v\mid x)$。$F_{V|X}(v\mid x)$ 关于 v 严格单调递增。式(2.3.2)等价于

$$D = 1\{F_{V|X}(\eta(X, Z) \mid X) > F_{V|X}(V \mid X)\}.$$

记 $\tilde{\eta}(X, Z) = F_{V|X}(\eta(X, Z) \mid X)$，$\tilde{V} = F_{V|X}(V \mid X)$。式(2.3.2)也可以写成

$$D = 1\{\tilde{\eta}(X, Z) > \tilde{V}\},$$

且 $\tilde{V}$ 给定 X 的条件分布是 $(0, 1)$ 上的均匀分布。证明过程如下：对于任意的 $a \in (0, 1)$，

$$\begin{aligned}P(\tilde{V} < a \mid X = x) &= P(F_{V|X}(V \mid x) < a \mid X = x) \\ &= P(V < F_{V|X}^{-1}(a \mid x) \mid X = x) \\ &= F_{V|X}(F_{V|X}^{-1}(a \mid x) \mid x) = a.\end{aligned}$$

因此，在今后推导中，我们将直接使用 V 服从均匀分布这一性质。

3.1　MTE 的识别和估计

假设 2.3.1　$Z \perp (U_1, U_0, V) \mid X.$

假设 2.3.1 要求 Z 满足条件外生性。在此条件下，

$$\begin{aligned}P(D = 1 \mid X = x, Z = z) &= P(V < \eta(x, z) \mid X = x, Z = z) \\ &= P(V < \eta(x, z) \mid X = x) = \eta(x, z),\end{aligned}$$

其中，第 1 个等号来源于 D 的方程；第 2 个等号利用了假设 2.3.1；第 3 个等号利用了 V 服从均匀分布。上述推导表明函数 $\eta(\cdot, \cdot)$ 可识别。记 $\Delta = Y_1 - Y_0$，注意到

$$\begin{aligned}&E(Y \mid X = x, \eta(X, Z) = p) \\ =\ & E(Y_0 \mid X = x, \eta(X, Z) = p) + E(D\Delta \mid X = x, \eta(X, Z) = p) \\ =\ & E(m_0(x, U_0) \mid X = x, \eta(x, Z) = p) \\ & + E(\Delta \mid X = x, \eta(X, Z) = p, D = 1) P(D = 1 \mid X = x, \eta(X, Z) = p) \\ =\ & E(m_0(x, U_0) \mid X = x) \\ & + E(\Delta \mid X = x, \eta(X, Z) = p, V < p) P(V < p \mid X = x, \eta(X, Z) = p) \\ =\ & E(Y_0 \mid X = x) + E(\Delta \mid X = x, V < p) P(V < p \mid X = x) \\ =\ & E(Y_0 \mid X = x) + \frac{\int_{-\infty}^{p} E(\Delta \mid X = x, V = v) \mathrm{d}v}{p} \times p \\ =\ & E(Y_0 \mid X = x) + \int_{-\infty}^{p} MTE(x, v) \mathrm{d}v.\end{aligned}$$

以上第 1 个等号来源于 $Y=Y_0+D\Delta$；第 2 个等号来源于 Y_0 的生成过程，以及全概率公式；第 3 个等号来源于假设 2.3.1 以及 D 的生成过程；第 4 个等号来源于假设 2.3.1；第 5 个等号来源于 V 服从均匀分布。

在上述推导等号两边对 p 求导，得

$$MTE(x, p) = \frac{\partial E(Y \mid X=x, \eta(X, Z)=p)}{\partial p}. \tag{2.3.4}$$

由于 $\eta(\cdot, \cdot)$ 可识别，因此 $E(Y \mid X=x, \eta(X, Z)=p)$ 亦可识别。式 (2.3.4) 同时指出，确保 $MTE(x,p)$ 可识别的 p 的范围受限于 $\eta(X, Z)=P(D=1 \mid X, Z)$ 的取值范围。另外，从式 (2.3.4) 出发，我们可以采用如下步骤估计 $MTE(x,v)$：

第 1 步：利用 $P(D=1 \mid X=x, Z=z)=\eta(x,z)$ 估计 $\eta_i=\eta(X_i, Z_i)$。估计方法可以是核估计或者 probit、logit 回归。记 η_i 的估计量是 $\hat{\eta}_i$。

第 2 步：估计条件均值 $E(Y \mid X=x, \eta=p)$。除了采用核估计，也可以用灵活参数方法估计。假设 $E(Y \mid X=x, \eta=p)$ 是 x 和 p 的某个多项式，例如二次多项式：

$$E(Y \mid X=x, \eta=p) = \beta_0 + \beta_1 x + \beta_2 p + \beta_3 xp + \beta_4 x^2 + \beta_5 p^2.$$

此时 $E(Y \mid X=x, \eta=p)$ 关于 p 的偏导数是：

$$\beta_2 + \beta_3 x + 2\beta_5 p.$$

$\beta=(\beta_0, \cdots, \beta_5)$ 的估计量是：

$$\hat{\beta} = \arg\min_{b} \sum_{j=1}^{n}(Y_i - b_0 - b_1 X_i - b_2 \hat{\eta}_i - b_3 X_i \hat{\eta}_i - b_4 X_i^2 - b_5 \hat{\eta}_i^2)^2.$$

第 3 步：$MTE(x,v)$ 的估计量是：

$$\widehat{MTE}(x,v) = \hat{\beta}_2 + \hat{\beta}_3 x + 2\hat{\beta}_5 v.$$

上述过程说明，当将 $E(Y \mid X=x, \eta=p)$ 设置成 (x,p) 的二次多项式时，MTE 是 (x,v) 的线性函数。如果想要 MTE 具有更加复杂灵活的形式，可以将 $E(Y \mid X=x, \eta=p)$ 设置成更高次多项式。

MTE 的一个重要应用是：通过检验 MTE 是否随 v 变化，可用于判别政策是否具有内生性。这也说明 MTE 能够反映政策效应蕴含的"不可观测异质性"。当给定 X，(U_1, U_0) 和 V 独立（此时政策满足条件外

生性)时,

$$\begin{aligned}MTE(x,v)&=E(Y_1-Y_0\mid X=x, V=v)\\&=E(m_1(x,U_1)-m_0(x,U_0)\mid X=x, V=v)\\&=E(m_1(x,U_1)-m_0(x,U_0)\mid X=x)\\&=E(Y_1-Y_0\mid X=x)=ATE(x).\end{aligned}$$

以上第三个等号用到 $(U_1, U_0) \perp V \mid X$。此时 MTE 仅仅是 x 的函数,不再依赖于 v。以上推导说明,检验 $MTE(x, v)$ 是否随 v 而发生显著变化,等价于检验是否存在个体"自选择"(self-selection)行为。

3.2 MTE 与其他政策参数的关系

James J. Heckman 已经证明,绝大部分政策参数,像 ATE, LATE, ATET 都可以表示成 MTE 的某种加权平均。为便于说明,我们假设 X 不存在。现在选择方程变成

$$D=1\{\eta(Z)>V\}.$$

V 的边际分布是 $(0, 1)$ 上的均匀分布,且 Z 和 (Y_1, Y_0, V) 互相独立。边际处理效应变成

$$MTE(v)=E(Y_1-Y_0\mid V=v).$$

以下所有结论均在条件于 X 之后继续得以保持。首先,ATE 是 MTE 在 $(0, 1)$ 上的等权平均,即

$$ATE=E(Y_1-Y_0)=\int_0^1 E(Y_1-Y_0\mid V=v)\mathrm{d}v=\int_0^1 MTE(v)\mathrm{d}v.$$

(2.3.5)

下面将 ATET 表示成 MTE 的加权平均。首先注意到

$$P(D=1\mid Z=z)=P(V<\eta(z)\mid Z=z)=P(V<\eta(z))=\eta(z),$$

这意味着 $\eta(\cdot)$ 可识别。对于任意的 $p \in (0, 1)$,

$$\begin{aligned}E(Y_1-Y_0\mid D=1, \eta(Z)=p)&=E(Y_1-Y_0\mid \eta(Z)>V, \eta(Z)=p)\\&=E(Y_1-Y_0\mid V<p, \eta(Z)=p)\\&=E(Y_1-Y_0\mid V<p)\\&=\frac{1}{p}\int_0^p MTE(v)\mathrm{d}v.\end{aligned}$$

以上第一个等号来源于选择方程定义,第二个来源于条件概率性质,第三个来源于 Z 和 (Y_1, Y_0, V) 独立,第四个来源于 MTE 的定义以及一些积分变换。记 $\eta(Z_i) = P_i$。因此

$$ATET = E_{P|D=1}(E(Y_1 - Y_0 \mid D=1, P=p))$$
$$= \int_0^1 \frac{1}{p} \int_0^p MTE(v) \mathrm{d}v \mathrm{d}F_{P|D=1}(p). \quad (2.3.6)$$

另外,由于 $\eta(\cdot)$ 可识别,因此 $P = \eta(Z)$ 也可以识别。式(2.3.6)可以看成从 MTE 出发给出了 ATET 的另一识别表达式。

Imbens et al. (1994),Angrist et al. (1996)提出了一种新的"平均处理效应",称为"局部平均处理效应"(Local Average Treatment Effect,LATE),适用于工具变量 Z 同样是取值 0—1 的情形:

$$LATE = E(Y_1 - Y_0 \mid D_1 > D_0),$$

其中,$D_z = 1\{\eta(z) > V\}$ 表示当 $Z=z$ 时,个体的潜在受处理状态。每个人有两个潜在受处理状态,分别是 D_1 和 D_0。研究者只能观测到 $D = ZD_1 + (1-Z)D_0$。LATE 度量了政策对受工具 Z(通常为某种激励措施)影响的子人群产生的平均净效应。在文献中,这一子人群称为遵从者(compliers)。由于 D 只能取值 0—1(利用这一特殊结构),

$$LATE = E(Y_1 - Y_0 \mid D_1 = 1, D_0 = 0)$$
$$= E(Y_1 - Y_0 \mid \eta(1) > V, \eta(0) < V)$$
$$= E(Y_1 - Y_0 \mid \eta(0) < V < \eta(1)).$$

因此,

$$LATE = E(Y_1 - Y_0 \mid D_1 > D_0) = \frac{1}{\eta(1) - \eta(0)} \int_{\eta(0)}^{\eta(1)} MTE(v) \mathrm{d}v.$$
$$(2.3.7)$$

3.3 从 MTE 视角理解断点回归设计(RDD)和拐点回归设计(RKD)

断点回归设计(Regression Discontinuity Design,RDD)是近年来兴起的、一种可以在"没有工具变量"情形下估计内生政策净效应的因果推断方法。假设 (Y_1, Y_0) 的生成过程仍然服从式(2.3.1),但是 D 的生成过程变成

$$D = 1\{\eta(X) > V\}. \tag{2.3.8}$$

与式(2.3.2)不同,式(2.3.8)中不存在排除性工具变量 Z,即所有出现在 D 的方程中的 X,也同时出现在 (Y_1, Y_0) 中。RDD 允许 (X, U_1, U_0, V) 各分量之间任意相关,这使得工具变量估计不再可行。为了识别 D 的净效应,RDD 模型假设 X 中存在一个特殊的分量,称为驱动变量(也称为执行变量),记为 R。个体参与政策的概率在 R 的某一点 r_0 的两侧,发生不连续的跳跃,即:

$$\lim_{r \to r_0^+} P(D=1 \mid R=r) > \lim_{r \to r_0^-} P(D=1 \mid R=r). \tag{2.3.9}$$

在本书第六章中,我们让 R 表示个人的年龄,D 表示这个人是否退休。根据中国现有的退休制度,政府、机关事业单位和国有企业中绝大多数男性职工的退休年龄为 60 周岁,女性职工的退休年龄为 50 周岁。因此可以预计,在这些年龄门槛值前后,个人退休的概率将发生显著变化。利用这一制度特点,本书第六章研究了如何在 RDD 模型中估计政策的分位数处理效应,并用它来估计退休对家庭消费带来的异质性影响。

由于没有排除性工具变量,且 $D=1$ 的概率仅在 $R=r_0$ 发生跳跃,因此通常无法估计出整个人群的平均处理效应。在 RDD 文献中,研究者可以估计的标准参数是:

$$ATE(r_0) = E(Y_1 - Y_0 \mid R = r_0), \tag{2.3.10}$$

即"断点附近个体"的平均处理效应。另一种思考角度也可以帮助我们理解为何 RDD 中仅能识别 $ATE(r_0)$:因为除了 r_0 这一点之外,R 的其他取值并无特殊之处。倘若存在某个 $r \neq r_0$,$ATE(r) = E(Y_1 - Y_0 \mid R = r)$ 可被识别,那么这种识别策略一定可使得每一个 $ATE(r)$ 可识别,从而 $ATE = E(Y_1 - Y_0)$ 可以识别。如果这样,等于说工具变量方法是毫无意义的(不需要 IV 就可以识别内生政策对所有人的净效应)。

Dong(2018)对 RDD 模型可识别的参数与 MTE 之间的关系做了深入论述。Dong 证明了 RDD 模型可识别的参数等于边际处理效应

$$MTE(r_0, v) = E(Y_1 - Y_0 \mid R = r_0, V = v)$$

的某种加权平均。此处,我们借鉴 Dong(2018)的框架,并在推导中加入自己的理解。

为了使推导简化,假设除了 R 以外,不存在其他的控制变量,即数据

生成过程是：
$$Y_1 = m_1(R, U_1),$$
$$Y_0 = m_0(R, U_0),$$
$$D = 1\{\eta(R) > V\}.$$

不失一般性地，总可以假设 V 给定 R 的条件分布是 $(0, 1)$ 上的均匀分布。以下是 RDD 模型的标准假设：

假设 2.3.2 函数 $\eta(r)$ 在除了 $r = r_0$ 以外的其他点上都连续。记 $P(r) = E(D \mid R = r)$，

$$p_+ \stackrel{\triangle}{=} \lim_{r \to r_0^+} P(r) > \lim_{r \to r_0^-} P(r) \stackrel{\triangle}{=} p_-.$$

假设 2.3.3 对于 $d = 0, 1$，用 $F_d(y \mid r, v)$ 表示 Y_d 给定 $R = r$ 和 $V = v$ 时的条件分布函数。$F_d(y \mid r, v)$ 关于 r 连续。

注意到 $E(D \mid R = r) = P(\eta(r) > V \mid R = r) = \eta(r)$，因此 $P(r) = \eta(r)$。假设 2.3.2 要求 $P(r)$ 在除了断点 r_0 以外的其他地方都是连续的。假设 2.3.3 要求潜因变量 Y_d 的条件分布关于 R 是连续的。这些条件都说明除了 $R = r_0$ 以外，R 的值域中的其他点没有"特殊"之处。因此在 RDD 中，通常只能识别定义在 $R = r_0$ 上的参数。记 $G(r) = E(Y \mid R = r)$。注意到

$$\begin{aligned} G(r) &= E(Y_0 + D(Y_1 - Y_0) \mid R = r) \\ &= E(Y_0 \mid R = r) + E(D(Y_1 - Y_0) \mid R = r) \\ &= E(Y_0 \mid R = r) + E(Y_1 - Y_0 \mid R = r, D = 1)P(r) \\ &= E(Y_0 \mid R = r) + E(Y_1 - Y_0 \mid R = r, P(r) > V)P(r) \\ &= E(Y_0 \mid R = r) + \int_0^{P(r)} E(Y_1 - Y_0 \mid R = r, V = v) dv. \end{aligned}$$

以上推导尚未用到假设 2.3.2 和假设 2.3.3。由于 $R = r_0$ 是唯一的"特殊点"，我们考察 $G(r)$ 当 $r \to r_0^+$ 与 $r \to r_0^-$ 时的差异。由假设 2.3.3，$E(Y_0 \mid R = r)$ 和 $E(Y_1 - Y_0 \mid R = r, V = v)$ 关于 r 连续。因此除非 $p_+ = \lim_{r \to r_0^+} P(r) \neq \lim_{r \to r_0^-} P(r) = p_-$，即 $P(r)$ 在 r_0 处不连续，否则

$$\lim_{r \to r_0^+} G(r) = \lim_{r \to r_0^-} G(r).$$

记 G_- 和 G_+ 分别是 $G(r)$ 在 r_0 处的左右极限。当 $p_+ > p_-$ 时，

$$G_+ - G_- = \int_{p_-}^{p_+} E(Y_1 - Y_0 \mid R = r_0, V = v) dv.$$

由于

$$E(Y_1 - Y_0 \mid R = r_0, p_- < V < p_+)$$
$$= \frac{1}{p_+ - p_-} \int_{p_-}^{p_+} E(Y_1 - Y_0 \mid R = r_0, V = v) dv. \quad (2.3.11)$$

因此

$$\frac{G_+ - G_-}{p_+ - p_-} = \int_{p_-}^{p_+} MTE(r_0, v) dv. \quad (2.3.12)$$

注意到 $G(r)$ 和 $P(r)$ 均可识别。式(2.3.12)等号左边 $\frac{G_+ - G_-}{p_+ - p_-}$ 可以看成是将 $1\{R > r_0\}$ 作为工具变量，D 视作内生解释变量，Y 视作因变量的"两阶段最小二乘估计量"。式(2.3.12)说明了在 RDD 模型中，研究者要估计的"平均处理效应"等于边际处理效应的加权平均，其积分上下限等于 $D=1$ 的概率在间断点的左右极限。

RDD 模型充分利用了驱动变量 R 在 r_0 处的选择概率发生跳跃，以此识别 D 的净效应。与此密切相关的另一种因果推断方法称为拐点回归设计(Regression Kink Design, RKD)。与 RDD 不同，RKD 的核心假设是：

假设 2.3.4 函数 $\eta(r)$ 在除了 $r = r_0$ 以外的其他点上都具有连续的导数，

$$p_+ \stackrel{\triangle}{=} \lim_{r \to r_0^+} P(r) = \lim_{r \to r_0^-} P(r) \stackrel{\triangle}{=} p_-. \quad (2.3.13)$$

但是同时成立

$$p'_+ \stackrel{\triangle}{=} \lim_{r \to r_0^+} \frac{\partial P(r)}{\partial r} > \lim_{r \to r_0^-} \frac{\partial P(r)}{\partial r} \stackrel{\triangle}{=} p'_-. \quad (2.3.14)$$

式(2.3.13)意味着选择概率在 r_0 处仍然保持连续；式(2.3.14)意味着选择概率关于 r 的导数在 r_0 处出现了弯折。Dong(2018)举了一个例子：英国精英学校(elite school)根据考试成绩(assignment score)与品德操守(merit)综合决定一个学生是否被录取。当考试成绩低于 540 分时，学生录取概率极低(接近零)；当成绩高于 560 分时，录取概率极高；成绩位于 540 至 560 分之间的学生，主要根据他们的品德操守决定是否录取。

以上录取规则意味着在 $R=540$ 和 $R=560$ 形成了两处入学概率发生剧烈变化的地方。

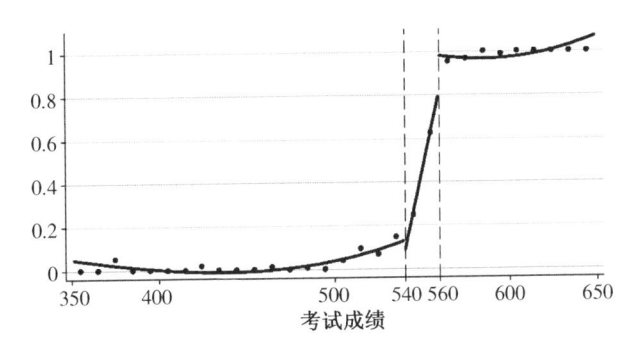

图 2.3.1　考试分数与录取概率之间的函数关系

下面我们说明，在假设 2.3.4 之下，RKD 可以识别的参数等于边际处理效应在拐点处的估值，即

$$MTE(r_0, P(r_0)) = E(Y_1 - Y_0 \mid R = r_0, V = P(r_0)).$$

注意到 RDD 通过比较 $G(r)$ 当 $r \to r_0^+$ 与 $r \to r_0^-$ 时的差异得到式(2.3.12)。在 RKD 中，我们考察 $G'(r)$ 当 $r \to r_0^+$ 与 $r \to r_0^-$ 时的差异：在下式

$$G(r) = E(Y_0 \mid R = r) + \int_0^{P(r)} E(Y_1 - Y_0 \mid R = r, V = v) dv.$$

两边关于 r 求导得到：

$$G'(r) = \frac{\partial E(Y_0 \mid R = r)}{\partial r} + P'(r) E(Y_1 - Y_0 \mid R = r, V = P(r))$$

$$+ \int_0^{P(r)} \frac{\partial E(Y_1 - Y_0 \mid R = r, V = v)}{\partial r} dv.$$

上式等号右边第一项只涉及潜因变量的条件期望（的导数），它连续地依赖于 r；同理，$\dfrac{\partial E(Y_1 - Y_0 \mid R = r, V = v)}{\partial r}$ 也连续地依赖于 r。

$$G'_+ - G'_- = \lim_{r \to r_0^+} G'(r) - \lim_{r \to r_0^-} G'(r)$$
$$= \lim_{r \to r_0^+} P'(r) E(Y_1 - Y_0 \mid R = r, V = P(r)) -$$
$$\lim_{r \to r_0^-} P'(r) E(Y_1 - Y_0 \mid R = r, V = P(r)) +$$

$$\int_{p_-}^{p_+} \frac{\partial E(Y_1 - Y_0 \mid R = r_0, V = v)}{\partial r} \mathrm{d}v$$
$$= (\lim_{r \to r_0^+} P'(r) - \lim_{r \to r_0^-} P'(r)) E(Y_1 - Y_0 \mid R = r_0, V = P(r_0))$$
$$= (p'_+ - p'_-) E(Y_1 - Y_0 \mid R = r_0, V = P(r_0)).$$

因此

$$\frac{G'_+ - G'_-}{p'_+ - p'_-} = E(Y_1 - Y_0 \mid R = r_0, V = P(r_0)) = MTE(r_0, P(r_0)).$$

上述推导说明:(1)在各类处理效应(因果推断)模型中,MTE扮演着"底层结构参数"角色。几乎所有的政策参数都可以表示成MTE的某种加权平均,且权重函数也是已知的(可观测变量的函数)。(2)由于MTE只依赖于潜因变量(Y_1, Y_0)的联合分布,当政策的分配机制(D的分布)改变时,可以认为这一改变对MTE不产生。利用这一性质,我们可以先估计MTE,然后估计新的政策分配机制所对应的权重函数,来预测"新的政策"产生的"反事实"效果。本书第三章第七节考虑了如何在"连续处理效应模型"中利用边际处理效应预测"尚未发生的政策"将会产生的效果。本书第五章利用MTE预测了1999年大学扩招政策实施力度的"反事实"改变对人们平均工资的影响。这些都可以看成是MTE的思想在实际问题中的运用。

第四节 异质性政策参数推断的一般理论:Bootstrap方法

在估计政策参数,尤其是异质性参数时,往往涉及多步运算。例如,在估计本章第二节例2.2.2中的参数(内生政策的因变量条件平均偏效应)

$$\theta(y_1, y_2) = \frac{-1}{P(y_1 < Y < y_2)} E\left(\partial_D \int_{y_1}^{y_2} F_{Y|DX\widetilde{V}}(y \mid D, X, \widetilde{V}) \mathrm{d}y\right)$$

时,需要经过以下五步:(1)估计控制函数$\widetilde{V} = F_{D|ZX}(D \mid Z, X)$;(2)估计条件分布函数$F_{Y|DX\widetilde{V}}(y \mid D, X, \widetilde{V})$;(3)对$F_{Y|DX\widetilde{V}}(y \mid D, X, \widetilde{V})$关于$D$求导再关于$y$积分;(4)计算$P(y_1 < Y < y_2)$;(5)最后将以上各步结果代入$\theta(y_1, y_2)$表达式。

可以想象,像以上这样通过多步估计一个参数,所得估计量的渐近方差将具有非常复杂的表达式。这时,若继续采用代入法估计渐近方差,即把方差表达式中出现的随机变量的总体期望、密度函数或高阶矩用样本均值(sample analogue)代替,将变得异常繁琐。更为严重的是,在进行参数的假设检验(例如检验 $\theta(y_1, y_2)$ 在任意有限区间 (y_1, y_2) 上是否为常数)时,由于难以推导统计量的极限分布(往往不是正态分布),因此无法计算检验临界值。这些问题的出现都说明需要一种比"代入法"更为高级的推断方法。

在计量经济学科发展中,采用 Bootstrap 计算估计量的标准差,并用于检验推断的想法最早由 Efron(1979)提出,并在近三十年来得到了快速的发展和推广(Horowitz, 2019, 2001),已成为现代计量经济与统计学,尤其是在当前大数据时代利用大容量和超高维变量数据开展政策评价的主流技术。Bootstrap 是一种基于研究者手头可观测数据进行重复抽样或再抽样(resampling),利用重复抽样得到的"数据"构造估计量或检验统计量极限分布的方法。在一些较弱的假设下,可以证明通过 Bootstrap 得到的(再抽样)估计量(或统计量)的极限分布与通过渐近理论(asymptotic theory)得到的分布无显著差异,并且常常具有更好的小样本性质。因此当估计量的极限分布难以推导时,Bootstrap 提供了一种便于操作的替代方法。

4.1 Bootstrap 的基本思想

假设可以观测数据是 $\{Z_i\}_{i=1}^n$,其样本容量为 n。令 F_0 以及 F_n 分别表示随机向量 Z 的总体分布函数以及经验分布函数(Empirical Distribution Function, EDF)。根据经验分布的定义,对于任意与 Z 相同维数的实数向量 z,成立

$$F_n(z) = \frac{1}{n}\sum_{i=1}^n \mathbf{1}\{Z_i \leqslant z\},$$

其中,$\mathbf{1}\{\cdot\}$ 表示指示函数。令 $T_n(Z_1, \cdots, Z_n)$ 表示研究者感兴趣的统计量,例如 Z 的样本均值、样本方差或者样本分位数等。例如,检验 Z 均值等于零的统计量是:

$$T_n(Z_1, \cdots, Z_n) = \bar{Z}/s_n, \tag{2.4.1}$$

其中,

$$\bar{Z} = \frac{1}{n}\sum_{i=1}^n Z_i, \quad s_n^2 = \frac{1}{n-1}\sum_{i=1}^n (Z_i - \bar{Z})^2.$$

根据计量经济学的基础知识可知,式(2.4.1)中 T_n 的渐近分布为 $N(0,1)$,它可以看成是 T_n 有限样本分布的近似。实际应用中,研究者遇到的 T_n 的形式比式(2.4.1)复杂得多,它们的渐近分布也更加复杂。Bootstrap 提供了一种获得 T_n 极限分布的一般方式。

Bootstrap 方法按照操作步骤不同,可以分成若干类型。其中最常用、最便于理解(但不一定计算便捷)的方法称为非参数 Bootstrap。非参数 Bootstrap 将可观测数据的经验分布函数 F_n 视作总体分布 F_0 的一种替代。当样本容量足够大时,由于 $F_n(\cdot)$ 一致收敛到 $F_0(\cdot)$,因此从 F_n 中进行抽样可以近似地认为是从 F_0 中进行抽样。利用非参数 Bootstrap 计算统计量 T_n 极限分布的一般步骤如下:

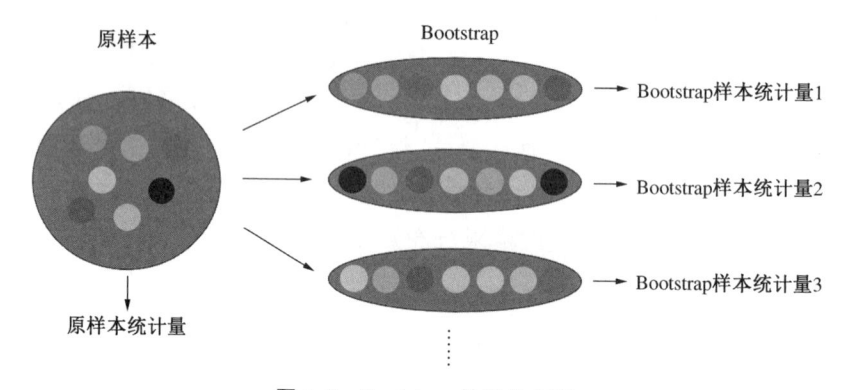

图 2.1 Bootstrap 的操作步骤

(1) 从原始数据 $\{Z_i\}_{i=1}^n$ 中进行"有放回的抽样",生成 Bootstrap 样本 $\{Z_i^*\}_{i=1}^n$。

(2) 把 $\{Z_i^*\}_{i=1}^n$ 当成可观测样本,计算 $T_n^* = T_n(Z_1^*, \cdots, Z_n^*)$。

(3) 记迭代次数是 B,B 是某个很大的正数。重复步骤 1—2 共 B 次。对于任意 t,计算 $T_n^* \leqslant t$ 的经验概率(即频率),将其作为 T_n 分布函数的估计量。

从上述步骤不难看出:非参数 Bootstrap 基于对可观测样本的重复抽样来逼近统计量的渐近分布。由于原始数据服从的总体分布函数未知,我们利用它的经验分布去估计总体分布函数。因此非参数 Bootstrap 的效果必然依赖于经验分布逼近真实分布的精确程度。下面是 Bootstrap 估计量一致性的正式定义[①]。

---

① 此处的"一致性"定义适用于一般 Bootstrap 方法,并非特指"非参数 Bootstrap"的一致性。

令 $G_n(\cdot, F)$ 表示样本(可观测变量)分布为 F 时,统计量 T_n 的分布函数。用 F_0 表示可观测变量的总体分布函数。则 $G_n(t, F_0) = P(T_n \leqslant t)$ 表示 T_n 的真实分布函数。用 F_n 表示可观测变量的经验分布函数。$G_n(\cdot, F_n)$ 可以看成从 Bootstrap 样本出发构造的 T_n^* 的分布函数。Bootstrap 的基本想法是通过 $G_n(t, F_n)$ 来近似 $G_n(t, F_0)$。最后令 $G_\infty(t, F_0)$ 表示 T_n 的渐近分布函数($G_n(t, F_0)$ 当 n 趋于无穷时的极限值)。

定义 2.4.1 令 P_n 表示样本 $\{Z_i\}_{i=1}^n$ 的概率分布。如果对任意 $\varepsilon > 0$ 以及 F_0,

$$\lim_{n\to\infty} P_n[\sup_t |G_n(t, F_n) - G_\infty(t, F_0)| > \varepsilon] = 0,$$

则称 Bootstrap 估计量 $G_n(t, F_n)$ 是一致的。

上述定义表达了这样的含义:当样本量很大时,若 Bootstrap 估计量的分布能够逼近统计量 T_n 的渐近分布,则 Bootstrap 估计量具有一致性。下面我们通过简单的分解来阐述 Bootstrap 估计一致性背后的基本思想。令

$$G_n(t, F_n) - G_\infty(t, F_0) = (G_n(t, F_n) - G_n(t, F_0)) + (G_n(t, F_0) - G_\infty(t, F_0)).$$

(2.4.2)

我们先讨论式(2.4.2)右侧第一项:基于 Glivenko-Cantelli 定理可知,当 $n \to \infty$ 时,$|F_n(z) - F_0(z)|$ 关于 z 几乎一致收敛。因此当 $n \to \infty$ 时,如果 G_n 关于其第二个分量连续,则我们可以认为 $G_n(t, F_n)$ 也将逼近 $G_n(t, F_0)$。接着看第二项:根据渐近分布的定义可知,当 $n \to \infty$ 时,$G_n(t, F_0) \to G_\infty(t, F_0)$ 总是可以成立的。上述分析表明:如果要证明 Bootstrap 估计量的一致性,关键在于验证式(2.4.2)等号右边第一项是否一致收敛到零。下述定理给出了一组充要条件。

定理 2.4.1(Mammen,1992) 令 $\{Z_i\}_{i=1}^n$ 表示来自总体的一个独立同分布抽样。对于函数序列 g_n 和数列 t_n 以及 σ_n,定义

$$\widetilde{T}_n = \left(\frac{1}{n}\sum_{i=1}^n g_n(Z_i) - t_n\right)/\sigma_n.$$

对于 Bootstrap 生成样本 $\{Z_i^*\}_{i=1}^n$,定义

$$\widetilde{T}_n^* = \left\{\frac{1}{n}\sum_{i=1}^n (g_n(Z_i^*) - g_n(Z_i))\right\}/\sigma_n. \tag{2.4.3}$$

定义 $G_n(t) = P(\widetilde{T}_n \leqslant t)$ 以及 $G_n^*(t) = P_n^*(\widetilde{T}_n^* \leqslant t)$，其中 P_n^* 表示给定初始数据 $\{Z_i\}_{i=1}^n$ 后由 Bootstrap 抽样数据生成的概率分布。则 $G_n^*(\cdot)$ 能够一致估计 $G_n(\cdot)$ 的充分必要条件是 $\widetilde{T}_n \to^d N(0,1)$。

定理 2.4.1 指出，具有式(2.4.3)形式的 Bootstrap 估计量的一致性与原始估计量渐近服从标准正态分布等价。由于计量经济学中许多估计量都具有式(2.4.3)这种样本均值(样本矩)的形式，因此像极大似然估计量、广义矩估计量、线性分位数回归估计量都可以采用 Bootstrap 来一致估计其渐近方差。

下面通过几个具体例子来说明非参数 Bootstrap 在实际中的应用。

例 2.4.1 （OLS 估计量）考虑下列多元线性回归模型

$$Y_i = X_i'\beta + U_i,$$

其中，$\{Y_i, X_i\}_{i=1}^n$ 独立同分布，且满足 $E[U_i | X_i] = 0$。我们可以得到 β 的一致估计量

$$\widehat{\beta} = \left(\frac{1}{n}\sum_{i=1}^n X_i X_i'\right)^{-1}\left(\frac{1}{n}\sum_{i=1}^n X_i Y_i\right). \tag{2.4.4}$$

除了使用通常的代入法计算 $\widehat{\beta}$ 的标准差的一致估计，研究者也可以使用非参数 Bootstrap 估计 $\sqrt{n}(\widehat{\beta} - \beta)$ 的渐近分布。具体步骤如下：

(1) 从原始数据 $\{Y_i, X_i\}_{i=1}^n$ 中进行有放回的抽样，生成 Bootstrap 样本 $\{Y_i^*, X_i^*\}_{i=1}^n$。

(2) 计算 $T_n^* = \sqrt{n}(\widehat{\beta}^* - \widehat{\beta})$，其中

$$\widehat{\beta}^* = \left(\frac{1}{n}\sum_{i=1}^n X_i^*(X_i^*)'\right)^{-1}\frac{1}{n}\sum_{i=1}^n X_i^* Y_i^*.$$

(3) 设置迭代次数 B。重复步骤 1—2 总计 B 次。对于任意 t，计算 $T_n^* \leqslant t$ 的经验概率即为 $\sqrt{n}(\widehat{\beta} - \beta)$ 渐近分布的 Bootstrap 估计量。

例 2.4.2 （QR 估计量）考虑分位数回归模型

$$Y_i = X_i'\beta(\tau) + U_i,$$

其中，$\{Y_i, X_i\}_{i=1}^n$ 独立同分布，扰动项 U 满足条件分位数约束：对于任意 $\tau \in (0,1)$，$P(U_i \leqslant 0 | X_i) = \tau$。$\beta(\tau)$ 的一致估计量是：

$$\hat{\beta}(\tau) = \underset{b}{\operatorname{argmin}} \sum_{i=1}^{n} \rho_\tau(Y_i - X_i'b),$$

其中，$\rho_\tau(u) = (\tau - 1(u<0))u$。基于一些常规假设，$\sqrt{n}(\hat{\beta}(\tau) - \beta(\tau))$ 渐近服从正态分布：

$$\sqrt{n}(\hat{\beta}(\tau) - \beta(\tau)) \to^d N(0, \tau(1-\tau)\Sigma),$$
$$\Sigma = (EXX')^{-1} E(XX' f_{Y|X}(X'\beta(\tau) \mid X))(EXX')^{-1}.$$

研究者可以通过以下代入法获得 Σ 的一致估计：

$$J_n = \lim_{n \to \infty} \frac{1}{n} \sum_{i=1}^{n} X_i X_i',$$
$$H_n(\tau) = \lim_{n \to \infty} \frac{1}{n} \sum_{i=1}^{n} X_i X_i' \hat{f}_{Y|X}(X_i' \hat{\beta}(\tau) \mid X_i),$$

但是上述代入法需要去估计条件密度函数 $\hat{f}_{Y|X}(\cdot|\cdot)$。我们也可以采用 Bootstrap 获得估计量的标准差：

（1）从原始数据 $\{Y_i, X_i\}_{i=1}^n$ 中进行有放回的抽样生成 Bootstrap 样本 $\{Y_i^*, X_i^*\}_{i=1}^n$。

（2）对于任意 $\tau \in (0,1)$，计算 $T_n^* = \sqrt{n}(\hat{\beta}^*(\tau) - \hat{\beta}(\tau))$，其中

$$\hat{\beta}^*(\tau) = \underset{b}{\operatorname{argmin}} \sum_{i=1}^{n} \rho_\tau(Y_i^* - (X_i^*)'b).$$

（3）设置迭代次数 B。重复步骤 1—2 总计 B 次。对于任意 t，计算 $T_n^* \leqslant t$ 的经验概率即为 $\sqrt{n}(\hat{\beta}(\tau) - \beta(\tau))$ 渐近分布的非参数 Bootstrap 估计量。

上述构造 $\sqrt{n}(\hat{\beta}(\tau) - \beta(\tau))$ 渐近分布的方式也可以拓展至多个分位点的情形，即对于

$$0 < \tau_1 < \tau_2 < \cdots < \tau_K < 1,$$

我们可以获得

$$\sqrt{n}(\hat{\beta}(\tau_1) - \beta(\tau_1)), \cdots, \sqrt{n}(\hat{\beta}(\tau_K) - \beta(\tau_K))$$

的联合极限分布的 Bootstrap 估计量。然而，并非所有的估计量都可以使用 Bootstrap 计算其标准差，下面是一个著名的反例：

例 2.4.3 （最大得分估计量）考虑下列二元选择模型

$$Y_i = \begin{cases} 1, & X_i'\beta - U_i \geq 0, \\ 0, & X_i'\beta - U_i < 0. \end{cases}$$

其中，$\{Y_i, X_i\}_{i=1}^n$ 独立同分布，且 $P(U_i \leq 0 \mid X_i) = 0.5$。在这种情况下，估计 β 常用的一个一致估计量（称为最大得分估计量，maximum score）是：

$$\hat{\beta} = \arg\max_{\|b\|=1} \sum_{i=1}^n 1\{Y_i=1\}1\{X_i'b \geq 0\} + 1\{Y_i=0\}1\{X_i'b < 0\}.$$

最大得分估计量的基本思想是：当 $X_i'\beta \geq 0$ 时，Y_i 等于 1 的概率大于其等于 0 的概率，因此 Y_i 的最佳预测值应是 1；反之当 $X_i'\beta < 0$ 时，Y_i 的最佳预测值应是 0。因此，一个合理的估计量 $\hat{\beta}$ 应当满足按照以上逻辑对 Y_i 进行预测的准确度达到最高。Kim et al. (1990) 证明了 $\hat{\beta}$ 并非渐近收敛至正态分布，且收敛速度也不是 $\sqrt{n}$。Abrevaya et al. (2005) 指出，在这种情形下，Bootstrap 不适用于计算最大得分估计量的标准差。

4.2 其他类型的 Bootstrap 抽样方法

上一小节介绍的非参数 Bootstrap 在理解上十分直观（仅需进行足够多次的有放回重复抽样）。假设每次计算估计量的时间是 t_0，抽样的次数是 B，那么整个非参数 Bootstrap 过程的耗时将是 $t_0 \times B$。因此非参数 Bootstrap 不适用于 t_0 很大的估计量。

4.2.1 残差 Bootstrap

考虑下列多元线性回归

$$Y_i = X_i'\beta + U_i,$$

其中 $\{U_i\}_{i=1}^n$ 同分布，且满足 $E[U_i \mid X_i] = 0$。β 的一个一致估计量是：

$$\hat{\beta} = \left(\frac{1}{n}\sum_{i=1}^n X_i X_i'\right)^{-1} \left(\frac{1}{n}\sum_{i=1}^n X_i Y_i\right).$$

用 $\hat{U}_i = Y_i - X_i'\hat{\beta}$ 表示 OLS 残差。残差 Bootstrap 给定 X_i 不变，通过对残差 $\hat{U}_i$ 进行重抽样来构造 Bootstrap 估计量。具体步骤如下：

(1) 估计 OLS 残差 $\hat{U}_i = Y_i - X_i'\hat{\beta}$。

(2) 从 $\{\hat{U}_i\}_{i=1}^n$ 中进行有放回的抽样，生成 Bootstrap 残差 $\{\hat{U}_i^*\}_{i=1}^n$。

(3) 构造 $Y_i^* = X_i'\hat{\beta} + \hat{U}_i^*$。

(4) 计算 $T_n^* = \sqrt{n}(\hat{\beta}^* - \hat{\beta})$，其中

$$\hat{\beta}^* = \left(\sum_{i=1}^n X_i X_i'\right)^{-1} \sum_{i=1}^n X_i Y_i^*.$$

(5) 设置迭代次数 B。重复步骤 2—4 共 B 次。对于任意 t，$T_n^* \leqslant t$ 的经验概率即为 $\sqrt{n}(\hat{\beta} - \beta)$ 分布的残差 Bootstrap 估计量。

从第 4 步可以看出，残差 Bootstrap 仍然需要计算 B 次估计量。和非参数 Bootstrap 相比，残差 Bootstrap 不要求原始数据是独立同分布抽样的，因此其常用于时间序列数据。不过，残差 Bootstrap 应用的一个关键条件是扰动项满足同方差(homoscedasticity)。如果数据存在异方差，残差 Bootstrap 在有限样本下会表现不佳。

4.2.2　Wild Bootstrap

上面介绍的残差 Bootstrap 在扰动项具有异方差时效果不佳。下面介绍的 Wild Bootstrap 可在异方差情形下得到渐近方差的一致估计。之前介绍的非参数和残差 Bootstrap 都是仅仅基于"原始数据"的重复抽样。Wild Bootstrap 以及后面将介绍的乘数(multiplier)Bootstrap，将"原始数据"与研究者"自己构造的随机变量"相结合来构造 Bootstrap 估计量。仍然考虑线性模型

$$Y_i = X_i'\beta + U_i,$$

其中，$\{U_i\}_{i=1}^n$ 允许存在异方差，即 $E[U_i^2 \mid X_i] = \sigma_i^2$。令 $\hat{\beta}$ 表示 OLS 估计量以及 $\hat{U}_i = Y_i - X_i'\hat{\beta}$。Wild Bootstrap 的步骤如下：

(1) 估计 OLS 残差 $\hat{U}_i = Y_i - X_i'\hat{\beta}$。

(2) (关键步骤)令 $\{\eta_i\}_{i=1}^n$ 表示从已知分布 F_η 抽样得到的二元随机变量，且满足 $E[\eta_i \mid Y_i, X_i] = 0$，$E[\eta_i^2 \mid Y_i, X_i] = \hat{U}_i^2$，$E[\eta_i^3 \mid Y_i, X_i] = \hat{U}_i^3$。

为了让构造出的 $\{\eta_i\}_{i=1}^n$ 符合要求，我们可以依 $(1+\sqrt{5})(2\sqrt{5})$ 的概率选择 $\eta_i = \dfrac{(1-\sqrt{5})\hat{U}_i}{2}$，依 $1-(1+\sqrt{5})(2\sqrt{5})$ 概率选择 $\eta_i = \dfrac{(1+\sqrt{5})\hat{U}_i}{2}$。然后令 $\eta_i = \hat{U}_i^*$。

(3) 计算 $Y_i^* = X_i'\hat{\beta} + \hat{U}_i^*$。

(4) 计算 $T_n^* = \sqrt{n}(\hat{\beta}^* - \hat{\beta})$，其中

$$\hat{\beta}^* = \big(\sum_{i=1}^{n} X_i X_i'\big)^{-1} \sum_{i=1}^{n} X_i Y_i^*.$$

(5) 设置迭代次数 B。重复步骤 2—4 总计 B 次。对于任意 t，计算 $T_n^* \leqslant t$ 的经验概率即为 $\sqrt{n}(\hat{\beta} - \beta)$ 渐近分布的 Wild Bootstrap 估计量。

从以上步骤不难看出，Wild Bootstrap 通过一个新构造的残差随机变量 $\{\eta_i\}_{i=1}^{n}$ 来"模仿"从原始样本计算所得的残差 $\hat{U}_i$ 的矩的特征，并将 $\{\eta_i\}_{i=1}^{n}$ 作为残差的替代值来进行 Bootstrap 估计。由于 Wild Bootstrap 并非从原始数据进行重抽样，即使原始数据不满足同方差，Wild Bootstrap 仍然可以精确地估计统计量的渐近分布。

4.2.3 基于"无放回抽样"的 Bootstrap

前面介绍的 Bootstrap 都是基于"有放回"的抽样。由于每次抽样样本量与原始样本容量相同，因此抽样样本的经验分布和原始数据经验分布相比会有些差异（个别观测值被抽到不止一次）。下面介绍的一种"无放回抽样"Bootstrap 克服了这个问题。

给定 $m < n$，我们从原始数据 $\{Z_i\}_{i=1}^{n}$ 中"无放回地"随机抽取 m 个样本 $\{Z_i^*\}_{i=1}^{m}$，这样总共可以得到 $N_{nm} = \binom{n}{m}$ 个子集。基于每个子集算得的估计量（一共 N_{nm} 个估计量），我们便可构造 Bootstrap 估计量来估计初始统计量的渐近分布。仍然考虑线性回归模型：

$$Y_i = X_i'\beta + U_i,$$

其中，$\{Y_i, X_i\}_{i=1}^{n}$ 独立同分布，满足 $E[U_i | X_i] = 0$。记 β 的一致估计量是 $\hat{\beta}$。无放回抽样 Bootstrap 的步骤是：

(1) 设置初始值 $m < n$。

(2) 从原始数据 $\{Y_i, X_i\}_{i=1}^{n}$ 中进行无放回抽样，生成 Bootstrap 样本 $\{Y_i^*, X_i^*\}_{i=1}^{m}$。

(3) 计算 $T_n^* = \sqrt{m}(\hat{\beta}^* - \hat{\beta})$，其中

$$\hat{\beta}^* = \big(\sum_{i=1}^{m} X_i^* X_i^{*'}\big)^{-1} \sum_{i=1}^{m} X_i^* Y_i^*.$$

(4) 重复步骤 2—3 总计 N_{nm} 次。对于任意 t，计算 $T_n^* \leqslant t$ 的经验

概率即为 $\sqrt{n}(\hat{\beta}-\beta)$ 渐近分布的 Bootstrap 估计量。

Politis *et al.*(1994)证明了无放回抽样 Bootstrap 估计量的一致性；相比于有放回抽样 Bootstrap，无放回抽样 Bootstrap 所需假设更弱，实际中更容易满足。

4.3 多步估计量的 Bootstrap

相比于前面例子（回归模型）中的参数，政策评价问题中需要估计的参数更加复杂，往往涉及多步计算。例如，以本书第三章研究的因变量条件平均偏效应

$$\theta(y_1,y_2)=\frac{-1}{P(y_1<Y<y_2)}E\left(\partial_D\int_{y_1}^{y_2}F(y\mid D,X)\mathrm{d}y\right)$$

为例：要估计 $\theta(y_1,y_2)$，首先需要估计 $F(y\mid D,X)$ 与 $P(y_1<Y<y_2)$，然后再将这些"中间估计量"代入识别表达式。这种"多步估计量"具有极其复杂的极限分布和标准差。本节讨论如何利用 Bootstrap 来计算多步估计量的标准差。

不失一般性地，假设待估计的有限维参数 θ 满足以下矩条件（moment condition）：

$$EM(Z;\theta,h(Z,\theta))=0. \qquad (2.4.5)$$

其中，$M(\cdot)$ 函数形式已知（说明 θ 可识别），$h(\cdot,\theta)$ 是未知函数（例如可观测变量的条件分布或者条件期望），且允许 $h(\cdot,\theta)$ 依赖于参数 θ。研究者可以观测到独立同分布样本 $\{Z_i\}_{i=1}^n$。为了估计 θ，研究者首先（采用非参数方法）估计 $h(\cdot,\theta)$，记相应的估计量是 $\hat{h}(\cdot,\theta)$。然后最小化目标函数

$$\min_{\bar{\theta}}\left\|\frac{1}{n}\sum_{i=1}^n M(Z_i;\bar{\theta},\hat{h}(Z_i,\bar{\theta}))\right\|$$

来得到 θ 的估计量 $\hat{\theta}$。

我们用两个例子来说明以上一般的"多步估计"框架在实际中的应用。

例 2.4.4 （带内生性的部分线性模型）考虑下列部分线性（partially linear）模型

$$Y_i=X_{1i}\theta_0+h_0(X_{2i})+U_i,$$

其中，$h_0(\cdot)$ 函数形式未知，X_{1i} 可能存在内生性。我们用工具变量克服内生性。假设存在一个不属于解释变量 (X_1, X_2) 的外生排除性变量（工具变量）X_3 满足

$$\text{med}(U_i \mid X_{2i}, X_{3i}) = 0.$$

以上条件中位数约束也可以用条件均值等于零来代替。定义 $h(X_{2i}, X_{3i}; \bar{\theta}) = \text{med}(Y_i - X_{1i}\bar{\theta} \mid X_{2i}, X_{3i})$。根据定义我们可知 $h_0(X_{2i}) = h(X_{2i}, X_{3i}, \theta_0)$。因此我们可以先通过非参数方法估计 $h(X_{2i}, X_{3i}; \bar{\theta})$，并令其估计量为 $\hat{h}(X_{2i}, X_{3i}; \bar{\theta})$。接着我们通过最小化目标函数

$$\min_{\bar{\theta}} \left\| \frac{1}{n} \sum_{i=1}^{n} X_{3i} [0.5 - 1\{Y_i \leq X_{1i}\bar{\theta} + \hat{h}(X_{2i}, X_{3i}; \bar{\theta})\}] \right\|$$

来得到 θ 的估计量 $\hat{\theta}$。在上述问题中，

$$M(z; \theta, h(z, \theta)) = x_3 \times [0.5 - 1\{y \leq x_1\theta + h(x_2, x_3, \theta)\}],$$
$$h(z, \theta) = h(x_2, x_3, \theta) = \text{med}(Y - X_1\theta \mid X_2 = x_2, X_3 = x_3).$$

例 2.4.5 （因变量条件平均偏效应）本书第三章第五节证明了，在较弱的假设下，因变量条件平均偏效应参数 $\theta(y_1, y_2) = E(\partial_D m(D, X, U) \mid y_1 < Y < y_2)$ 可识别，且

$$\theta(y_1, y_2) = E\left(\frac{-\partial_D \int_{y_1}^{y_2} F(y \mid D, X) dy}{P(y_1 < Y < y_2)} \right).$$

因此它的一个估计量是：

$$\hat{\theta}(y_1, y_2) = -\frac{1}{n} \sum_{i=1}^{n} \frac{\partial_D \int_{y_1}^{y_2} \hat{F}(y \mid D, X) dy}{\hat{P}(y_1 < Y < y_2)}.$$

令 $z = (y, d, x)$，$\theta = \theta(y_1, y_2)$，

$$M(z; \theta, h(z, \theta)) = \left(\frac{-\partial_d \int_{y_1}^{y_2} F(y \mid d, x) dy}{P(y_1 < Y < y_2)} \right) - \theta,$$
$$h(z, \theta) = h(z) = \left(\partial_d \int_{y_1}^{y_2} F(y \mid d, x) dy, P(y_1 < Y < y_2) \right).$$

例 2.4.4（续） 接下来我们给出采用"非参数 Bootstrap"估计例 2.4.4 中 $\hat{\theta}$ 渐近分布的具体步骤：

(1) 从原始数据 $\{Z_i\}_{i=1}^n$ 中进行"有放回的抽样",生成 Bootstrap 样本 $\{Z_i^*\}_{i=1}^n$。

(2) 依据 $\{Z_i^*\}_{i=1}^n$ 计算 $\hat{h}^*(z,\theta) = \text{med}(Y_i^* - X_{1i}^*\theta \mid X_{2i}^* = x_2, X_{3i}^* = x_3)$。

(3) 通过最小化目标函数

$$\min_{\bar{\theta}} \left\| \frac{1}{n}\sum_{i=1}^n (M(Z_i^*;\bar{\theta},\hat{h}^*(Z_i,\bar{\theta})) - M(Z_i;\hat{\theta},\hat{h}(Z_i,\hat{\theta}))) \right\|$$

来得到估计量 $\hat{\theta}^*$。

(4) 计算 $T_n^* = \sqrt{n}(\hat{\theta}^* - \hat{\theta})$。

(5) 设置迭代次数 B。重复步骤 1—4 总计 B 次。对于任意 t,计算 $T_n^* \leqslant t$ 的经验概率即为 $\sqrt{n}(\hat{\theta} - \theta)$ 渐近分布的 Bootstrap 估计量。

Chen et al.(2003)给出了非参数 Bootstrap 在"两步估计"中能够一致估计有限维参数极限分布的充分条件。这里略提一下 Chen et al.(2003)的关键条件:(1)总体矩条件 $EM(Z;\theta,h(\cdot,\theta))$ 关于有限维参数 θ 以及无限维参数 $h(\cdot)$ 是连续的,且足够光滑(导数存在且有限)。(2)第一步 $h(\cdot,\theta)$ 的非参数估计量要以足够快的速率收敛到真值,且极限分布为正态。例如条件分位数回归,条件分布回归,核估计都满足这些性质。详见 Chen et al.(2003,定理 3)。

例 2.4.5(续) 因变量条件平均偏效应 $\theta(y_1,y_2)$ 的一个一致估计量是:

$$\hat{\theta}(y_1,y_2) = -\frac{1}{n}\sum_{i=1}^n \frac{\partial_D \int_{y_1}^{y_2} \hat{F}(y \mid D, X)\mathrm{d}y}{\hat{P}(y_1 < Y < y_2)}.$$

我们可以通过下述步骤来估计 $\hat{\theta}(y_1,y_2)$ 的渐近分布:对于任意 (y_1, y_2),从原始数据 $\{Y_i, D_i, X_i\}_{i=1}^n$ 中进行有放回抽样,生成 Bootstrap 样本 $\{Y_i^*, D_i^*, X_i^*\}_{i=1}^n$。

(1) 依据 $\{Y_i^*, D_i^*, X_i^*\}_{i=1}^n$ 计算 $\hat{F}^*(y \mid D, X)$ 以及 $\hat{P}^*(y_1 < Y < y_2)$。

(2) 计算 OAPE 的 Bootstrap 估计量

$$\hat{\theta}^*(y_1,y_2) = -\frac{1}{n}\sum_{i=1}^n \frac{\partial_D \int_{y_1}^{y_2} \hat{F}^*(y \mid D_i^*, X_i^*)\mathrm{d}y}{\hat{P}^*(y_1 < Y < y_2)}.$$

(3) 计算 $T_n^*(y_1, y_2) = \sqrt{n}(\hat{\theta}^*(y_1, y_2) - \hat{\theta}(y_1, y_2))$。

(4) 设置迭代次数 B。重复步骤 1—3 总计 B 次。给定 (y_1, y_2)，对于任意 t，计算 $T_n^*(y_1, y_2) \leqslant t$ 的经验概率即为 $\sqrt{n}(\hat{\theta}(y_1, y_2) - \theta(y_1, y_2))$ 渐近分布的 Bootstrap 估计量。

4.4 异质性政策参数的 Bootstrap 检验

与均值型参数不同，异质性参数往往定义在一个指标集上。例如，条件平均处理效应 $E(Y_1 - Y_0 \mid X = x)$ 定义在控制变量 X 的支撑集 S_X 的一个子集上；分位数回归模型系数 $\beta(\tau)$ 或者分位数处理效应定义在 $(0, 1)$ 的一个有界闭集上；分布处理效应与例 2.4.5 中的因变量条件平均偏效应 $\theta(y_1, y_2)$ 定义在因变量 Y 的支撑集 S_Y 的一个子集上。

对于此类参数，研究者经常关心这样一个问题：政策效应异质性是否真的存在？以分位数回归模型

$$Q_{Y|X}(\tau \mid X) = X'\beta(\tau)$$

为例，当研究者估计出 $\beta(\tau)$ 之后，还关心 $\beta(\tau)$ 是否在 $\tau \in (0, 1)$ 上是一个常数。这一问题可以这样描述：

$$H_0: 存在某个 \beta, \forall \tau \in (0, 1), \beta(\tau) = \beta. \tag{2.4.6}$$

需要强调的是，像式(2.4.6)这样的假设无法通过 t 检验来实现，而依赖于 $\beta(\tau)$ 的一致极限分布（高斯过程）。本节重点不在于讨论如何推导随机过程 $\{\beta(\tau): \tau \in (0, 1)\}$ 服从的渐近分布，仅着重讨论如何利用 Bootstrap 检验形如式(2.4.6)的假设。

为了检验式(2.4.6)，我们构造如下统计量：

$$T_n = \sup_{\tau \in (0, 1)} \sqrt{n} \left| \hat{\beta}(\tau) - \int_0^1 \hat{\beta}(\tau) d\tau \right|$$

使用 T_n 检验 H_0 的逻辑在于：除非 $\beta(\tau)$ 是一个常数（不随 τ 变化），否则 T_n 一定严格大于零。但是问题是：如何获得 T_n 极限分布的临界值？

我们可以采用乘数（multiplier）Bootstrap 来计算 T_n 的临界值。乘数 Bootstrap 与 Wild Bootstrap 类似，并非完全依靠原始数据重新抽样来生成 Bootstrap 样本，而是将原始数据与一个"新构造的随机变量"结合来产生估计量。与 Wild Bootstrap 不同的是，乘数 Bootstrap 通过在原始估计量的"渐近展开"上增加随机扰动（随机地对原始数据赋予不同权重）来

构造 Bootstrap 的估计量。

分位数回归系数估计量的渐近展开是：

$$\sqrt{n}\,(\hat{\beta}(\tau)-\beta(\tau))=(D(\tau))^{-1}\frac{1}{\sqrt{n}}\sum_{i=1}^{n}X_i(\tau-1\{Y_i<X_i'\beta(\tau)\})+o_p(1), \quad (2.4.7)$$

其中，$D(\tau)=E[XX'f_{Y|X}(X'\beta(\tau)\mid X)]$。根据式(2.4.7)，我们写出如下乘数 Bootstrap 估计量：

$$\hat{\mathcal{L}}(\tau)=(\hat{D}(\tau))^{-1}\frac{1}{\sqrt{n}}\sum_{i=1}^{n}\xi_i X_i(\tau-1\{Y_i<X_i'\hat{\beta}(\tau)\}), \quad (2.4.8)$$

其中，$\{\xi_i\}_{i=1}^{n}$ 与 $\{Y_i,\,X_i\}_{i=1}^{n}$ 相互独立，并且满足 $E\xi=0$，$E\xi^2=1$。$\hat{D}(\tau)$ 是 $D(\tau)$ 的一致估计。

根据 Kosorok(2008)，$\hat{\mathcal{L}}(\tau)$ 一致收敛至 $\sqrt{n}\,(\hat{\beta}(\tau)-\beta(\tau))$ 的一致渐近分布（高斯过程）。下面是使用乘数 Bootstrap 检验式(2.4.6)的具体步骤：

(1) 从 (0, 1) 中选择较为稠密的、有限网格点集合 $\mathcal{J}$。对于任意 $\tau\in\mathcal{J}$，计算 $\hat{\beta}(\tau)$ 和 $\int_0^1\hat{\beta}(\tau)\mathrm{d}\tau$。

(2) 生成一组 $\{\xi_i\}_{i=1}^{n}$，其与 $\{Y_i,\,X_i\}_{i=1}^{n}$ 相互独立，且满足 $E\xi=0$，$E\xi^2=1$。

(3) 对于任意 $\tau\in\mathcal{J}$，根据式(2.4.8)计算 $\hat{\mathcal{L}}(\tau)$ 和 $\int_0^1\hat{\mathcal{L}}(\tau)\mathrm{d}\tau$。

(4) 重复步骤 2—3 总计 B 次。对于 $b=1,\cdots,B$，令 $\hat{\mathcal{L}}_b(\tau)$ 表示第 b 次的估计量。

(5) 令 $\hat{C}(\alpha)$ 等于

$$\left\{\max_{\tau\in\mathcal{T}}\left|\hat{\mathcal{L}}_b(\tau)-\int_0^1\hat{\mathcal{L}}_b(\tau)\mathrm{d}\tau\right|\right\}_{b=1}^{B}$$

的第 $(1-\alpha)$ 分位点。$\hat{C}(\alpha)$ 就是检验统计量 T_n 的临界值。实际应用中，当 $T_n>\hat{C}(\alpha)$ 时，我们就拒绝原假设。

本章参考文献

[1] Abrevaya J, Huang J. On the Bootstrap of the Maximum Score Estimator. *Econometrica*, 2005, 73(4): 1175-1204.

[2] Angrist J D, Imbens G W, Rubin D B. Identification of Causal Effects Using Instrumental Variables. *Journal of the American Statistical Association*, 1996, 91(434): 444-455.

[3] Chen X, Linton O, Van Keilegom I. Estimation of Semiparametric Models when the Criterion Function Is Not Smooth. *Econometrica*, 2003, 71(5): 1591-1608.

[4] Chernozhukov V, Fernández-Val I, Melly B. Inference on Counterfactual Distributions. *Econometrica*, 2013, 81(6): 2205-2268.

[5] Dong Y. Jump or Kink? Regression Probability Jump and Kink Design for Treatment Effect Evaluation. *Working Paper*, 2018.

[6] Efron B. Bootstrap Methods: Another Look at the Jackknife. *Annals of Statistics*, 1979, 7: 1-26.

[7] Firpo S. Efficient Semiparametric Estimation of Quantile Treatment Effects. *Econometrica*, 2007, 75(1): 259-276.

[8] Heckman J J, Vytlacil E J. Local Instrumental Variables and Latent Variable Models for Identifying and Bounding Treatment Effects. *Proceedings of the National Academy of Sciences*, 1999, 96(8): 4730-4734.

[9] Heckman J J, Vytlacil E J. Policy-Relevant Treatment Effects. *American Economic Review*, 2001, 91(2): 107-111.

[10] Heckman J J, Vytlacil E J. Structural Equations, Treatment Effects, and Econometric Policy Evaluation. *Econometrica*, 2005, 73(3): 669-738.

[11] Heckman J J, Vytlacil E J. Econometric Evaluation of Social Programs, Part II: using the marginal treatment effect to organize alternative econometric estimators to evaluate social programs, and to forecast their effects in new environments. *Handbook of Econometrics*, Vol. 6, Amsterdam: Elsevier, 2007: 4875-5143.

[12] Horowitz J L. The Bootstrap. *Handbook of Econometrics*, Vol. 5, Amsterdam: Elsevier, 2001, 3159-3228.

[13] Horowitz J L. Bootstrap Methods in Econometrics. *Annual Review of Economics*, 2019, 11: 193-224.

[14] Imbens G W, Angrist J D. Identification and Estimation of Local Average Treatment Effects. *Econometrica*, 1994, 62(2): 467-475.

[15] Kim J, Pollard D. Cube Root Asymptotics. *The Annals of Statistics*, 1990, 18(1): 191-219.

[16] Koenker R, Bassett G. Regression Quantiles. *Econometrica*, 1978, 46(1): 33-50.

[17] Koenker R. *Quantile Regression*, New York: Cambridge University Press, 2005.
[18] Kosorok M R. *Introduction to Empirical Processes and Semiparametric Inference*. New York: Springer, 2008.
[19] Mammen E. *When Does Bootstrap Work? Asymptotic Results and Simulations*. Heidelberg: Springer Science & Business Media, 2012.
[20] Politis D N, Romano J P. Large Sample Confidence Regions Based on Subsamples under Minimal Assumptions. *The Annals of Statistics*, 1994, 22(4): 2031-2050.
[21] Rothe C, Wied D. Misspecification Testing in a Class of Conditional Distributional Models. *Journal of the American Statistical Association*, 2012, 108(501): 314-324.

第三章 因变量条件分位数回归与因变量条件平均偏效应

第一节 引　言

Koenker and Bassett(1978)提出的分位数回归(Quantile Regression, QR)是分析政策效应异质性的有力工具之一。QR 可以帮助研究者了解在扰动项 U 的条件分布(或因变量 Y 给定 X 的"条件"分布)的不同位置上，解释变量对因变量产生的异质性影响作用。这一特点使得 QR 模型系数的解释依赖于不可观察扰动项的具体含义。当政策变量是取值 0 或 1 的二元变量时，研究者通常采用分位数处理效应(QTE)刻画政策效应异质性。QTE 度量了政策实施前后潜因变量的分位数的水平差异：

$$q_1(\tau) - q_0(\tau).$$

其中 q_1，q_0 分别表示潜因变量 Y_1 和 Y_0 的分位数函数，$\tau \in (0, 1)$。比较 QR 与 QTE 的定义，可以看出两者在定义"子人群"时采取的不同角度。QTE 从因变量的无条件分布视角定义"子人群"；而 QR 从扰动项的条件分布定义"子人群"。在应用研究中，因变量(因为可观测)通常具有清晰的经济学含义，而扰动项(由于不可观测)的含义有时并不清晰。这使得 QTE 的估计结果解释起来更为直观便捷。

但是，QTE 一般只定义在政策变量取值离散的场合中。一个有趣且重要的问题是：是否存在一种既能像 QR 这样便于估计，又能像 QTE 这样直接反映政策对位于因变量分布不同位置个体产生异质性影响作用的计量分析方法呢?

本章介绍一种可用于分析政策效应异质性的新方法，称为"因变量条件分位数回归"(Outcome Conditioned QR，简称 OCQR)。OCQR 的优点是能够直接识别并估计当因变量位于其无条件分布的某一分位点(或区间)时,解释变量对因变量的平均边际影响。OCQR 不仅能够刻画解释变量对因变量的异质性影响;且在某些场合下,该方法比 QR 具有更为清晰的经济学解释。

本章第二节在线性(随机系数)模型设定情形下讨论 OCQR 的识别、估计和推断。线性随机系数模型可以看成研究者熟悉的多元线性(常系数)回归模型的自然推广,理解起来容易且使用方便。虽然线性随机系数模型对数据生成过程施加了一定约束,但是模型可以包含解释变量各分量的高次项和交叉项,且无论解释变量是离散取值的还是连续取值的,OCQR 均适用,能够满足实证研究的大部分需求。

为了使读者了解如何在实际应用中正确使用 OCQR,第三和第四节利用 OCQR 方法分析了两个与中国经济有关的具体问题。第三节利用 OCQR 分析了最低工资标准上调是否有助于缩小收入差距。最低工资作为一项旨在保障低收入者基本生活的基本制度,它的经济效果备受政策制定者关注。近年来,我国各地竞相上调最低工资标准。有关最低工资政策的收入效应,重要的实证问题有两个:第一,上调最低工资是否真的有助于提高低收入人群的实际工资？这是评估该政策效果的最基本问题。第二,最低工资政策是否对高收入人群存在溢出效应？如果最低工资政策在提高低收入者工资的同时,也提升了高收入者的平均工资,同时提升幅度小于低收入者的,那么最低工资政策则有助于缩小收入差距,反之将增大收入差距。

事实上,关注最低工资对"低收入"人群收入的影响作用,与发展经济学中的"益贫式增长"这一名词的内涵十分类似。"益贫式增长"是经济学家关注贫困、增长与分配问题时所提出的概念,强调经济增长给穷人带来的增长比例大于平均增长率,要求增长机会平等、对贫困群体给予更多关注。类似的概念还有"包容性增长"等。此类概念的一个重要内涵是:要求政策对位于因变量(收入、消费、福利等其他度量)分布最左端人群产生的正效应大于对全体人群产生的正效应。因此,检验一项政策是否促进增长,且这种增长是不是"益贫式"的,刚好契合 OCQR 这一方法的经济学意义。这说明了"因变量条件分位数回归"在研究收入分配和共同富裕问题中的意义。

第四节使用 OCQR 分析房价上涨对不同消费水平家庭消费的影响作用。近年来,伴随着中国经济快速发展的一个现象是各地房价不断上涨以及家庭消费水平与结构不断调整。房屋价格的剧烈变化如何影响居民家庭的消费?这是政策制定者十分关心的问题。采用 OCQR 方法,我们可以估计出对于不同消费水平(例如高消费与低消费)的家庭,房价对这些家庭消费水平与结构的异质性影响作用。

第五节至第八节进一步研究与 OCQR 有关的、更为深入的理论问题。在第五节中,我们首先定义一个与 OCQR 意义相似的政策参数,称为"因变量条件平均偏效应"(Outcome Conditioned Average Partial Effect, OAPE);然后在一个完全非参数的框架中讨论该参数的识别、估计和推断。读者可以发现,第二节介绍的 OCQR 模型依赖于两个较强条件:(1)数据生成过程服从线性随机系数模型;(2)解释变量和扰动项互相独立。第五节将说明,即使没有这些条件(仅要求政策满足条件外生性),OCQR 对应的目标参数仍然可以被识别和估计(但是证明过程更加复杂)。

在一些实证研究中,要求政策满足条件外生性仍然是比较强的约束。第六节将第五节的结果推广到内生政策变量的情形,即允许控制了 X,政策变量与扰动项仍然是相关的。我们说明如何利用工具变量识别和一致估计 OAPE。

诺贝尔经济学奖得主 James J. Heckman 曾将政策评价计量经济学的研究目的分为前后递进的三个阶段。首先是评价"已发生政策"在"样本内"的净效应,即评价政策内部有效性;然后是预测"已发生政策"在"样本外"的效果,即评价政策外部有效性;最后是预测"新政策"在"新样本"中的效果。本章前几节都在研究如何通过 OCQR 估计"已发生政策"在"样本内"的净效应。第七节讨论如何进一步发挥 OAPE 在政策预测方面的强大功能,利用 OAPE 开展"新政策"效果的预测。特别地,第七节考虑了两类不同的"新政策"。第一类新政策保持模型其他要素不变,而将政策变量的无条件分布变成研究者想要的任一状态,并估计在这种情形下政策的反事实 OAPE。在某些实际问题中,直接改变政策干预程度在全体人群中的分布的代价巨大。例如,为了预测提高全民受教育水平对于人力资本积累的影响,研究者可以假设样本中所有人的受教育年限都在原有基础上有所提高,并预测在此情景下工资分布的改变。然而,直接拔高个人的受教育水平,忽略了个人在人力资本投资决策过程中的主观能动性。为此,我们可以退而考虑改变工具变量 Z 的分布。通常,Z 是政策制定者可以"直接调控"的变量:政府可以通过学费补贴等助学政策激励个人攻读更高的学历,但是助学政策对个人的工资没有太大影响。

基于此,第七节还考虑了第二类新政策:假设政府可以将工具 Z 的无条件分布设置成任一想要的状态,而保持模型中其他要素不变,并估计此时新政策的反事实 OAPE。

OAPE 作为本书提出的一类新的反映政策效应异质性的参数,它和文献中已经存在的政策参数之间有何关系?第八节研究了 OAPE 和 Firpo et al.(2009)所提出的"无条件分位数回归"(unconditional quantile regression),以及与 Rothe(2012)提出的"边际偏政策效应"(marginal partial policy effect)之间的联系和区别。第九节建立了若干有关 OAPE 更深入的性质。第一,我们在原有识别 OAPE 定理基础上,进一步推导了它的双稳健(double robust)矩条件。大量的异质性政策参数(包括 OAPE)的识别表达式往往涉及一个或几个未知的函数(无限维参数)。双稳健矩条件的意义在于:当这些未知函数中某一个或某几个被错误设定时,双稳健矩条件依然可以准确估计最终的有限维参数。另外,双稳健矩条件在高维控制变量情形,以及需要采用机器学习方法估计未知函数的场合,也发挥着关键作用。第二,我们推导了 OAPE 的半参数效率界,并且说明如何得到它的有效估计量。

第二节　因变量条件分位数回归(OCQR)模型

相比于最小二乘法(OLS),QR 可以帮助研究者了解在扰动项 U(代表不可观察的个体异质性)分布的不同位置上,解释变量 X 对因变量 Y[①]不同的边际影响。以教育对工资的作用为例,个体的工资被认为是性别、受教育年限、工作经验、年龄等可观测变量,以及不可观察的个人能力的函数。用 X 表示各种可观测的解释变量,用 U 表示不可观察的个人能力,Y 表示工资,则工资方程可表示成

$$Y = m(X, U). \qquad (3.2.1)$$

研究者如果用 Y 对 X 做最小二乘回归(均值回归),则所得到的解释变量前的系数,反映了 X 对 Y 条件均值的边际影响。若研究者用 Y 对 X 进行第 τ 分位数回归($0 < \tau < 1$),则得到的系数可以解释为:将所有人的能力从低到高排序,位于第 ($\tau \times n$) 位的"那些人",X 对 Y 产生的平均边际

[①] 本章中,"结果变量""因变量"和"被解释变量"代表同一个意思,可以交替使用。

影响。例如,当 $\tau=0.2$(能力较低者),$n=1\,000$ 时,QR 回归系数的含义是:对于能力在这 1 000 个人中处于第 200 位的个体,X 对 Y 的平均边际影响。严格来说,在估计工资方程时,还需考虑教育变量的内生性。此处以工资方程为例,仅为说明 QR 和将要引入的 OCQR 在系数意义上的区别,故暂不考虑内生性问题。我们将在本章第六节研究政策变量内生时 OCQR 的识别和估计问题。

在 QR 模型中,通过选择不同的 $\tau \in (0, 1)$,研究者可以了解能力水平不同的人,X 对 Y 的异质性影响。不难看出,传统 QR 对于系数经济学意义的解释依赖于不可观测变量 U 的含义。QR 回答的问题可以描述成:

> 对于 U(个人能力)位于其分布第 τ 分位数上的那些人,X(如教育水平)对 Y(工资)的边际影响是多少? (3.2.2)

研究者所习惯的 QR 系数的另一种解释是:X 对于 Y 条件分布的第 τ 分位数的边际影响是多少?这一说法实际上和(3.2.2)是等价的,因为给定 X 时,Y 的条件分布完全由扰动项 U 决定。

本章将提出另一种可用来推断 X 对 Y 异质性影响作用的计量分析方法,称之为"因变量条件分位数回归"(Outcome Conditioned Quantile Regression),简称 OCQR。与传统 QR 不同,OCQR 旨在回答如下更为直观的问题:

> 对于 Y(工资)位于其无条件分布分位区间 (τ_1, τ_2) 上的那些人,或等价地,对于工资取值范围在 $(F_Y^{-1}(\tau_1), F_Y^{-1}(\tau_2))$ 中的那些人来说,X 对 Y 的平均边际影响是多少? (3.2.3)

其中 $F_Y(\cdot)$ 表示 Y 的边际分布函数(CDF)[①],$F_Y^{-1}(\cdot)$ 表示 Y 的分位函数(quantile function)。让(3.2.3)中的 τ_2 无限趋近 τ_1,OCQR 还可以回答这样的问题:

> 对于 Y(工资)位于其无条件分布第 τ 分位数(或等价地,对于工资 $Y=F_Y^{-1}(\tau)$)的那些人来说,X 对 Y 的平均边际影响是多少? (3.2.4)

不难看出,与 QR 相比,OCQR 想要回答的问题具有如下特点:

(ⅰ)两种方法识别的目标参数不同。QR 识别的目标是:对于位于扰

[①] 本章中,随机变量的"无条件分布函数"和"边际分布函数"代表同一个意思。

动项 U 分布不同位置的子人群，X 对 Y 的平均边际影响。OCQR 识别的目标是：对于位于因变量 Y 分布不同位置的子人群，X 对 Y 的平均边际影响。

（ⅱ）如果模型中扰动项 U 的含义十分明确，那么 QR 与 OCQR 两种计量分析方法所识别的参数的含义都非常清晰；如果模型中 U 的含义不明确，那么传统 QR 对系数的解释力就会显得模糊不清。另一方面，如果 Y 的真实生成过程包含不止一个不可观察的因素，那么研究者所"认为的"扰动项其实是多个随机变量的总和或者函数。即使研究者知道扰动项每个成分的经济学意义，U 的整体意义也会显得模糊不清。这一情形下，传统分位数回归系数的含义将变得更加难以解释。此时 OCQR 的优势开始凸显，其估计系数的意义依然清晰。我们将在本章第五节证明，即使 U 是多维随机变量，OCQR 对应的政策参数依然可被识别。由于 Y 可以被直接观测，OCQR 所定义的"子人群"是研究者可识别的（identifiable）。当我们说某个子人群是"可识别"的，是指研究者能够从可观测变量 (X, Y) 的取值出发，清楚地判别"个体是否属于某个子人群"。

本节介绍的 OCQR 方法具有以下特色：（ⅰ）OCQR 能够直接识别对位于 Y 无条件分布不同位置的子人群，X 对 Y 的平均边际影响。和传统 QR 相比，OCQR 具有更为清晰的经济学含义，且能够反映 X 对 Y 的异质性作用。（ⅱ）在本节引入的线性随机系数模型设定中，OCQR 的估计和推断具有十分简便的步骤。研究者只要拥有计算分位数回归的程序包，OCQR 就可以被方便地估计出。事实上，目前几乎所有计量分析或统计软件都提供计算分位数回归的程序，例如 Stata，Eviews，R，Matlab 等。（ⅲ）为了理解和使用的方便，本节将线性随机系数模型作为数据生成过程。这一建模方法允许包含解释变量 X 各分量的高次项和交互项。OCQR 在无论解释变量是离散还是连续型的场合中均适用。

我们假设数据由如下线性随机系数模型生成：

$$Y = B_0(U) + X'B(U). \qquad (3.2.5)$$

其中，Y 是被解释变量，X 是 K 维解释变量，U 为不可观测的扰动项，(B_0, B) 依赖于 U 成为随机系数，$B_0(u)$ 和 $B(u)$ 的函数形式未知。式 (3.2.5) 可以看成是一般的不可分（non-separable）模型 $Y = m(X, U)$ 的线性展开或者线性近似[①]。

[①] 不可分模型 $Y = m(X, U)$ 是比可加性模型 $Y = m(X) + U$ 更为一般的设定。相比于可加性模型，不可分模型允许解释变量与扰动项（不可观测的个体异质性）之间的交互作用。

表面上看式(3.2.5)要求 Y 的生成过程必须是 X 的线性函数。其实和多元线性回归模型类似,式(3.2.5)中的向量 X 可以包含各分量之间的任意高次项和交互项。以 $X=(X_1, X_2)$ 为例,如研究者需要包含解释变量的二次项和交互项,则模型可以写成

$$Y = B_0(U) + B_1(U)X_1 + B_2(U)X_2 + B_3(U)X_1 X_2$$
$$+ B_4(U)X_1^2 + B_5(U)X_2^2. \tag{3.2.6}$$

对于式(3.2.5),我们感兴趣的是当因变量 Y 位于其无条件分布的分位区间 (τ_1, τ_2) 上时,X 对 Y 的平均边际效应,即:

$$\begin{aligned}\theta(\tau_1, \tau_2) &= E\left(\frac{\partial(B_0(U) + X'B(U))}{\partial X} \Big| \tau_1 < F_Y(Y) < \tau_2\right) \\ &= E(B(U) \mid \tau_1 < F_Y(Y) < \tau_2) \\ &= E(B(U) \mid F_Y^{-1}(\tau_1) < Y < F_Y^{-1}(\tau_2)). \end{aligned} \tag{3.2.7}$$

与传统 QR 的斜率系数依赖于扰动项的分位点不同,$\theta(\tau_1, \tau_2)$ 反映的是在因变量 Y 分布的不同位置上,X 对 Y 的平均边际效应。由于 $\theta(\tau_1, \tau_2)$ 依赖于 Y 无条件分布上的分位点,故称之为"因变量条件分位数回归"。在本章第三节的案例中,X 表示个人所在地的最低工资标准(以及其他控制变量),Y 表示个人收入。这时如果令 (τ_1, τ_2) 分别等于 Y 的 $(5\%, 15\%)$, $(15\%, 25\%)$, $\cdots$, $(85\%, 95\%)$ 样本分位区间,则 $\theta(\tau_1, \tau_2)$ 反映了最低工资的提升对具有不同收入水平子人群的收入产生的影响作用。通过检视一系列 $\theta(\tau_1, \tau_2)$ 的变化趋势,研究者可以了解最低工资政策是否有助于缩小不同收入水平人群之间的收入差距。例如,若 $\theta(\tau_1, \tau_2)$ 的估计值始终为正,且随着 (τ_1, τ_2) 的增大逐步递减,则说明最低工资有助于提高各个收入阶层人群的收入水平,同时对低收入人群的影响大于对高收入人群的影响。当低收入人群的收入增速快于高收入人群时,整个人群的收入差距将缩小,这说明实施最低工资政策有助于缩小收入差距。

另一个与 $\theta(\tau_1, \tau_2)$ 意义接近的参数是:

$$\theta(\tau) = E(B(U) \mid F_Y(Y) = \tau). \tag{3.2.8}$$

它度量了对于因变量 Y 取值位于其无条件分布第 τ 分位点上的子人群,X 对于 Y 的平均边际影响。由于 $\theta(\tau_1, \tau_2)$ 与 $\theta(\tau)$ 的关系由下式给出:

$$\theta(\tau_1, \tau_2) = \frac{1}{\tau_2 - \tau_1} \int_{\tau_1}^{\tau_2} \theta(\tau) \mathrm{d}\tau, \quad (3.2.9)$$

或者等价地，当 $\tau_2 \to \tau_1$ 时，$\theta(\tau_1, \tau_2) \to \left(\int_{\tau_1}^{\tau_2} \theta(\tau) \mathrm{d}\tau \right)' = \theta(\tau)|_{\tau = \tau_1} = \theta(\tau_1)$。即当分位区间收敛到一个点时，其平均偏效应收敛到该分位点处的平均偏效应。因此研究 $\theta(\tau_1, \tau_2)$ 与 $\theta(\tau)$ 从经济学意义上来说是等价的。但是随后将看到，从估计量的统计性质角度出发，我们更加推荐使用 $\theta(\tau_1, \tau_2)$ 而不是 $\theta(\tau)$ 作为估计目标，这是因为 $\theta(\tau_1, \tau_2)$ 估计量的收敛速度可以达到 $\sqrt{n}$，而 $\theta(\tau)$ 的估计量收敛速度通常慢于 $\sqrt{n}$。

接下来我们讨论 $\theta(\tau)$ 的识别和估计。为了识别参数，我们施加以下假设：

假设 3.2.1　X 和 U 互相独立。

假设 3.2.1 要求模型没有内生性。在实际应用中，假设 3.2.1 可以被大幅放松。例如，第五节指出，如果研究者感兴趣的仅仅是全部解释变量中的某个核心变量 D（或称为政策变量）对 Y 产生的影响作用，那么假设 3.2.1 可被放松至：给定 X 中除了 D 之外其他控制变量，D 和 U 互相独立（条件外生性）。除此之外，本章第六节还研究了当 X 具有内生性时的 OCQR。此处作为分析的起点，我们暂时施加如假设 3.2.1 这般较强的外生性假设。

假设 3.2.2　记 $m(x, u) = B_0(u) + x'B(u)$，$m(x, u)$ 是 u 的严格单调增加函数。

假设 3.2.2 要求 Y 的生成函数是扰动项的单调递增函数。在大多数实际应用中，这一假设是合理的。例如，在工资方程中，Y 表示个人的工资，U 代表个人能力或运气；给定年龄、性别、教育等 X 的情况下，个人能力越强，运气越好，则工资水平越高。再如，在对家庭投资行为的研究中，用 Y 表示投资于风险资产的比例，X 表示家庭的特征，例如家庭收入、财富、人口构成、户主年龄与教育等，那么 U 代表了不可观察的风险偏好；家庭投资于风险资产的比例在给定家庭特征时是其风险承受能力的递增函数。在消费方程中，U 代表不可观察的消费倾向；当其他因素不变时，消费水平是不可观测消费倾向的递增函数。另外，假设 3.2.2 要求 $m(x, u)$ 是 u 的递增函数，但如果 $m(x, u)$ 是 u 的单调递减函数，则以下各结论依然成立。

尽管如此，研究者可能仍会质疑以上单调性假设在实际中并不成立。

使单调性不成立的一种重要情形是：U 包含两个或更多维分量（例如个人收入不仅依赖于个人能力，同时依赖于"运气"）。不过本章第五节将证明，即使没有单调性，我们依然可以识别和估计 OCQR，只不过数学证明的复杂度将有所提高。下面定理说明 $\theta(\tau)$ 在假设 3.2.1 和假设 3.2.2 之下可以被识别。

定理 3.1 在假设 3.2.1 和假设 3.2.2 下，当 EXX' 满秩（即 X 中没有共线性）时，$\theta(\tau)$ 和 $\theta(\tau_1, \tau_2)$ 均可被识别。记 $\beta(u)$ 是 Y 对 $(1, X)$ 进行第 u 分位数回归的斜率系数，即对于 $0 < u < 1$，

$$(\beta_0(u), \beta(u)) = \arg\min_{(b_0, b)} \sum_{i=1}^n \rho_u(Y_i - b_0 - X_i'b).$$

则

$$\theta(\tau) = E_{X|Y=F_Y^{-1}(\tau)}(\beta(P(Y \leqslant F_Y^{-1}(\tau) \mid X = x))). \quad (3.2.10)$$

其中，$E_{X|Y=F_Y^{-1}(\tau)}$ 表示给定 $Y = F_Y^{-1}(\tau)$ 对 X 求条件期望。在式(3.2.10)的基础上，$\theta(\tau_1, \tau_2)$ 可通过式(3.2.9)加以表示。

根据定理 3.1，我们很容易写出 $\theta(\tau)$ 和 $\theta(\tau_1, \tau_2)$ 的估计步骤。假设 X 可分为连续变量与离散变量两部分，即 $X = (X^c, X^d)$，其中连续变量 X^c 的维数是 K_c，离散变量 X^d 的维数是 K_d。估计分成以下四步：

第 1 步：由 Y 的经验分布以及 $\tau, (\tau_1, \tau_2)$ 推出 Y 的对应取值 $y_0 = \hat{F}_Y^{-1}(\tau)$，$(y_1, y_2) = (\hat{F}_Y^{-1}(\tau_1), \hat{F}_Y^{-1}(\tau_2))$。我们的目标是估计 $E(B(U) \mid Y = y_0)$ 或者 $E(B(U) \mid y_1 < Y < y_2)$。

第 2 步：利用核函数估计 $\eta_i = \eta(X_i, Y_i)$，其中 $\eta(x, y) = P(Y \leqslant y \mid X = x)$。

$$\hat{\eta}_i = \frac{\sum_{j \neq i} 1\{Y_j \leqslant Y_i\} K\left(\frac{X_j^c - X_i^c}{h}\right) 1\{X_j^d = X_i^d\}}{\sum_{j \neq i} K\left(\frac{X_j^c - X_i^c}{h}\right) 1\{X_j^d = X_i^d\}}. \quad (3.2.11)$$

其中，$K\left(\frac{X_j^c - X_i^c}{h}\right) = \prod_{l=1}^{K_c} k\left(\frac{X_{lj}^c - X_{li}^c}{h_l}\right)$，$1\{X_j^d = X_i^c\} = \prod_{s=1}^{K_d} 1\{X_{sj}^d = X_{si}^c\}$，$X_{lj}^c$ 是 X_j^c 的第 l 个分量，X_{sj}^d 是 X_j^d 的第 s 个分量，$h = (h_1, \cdots, h_{K_c})$ 是窗宽。

根据 Chernozhukov et al. (2013)的建议，在估计条件分布函数时，除了以上核估计方法，还可以采用条件分布回归（Conditional Distribution

Regression，CDR）。即假设

$$\eta(x, y) = P(Y \leqslant y \mid X = x) = \Lambda(x'\beta(y)). \quad (3.2.12)$$

其中，$\Lambda(\cdot)$ 是某个已知的连续型随机变量的分布函数，例如标准正态分布，或者 Logistic 分布。根据式(3.2.12)，$\beta(y)$ 由下式估计：

$$\hat{\beta}(y) = \underset{b}{\arg\max} \sum_{i=1}^{n} 1\{Y_i < y\} \ln \Lambda(x'b) + 1\{Y_i > y\} \ln[1 - \Lambda(x'b)],$$

$$(3.2.13)$$

$$\hat{\eta}_i = \hat{\eta}(X_i, Y_i) = \Lambda(X_i'\hat{\beta}(Y_i)).$$

CDR 是一种在意义和结构上，与分位数回归"对偶"的估计方法，这是因为随机变量的 CDF 与分位数函数所包含的信息量是相等的。由于式(3.2.12)描述了给定 X 时 Y 的条件概率，CDR 采用极大似然估计(MLE)的思想去估计 $\beta(y)$，这点从式(3.2.13)的形式就可以看出。与非参数核估计式(3.2.11)相比，CDR 通过将条件分布函数 $P(Y \leqslant y \mid X = x)$ 设置成某种灵活的参数形式，使得估计过程便捷，省去了研究者选择窗宽的环节。有关条件分布回归的更多讨论，见本书第二章第二节。

第 3 步：用 Y_j 对 $(1, X_j)$，$j = 1, \cdots, n$，进行第 $\hat{\eta}_i$ 分位数回归，得到的回归系数记为 $\hat{\theta}(X_i, Y_i)$。

$$\hat{\theta}(X_i, Y_i) = \underset{a, b}{\arg\min} \sum_{j \neq i} \rho_{\hat{\eta}_i}(Y_j - a - X_j'b). \quad (3.2.14)$$

其中，$\rho_\eta(\cdot)$ 是分位数回归的目标函数(也称为 check 函数)，即 $\rho_{\hat{\eta}_i}(s) = (\hat{\eta}_i - 1\{s < 0\})s$。这一步是 OCQR 整个估计过程中计算量最大的一步，它本质上是在一系列 X 的不同取值上估计 $\beta(P(Y \leqslant F_Y^{-1}(\tau) \mid X = x))$。

第 4 步：在第 3 步基础上给定 $Y = F_Y^{-1}(\tau)$，然后对 X 积分，即得 $\hat{\theta}(\tau)$ 和 $\hat{\theta}(\tau_1, \tau_2)$。

$$\hat{\theta}(\tau) = \frac{\sum_{i=1}^{n} \hat{\theta}(X_i, Y_i) K_0\left(\frac{Y_i - y_0}{h_0}\right)}{\sum_{i=1}^{n} K_0\left(\frac{Y_i - y_0}{h_0}\right)}.$$

$$\hat{\theta}(\tau_1, \tau_2) = \frac{\sum_{i=1}^{n} \hat{\theta}(X_i, Y_i) 1\{Y_i \in (y_1, y_2)\}}{\sum_{i=1}^{n} 1\{Y_i \in (y_1, y_2)\}}.$$

下面是关于估计步骤的几点讨论：

第一，从 $\hat{\theta}(\tau)$ 与 $\hat{\theta}(\tau_1,\tau_2)$ 估计量的表达式可以看出，由于 $\hat{\theta}(\tau)$ 需要在 $Y=y_0$ 附近局部化，因此可以预计 $\hat{\theta}(\tau)$ 的收敛速度慢于 $\sqrt{n}$。后续我们将证明 $\hat{\theta}(\tau_1,\tau_2)$ 会以 $\sqrt{n}$ 的速率收敛到正态分布；这正是为什么在应用中，我们更加推荐使用 $\hat{\theta}(\tau_1,\tau_2)$ 的原因。

第二，以上第 2 和第 4 步均涉及窗宽的选择。例如，第 2 步在估计条件分布函数时需要选择窗宽 $h=(h_1,\cdots,h_{K_c})$。由于条件分布函数本身是一种条件期望，此时的窗宽可以采用 Li and Racine(2006) 所介绍的交错鉴定法 (cross-validation) 加以选择。同样，第 4 步是在给定 $Y=y_0$ 时关于 X 求期望，因此窗宽也可以通过交错鉴定法加以选择。本节附录给出了窗宽选择的详细步骤。

第三，估计时计算量主要发生在第 3 步。从表面上看，第 3 步需要进行总共 n 次分位数回归。当样本容量很大时，计算时间会很长。注意到第 4 步计算 $\hat{\theta}(\tau_1,\tau_2)$ 时只要求 $\hat{\theta}(X_i,Y_i)$ 在满足 $Y_i\in(y_1,y_2)$ 的前提下求平均值，因此研究者可以在第 3 步中对满足 $Y_i\in(y_1,y_2)$ 的 i 计算 $\hat{\theta}(X_i,Y_i)$。满足 $Y_i\in(y_1,y_2)$ 的个体大约有 $(\tau_2-\tau_1)\times n$ 个。因此 (τ_1,τ_2) 区间越小，第 3 步计算量也越小。

第四，以上估计步骤对应着数据生成过程式 (3.2.5)，其中并没有考虑 X 的高次项或交互项。实际上，OCQR 的估计非常灵活，能够通过简单的调整以适应 X 中的高次项或交互项，而不会产生额外的计算负担。为说明该点，考虑带有二次项和交互项的数据生成过程：

$$Y=B_0(U)+B_1(U)X_1+B_2(U)X_2+B_3(U)X_1X_2\\+B_4(U)X_1^2+B_5(U)X_2^2.$$

给定 $X=x$，$Y=F_Y^{-1}(\tau)\equiv y_0$ 的条件下，X_1 对 Y 的平均效应为：

$$\theta_{X_1}(x,y_0)=E\left(\frac{\partial Y}{\partial X_1}\bigg|X=x,Y=y_0\right)$$
$$=E(B_1(U)+B_3(U)X_2+2B_4(U)X_1|X=x,Y=y_0)$$
$$=E(B_1(U)|X=x,Y=y_0)+x_2E(B_3(U)|X=x,Y=y_0)$$
$$+2x_1E(B_4(U)|X=x,Y=y_0).$$

令 $\theta_l(x,y_0)=E(B_l(U)|X=x,Y=y_0)$，$l=1,\cdots,5$，

$\theta_{X_1}(\tau)$ 的估计式为：

$$\hat{\theta}_{X_1}(\tau) =$$

$$\frac{\sum_{i=1}^{n}\left[\hat{\theta}_1(X_i, Y_i) + X_{2i}\hat{\theta}_3(X_i, Y_i) + 2X_{1i}\hat{\theta}_4(X_i, Y_i)\right]K_0\left(\frac{Y_i - y_0}{h_0}\right)}{\sum_{i=1}^{n} K_0\left(\frac{Y_i - y_0}{h_0}\right)}.$$

其中，$\hat{\theta}_l(x, y_0)$，$l = 1, \cdots, 5$ 可以用前面介绍的步骤进行估计。

在实际应用中，为了构造参数的置信区间，研究者需要了解 $\hat{\theta}(\tau_1, \tau_2)$ 的极限分布。下面的定理说明在适当的条件下，$\hat{\theta}(\tau_1, \tau_2)$ 可以达到 $\sqrt{n}$ - 收敛，并服从正态分布。

定理 3.2 在定理 3.1 所需条件下，以及本节附录中给出的一些技术性假设下，当 $n \to \infty$ 时，

$$\sqrt{n}(\hat{\theta}(y_1, y_2) - \theta(y_1, y_2)) \to^d N(0, E\phi(W_i, y_1, y_2)\phi(W_i, y_1, y_2)').$$

其中，

$y_l = F_Y^{-1}(\tau_l)$，$l = 1, 2$，$W_i = (X_i, Y_i, \eta_i)$，$\eta_i = \eta(X_i, Y_i)$，

$\eta(x, y) = P(Y \leqslant y \mid X = x)$，

$\phi(W_i, y_1, y_2) = \varphi_1(W_i, y_1, y_2) + \varphi_2(W_i, y_1, y_2) +$
$\qquad \varphi_3(W_i, y_1, y_2) + \varphi_4(W_i, y_1, y_2).$

$\varphi_1(W_i, y_1, y_2) = \dfrac{[\beta(\eta_i) - \theta(y_1, y_2)]1\{Y_i \in (y_1, y_2)\}}{f(y_1, y_2)},$

$\varphi_2(W_i, y_1, y_2) = g_n^{(2)}(W_i, P, y_1, y_2),$

$\varphi_3(W_i, y_1, y_2) = g_n^{(3)}(P, P, W_i, y_1, y_2),$

$\varphi_4(W_i, y_1, y_2) = g_n^{(4)}(W_i, P, y_1, y_2),$

$g_n^{(2)}(W_i, W_j, y_1, y_2) = -\dfrac{[f_U(0)EXX']^{-1}}{f(y_1, y_2)}\left[\eta_j - G\left(\dfrac{X_i'B(\eta_j) - Y_i}{h_2}\right)\right] \cdot$
$\qquad X_i 1\{Y_j \in (y_1, y_2)\},$

$g_n^{(3)}(W_i, W_j, W_k, y_1, y_2) = -\dfrac{[f_U(0)EXX']^{-1}}{f(y_1, y_2)h} \dfrac{1\{Y_k \leqslant Y_i\} - \eta_i}{f(X_i)} \cdot$
$\qquad K\left(\dfrac{X_k^c - X_i^c}{h}\right)1\{X_k^d = X_i^d\}X_i 1\{Y_j \in (y_1, y_2)\},$

$$g_n^{(4)}(W_i, W_j, y_1, y_2) = \frac{\delta(\eta_i)}{f(y_1, y_2)h} \frac{[1\{Y_i \leqslant Y_j\} - \eta(X_j, Y_j)]}{f(X_j)} \cdot$$
$$K\left(\frac{X_i^c - X_j^c}{h}\right) 1\{X_i^d = X_j^d\} 1\{Y_j \in (y_1, y_2)\}.$$

$g_n^{(3)}(P, P, W_i, y_1, y_2)$ 表示"对 W_i, W_j 求条件于 W_k 的期望,再令 $W_k = W_i$",同理, $g_n^{(2)}(W_i, P, y_1, y_2)$ 表示 $g_n^{(2)}(W_i, W_j, y_1, y_2)$ "对 W_j 求条件于 W_i 的期望", $g_n^{(4)}(W_i, P, y_1, y_2)$ 的定义类似, $f(y_1, y_2) = P\{y_1 < Y < y_2\}$, $\delta(\eta)$ 代表 $\beta(\eta)$ 关于 η 的导数, h_2 是平滑函数 $G(\cdot)$ 对应的窗宽。

定理 3.2 的证明见本节附录。这里我们没有给出 $\hat{\theta}(\tau)$ 的极限分布,原因有两点:第一,由于当 $\tau_2 \to \tau_1$ 时, $\theta(\tau_1, \tau_2) \to (\int_{\tau_1}^{\tau_2} \theta(\tau) d\tau)' = \theta(\tau)|_{\tau = \tau_1} = \theta(\tau_1)$,因此可以预期 $\hat{\theta}(\tau)$ 的收敛速度慢于 $\sqrt{n}$ 。这正如经验分布函数的收敛速度可以达到 $\sqrt{n}$,而作为分布函数导数的密度函数的收敛速度慢于 $\sqrt{n}$ 。第二,从经济学意义上来说, $\theta(\tau_1, \tau_2)$ 和 $\theta(\tau)$ 具有相同的变化趋势和相似的估值,因此两者在实际应用中可以起到相同的作用。

从定理 3.2 可以看出,OCQR 估计量极限分布的方差具有非常复杂的形式,因此实际中如果采用代入法估计标准差的话,计算量将非常大。对于此类估计量,近年来文献中一般采用 bootstrap 方法获得估计量标准误的一致估计。由于 OCQR 的多步估计方法隶属于 M-估计量的范畴,且我们已证明估计量服从 $\sqrt{n}$ - 收敛,具有正态的极限分布,这说明可以采用计量经济学教材 Wooldridge(2010)12.8 节中介绍的适用于 M-估计量的 bootstrap 方法进行标准误的一致估计。事实上,现代计量经济学理论文献已经证明,一切拥有"正常"极限分布的估计量的标准差均可以采用 bootstrap 方法加以估计。此处"正常"是指估计量服从 $\sqrt{n}$ - 收敛,具有正态的极限分布。有关使用 bootstrap 进行统计推断的一般原理的介绍,详见本书第二章第四节。

最后,我们用一个简单的数值模拟来结束本节。考虑以下包含两个解释变量,以及平方项和交互项的数据生成过程:

$$Y = B_0 + B_1 X_1 + B_2 X_2 + B_3 X_1 X_2 + B_4 X_1^2.$$

其中, B_0 取常数值 1, B_1, B_2, B_3, B_4 为随机系数, $B_1 = B_2 = 0.5U$,

$B_3 = 0.4U$，$B_4 = 0.3U$，随机变量 (X, U) 从以下各均匀分布中抽取：$U \sim^d Uniform[0, 1]$，$X_1 \sim^d Uniform[1, 3]$，$X_2 \sim^d Uniform[2, 4]$。在估计时，我们使用如下 Epanechnikov 类型的高阶核函数，

$$K(t) = c_0(6\,864 - 240\,240t^2 + 2\,450\,448t^4 - 11\,085\,360t^6 \\ + 25\,865\,840t^8 - 32\,449\,872t^{10} + 20\,801\,200t^{12} - 5\,348\,880t^{14}) \\ 1\{-1 \leqslant t \leqslant 1\}.$$

其中 $c_0 = 0.000\,671\,222\,8$。此处使用 Epanechnikov 型核函数是为了与定理 3.2 的假设（要求高阶核函数）保持一致。如果采用最为普通的高斯核函数，所得的模拟结果与当前的极其类似。窗宽 $h = sn^{-0.14}$，s 代表样本标准差，n 为样本量。在因变量 Y 无条件分布的 19 个等距分位点上，即 $5\%, 10\%, \cdots, 95\%$ 分位点上，我们估计了 X_1 对 Y 的平均偏效应。

我们采用 200 次重复抽样，报告了样本量在 500 和 1000 下，各个分位点上估计量 $\theta(\tau)$ 的样本偏差率（empirical bias ratio）和样本标准差（empirical standard deviation）。其中样本偏差率等于偏差除以估计量真值，它度量了偏误的程度。具体结果如表 3.2.1 和表 3.2.2 所示。为了更直观显示估计量在整个分布上的效果，我们把各分位点上的估计值和真值连成线，绘制成图 3.2.1 和图 3.2.2。

总的来看，$\hat{\theta}(\tau)$ 在 Y 分布中段的估计效果较好。在 $30\%—70\%$ 分位点范围内，即使在样本量较小的场合（$N=500$），OCQR 的偏误率最大不超过 10%。在样本量较大的场合（$N=1\,000$），偏误率最大不超过 4%。估计量在 Y 分布两端的偏误较大，这一点与传统 QR 估计量的小样本表现类似，即估计量总是在分位点两端偏误较大。如何降低 OCQR 估计量在 Y 分布两端的偏误是值得进一步研究的问题。另外，任何分位点的偏差和标准差总是随着样本量的增大而减小。这一点与理论预期保持一致。

表 3.2.1   样本量 $N=500$ 时的模拟结果

分位点	5%	10%	15%	20%	25%	30%	35%	40%	45%	50%
Bias	0.320	0.352	0.291	0.219	0.141	0.067	0.048	0.071	0.094	0.099
Std	0.083	0.085	0.093	0.107	0.123	0.133	0.139	0.141	0.138	0.134

分位点	55%	60%	65%	70%	75%	80%	85%	90%	95%
Bias	0.081	0.069	0.070	0.085	0.083	0.109	0.092	0.086	0.097
Std	0.133	0.135	0.137	0.134	0.134	0.139	0.131	0.133	0.134

表 3.2.2　　　　　　　样本量 $N=1\,000$ 时的模拟结果

分位点	5%	10%	15%	20%	25%	30%	35%	40%	45%	50%
Bias	0.124	0.183	0.153	0.113	0.070	0.025	0.011	0.025	0.036	0.040
Std	0.050	0.051	0.060	0.071	0.083	0.089	0.092	0.094	0.092	0.091
分位点	55%	60%	65%	70%	75%	80%	85%	90%	95%	
Bias	0.031	0.026	0.026	0.031	0.036	0.049	0.043	0.041	0.054	
Std	0.096	0.100	0.102	0.098	0.010	0.103	0.099	0.098	0.091	

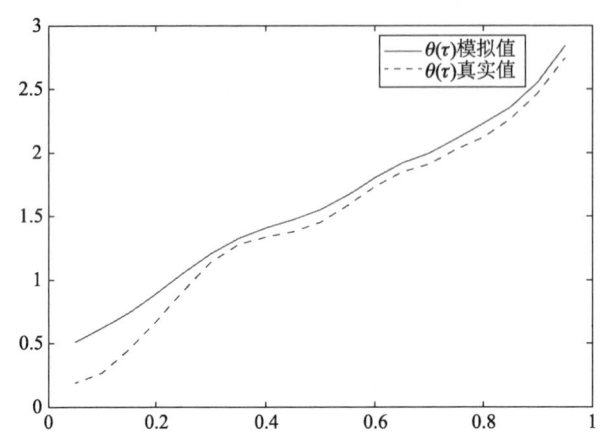

图 3.2.1　$N=500$ 时 $\theta(\tau)$ 的真值与模拟值

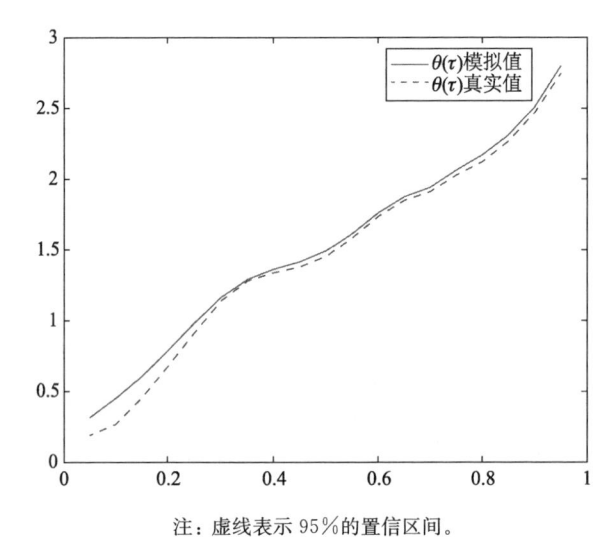

注：虚线表示 95% 的置信区间。

图 3.2.2　$N=1\,000$ 时 $\theta(\tau)$ 的真值与模拟值

本节附录

(一) 定理 3.1 的证明

记 $F_U(\cdot)$ 为 U 的边际分布函数，它的反函数是 $F_U^{-1}(\cdot)$。

证明分三步：

第 1 步：对任意的 $u \in (0, 1)$，$B(F_U^{-1}(u))$ 可识别。这只需注意到

$$P(Y \leqslant B_0(F_U^{-1}(u)) + X'B(F_U^{-1}(u)) \mid X = x)$$
$$= P(B_0(U) + X'B(U) \leqslant B_0(F_U^{-1}(u)) + X'B(F_U^{-1}(u)) \mid X = x)$$
$$= P(B_0(U) + x'B(U) \leqslant B_0(F_U^{-1}(u)) + x'B(F_U^{-1}(u)) \mid X = x)$$
$$= P(U \leqslant F_U^{-1}(u) \mid X = x) = P(U \leqslant F_U^{-1}(u)) = u.$$

其中，第 1 个等号源自数据生成过程；第 2 个等号依据条件概率的定义；第 3 个等号因为假设 3.2.2；第 4 个等号因为假设 3.2.1。上述推导表明，当 EXX' 满秩时，若用 Y 对 $(1, X)$ 在分位点 u 处进行条件分位数回归，回归系数实际上就是 $(B_0(F_U^{-1}(u)), B(F_U^{-1}(u)))$。

记 $F_Y^{-1}(\tau) = y_0$。定义 $\theta(x, y_0) = E(B(U) \mid X = x, Y = y_0)$。

第 2 步：证明 $\theta(x, y_0)$ 可识别。由于 $m(x, u)$ 关于 u 严格单调增加，它关于 u 的反函数始终存在，记这个反函数为 $\eta(x, y)$，即对于任意的 x, y，成立 $m(x, \eta(x, y)) = y$。于是

$$\theta(x, y_0) = E(B(U) \mid X = x, Y = y_0)$$
$$= E(B(\eta(X, Y)) \mid X = x, Y = y_0)$$
$$= E(B(\eta(x, y_0)) \mid X = x, Y = y_0)$$
$$= B(\eta(x, y_0))$$
$$= B\{F_U^{-1}(F_U(\eta(x, y_0)))\}.$$

在第 1 步中已经说明 $B(F_U^{-1}(u))$ 可识别，故只需说明 $F_U(\eta(x, y_0))$ 可识别即可。注意到

$$P(Y \leqslant y_0 \mid X = x) = P(m(X, U) \leqslant y_0 \mid X = x)$$
$$= P(m(x, U) \leqslant y_0 \mid X = x)$$
$$= P(U \leqslant \eta(x, y_0) \mid X = x)$$
$$= P(U \leqslant \eta(x, y_0)) = F_U(\eta(x, y_0)).$$

由于条件分布 $P(Y \leqslant y_0 \mid X = x)$ 可识别，故 $F_U(\eta(x, y_0))$ 可识别，进

而 $\theta(x, y_0)$ 可识别。

第3步：说明 $\theta(\tau)$ 可识别。由于

$$\theta(\tau) = E_{X|Y=y_0}(\theta(X, y_0)) = \int \theta(x, y_0) f_{X|Y}(x \mid y_0) \mathrm{d}x.$$

其中，$E_{X|Y=y_0}$ 表示在给定 $Y = y_0 = F_Y^{-1}(\tau)$ 下对 X 求条件期望，$f_{X|Y}(x \mid y_0)$ 表示 $Y = y_0$ 下 X 的条件密度函数。由于 $\theta(x, y_0)$ 与 $f_{X|Y}(x \mid y_0)$ 均可识别，故 $\theta(\tau)$ 可识别。

并且由以上证明步骤可知，若记 $\beta(u)$ 为用 Y 对 $(1, X)$ 进行第 u 分位数回归的系数，则

$$\theta(x, y_0) = B\{F_U^{-1}(F_U(\eta(x, y)))\} = \beta(P(Y \leqslant y_0 \mid X = x)).$$
$$\theta(\tau) = E_{X|Y=F_Y^{-1}(\tau)}(\beta(P(Y \leqslant F_Y^{-1}(\tau) \mid X = x))).$$

（二）OCQR 估计量中窗宽的选择

本节介绍的 OCQR 估计量中，第 2 和第 4 步均涉及窗宽的选择。根据核估计窗宽选取常用的交错鉴定法（cross-validation），我们建议采用如下方案：

第1步：以 $\eta_i = P(Y < Y_i \mid X = X_i)$ 的估计量

$$\hat{\eta}_i = \frac{\sum_{j \neq i} 1\{Y_j \leqslant Y_i\} K\left(\frac{X_j^c - X_i^c}{h}\right) 1\{X_j^d = X_i^d\}}{\sum_{j \neq i} K\left(\frac{X_j^c - X_i^c}{h}\right) 1\{X_j^d = X_i^d\}}$$

为例。选取第 2 步中的窗宽 $h_1, h_2, \cdots, h_{K_c}$，使得下面的目标函数达到最小：

$$CV_1(h_1, h_2, \cdots, h_{K_c}) = \sum_{j=1, j \neq i}^{n} (1\{Y_j \leqslant Y_i\} - \hat{\eta}_{-j}(X_j, Y_j))^2.$$

其中 $\hat{\eta}_{-j}(X_j, Y_j)$ 表示不使用第 j 次观测（leave-one-out）前提下对 $\eta(X_j, Y_j)$ 的核估计量：

$$\hat{\eta}_{-j}(X_j, Y_j) = \frac{\sum_{l \neq j} 1\{Y_l \leqslant Y_j\} K\left(\frac{X_l^c - X_j^c}{h}\right) 1\{X_l^d = X_j^d\}}{\sum_{l \neq j} K\left(\frac{X_l^c - X_j^c}{h}\right) 1\{X_l^d = X_j^d\}}.$$

第2步：可以看出，上述步骤需要选取的 h 的维数依赖于 X 中连续

分量的个数。如果 X 中连续型分量较多，搜索 $h_1, h_2, \cdots, h_{K_c}$ 的耗时会非常长。这里提供一个简便方法：假定存在某个一维正实数 h^*，使得 h_l 与 h^* 之比等于 X_l^c 的标准差，即

$$h_l = S_{X_l^c} \times h^*. \tag{3.2.a}$$

其中，$S_{X_l^c}$ 是 X^c 中第 l 个连续分量的样本标准差。这种选取方式的逻辑在于：对于连续型随机变量而言，其标准差越大，表明该变量的观测数据越分散，其对应的窗宽理应越大，所以式(3.2.a)让每个分量对应的窗宽正比于该分量的标准差。在式(3.2.a)的约束下，研究者只要搜索一维 h^*，就可以找到 $h_1, h_2, \cdots, h_{K_c}$ 的对应值。

第 3 步：和第 2 步类似，第 4 步中窗宽的选取方式如下：

$$\hat{\theta}(\tau) = \frac{\sum_{i=1}^{n} \hat{\theta}(X_i, Y_i) K_0\left(\frac{Y_i - y_0}{h_0}\right)}{\sum_{i=1}^{n} K_0\left(\frac{Y_i - y_0}{h_0}\right)}.$$

选择 h_0 使得下面目标函数达到最小：

$$CV_2(h_0) = \sum_{i=1}^{n} (\hat{\theta}(X_i, Y_i) - \hat{\theta}_{-i})^2.$$

其中，

$$\hat{\theta}_{-i} = \frac{\sum_{j \neq i} \hat{\theta}(X_j, Y_j) K_0\left(\frac{Y_j - y_0}{h_0}\right)}{\sum_{j \neq i} K_0\left(\frac{Y_i - y_0}{h_0}\right)}.$$

（三）定理 3.2 的证明

定理 3.2 的证明较为复杂。为使得证明过程尽量简化，不失一般性地，我们假设 X 为一维，并且是连续的。h_s 为 κ_s 阶核函数 $K_s(\cdot)$ 的窗宽，$s=1, 2$。窗宽满足：$\sqrt{n} h_s^{\kappa_s} \to 0$，$\sqrt{n} h_1^2 \to \infty$，$\sqrt{n} h_2^2 \min\{h_1, h_2\} \to \infty$。

我们首先给出证明定理需要的几个引理。

引理 1：在假设成立条件下，当 $n \to \infty$ 时，对于任意的样本 (X_i, Y_i)，$i=1, \cdots, n$，$\hat{\eta}(X_i, Y_i)$ 是 $\eta(X_i, Y_i)$ 的一致估计，即

$$\sup_{X_i \in S_X, Y_i \in S_Y} |\hat{\eta}(X_i, Y_i) - \eta(X_i, Y_i)| = O_p\left(\frac{1}{\sqrt{n h_1}}\right)$$

S_X 和 S_Y 分别表示 X 和 Y 的支撑集。

引理 1 的证明：对于给定的 $X_i \in S_X, Y_i \in S_Y$，有

$$\hat{\eta}_i = \hat{\eta}(X_i, Y_i) = \frac{\frac{1}{nh_1}\sum_{j=1, j\neq i}^{n} 1\{Y_j \leqslant Y_i\} K_1\left(\frac{X_j - X_i}{h_1}\right)}{\hat{f}(X_i)}.$$

其中 $\hat{f}(X_i) = \frac{1}{nh_1}\sum_{j=1, j\neq i}^{n} K_1\left(\frac{X_j - X_i}{h_1}\right)$。将 $\hat{f}(X_i)$ 缩写为 $\hat{f}$，$f(X_i)$ 缩写为 f，$f(X_i)$ 代表 X 密度函数在 X_i 的值。

$$\hat{\eta}(X_i, Y_i) = \frac{\frac{1}{nh_1}\sum_{j=1, j\neq i}^{n} 1\{Y_j \leqslant Y_i\} K_1\left(\frac{X_j - X_i}{h_1}\right)}{f(X_i)}\left[\frac{f}{\hat{f}}\right]$$

$$= \frac{\frac{1}{nh_1}\sum_{j=1, j\neq i}^{n} 1\{Y_j \leqslant Y_i\} K_1\left(\frac{X_j - X_i}{h_1}\right)}{f(X_i)}\left[1 - \left(1 - \frac{\hat{f}}{f}\right)\right]^{-1}$$

$$= \frac{\frac{1}{nh_1}\sum_{j=1, j\neq i}^{n} 1\{Y_j \leqslant Y_i\} K_1\left(\frac{X_j - X_i}{h_1}\right)}{f(X_i)}\left[1 + \left(1 - \frac{\hat{f}}{f}\right) + \left(1 - \frac{\hat{f}}{f}\right)^2 + \cdots\right].$$

现在分析最后展开式的第一项，剩余项均可以用同样方法处理并且有更小的随机阶数。在一定程度的滥用符号下，可写为：

$$\hat{\eta}(X_i, Y_i) = \frac{\frac{1}{nh_1}\sum_{j=1, j\neq i}^{n} 1\{Y_j \leqslant Y_i\} K_1\left(\frac{X_j - X_i}{h_1}\right)}{f(X_i)},$$

并且

$$\hat{\eta}(X_i, Y_i) - \eta(X_i, Y_i) = [\hat{\eta}(X_i, Y_i) - E_x\hat{\eta}(X_i, Y_i)]$$
$$+ [E_x\hat{\eta}(X_i, Y_i) - \eta(X_i, Y_i)].$$

其中，E_x 是在 $X = X_i$ 条件下的期望。使用泰勒展开到 κ_1 项，同时要求 $\sqrt{n}h_1^{\kappa_1} \to 0$，可得偏差项 $E_x\hat{\eta}(X_i, Y_i) - \eta(X_i, Y_i)$ 当 $n \to \infty$ 时，为 $O_p(h_1^{\kappa_1}) = o_p\left(\frac{1}{\sqrt{n}}\right)$。注意到

$$\hat{\eta}(X_i, Y_i) - E_x\hat{\eta}(X_i, Y_i) =$$
$$\frac{\frac{1}{nh_1}\sum_{j=1, j\neq i}^{n} 1\{Y_j \leqslant Y_i\} K_1\left(\frac{X_j - X_i}{h_1}\right) - \frac{1}{h_1}\frac{n-1}{n}E_x 1\{Y_j \leqslant Y_i\} K_1\left(\frac{X_j - X_i}{h_1}\right)}{f(X_i)}$$

是一个零均值经验过程(zero-mean empirical process)。由标准经验过程 (standard empirical process; Sherman, 1994)可得 $\hat{\eta}(X_i, Y_i) - E_x \hat{\eta}(X_i, Y_i)$ 在当 $n \to \infty$ 时, 为 $O_p\left(\frac{1}{\sqrt{nh_1}}\right)$, 且 $\hat{\eta}(X_i, Y_i)$ 在 $S_X \otimes S_Y$ 上一致收敛于 $E_x \hat{\eta}(X_i, Y_i)$。因此, $\sup\limits_{X_i \in S_X, Y_i \in S_Y} |\hat{\eta}(X_i, Y_i) - \eta(X_i, Y_i)| = O_p\left(\frac{1}{\sqrt{nh_1}}\right)$。此外,我们可以推导出 $\hat{\eta}(X_i, Y_i) - \eta(X_i, Y_i)$ 的渐近表达式,令

$$\hat{t} = \frac{1}{nh_1} \sum_{j=1, j\neq i}^{n} 1\{Y_j \leqslant Y_i\} K_1\left(\frac{X_j - X_i}{h_1}\right).$$

所以 $\hat{\eta}(X_i, Y_i) = \frac{\hat{t}}{\hat{f}}$,同理可得 $\sup\limits_{x \in S_X} |\hat{f} - f| = O_p\left(\frac{1}{\sqrt{nh_1}}\right)$, $\hat{\eta}(X_i, Y_i)$ 缩写为 $\hat{\eta}$, $\eta(X_i, Y_i)$ 缩写为 η。则

$$\begin{aligned}\hat{\eta} - \eta &= \frac{\hat{t}}{\hat{f}} - \eta = \frac{1}{f}(\hat{t} - \eta \hat{f}) + \left(\frac{\hat{t}}{\hat{f}} - \frac{\hat{t}}{f} - \eta + \eta \frac{\hat{f}}{f}\right) \\ &= \frac{1}{f}(\hat{t} - \eta \hat{f}) + \left(1 - \frac{\hat{f}}{f}\right)\left(\frac{\hat{t}}{\hat{f}} - \eta\right) \\ &= \frac{1}{f}(\hat{t} - \eta \hat{f}) + \frac{1}{f}\left(\frac{\hat{t}}{\hat{f}} - \eta\right)(f - \hat{f}).\end{aligned}$$

由于上式第二项为 $O_p\left(\frac{1}{nh_1^2}\right) = o_p\left(\frac{1}{\sqrt{n}}\right)$, 那么可以得到

$$\begin{aligned}&\hat{\eta}(X_i, Y_i) - \eta(X_i, Y_i) \\ &= \frac{\frac{1}{nh_1}\sum_{j=1,j\neq i}^{n}[1\{Y_j \leqslant Y_i\} - \eta(X_i, Y_i)]K_1\left(\frac{X_j - X_i}{h_1}\right)}{f(X_i)} + o_p\left(\frac{1}{\sqrt{n}}\right).\end{aligned}$$

(3.2.b)

引理2:当 $n \to \infty$ 时,对于任意的 $x \in S_X$, $y \in S_Y$, $\hat{\theta}(x, y)$ 是 $\theta(x, y)$ 的一致估计,即

$$\sup\limits_{X_i \in S_X, Y_i \in S_Y} |\hat{\theta}(X_i, Y_i) - \theta(X_i, Y_i)| = o_p(1).$$

引理 2 的证明：

第 1 步：首先可以证明 $\frac{1}{n}\sum_{j=1,j\neq i}^{n}\rho_{\hat{\eta}(X_i,Y_i)}(Y_j-X_j'b)$ 在 $(b,\eta(X_i,Y_i))\in \mathbf{R}\times S_\eta$ 一致收敛于 $E\rho_{\eta(X_i,Y_i)}(Y-X'b)$。则有

$$\sup_{b\in\mathbf{R}}\left|\frac{1}{n}\sum_{j=1,j\neq i}^{n}\rho_{\eta(X_i,Y_i)}(Y_j-X_j'b)-E\rho_{\eta(X_i,Y_i)}(Y-X'b)\right|\xrightarrow{p}0.$$

(3.2.c)

接着，要证明 $\sup_{b\in\mathbf{R}}\left|\frac{1}{n}\sum_{j=1,j\neq i}^{n}\rho_{\hat{\eta}(X_i,Y_i)}(Y_j-X_j'b)-E\rho_{\eta(X_i,Y_i)}(Y-X'b)\right|$ $\xrightarrow{p} 0$，还需要

$$\sup_{b\in\mathbf{R}}\left|\frac{1}{n}\sum_{j=1,j\neq i}^{n}\rho_{\hat{\eta}(X_i,Y_i)}(Y_j-X_j'b)-\frac{1}{n}\sum_{j=1,j\neq i}^{n}\rho_{\eta(X_i,Y_i)}(Y_j-X_j'b)\right|\xrightarrow{p}0$$

(3.2.d)

$$\Leftrightarrow \sup_{b\in\mathbf{R}}\left|\frac{1}{n}\sum_{j=1,j\neq i}^{n}[\rho_{\hat{\eta}(X_i,Y_i)}(Y_j-X_j'b)-\rho_{\eta(X_i,Y_i)}(Y_j-X_j'b)]\right|\xrightarrow{p}0$$

$$\Leftrightarrow \sup_{b\in\mathbf{R}}\left|\frac{1}{n}\sum_{j=1,j\neq i}^{n}\{[\hat{\eta}(X_i,Y_i)-1(Y_j-X_j'b<0)]-[\eta(X_i,Y_i)-1(Y_j-X_j'b<0)]\}(Y_j-X_j'b)\right|\xrightarrow{p}0$$

$$\Leftrightarrow \sup_{b\in\mathbf{R}}\left|\frac{1}{n}\sum_{j=1,j\neq i}^{n}[\hat{\eta}(X_i,Y_i)-\eta(X_i,Y_i)](Y_j-X_j'b)\right|\xrightarrow{p}0$$

$$\Leftrightarrow |\hat{\eta}(X_i,Y_i)-\eta(X_i,Y_i)|\sup_{b\in\mathbf{R}}\left|\frac{1}{n}\sum_{j=1,j\neq i}^{n}(Y_j-X_j'b)\right|\xrightarrow{p}0.$$

当 $n\to\infty$ 时，$\frac{1}{n}\sum_{j=1,j\neq i}^{n}(Y_j-X_j'b)$ 是关于 b 的一致随机有界量。

$$\Leftrightarrow |\hat{\eta}(X_i,Y_i)-\eta(X_i,Y_i)|\xrightarrow{p}0，\text{在 }n\to\infty\text{ 时。}$$

引理 1 中已证明 $\hat{\eta}(X_i,Y_i)\xrightarrow{p}\eta(X_i,Y_i)$，由式(3.2.c)(3.2.d)及三角不等式，可得 $\sup_{b\in\mathbf{R}}\left|\frac{1}{n}\sum_{j=1,j\neq i}^{n}\rho_{\hat{\eta}(X_i,Y_i)}(Y_j-X_j'b)-E\rho_{\eta(X_i,Y_i)}(Y-X'b)\right|\xrightarrow{p}0$。

第 2 步：证明 $E\rho_{\eta(X_i,Y_i)}(Y-X'b)$ 在 $b=\theta(X_i,Y_i)$ 处取得唯一极值。随机变量 Y 的第 $\eta(X_i,Y_i)$ 分位数定义为 $F_Y^{-1}(\eta(X_i,Y_i))$。令

$F_Y^{-1}(\eta(X_i, Y_i)) = Y_i$，则 $P\{Y \leqslant Y_i \mid X = X_i\} = \eta(X_i, Y_i) = F_{Y|X}(Y_i, X_i)$，可证明 $F_Y^{-1}(\eta(X_i, Y_i))$ 是以下最小化问题的唯一解：

$$\min_{c \in \mathbf{R}} E\rho_{\eta(X_i, Y_i)}(Y - c).$$

其中，

$$\rho_{\eta(x, y)}(Y - c) = \begin{cases} \eta(x, y)(Y - c) & Y \geqslant c, \\ (\eta(x, y) - 1)(Y - c) & Y < c. \end{cases}$$

然后基于 $E(XX')$ 是满秩的，可以推出 $\theta(X_i, Y_i) \stackrel{uniq}{=} \arg\min_{b \in \mathbf{R}} E\rho_{\eta(X_i, Y_i)}(Y - X'b)$。

综上所证，第 1 步使用估计的分位数 $\hat{\eta}(X_i, Y_i)$，然后再进行传统分位数回归，仍然可以得到系数的一致估计量。

引理 3：在假设成立条件下，当 $n \to \infty$ 时，

$$\sup_{X_i \in S_X, Y_i \in S_Y} |\hat{\theta}_s(X_i, Y_i) - \theta(X_i, Y_i)| = o_p(1).$$

其中，$\hat{\theta}_s(X_i, Y_i) = \underset{b \in \mathbf{R}}{\operatorname{argmin}} \frac{1}{n} \sum_{j=1, j \neq i}^{n} \left[\hat{\eta}(X_i, Y_i) - G\left(\frac{X'_j b - Y_j}{h_2}\right) \right](Y_j - X'_j b)$，$G(s) = \int_{-\infty}^{s} K_2(v) dv$.

引理 3 的证明：注意到分位数回归的目标函数有不可微的特点，因为其中涉及生成的变量 $\hat{\eta}$，目标函数的非光滑性使渐近分析变得复杂，所以此后的推导中我们利用光滑版的 QR 目标函数来进行分析。基本思路是用核函数来平滑 $1(Y_j - X'_j b < 0)$，假设 $K_2(\cdot)$ 为核密度函数并且有 $G(s) = \int_{-\infty}^{s} K_2(v) dv$，$h_2$ 为窗宽，那么 $G\left(\frac{X'_j b - Y_j}{h_2}\right)$ 为光滑后的 $1(Y_j - X'_j b < 0)$。为此，我们首先给出光滑化目标函数下估计量的一致性证明。由于已证

$$\sup_{b \in \mathbf{R}} \left| \frac{1}{n} \sum_{j=1, j \neq i}^{n} \rho_{\hat{\eta}(X_i, Y_i)}(Y_j - X'_j b) - E\rho_{\eta(X_i, Y_i)}(Y - X'b) \right| \xrightarrow{p} 0.$$

(3.2.e)

要证明 $\sup_{b \in \mathbf{R}} \left| \frac{1}{n} \sum_{j=1, j \neq i}^{n} \left[\hat{\eta}(X_i, Y_i) - G\left(\frac{X'_j b - Y_j}{h_2}\right) \right](Y_j - X'_j b) - E\rho_{\eta(X_i, Y_i)}(Y - X'b) \right| \xrightarrow{p} 0$，还需证明

$$\sup_{b\in\mathbf{R}}\left|\frac{1}{n}\sum_{j=1,j\neq i}^{n}\rho_{\hat{\eta}(X_i,Y_i)}(Y_j-X_j'b)-\right.$$
$$\left.\frac{1}{n}\sum_{j=1,j\neq i}^{n}\left[\hat{\eta}(X_i,Y_i)-G\left(\frac{X_j'b-Y_j}{h_2}\right)\right](Y_j-X_j'b)\right|\xrightarrow{p}0.$$

(3.2.f)

即 $\sup_{b\in\mathbf{R}}\left|\frac{1}{n}\sum_{j=1,j\neq i}^{n}\left[G\left(\frac{X_j'b-Y_j}{h_2}\right)-1(Y_j-X_j'b<0)\right](Y_j-X_j'b)\right|\xrightarrow{p}$
0，对任意 $\alpha>0$，令

$$\frac{1}{n}\sum_{j=1,j\neq i}^{n}\left[G\left(\frac{X_j'b-Y_j}{h_2}\right)-1(Y_j-X_j'b<0)\right](Y_j-X_j'b)$$
$$=\frac{1}{n}\sum_{j=1,j\neq i}^{n}\left[G\left(\frac{X_j'b-Y_j}{h_2}\right)-1(Y_j-X_j'b<0)\right]$$
$$\cdot(Y_j-X_j'b)1(|Y_j-X_j'b|>\alpha)$$
$$+\frac{1}{n}\sum_{j=1,j\neq i}^{n}\left[G\left(\frac{X_j'b-Y_j}{h_2}\right)-1(Y_j-X_j'b<0)\right]$$
$$\cdot(Y_j-X_j'b)1(|Y_j-X_j'b|\leqslant\alpha)$$
$$\stackrel{\text{def}}{=\!=}\mathcal{J}_{1n}+\mathcal{J}_{2n}.$$

其中，

$$|\mathcal{J}_{1n}|\leqslant\sup_{|Y_j-X_j'b|>\alpha}\left|G\left(\frac{X_j'b-Y_j}{h_2}\right)-1(Y_j-X_j'b<0)\right|\cdot$$
$$\frac{1}{n}\sum_{j=1,j\neq i}^{n}(Y_j-X_j'b)1(|Y_j-X_j'b|>\alpha)$$
$$=o(1)\cdot O_p(1).$$
$$|\mathcal{J}_{2n}|\leqslant\frac{2}{n}\sum_{j=1,j\neq i}^{n}|Y_j-X_j'b|1(|Y_j-X_j'b|\leqslant\alpha)$$
$$\xrightarrow{p}2E|Y-X'b|1(|Y-X'b|\leqslant\alpha)\leqslant2\alpha.$$

当 $n\to\infty$，$\alpha\to0$ 时，有 $|\mathcal{J}_{2n}|\xrightarrow{p}0$。

所以有 $\sup_{b\in\mathbf{R}}\left|\frac{1}{n}\sum_{j=1,j\neq i}^{n}\left[G\left(\frac{X_j'b-Y_j}{h_2}\right)-1(Y_j-X_j'b<0)\right](Y_j-X_j'b)\right|$
$\xrightarrow{p}0$。

由式(3.2.e)(3.2.f)及三角不等式，此引理得证。

引理 4：在假设成立条件下，当 $n \to \infty$ 时，

$$\sup_{X_i \in S_X, Y_i \in S_Y} |\hat{\theta}(X_i, Y_i) - \theta(X_i, Y_i)| = O_p\left(\frac{1}{\sqrt{n} \min\{h_1, h_2\}}\right).$$

引理 4 的证明：对于给定的 $X_i \in S_X$，$Y_i \in S_Y$，即有相应的 $\eta(X_i, Y_i)$。即证明

$$\sup_{\eta_i \in S_\eta} |\hat{\beta}(\eta_i) - \beta(\eta_i)| = O_p\left(\frac{1}{\sqrt{n} \min\{h_1, h_2\}}\right).$$

$S_\eta = [0, 1]$，对于给定的 $\eta_i \in S_\eta$，令

$$\hat{S}_n(b \mid \eta) = -\frac{1}{n} \sum_{j=1, j\neq i}^n \left[\hat{\eta}_i - G\left(\frac{X'_j b - Y_j}{h_2}\right)\right](Y_j - X'_j b).$$

定义 $\hat{T}_n(b \mid \eta) = \dfrac{\partial \hat{S}_n(b \mid \eta)}{\partial b} = \dfrac{1}{n} \sum_{j=1, j\neq i}^n \left[\dfrac{1}{h_2} K_2\left(\dfrac{X'_j b - Y_j}{h_2}\right)(Y_j - X'_j b) + \left(\hat{\eta}_i - G\left(\dfrac{X'_j b - Y_j}{h_2}\right)\right)\right] X_j,$

$\hat{H}_n(b \mid \eta) = \dfrac{\partial^2 \hat{S}_n(b \mid \eta)}{\partial b^2} = \dfrac{1}{n} \sum_{j=1, j\neq i}^n \left[\dfrac{1}{h_2^2} K_2'\left(\dfrac{X'_j b - Y_j}{h_2}\right)(Y_j - X'_j b) - \dfrac{2}{h_2} K_2\left(\dfrac{X'_j b - Y_j}{h_2}\right)\right] X_j^2.$

由 $\hat{\beta}(\eta)$ 的定义知 $\hat{T}_n(\hat{\beta}(\eta) \mid \eta) = 0$

因此可以推出 $\hat{\beta}(\eta) - \beta(\eta) = -[\hat{H}_n(\bar{\beta}(\eta) \mid \eta)]^{-1} \hat{T}_n(\beta(\eta) \mid \eta)$，$\bar{\beta}(\eta)$ 在 $\hat{\beta}(\eta)$ 与 $\beta(\eta)$ 之间。

定义 $S_n(b \mid \eta) = -\dfrac{1}{n} \sum_{j=1, j\neq i}^n \left[\eta_i - G\left(\dfrac{X'_j b - Y_j}{h_2}\right)\right](Y_j - X'_j b).$

$T_n(b \mid \eta) = \dfrac{\partial S_n(b \mid \eta)}{\partial b} = \dfrac{1}{n} \sum_{j=1, j\neq i}^n \left[\dfrac{1}{h_2} K_2\left(\dfrac{X'_j b - Y_j}{h_2}\right)(Y_j - X'_j b)\right.$

$\left. + \left(\eta_i - G\left(\dfrac{X'_j b - Y_j}{h_2}\right)\right)\right] X_j,$

$H_n(b \mid \eta) = \dfrac{\partial^2 S_n(b \mid \eta)}{\partial b^2} = \dfrac{1}{n} \sum_{j=1, j\neq i}^n \left[\dfrac{1}{h_2^2} K_2'\left(\dfrac{X'_j b - Y_j}{h_2}\right)(Y_j - X'_j b) - \dfrac{2}{h_2} K_2\left(\dfrac{X'_j b - Y_j}{h_2}\right)\right] X_j^2 = \hat{H}_n(b \mid \eta).$

对任意 $\eta \in S_\eta$，定义 $H(b \mid \eta) = E[H_n(b \mid \eta)]$。为得到 $H_n(b \mid \eta)$

的期望,需要两步计算:首先给定 X_j,对 $U_j = Y_j - X_j'b$ 取期望,得到

$$\int \left[\frac{1}{h_2^2} K_2'\left(\frac{-u}{h_2}\right) u - \frac{2}{h_2} K_2\left(\frac{-u}{h_2}\right)\right] f_U(u \mid X_j) \mathrm{d}u X_j^2 = \int [K_2'(-t)t - 2K_2(-t)] f_U(th_2 \mid X_j) \mathrm{d}t X_j^2 = f(0 \mid X_j) X_j^2 + O_p(h_2^{\kappa_2});$$ 然后再关于 X_j 取期望,得到 $E[f(0 \mid X_j) X_j^2] + o_p\left(\frac{1}{\sqrt{n}}\right) = f_U(0) EXX' + o_p\left(\frac{1}{\sqrt{n}}\right)$。

又因为 $|\hat{H}_n(\bar{\beta}(\eta) \mid \eta) - H(\beta(\eta) \mid \eta)| = |H_n(\bar{\beta}(\eta) \mid \eta) - H(\beta(\eta) \mid \eta)|$
$\leqslant \underbrace{|H_n(\bar{\beta}(\eta) \mid \eta) - H(\bar{\beta}(\eta) \mid \eta)|}_{a_1} + \underbrace{|H(\bar{\beta}(\eta) \mid \eta) - H(\beta(\eta) \mid \eta)|}_{a_2}.$

其中,a_1 项 $H_n(\bar{\beta}(\eta) \mid \eta) - H(\bar{\beta}(\eta) \mid \eta)$ 是一个零均值经验过程,由标准经验过程(Sherman,1994)可得 a_1 的阶数为 $O_p\left(\frac{1}{\sqrt{n}h_2^2}\right)$。再对 a_2 进行泰勒展开可得到

$$H(\bar{\beta}(\eta) \mid \eta) - H(\beta(\eta) \mid \eta) = \frac{\partial H(t \mid \eta)}{\partial t}\bigg|_{t=\bar{\bar{\beta}}(\eta)} [\bar{\beta}(\eta) - \beta(\eta)].$$

$\bar{\bar{\beta}}(\eta)$ 在 $\bar{\beta}(\eta)$ 与 $\beta(\eta)$ 之间。假设 $\frac{\partial H(t \mid \eta)}{\partial t}$ 是紧集上的连续函数,以及当 $n \to \infty$ 时 $\sup_{\eta \in S_\eta} |\hat{\beta}(\eta) - \beta(\eta)| = o_p(1)$,可得 a_2 的阶数为 $o_p(1)$。

因此,当 $n \to \infty$ 时,$\hat{H}_n(\bar{\beta}(\eta) \mid \eta) - H(\beta(\eta) \mid \eta) = O_p\left(\frac{1}{\sqrt{n}h_2^2}\right) + O_p(\sup_{\eta \in S_\eta} |\hat{\beta}(\eta) - \beta(\eta)|) = o_p(1).$

再对 $[\hat{H}_n(\bar{\beta}(\eta) \mid \eta)]^{-1}$ 关于 $H(B(\eta) \mid \eta)$ 进行泰勒展开得:

$$[\hat{H}_n(\bar{\beta}(\eta) \mid \eta)]^{-1} - [H(\beta(\eta) \mid \eta)]^{-1}$$
$$= O_p\left(\frac{1}{\sqrt{n}h_2^2}\right) + O_p(\sup_{\eta \in S_\eta} |\hat{\beta}(\eta) - \beta(\eta)|) = o_p(1). \quad (3.2.g)$$

由假设以及逆函数的连续性知 $[H(\beta(\eta) \mid \eta)]^{-1} = O(1)$。

因此,推出 $\hat{\beta}(\eta) - \beta(\eta) = [O(1) + o_p(1)] \hat{T}_n(\beta(\eta) \mid \eta) = O_P(1) \hat{T}_n(\beta(\eta) \mid \eta)$。

接下来分析 $\hat{T}_n(\beta(\eta) \mid \eta)$ 的部分,

$$\hat{T}_n(\beta(\eta) \mid \eta) = \frac{1}{n} \sum_{j=1, j\neq i}^{n} \frac{1}{h_2} K_2\Big(\frac{X_j'\beta(\eta)-Y_j}{h_2}\Big)(Y_j - X_j'\beta(\eta))X_j$$
$$+ \frac{1}{n} \sum_{j=1, j\neq i}^{n} \Big(\hat{\eta} - G\Big(\frac{X_j'\beta(\eta)-Y_j}{h_2}\Big)\Big) X_j$$
$$\stackrel{\text{def}}{=\!=\!=} T_{1n}(\beta(\eta) \mid \eta) + \hat{T}_{2n}(\beta(\eta) \mid \eta).$$

其中，$T_{1n}(\beta(\eta) \mid \eta) = \frac{1}{n} \sum_{j=1, j\neq i}^{n} \frac{1}{h_2} K_2\Big(\frac{X_j'\beta(\eta)-Y_j}{h_2}\Big)(Y_j - X_j'\beta(\eta))X_j$
$$= [T_{1n}(\beta(\eta) \mid \eta) - ET_{1n}(\beta(\eta) \mid \eta)] + ET_{1n}(\beta(\eta) \mid \eta).$$
同样，由标准经验过程的结论（Sherman，1994）可知，上式中括号中的部分，在 $n \to \infty$ 时，有

$$T_{1n}(\beta(\eta) \mid \eta) - ET_{1n}(\beta(\eta) \mid \eta) = O_p\Big(\frac{1}{\sqrt{n h_2}}\Big).$$

再看 $ET_{1n}(\beta(\eta) \mid \eta)$，对于任意给定的 η，通过两步计算得到。首先给定 X_j，对 $U_j = Y_j - X_j'\beta(\eta)$ 取期望，得到 $\int \Big[\frac{1}{h_2} K_2\Big(\frac{-u}{h_2}\Big)(u)\Big] f_U(u \mid X_j) \mathrm{d}u X_j \xlongequal{\frac{u}{h_2}=t} \int [K_2(-t)h_2 t] f_U(th_2 \mid X_j) \mathrm{d}t X_j$；然后对 X_j 取期望并对 $f_U(th_2 \mid X_j)$ 在零处展开得到 $ET_{1n}(\beta(\eta) \mid \eta) = o_P\Big(\frac{1}{\sqrt{n}}\Big)$。因此，得到 $T_{1n}(\beta(\eta) \mid \eta) = O_p\Big(\frac{1}{\sqrt{n h_2}}\Big)$。接下来，再看 $\hat{T}_{2n}(\beta(\eta) \mid \eta) = T_{2n}(\beta(\eta) \mid \eta) + T_{21}$，

其中，$T_{2n}(\beta(\eta) \mid \eta) = \frac{1}{n} \sum_{j=1, j\neq i}^{n} \Big(\eta - G\Big(\frac{X_j'\beta(\eta)-Y_j}{h_2}\Big)\Big) X_j$,

$$T_{21} = \frac{1}{n} \sum_{j=1, j\neq i}^{n} (\hat{\eta} - \eta) X_j,$$

$T_{2n}(\beta(\eta) \mid \eta) = [T_{2n}(\beta(\eta) \mid \eta) - ET_{2n}(\beta(\eta) \mid \eta)] + ET_{2n}(\beta(\eta) \mid \eta)$.
同上，上式中括号的部分在 $n \to \infty$ 时，有

$$T_{2n}(\beta(\eta) \mid \eta) - ET_{2n}(\beta(\eta) \mid \eta) = O_P\Big(\frac{1}{\sqrt{n}}\Big).$$

对于任意给定的 η，$ET_{2n}(\beta(\eta) \mid \eta)$ 同 $E[H_n(b \mid \eta)]$ 和 $ET_{1n}(\beta(\eta)$

$|\eta)$ 的处理方法一样，首先给定 X_j，对 $U_j = Y_j - X_j'\beta(\eta)$ 取期望，然后对 X_j 取期望。在 $n \to \infty$ 时得到 $T_{2n}(\beta(\eta)|\eta) = O_p\left(\frac{1}{\sqrt{n}}\right)$。最后看 $T_{21} = \frac{1}{n}\sum_{j=1, j\neq i}^{n}(\hat{\eta} - \eta)X_j$，由引理 1 可知 T_{21} 的阶为 $O_p\left(\frac{1}{n} \cdot n \cdot \frac{1}{\sqrt{nh_1}}\right) = O_p\left(\frac{1}{\sqrt{nh_1}}\right)$。所以有 $\hat{T}_{2n}(\beta(\eta)|\eta) = O_p\left(\frac{1}{\sqrt{n}}\right) + O_p\left(\frac{1}{\sqrt{nh_1}}\right) = O_p\left(\frac{1}{\sqrt{nh_1}}\right)$。

因此，当 $n \to \infty$ 时，$\hat{T}_n(\beta(\eta)|\eta) = O_p\left(\frac{1}{\sqrt{nh_2}}\right) + O_p\left(\frac{1}{\sqrt{nh_1}}\right) = O_p\left(\frac{1}{\sqrt{n}\min\{h_1, h_2\}}\right)$。

综上所证，当 $n \to \infty$ 时，有 $\sup_{\eta_i \in S_\eta} |\hat{\beta}(\eta_i) - \beta(\eta_i)| = O_p\left(\frac{1}{\sqrt{n}\min\{h_1, h_2\}}\right)$。

引理 5：在假设成立条件下，当 $n \to \infty$ 时，$\hat{\theta}(X_i, Y_i) - \theta(X_i, Y_i)$ 具有渐近展开

$$\hat{\theta}(X_i, Y_i) - \theta(X_i, Y_i)$$
$$= -\frac{1}{n}\sum_{j=1, j\neq i}^{n}[f_U(0)EXX']^{-1} \cdot \frac{1}{h_2}K_2\left(\frac{X_j'\theta(X_i, Y_i) - Y_j}{h_2}\right) \cdot$$
$$(Y_j - X_j'\theta(X_i, Y_i))X_j - \frac{1}{n}\sum_{j=1, j\neq i}^{n}[f_U(0)EXX']^{-1} \cdot$$
$$\left(\eta(X_i, Y_i) - G\left(\frac{X_j'\theta(X_i, Y_i) - Y_j}{h_2}\right)\right)X_j - \frac{1}{n}\sum_{j=1, j\neq i}^{n}[f_U(0)EXX']^{-1} \cdot$$
$$\left\{\frac{1}{nh_1 f(X_i)}\sum_{k=1, k\neq i}^{n}[1\{Y_k \leqslant Y_i\} - \eta(X_i, Y_i)]K_1\left(\frac{X_k - X_i}{h_1}\right)\right\}X_j +$$
$$o_p\left(\frac{1}{\sqrt{n}}\right).$$

引理 5 的证明：由引理 4 的式(3.2.g)可得，

$$[\hat{H}_n(\beta(\eta)|\eta)]^{-1} = [H(\beta(\eta)|\eta)]^{-1} + O_p\left(\frac{1}{\sqrt{nh_2^2}}\right).$$

又因为 $\hat{T}_n(\beta(\eta)\mid\eta)=O_p\Big(\frac{1}{\sqrt{n}\min\{h_1,h_2\}}\Big)$，那么 $\hat{\beta}(\eta)-\beta(\eta)=-[H(\bar{\beta}(\eta)\mid\eta)]^{-1}\hat{T}_n(\bar{\beta}(\eta)\mid\eta)+O_p\Big(\frac{1}{nh_2^2\min\{h_1,h_2\}}\Big)$，注意到在我们的假设下 $O_p\Big(\frac{1}{nh_2^2\min\{h_1,h_2\}}\Big)$ 的阶数为 $o_p\Big(\frac{1}{\sqrt{n}}\Big)$。再看

$$\hat{T}_n(\beta(\eta)\mid\eta)=\frac{1}{n}\sum_{j=1,j\neq i}^n\frac{1}{h_2}K_2\Big(\frac{X_j'\theta(X_i,Y_i)-Y_j}{h_2}\Big)(Y_j-X_j'\theta(X_i,Y_i))X_j$$
$$+\frac{1}{n}\sum_{j=1,j\neq i}^n\Big(\eta(X_i,Y_i)-G\Big(\frac{X_j'\theta(X_i,Y_i)-Y_j}{h_2}\Big)\Big)X_j$$
$$+\frac{1}{n}\sum_{j=1,j\neq i}^n(\hat{\eta}(X_i,Y_i)-\eta(X_i,Y_i))X_j.$$

将引理 1 中的 $\hat{\eta}(X_i,Y_i)-\eta(X_i,Y_i)$ 的渐近表达式(3.2.b)和上式代入，当 $n\to\infty$ 时，得到

$$\hat{\beta}(\eta_i)-\beta(\eta_i)$$
$$=-\frac{1}{n}\sum_{j=1,j\neq i}^n[f_U(0)EXX']^{-1}\cdot\frac{1}{h_2}K_2\Big(\frac{X_j'\theta(X_i,Y_i)-Y_j}{h_2}\Big)\cdot$$
$$(Y_j-X_j'\theta(X_i,Y_i))X_j-\frac{1}{n}\sum_{j=1,j\neq i}^n[f_U(0)EXX']^{-1}\cdot$$
$$\Big(\eta(X_i,Y_i)-G\Big(\frac{X_j'\theta(X_i,Y_i)-Y_j}{h_2}\Big)\Big)X_j-\frac{1}{n}\sum_{j=1,j\neq i}^n[f_U(0)EXX']^{-1}\cdot$$
$$\Big\{\frac{1}{nh_1f(X_i)}\sum_{k=1,k\neq i}^n[1\{Y_k\leqslant Y_i\}-\eta(X_i,Y_i)]K_1\Big(\frac{X_k-X_i}{h_1}\Big)\Big\}X_j+$$
$$o_p\Big(\frac{1}{\sqrt{n}}\Big).$$

以上是证明定理 3.2 所需的各引理。下面我们开始证明定理 3.2：

已知 $\hat{\theta}(y_1,y_2)=\dfrac{\frac{1}{n}\sum_{i=1}^n\hat{\theta}(X_i,Y_i)1\{Y_i\in(y_1,y_2)]\}}{\hat{f}(y_1,y_2)}$，其中

$\hat{f}(y_1,y_2)=\dfrac{1}{n}\sum_{i=1}^n\hat{\theta}(X_i,Y_i)1\{Y_i\in(y_1,y_2)\}$.

把 $\hat{\theta}(y_1,y_2)-\theta(y_1,y_2)$ 写为以下形式：

$$\hat{\theta}(y_1, y_2) - \theta(y_1, y_2) = \underbrace{\frac{\frac{1}{n}\sum_{i=1}^{n}\beta(\eta_i)1\{Y_i \in (y_1, y_2)\}}{\hat{f}(y_1, y_2)} - \theta(y_1, y_2)}_{a_{31}}$$

$$+ \underbrace{\frac{\frac{1}{n}\sum_{i=1}^{n}[\hat{\beta}(\eta_i) - \beta(\eta_i)]1\{Y_i \in (y_1, y_2)\}}{\hat{f}(y_1, y_2)}}_{a_{32}}$$

$$+ \underbrace{\frac{\frac{1}{n}\sum_{i=1}^{n}[\hat{\beta}(\hat{\eta}_i) - \hat{\beta}(\eta_i)]1\{Y_i \in (y_1, y_2)\}}{\hat{f}(y_1, y_2)}}_{a_{33}}.$$

首先，a_{31} 可以写为：

$$a_{31} = \frac{\frac{1}{n}\sum_{i=1}^{n}[\beta(\eta_i) - \theta(y_1, y_2)]1\{Y_i \in (y_1, y_2)\}}{\hat{f}(y_1, y_2)} = \frac{\hat{q}(y_1, y_2)}{\hat{f}(y_1, y_2)}.$$

由标准中心极限定理可知，$\hat{q}(y_1, y_2) = O_P\left(\frac{1}{\sqrt{n}}\right)$。因此，我们有

$$a_{31} = \frac{\hat{q}(y_1, y_2)}{f(y_1, y_2)} + o_P\left(\frac{1}{\sqrt{n}}\right) = \frac{1}{n}\sum_{i=1}^{n}\varphi_1(W_i, y_1, y_2) + o_P\left(\frac{1}{\sqrt{n}}\right).$$

其中，$f(y_1, y_2) = P\{y_1 < Y < y_2\}$，$\varphi_1(W, y_1, y_2) = \frac{[\beta(\eta) - \theta(y_1, y_2)]1\{Y \in (y_1, y_2)\}}{f(y_1, y_2)}$，它具有零均值有限方差。又因为 $\hat{f}(y_1, y_2) - f(y_1, y_2) = O_P\left(\frac{1}{\sqrt{n}}\right)$，将这个结果与引理5联合可以得到

$$a_{32} = \frac{1}{n(n-1)}\sum_{i \neq j}F_{1n}(W_i, W_j) + \frac{1}{n(n-1)}\sum_{i \neq j}F_{2n}(W_i, W_j)$$
$$+ \frac{1}{n(n-1)(n-2)}\sum_{i \neq j \neq k}F_{3n}(W_i, W_j, W_k) + o_P\left(\frac{1}{\sqrt{n}}\right).$$

其中,$F_{1n}(W_i, W_j) = -\frac{[f_U(0)EXX']^{-1}}{h_2 f(y_1, y_2)} K_2\left(\frac{X'_i\beta(\eta_j) - Y_i}{h_2}\right)$
$(Y_i - X'_i\beta(\eta_j))X_i 1\{Y_j \in (y_1, y_2)\},$

$$F_{2n}(W_i, W_j) = -\frac{[f_U(0)EXX']^{-1}}{f(y_1, y_2)}\left[\eta_j - G\left(\frac{X'_i\beta(\eta_j) - Y_i}{h_2}\right)\right]$$
$$X_i 1\{Y_j \in (y_1, y_2)\},$$

$$F_{3n}(W_i, W_j, W_k) = -\frac{[f_U(0)EXX']^{-1}}{f(y_1, y_2)h_1} \frac{1\{Y_k \leqslant Y_i\} - \eta_i}{f(X_i)}$$
$$K_1\left(\frac{X_k - X_i}{h_1}\right) X_i 1\{Y_j \in (y_1, y_2)\}.$$

可以证明第一项为 $o_p\left(\frac{1}{\sqrt{n}}\right)$,第二、三项为 $O_P\left(\frac{1}{\sqrt{n}}\right)$。

首先,来分析 $F_{1n}(W_i, W_j)$,注意到

$$E[F_{1n}(W_i, W_j) \mid W_j] = -\frac{[f_U(0)EXX']^{-1}}{f(y_1, y_2)} 1\{Y_j \in (y_1, y_2)\}$$
$$E\left[\frac{1}{h_2}K_2\left(\frac{X'_i\beta(\eta_j) - Y_i}{h_2}\right)(Y_i - X'_i\beta(\eta_j))X_i \mid W_j\right]$$
$$= -\frac{[f_U(0)EXX']^{-1}}{f(y_1, y_2)} 1\{Y_j \in (y_1, y_2)\} ET_{1n}(\beta(\eta_j) \mid \eta_j)$$
$$= o_p\left(\frac{1}{\sqrt{n}}\right).$$

因而 $E[F_{1n}(W_i, W_j) \mid W_j]$ 和 $E[F_{1n}(W_i, W_j)]$ 为 $o_p\left(\frac{1}{\sqrt{n}}\right)$,由霍夫丁分解可得:

$$\frac{1}{n(n-1)}\sum_{i \neq j} F_{1n}(W_i, W_j) = \frac{1}{n}\sum_{i=1}^n [E[F_{1n}(W_i, W_j) \mid W_i] -$$
$$E[F_{1n}(W_i, W_j)]] + o_p\left(\frac{1}{\sqrt{n}}\right).$$

为计算 $E[F_{1n}(W_i, W_j) \mid W_i]$,固定住 $F_{1n}(W_i, W_j)$ 中的 W_i,关于 W_j 取期望,此过程需要进行三步。首先给定 $U_i(\eta_j) = Y_i - X'_i\beta(\eta_j)$ 和 η_j 对 Y_j 取期望,得被积部分为:

$$-\frac{X_i}{h_2 f(y_1, y_2)} [f_U(0) E X X']^{-1} K_2 \Big(\frac{U_i(\eta_j)}{h_2}\Big) U_i(\eta_j) \int_{y_1}^{y_2} f(y \mid U_i(\eta_j), \eta_j) \mathrm{d}y.$$

其中，$f(\cdot \mid U_i(\eta_j), \eta_j)$ 是给定 $U(\eta)=U_i(\eta_j)$，$\eta=\eta_j$ 条件下 y 的边缘密度。然后给定 η_j 对 $U_i(\eta_j)$ 取期望，令 $\frac{U_i(\eta_j)}{h_2}=t$，最后对 η_j 取期望得：

$$-\frac{X_i}{f(y_1, y_2)} \eta \Big[[f_U(0) E X X']^{-1} \int_{y_1}^{y_2} \int K_2(t) t h_2 f(y, t h_2 \mid \eta_j) \mathrm{d}t \mathrm{d}y \Big].$$

其中 $f(\cdot, \cdot \mid \eta_j)$ 代表给定 η_j 下的 (y, u) 的联合条件密度，注意由核函数定义知 $\int K_2(t) t h_2 \mathrm{d}t = 0$，因此对 $f(y, t h_2 \mid \eta_j)$ 在 $U_i(\eta_j)=0$ 进行泰勒展开，得到上式的被积函数部分为零加上 $O_p(h_2^{\kappa_2}) = o_p\Big(\frac{1}{\sqrt{n}}\Big)$。因此，已证 $\frac{1}{n(n-1)} \sum_{i \neq j} F_{1n}(W_i, W_j)$ 为 $o_p\Big(\frac{1}{\sqrt{n}}\Big)$ 没有一阶渐近贡献，可以忽略。

下面分析 $F_{2n}(W_i, W_j)$，类似地

$$E[F_{2n}(W_i, W_j) \mid W_j] = -\frac{[f_U(0) E X X']^{-1}}{f(y_1, y_2)} 1\{Y_j \in (y_1, y_2)\} \cdot$$
$$E\Big[\Big(\eta_j - G\Big(\frac{X_i' \beta(\eta_j) - Y_i}{h_2}\Big)\Big) X_i \mid W_j\Big]$$
$$= -\frac{[f_U(0) E X X']^{-1}}{f(y_1, y_2)} 1\{Y_j \in (y_1, y_2)\} \cdot$$
$$E T_{2n}(\beta(\eta_j) \mid \eta_j)$$
$$= o_p\Big(\frac{1}{\sqrt{n}}\Big).$$

因而 $E[F_{2n}(W_i, W_j) \mid W_j]$ 和 $E[F_{2n}(W_i, W_j)]$ 为 $o_p\Big(\frac{1}{\sqrt{n}}\Big)$，由霍夫丁分解可得：

$$\frac{1}{n(n-1)} \sum_{i \neq j} F_{2n}(W_i, W_j) = \frac{1}{n} \sum_{i=1}^{n} [E[F_{2n}(W_i, W_j) \mid W_i] -$$
$$E[F_{2n}(W_i, W_j)]] + o_p\Big(\frac{1}{\sqrt{n}}\Big)$$
$$= \frac{1}{n} \sum_{i=1}^{n} \varphi_2(W_i, y_1, y_2) + o_p\Big(\frac{1}{\sqrt{n}}\Big).$$

为计算 $E[F_{2n}(W_i, W_j) \mid W_i]$，固定住 $F_{2n}(W_i, W_j)$ 中的 W_i，关于 W_j 取期望。首先给定 $U_i(\eta_j) = Y_i - X_i'\beta(\eta_j)$ 和 η_j 对 Y_j 取期望，得：

$$-\frac{[f_U(0)EXX']^{-1}}{f(y_1, y_2)}\left[\eta_j - G\left(\frac{-U_i(\eta_j)}{h_2}\right)\right]X_i\int_{y_1}^{y_2}f(y \mid U_i(\eta_j), \eta_j)\mathrm{d}y.$$

加上 $o_p\left(\frac{1}{\sqrt{n}}\right)$，其中 $f(\cdot \mid U_i(\eta_j), \eta_j)$ 是给定 $U(\eta) = U_i(\eta_j)$，$\eta = \eta_j$ 条件下 y 的边缘密度，令上式的被积函数部分为 $I_{1n}(U_i(\eta_j), \eta_j, y_1, y_2)$，其中 $f(\cdot \mid U_i(\eta_j))$ 是给定 $U(\eta) = U_i(\eta_j)$ 条件下 y 的边缘密度。然后对 $U_i(\eta_j)$ 和 η_j 取期望，得：

$$-\frac{1}{f(y_1, y_2)}X_i\int[f_U(0)EXX']^{-1}\left[\eta - G\left(\frac{-t}{h_2}\right)\right]I_{1n}f(t, \eta)\mathrm{d}t\mathrm{d}\eta.$$

其中 $f(\cdot, \cdot)$ 表示 (u, η) 的联合密度，可得 $\frac{1}{n}\sum_{i=1}^{n}\varphi_2(W_i, y_1, y_2)$ 是一个零均值有限方差独立同分布随机向量的平均，由标准中心极限定理知此项 $\sqrt{n}$ 一致且渐近正态分布。

最后，分析 $F_{3n}(W_i, W_j, W_k)$，同 $F_{1n}(W_i, W_j)$、$F_{2n}(W_i, W_j)$ 的分析方法一样，可以得到 $E[F_{3n}(W_i, W_j, W_k) \mid W_i, W_j] = o_p\left(\frac{1}{\sqrt{n}}\right)$，因而有 $E[F_{3n}(W_i, W_j, W_k) \mid W_i]$，$E[F_{3n}(W_i, W_j, W_k) \mid W_j]$ 和 $E[F_{3n}(W_i, W_j, W_k)]$ 都为 $o_p\left(\frac{1}{\sqrt{n}}\right)$，由霍夫丁分解可得：

$$\frac{1}{n(n-1)(n-2)}\sum_{i\neq j\neq k}F_{3n}(W_i, W_j, W_k)$$

$$= \frac{1}{n}\sum_{k=1}^{n}[E[F_{3n}(W_i, W_j, W_k) \mid W_k] - E[F_{3n}(W_i, W_j, W_k)]] + o_p\left(\frac{1}{\sqrt{n}}\right)$$

$$= \frac{1}{n}\sum_{k=1}^{n}\varphi_3(W_k, y_1, y_2) + o_p\left(\frac{1}{\sqrt{n}}\right).$$

为计算 $E[F_{3n}(W_i, W_j, W_k) \mid W_k]$，固定住 W_i，W_k 对 W_j 取期望，得：

$$-\frac{[f_U(0)EXX']^{-1}}{h_1 f(y_1, y_2)}\frac{1\{Y_k \leq Y_i\} - \eta_i}{f(X_i)}K_1\left(\frac{X_k - X_i}{h_1}\right)\cdot$$

$$X_i\int_{y_1}^{y_2}f(y \mid U_i(\eta_j), \eta_j)\mathrm{d}y.$$

上式的被积函数部分为 $I_{1n}(U_i(\eta_j), \eta_j, y_1, y_2)$，再对 W_i 取期望，令 $\dfrac{X_i - X_k}{h_1} = t$，得

$$-\frac{[f_U(0)EXX']^{-1}}{f(y_1, y_2)} X_i \int \frac{1\{Y_k \leqslant Y_i\} - \eta(X_k + th_1, Y_i)}{f(X_k + th_1)} \cdot$$
$$K_1(t) I_{1n} f(X_k + th_1) \mathrm{d}t.$$

再对 W_i 取期望，得 $-E_k\left[\dfrac{[f_U(0)EXX']^{-1}}{f(y_1, y_2)} X[1\{Y_k \leqslant Y\} - \eta] I_{1n}\right]$，

E_k 表示给定 W_k 下对 W_i 取期望。因此，可得 $\dfrac{1}{n}\sum_{k=1}^{n}\varphi_3(W_k, y_1, y_2)$ 一个零均值有限方差独立同分布随机向量的平均，由标准中心极限定理知此项 $\sqrt{n}$ 一致且渐近正态分布。因此，我们得到

$$a_{32} = \frac{1}{n}\sum_{i=1}^{n}\varphi_2(W_i, y_1, y_2) + \frac{1}{n}\sum_{i=1}^{n}\varphi_3(W_i, y_1, y_2) + o_p\left(\frac{1}{\sqrt{n}}\right).$$

其中，$\varphi_2(W_i, y_1, y_2) = -\dfrac{X_i}{f(y_1, y_2)} \int [f_U(0)EXX']^{-1} \left[\eta - G\left(\dfrac{-t}{h_2}\right)\right] \cdot$
$I_{1n} f(t, \eta) \mathrm{d}t \mathrm{d}\eta,$
$\varphi_3(W_i, y_1, y_2) = -E_i\left[\dfrac{[f_U(0)EXX']^{-1}}{f(y_1, y_2)} X[1\{Y_i \leqslant Y\} - \eta] I_{1n}\right],$
$I_{1n}(U, \eta, y_1, y_2) = \int_{y_1}^{y_2} f(y \mid U, \eta) \mathrm{d}y.$

接下来，继续给出 a_{33} 的渐近表达式，由于步骤相似，省略了渐近性质的推导。对于 a_{33} 可以写成如下形式：

$$\frac{\frac{1}{n}\sum_{i=1}^{n}\hat{\delta}(\bar{\eta}_i)(\hat{\eta}_i - \eta_i)1\{Y_i \in (y_1, y_2)\}}{\hat{f}(y_1, y_2)}$$

$$= \underbrace{\frac{\frac{1}{n}\sum_{i=1}^{n}\delta(\eta_i)(\hat{\eta}_i - \eta_i)1\{Y_i \in (y_1, y_2)\}}{f(y_1, y_2)}}_{a_{34}}$$

$$+ \underbrace{\frac{1}{n}\sum_{i=1}^{n}\delta(\eta_i)(\hat{\eta}_i - \eta_i)1\{Y_i \in (y_1, y_2)\}[\hat{f}(y_1, y_2)^{-1} - f(y_1, y_2)^{-1}]}_{a_{35}}$$

$$+\underbrace{\frac{\frac{1}{n}\sum_{i=1}^{n}(\delta(\bar{\eta}_i)-\delta(\eta_i))(\hat{\eta}_i-\eta_i)1\{Y_i\in(y_1,y_2)\}}{\hat{f}(y_1,y_2)}}_{a_{36}}$$

$$+\underbrace{\frac{\frac{1}{n}\sum_{i=1}^{n}(\hat{\delta}(\bar{\eta}_i)-\delta(\bar{\eta}_i))(\hat{\eta}_i-\eta_i)1\{Y_i\in(y_1,y_2)\}}{\hat{f}(y_1,y_2)}}_{a_{37}}.$$

其中，$\hat{\delta}(\eta)$ 代表 $\hat{\beta}(\eta)$ 关于 η 的偏导数，$\bar{\eta}_i$ 在 $\hat{\eta}_i$ 与 η_i 之间。注意到 $\hat{f}(y_1,y_2)-f(y_1,y_2)=O_P\left(\frac{1}{\sqrt{n}}\right)$，对 $\hat{f}(y_1,y_2)^{-1}$ 关于 $f(y_1,y_2)$ 进行泰勒展开，再与引理 1 的结果相结合，可得 a_{35} 为 $O_p\left(\frac{1}{nh_1}\right)=o_p\left(\frac{1}{\sqrt{n}}\right)$。类似的，可以得到 a_{36}，a_{37} 分别为 $O_p\left(\frac{1}{nh_1^2}\right)$，$O_p\left(\frac{1}{nh_1\min\{h_1,h_2\}}\right)$，所以当 $n\to\infty$ 时，这两项为 $o_p\left(\frac{1}{\sqrt{n}}\right)$。因此得到 $a_{33}=\frac{1}{n(n-1)}\sum_{i\neq j}F_{4n}(W_i,W_j)+o_p\left(\frac{1}{\sqrt{n}}\right)$。

$$F_{4n}(W_i,W_j)=\frac{\delta(\eta_i)}{h_1 f(y_1,y_2)}\frac{[1\{Y_i\leqslant Y_j\}-\eta(X_j,Y_j)]}{f(X_j)}\cdot$$
$$K_1\left(\frac{X_i-X_j}{h_1}\right)1\{Y_j\in(y_1,y_2)\}.$$

由霍夫丁分解和泰勒展开，可以得到

$$a_{33}=\frac{1}{n}\sum_{i=1}^{n}\varphi_4(W_i,y_1,y_2)+o_p\left(\frac{1}{\sqrt{n}}\right),$$

其中，$\varphi_4(W_i,y_1,y_2)=\frac{1}{f(y_1,y_2)}E_i\Big[\delta(\eta_i)[1\{Y_i\leqslant Y\}-\eta(X_i,Y)]1\{Y\in(y_1,y_2)\}\frac{f(Y\mid X_i)}{f(Y)}\Big].$

综合以上结果可得，$\hat{\theta}(y_1,y_2)-\theta(y_1,y_2)=\frac{1}{n}\sum_{i=1}^{n}\phi(W_i,y_1,y_2)+o_p\left(\frac{1}{\sqrt{n}}\right).$

其中，$\phi(W_i, y_1, y_2) = \varphi_1(W_i, y_1, y_2) + \varphi_2(W_i, y_1, y_2) + \varphi_3(W_i, y_1, y_2) + \varphi_4(W_i, y_1, y_2)$。

定理得证。

第三节　实证案例：最低工资能否缩小收入差距？

像 OCQR 这样从可观测因变量分布视角分析政策效应异质性的方法对于评价国内以脆弱群体与贫困人口为对象的扶持性经济政策具有一定价值。为说明这一观点，我们考察最低工资标准上调对不同收入阶层人群的异质性影响作用。

最低工资作为一项旨在保障低收入者基本生活的基本制度，它的经济效果备受政策制定者关注。近年来，我国各地竞相上调最低工资标准。有关最低工资政策的收入效应，重要的实证问题有两个：第一，上调最低工资是否真的有助于提高低收入人群的实际工资？这是评估该政策效果的最基本问题。第二，最低工资政策对高收入人群是否存在溢出效应？最低工资在提升低收入者工资的同时，也可能会提高中高收入者工资。如果政策对中高收入者工资的提升幅度小于对低收入者的提升幅度，那么最低工资政策有助于缩小收入差距；反之将增大收入差距。

国内关于最低工资的收入效应研究包括邸俊鹏等(2015)、贾朋等(2013)、马双等(2012)、孙中伟等(2011)等。在研究方法上，这些文献表现出两大特点：第一，大部分研究都采用均值回归方法，因而只能识别出最低工资上涨对企业平均工资率或个人平均工资的影响；第二，有部分研究者意识到研究此类问题应采用能够反映最低工资对不同收入水平子人群异质性影响作用的计量分析方法。例如，贾朋等(2013)在回归方程中加入工资分段虚拟变量，探究了在不同相对工资区间，最低工资增长率对工资增长率的溢出效应。他们的研究表明随着相对工资区间的升高，溢出效应呈下降趋势。为了识别最低工资制度对低收入人群的保障作用，已有文献通常需要从样本中"识别"出哪些人属于低收入人群。这一步骤本质上是在按照个体收入对样本进行划分，因而不可避免带来样本选择问题。邸俊鹏等(2015)利用分位数回归方法估计了最低工资对个人收入的边际影响，克服了样本选择问题。正如我们前面讨论 QR 和 OCQR 两者区别时所指出的，邸俊鹏等(2015)所估计的 QR 系数的含义是：提高最低工资对位于收入"条件分布"不同位置子人群的异质性影响作用。如果研究者感兴趣的是最低工资对位于收入无条件分布（而非条件分布）不同位置子人群的影响作用，那么采用 OCQR 是更为合适的分析手段。

这里，我们采用与邸俊鹏等（2015）完全相同的数据（即"中国健康与营养调查"1996—2010 年的微观数据以及全国 12 个省份的最低工资数据）①，使用 QR 和 OCQR 两种方法估计最低工资对个人收入分布的影响，并对结果进行比较。我们的模型设计与邸俊鹏等（2015）保持一致，并加入了更多的平方项和交互项，模型设计如下：

$$\ln W_{ijt} = \alpha_0 + \alpha_1 \ln(mwage_{jt}) + \alpha_2 \ln^2(mwage_{jt}) + \alpha_3 H_{ijt} + \alpha_4 G_{jt} + \alpha_5 T_t$$
$$+ \alpha_6 \ln(mwage_{jt}) \times gender_{ijt} + \alpha_7 \ln(mwage_{jt}) \times edu_{ijt}$$
$$+ \alpha_8 \ln(mwage_{jt}) \times exp_{ijt} + \epsilon_{ijt}.$$

其中，$\ln W_{ijt}$ 表示个体 i 所在省份 j 在 t 年的工资收入的对数，主要包括工资性收入、奖金和其他补贴收入；$\ln(mwage)$ 表示对数最低工资（$minwage$）；控制变量 H 包括个体性别（$gender$）、受教育年限（edu）、工作经验（exp）和工作经验的平方项（exp^2）；G 为固定效应变量各省份的人均 GDP（$perGDP$），T 为四个虚拟的时间变量（$years$）。

我们首先计算了邸俊鹏等（2015）的 QR 回归结果，结果如表 3.3.1 所示。表 3.3.1 显示最低工资对个人收入的影响作用随着分位点上升而逐步下降，这说明最低工资对低收入人群的影响作用大于对高收入人群的影响作用。邸俊鹏和韩清的原文写道："最低工资对中低收入人群（如位于工资分布 0.1~0.5 分位点上的群体）的影响较大。"从这些陈述可以看出，诚然目前的 QR 回归结果已经反映了最低工资政策对不同收入水平人群影响作用的差异性，然而原文作者的本意是要估计最低工资对收入（无条件）分布不同位置上的子人群的异质性影响作用，这恰恰是 OCQR 方法要回答的问题。

表 3.3.1　　　　个人收入对最低工资的 QR 回归结果

	QR								
分位点	10%	20%	30%	40%	50%	60%	70%	80%	90%
最低工资	0.794***	0.720***	0.715***	0.674***	0.640***	0.530***	0.523***	0.381***	0.214**
	(0.202)	(0.180)	(0.171)	(0.139)	(0.135)	(0.121)	(0.112)	(0.112)	(0.107)
其余变量	已控	已控	已控	已控	已控	已控	已控	已控	已控
样本量	8 820	8 820	8 820	8 820	8 820	8 820	8 820	8 820	8 820

① 本节的数据处理方法与原文完全相同，具体处理过程见邸俊鹏等（2015）。

接着，我们采用 OCQR 方法计算了因变量位于不同分位区间时的平均处理效应 $\hat{\theta}(y_1, y_2)$，以及对应的点估计 $\hat{\theta}(y)$，并采用非参数 bootstrap 方法计算了估计量的标准差，结果汇总在表 3.3.2 和表 3.3.3 中。同时，为了直观地显示最低工资对收入的异质性影响，我们画了不同分位区间 $\hat{\theta}(y_1, y_2)$ 的折线图，如图 3.3.1 所示。OCQR 估计结果显示，最低工资的提高对于任何工资水平的人来说，均有显著的正向作用，但是对于高收入和低收入人群的影响程度具有显著差异。最低工资对低收入人群的影响最大。例如，最低工资每提高 1%，对于位于 [0.10, 0.12] 万元/月这一收入区间的人来说，他们的收入能够提高 0.6%。随着个人收入水平上升，最低工资带来的"红利"开始下降。当收入区间为 [1.39, 2.50] 万元/月时，最低工资每提高 1%，对收入的边际影响为 0.15%，这一幅度大约只有收入区间为 [0.10, 0.12] 万元/月群体的三分之一。既然低收入人群的工资比高收入人群的工资提高得更快，我们可以预期最低工资有助于缩小收入差距。

表 3.3.2　　　　个人收入的 OCQR 回归结果（区间估计）

分位区间	[0.05, 0.15]	[0.15, 0.25]	[0.25, 0.35]	[0.35, 0.45]	[0.45, 0.55]
区间 $[y_1, y_2]$	[0.10, 0.12]	[0.12, 0.19]	[0.19, 0.30]	[0.30, 0.44]	[0.44, 0.54]
$\hat{\theta}(y_1, y_2)$	0.598***	0.554***	0.522***	0.421***	0.358***
标准差	(0.062)	(0.061)	(0.058)	(0.059)	(0.059)
分位区间	[0.55, 0.65]	[0.65, 0.75]	[0.75, 0.85]	[0.85, 0.95]	
区间 $[y_1, y_2]$	[0.54, 0.80]	[0.80, 1.02]	[1.02, 1.39]	[1.39, 2.50]	
$\hat{\theta}(y_1, y_2)$	0.304***	0.227***	0.163**	0.154**	
标准差	(0.060)	(0.061)	(0.062)	(0.065)	

注：y_1, y_2 的单位为万元，$\hat{\theta}(y_1, y_2)$ 的标准差是通过 bootstrap 方法计算得到。

表 3.3.3　　　　个人收入的 OCQR 回归结果（点估计）

分位点	10%	20%	30%	40%	50%	60%	70%	80%	90%
对应的 y 值	0.11	0.16	0.24	0.36	0.53	0.72	0.96	1.20	1.80
$\hat{\theta}(y)$	0.494***	0.467***	0.417***	0.384***	0.341***	0.310***	0.282***	0.265***	0.243***
标准差	(0.068)	(0.067)	(0.066)	(0.067)	(0.069)	(0.071)	(0.073)	(0.075)	(0.079)

注：y 的单位为万元，$\hat{\theta}(y)$ 的标准差是通过 bootstrap 方法计算得到。

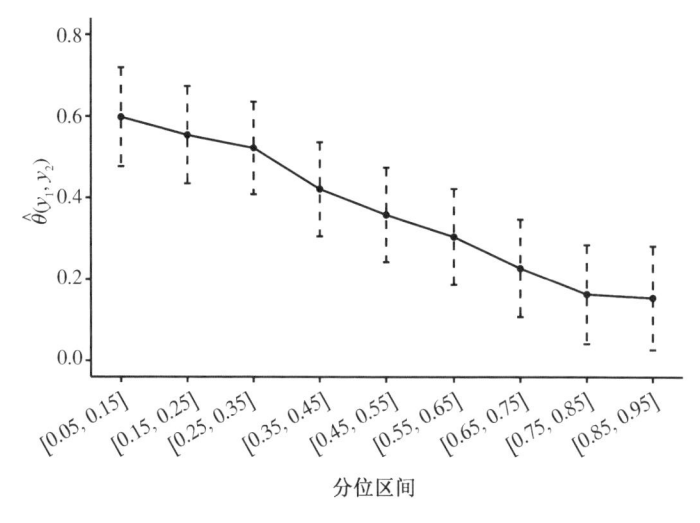

图 3.3.1　不同分位区间最低工资对收入的影响

注：垂直于横轴的虚线表示 95% 的置信区间。

表 3.3.2 和表 3.3.3 的估计结果佐证了 OCQR 的两种估计方式：点估计 $\hat{\theta}(y)$ 与区间估计 $\hat{\theta}(y_1, y_2)$ 事实上可以产生极其类似的估计效果。无论是从估计量的绝对值大小还是从它呈现的趋势来说，$\hat{\theta}(y)$ 和 $\hat{\theta}(y_1, y_2)$ 都十分接近。同时，我们还注意到 $\hat{\theta}(y_1, y_2)$ 总是比 $\hat{\theta}(y)$ 具有更小的标准差，这是因为区间所包含的信息量总是大于点估计包含的信息量。这也是我们在实际应用中更加推荐使用区间估计量的原因之一。

有趣的是，我们采用 OCQR 方法得出了与邸俊鹏等（2015）采用 QR 回归方法类似的趋势性结果。但是，两者的解释意义却截然不同。以分位点等于 20% 为例，QR 系数解释为，对于扰动项（能力）位于其分布 20% 分位点上的人来说，最低工资每提高 1%，这些人的收入可以提高 0.72%。而 OCQR 估计系数则可以解释为，对于收入区间位于 [0.12, 0.19] 万元/月的人来说，最低工资每提高 1%，这些人的收入可以提高 0.554%。QR 与 OCQR 估计值产生差异的原因在于位于能力分布 20% 的人与位于收入分布 20% 的人并不相同；QR 与 OCQR 估计值趋势能够保持一致的原因在于能力越高的个体，其收入水平也越高。

已有研究表明，最低工资对低收入者的收入具有显著影响（Neumark et al., 2004），但是最低工资对其他层次的收入人群是否也存在溢出效应,这是政策制定者和相关研究者关心的问题。我们的研究表明,最低工资不仅对低收入阶层有显著的促进作用,对其他收入层次的人群也存在溢出效应。当低收入者的工资提高时,为了提高其他工人的积极性,并且为了使不同技能水平的人的收入之间保持一定差距,企业也会相应地提高其他工人的工资,但其提升的幅度小于低收入者工资的提升幅度。

OCQR 除了可用来分析"最低工资政策对低收入人群的影响作用"这样的问题,还可以用来研究其他与"社会公平与缩小收入差距"等密切相关的问题。例如,"益贫式增长"这一名词是经济学家关注贫困、增长与分配问题所提出的概念,强调经济增长给穷人带来的增长比例大于平均增长率,要求增长机会平等、对贫困群体给予更多关注。类似的概念还有"包容性增长"等。此类概念的一个重要内涵是:要求政策对位于因变量(收入、消费、效用、福利等)分布最左端人群产生的正效应大于对全体人群产生的正效应。因此,检验一项政策是否促进增长,且这种增长是"益贫式"的,刚好完美对应"因变量条件分位数回归"这一方法的经济学意义。

第四节 实证案例:房价对家庭消费的异质性影响

近年来,伴随着中国经济快速发展的一个重要事实是房屋价格不断上涨和家庭消费结构不断调整。房屋价格的剧烈变化如何影响居民家庭的消费?下面我们对国内学者在这方面的研究文献进行适量总结。张大永等(2012)发现居民持有住房带来的财富效应大于金融资产的财富效应,住房价值波动对家庭非耐用品消费的影响程度大于对耐用品的影响。黄静等(2009)利用长达十年的微观数据研究了房地产财富与家庭消费之间的关系,发现户主越年轻的家庭的房地产的财富效应越大。杜莉等(2017)通过对家庭拥有的住房类型发现,房价上升时租房家庭因为推迟购房将增加当期消费,自有房家庭因财富效应而会增加当期消费。李春风等(2013)采用 29 个省市的年度面板数据分析发现,房价波动对非居住性消费的影响为正且这种影响存在着地域性差异。以上各研究均考虑了房价波动对家庭消费带来的总体(均值)影响,也各自做了一些异质性分析。但是这些研究均没有回答这样的问题:房价波动对不同消费水平的家庭的影响作用是否具有差异?

为了分析房价对非居住性消费的异质性影响,我们利用中国家庭金

融调查(CHFS)2011 年的数据并参考已有文献,设计了如下模型:

$$\ln c = \alpha_0(\epsilon) + \alpha_1(\epsilon) \ln hp + \alpha_2(\epsilon)(\ln hp)^2$$
$$+ \sum_{i=1}^{7} \beta_i(\epsilon) X_i + \gamma_1(\epsilon)(\ln hp) \times h\text{-}income$$
$$+ \gamma_2(\epsilon)(\ln hp) \times gender + \gamma_3(\epsilon)(\ln hp) \times married.$$

模型中的各系数都依赖于不可观测的随机变量 ϵ。其中,$\ln c$ 表示家庭非居住性消费的对数,$\ln hp$ 表示家庭所在地平均房价的对数,$(\ln hp)^2$ 为房价对数的平方,控制变量 X 包括家庭年收入($h\text{-}income$)、家庭成员数目($family\_n$)、户主消费习惯($c\text{-}habit$)、户主性别($gender$)、年龄(age)、户主受教育程度(edu)和户主婚姻状况($married$),$(\ln hp) \times h\text{-}income$ 为房价对数与家庭年收入的交互项,$(\ln hp) \times gender$ 为房价对数与性别的交互项,$(\ln hp) \times married$ 为房价对数与婚姻状况的交互项。

我们首先使用 OLS 和传统 QR 方法对上述模型进行了估计,估计结果见表 3.4.1。平均而言,房价上涨能够显著促进家庭消费。QR 估计结果显示,在九个代表性分位点(10%,20%,…,90%)上,房价和房价平方的系数都显著为正且系数大小存在显著差异。此处由于模型还包含了房价的平方项,准确度量房价对居民消费的边际影响,需要同时考虑房价一次项和平方项前面的系数,这多少有一些不方便。下面我们说明,如果采用 OCQR 方法加以估计,研究者可以十分方便地获得异质性系数简洁直观的解释。

表 3.4.1　　房价对非居住性消费的影响(OLS 和 QR 方法)

	OLS	QR								
分位点	\	10%	20%	30%	40%	50%	60%	70%	80%	90%
房价	0.230***	0.151***	0.199***	0.223***	0.217***	0.194***	0.196***	0.243***	0.273***	0.370***
	(0.034)	(0.064)	(0.052)	(0.044)	(0.043)	(0.041)	(0.037)	(0.042)	(0.045)	(0.063)
房价平方	0.036***	0.018	0.020	0.020*	0.025**	0.027***	0.030***	0.034***	0.045***	0.072***
	(0.008)	(0.016)	(0.013)	(0.011)	(0.011)	(0.010)	(0.009)	(0.010)	(0.011)	(0.015)
其余变量	已控	已控	已控	已控	已控	已控	已控	已控	已控	已控
样本量	6 800	6 800	6 800	6 800	6 800	6 800	6 800	6 800	6 800	6 800

我们首先计算因变量 Y(家庭非居住性消费)的样本分位数,定义九个分位区间,并计算其对应的 $\hat{\theta}(\tau_1, \tau_2)$ 的值,结果如表 3.4.2 所示。同

时,我们也计算了 OCQR 的点估计 $\hat{\theta}(\tau)$,估计结果汇总在表 3.4.3 中。这些估计量的标准差都通过 bootstrap 方法得到。我们发现,OCQR 估计量在不同分位区间的估值都显著为正,这与表 3.4.1 中 OLS 和 QR 估计量的符号方向一致。随着分位区间的上升,$\hat{\theta}(\tau_1,\tau_2)$ 显示出明显的递减性。例如,对于消费水平位于消费分布 [5%,15%] 分位区间的家庭,房价上涨 1%,能够让这些家庭的非居住性消费提高 0.19%;对于消费水平位于 [85%,95%] 区间的家庭,房价上涨 1%,能够让相应家庭的消费提高 0.1%。这说明尽管房价上涨促进了所有家庭的消费,但是这种促进作用在消费水平不同的家庭中程度并不一致;房价上涨更有利于提升低消费家庭的消费能力,对高消费家庭的消费提升能力相对较小。比较表 3.4.1 中的 QR 与表 3.4.2 中的 OCQR 估计结果可以看出,两种方法虽然都能反映房价对居民家庭消费的异质性影响,但是 OCQR 估计结果具有更加直观便捷的解释。例如,由于无论是 QR 还是 QCQR 估计,模型中都包含了房价平方项作为解释变量之一。在对 QR 估计结果进行解释时,我们需要同时考虑房价和其平方项的系数,并且需要执行一定的计算才可以知道房价对消费的平均边际影响。在 OCQR 模型中,估计量直接反映了房价的改变(允许通过平方项产生作用)对消费的平均边际影响。

表 3.4.2　　非居住性消费的 OCQR 回归结果(区间估计)

分位区间	[0.05, 0.15]	[0.15, 0.25]	[0.25, 0.35]	[0.35, 0.45]	[0.45, 0.55]
区间$[y_1, y_2]$	[0.030, 0.091]	[0.091, 0.173]	[0.173, 0.273]	[0.273, 0.390]	[0.390, 0.546]
$\hat{\theta}(y_1, y_2)$	0.190***	0.192***	0.184***	0.165***	0.161***
$\hat{\theta}(y_1, y_2)$ 标准差	(0.039)	(0.038)	(0.038)	(0.038)	(0.037)
分位区间	[0.55, 0.65]	[0.65, 0.75]	[0.75, 0.85]	[0.85, 0.95]	
区间$[y_1, y_2]$	[0.546, 0.773]	[0.773, 1.118]	[1.118, 1.809]	[1.809, 4.182]	
$\hat{\theta}(y_1, y_2)$	0.159***	0.156***	0.135***	0.100**	
$\hat{\theta}(y_1, y_2)$ 标准差	(0.039)	(0.041)	(0.040)	(0.042)	

注:y_1, y_2 的单位为万元,$\hat{\theta}(y_1, y_2)$ 的标准差通过 bootstrap 计算得到。

表 3.4.3　　非居住性消费的 OCQR 回归结果（点估计）

分位点	10%	20%	30%	40%	50%	60%	70%	80%	90%
对应 y 值	0.058	0.132	0.218	0.321	0.464	0.655	0.927	1.403	2.455
$\hat{\theta}(y)$	0.192***	0.186***	0.177***	0.168***	0.162***	0.158***	0.152***	0.140**	0.114**
$\hat{\theta}(y)$ 标准差	(0.044)	(0.047)	(0.050)	(0.048)	(0.047)	(0.049)	(0.051)	(0.052)	(0.053)

注：y 的单位为万元，$\hat{\theta}(y)$ 的标准差通过 bootstrap 计算得到。

我们的分析结果与"生命周期—永久收入"假说一致，显示房价对非居住性消费有显著的促进作用，即房价上涨对非居住性消费带来的财富效应大于挤出效应。OCQR 估计结果进一步揭示了这种促进作用对不同消费水平的家庭并非一致，即房价对非居住性消费的边际影响随着家庭消费水平的增加而不断减小。由于非居住性支出是指总消费减去住房消费支出后的剩余部分，主要包括一些生活的基本开支和文娱支出等，因此非居住消费偏低的家庭往往是低收入家庭，房价上涨对他们产生的"财富效应"很大。另一方面，房价的上涨对消费水平已经很高的家庭影响有限。这是因为消费水平较高的家庭，其生活基本需求和文娱需求早已满足，房价上涨带来的财富效应偏低。

通过比较表 3.4.2 和表 3.4.3 的估计结果可知，OCQR 的区间估计和点估计无论在数值还是趋势上均非常相似，这一点在本章第三节的案例中已经有所体现。由于 $\theta(\tau_1,\tau_2)$ 可以表示成 $\theta(\tau)$ 在区间上的积分，因此它的估计值具有更小的标准误，这一点也在表中反映出。另外，我们还可以通过推导说明 OLS、QR 以及 OCQR 三种方法估计量之间的关系。

假设数据由线性随机系数模型

$$Y = B_0(U) + X'B(U) \tag{3.4.1}$$

生成，且维持假设 3.2.1 和假设 3.2.2 成立。对上式两边求条件期望可得：

$$E(Y \mid X) = EB_0 + X'(EB). \tag{3.4.2}$$

式(3.4.2)表明若研究者用 Y 对 X 进行 OLS 估计，斜率系数的概率极限是 $\beta_{ols} = EB$，它反映了 X 对 Y 边际影响的平均值。另外，由假设 3.2.1 和假设 3.2.2 可知，对于任意的 $u \in (0,1)$，

$$P(Y \leqslant B_0(F_U^{-1}(u)) + X'B(F_U^{-1}(u)) \mid X=x)$$
$$= P(B_0(U) + X'B(U) \leqslant B_0(F_U^{-1}(u)) + X'B(F_U^{-1}(u)) \mid X=x)$$
$$= P(B_0(U) + x'B(U) \leqslant B_0(F_U^{-1}(u)) + x'B(F_U^{-1}(u)) \mid X=x)$$
$$= P(U \leqslant F_U^{-1}(u) \mid X=x) = P(U \leqslant F_U^{-1}(u)) = u.$$

以上推导表明

$$Q_{Y|X}(u \mid X) = B_0(F_U^{-1}(u)) + X'B(F_U^{-1}(u)).$$

其中，$Q_{Y|X}(u \mid X)$ 表示给定 X 下，Y 的第 u 分位数。这表明若研究者用 Y 对常数项和 X 进行第 u 分位数回归(QR)，斜率系数的概率极限是：

$$\beta_{qr}(u) = B(F_U^{-1}(u)). \tag{3.4.3}$$

进一步注意到

$$E(Y \mid X) = \int (B_0(u) + X'B(u)) f_{U|X}(u \mid X) \mathrm{d}u$$
$$= \int (B_0(u) + X'B(u)) f_U(u) \mathrm{d}u$$
$$= \int (B_0(u) + X'B(u)) \mathrm{d}F_U(u)$$
$$= \int_0^1 (B_0(F_U^{-1}(\tau)) + X'B(F_U^{-1}(\tau))) \mathrm{d}\tau$$
$$= \int_0^1 B_0(F_U^{-1}(\tau)) \mathrm{d}\tau + X' \int_0^1 B(F_U^{-1}(\tau)) \mathrm{d}\tau. \tag{3.4.4}$$

以上第一个等号来源于 Y 的生成过程；第二个等号因为假设 3.2.1；第三个等号因为 $\mathrm{d}F_U(u) = f_U(u) \mathrm{d}u$；第四个等号成立，因为换元法 $\tau = F_U(u)$，或 $u = F_U^{-1}(\tau)$。将式(3.4.2)、(3.4.3)、(3.4.4)综合起来得到

$$\beta_{ols} = \int_0^1 \beta_{qr}(u) \mathrm{d}u. \tag{3.4.5}$$

这说明 OLS 系数可以表示成 QR 系数在 $[0, 1]$ 上的等权平均。

另外，记 $F_Y^{-1}(\tau) = y_0$，$\theta(x, y_0) = E(B(U) \mid X=x, Y=y_0)$。可以证明

$$\theta(x, y_0) = B\{F_U^{-1}(F_U(\eta(x, y_0)))\},$$
$$\theta(\tau) = \int \theta(x, y_0) f_{X|Y}(x \mid y_0) \mathrm{d}x$$
$$= \int B\{F_U^{-1}(F_U(\eta(x, y_0)))\} f_{X|Y}(x \mid y_0) \mathrm{d}x$$
$$= \int \beta_{qr}(F_U(\eta(x, y_0))) f_{X|Y}(x \mid y_0) \mathrm{d}x.$$

且由于 $\int f_{X|Y}(x \mid y_0)\mathrm{d}x = 1$，上述式子意味着 OCQR 的待估计参数 $\theta(\tau)$ 也可以看成是 QR 系数的某种加权平均，其权重正比于给定 $Y = F_Y^{-1}(\tau)$ 时 X 的密度。我们把以上结论总结如下：

第一，OCQR 与 OLS 估计系数均可以视作 QR 的某种加权平均，但是两者权重函数不同。OLS 是 QR 的等权平均，而 OCQR 使用的权重正比于给定 $Y = F_Y^{-1}(\tau)$ 时 X 的密度函数。

第二，由 OCQR 和 OLS 估计值对 QR 所赋权重始终为正可知：若对任意的 $\tau \in (0,1)$，$\beta_{qr}(\tau) \geqslant 0$，则 $\beta_{ols} \geqslant 0$；且对于任意的 $\tau \in (0,1)$，$\theta(\tau)$ 也始终取值非负。反过来，若对任意的 $\tau \in (0,1)$，$\beta_{qr}(\tau) \leqslant 0$，则 $\beta_{ols} \leqslant 0$；且对于任意的 $\tau \in (0,1)$，$\theta(\tau)$ 也始终取值非正。由表 3.4.1 可知，无论是房价还是房价平方对消费的影响在所有分位点上均显著为正，由此不难得到 OLS 估计量以及 OCQR 在所有分位区间上的估计量也显著为正。

第三，如果 X 对 Y 的边际影响实际上没有异质性，那么 OLS、QR 和 OCQR 的估计量均收敛到同一概率极限。如果 X 对 Y 的边际影响有异质性，QR 和 OCQR 均能捕捉这种异质性。但是区别在于：QR 系数反映的是在不可观察扰动项分布的不同位置上，X 对 Y 的平均边际影响；而 OCQR 反映的是在因变量无条件分布的不同位置上，X 对 Y 的平均边际影响。

第五节　因变量条件平均偏效应的识别和估计

第二节介绍的 OCQR 方法依赖于三个条件：(1) 数据生成过程服从形如式(3.2.5)的线性随机系数模型；(2) 解释变量和扰动项互相独立（假设 3.2.1）；(3) Y 的生成过程关于扰动项 U 严格单调增加（假设 3.2.2）。本节说明，即使上述条件被大幅放松之后，OCQR 对应的参数依然可以被识别和一致估计。特别地，我们从以下两个方面放松原来的假设。

第一，本节不再要求 Y 的生成过程服从线性随机系数模型，而是服从更为一般的不可分(non-separable)结构模型：

$$Y = m(D, X, U). \tag{3.5.1}$$

其中，$m(\cdot,\cdot,\cdot)$ 形式未知，D 是核心解释变量，也称为政策变量；(3.5.1) 的设定非常一般，几乎没有对数据生成过程施加任何限制。

实际应用中,研究者感兴趣的是 D 给 Y 带来的因果效应;或者说,当其他因素不变时,D 的改变对 Y 产生的净效应。例如,参数

$$APE = E\left(\frac{\partial m(D, X, U)}{\partial D}\right)$$

被称为政策的平均(偏)效应(Average Partial Effect,APE),它刻画了政策干预强度的边际变化对 Y 的影响作用在所有人中的平均值。我们打算在 APE 的基础上定义一个与本章第二节 OCQR 方法估计目标意义一致的政策参数。注意到 OCQR 识别的参数可以写成

$$\theta(\tau_1, \tau_2) = E\left(\frac{\partial (B_0(U) + X'B(U))}{\partial X} \bigg| \tau_1 < F_Y(Y) < \tau_2\right)$$
$$= E[B(U) \mid F_Y^{-1}(\tau_1) < Y < F_Y^{-1}(\tau_2)].$$

当数据由式(3.5.1)生成时,我们定义如下"因变量条件平均偏效应"(Outcome Conditioned Average Partial Effect,简称 OAPE):

$$\theta(y_1, y_2) = E(\partial_D m(D, X, U) \mid y_1 < Y < y_2). \quad (3.5.2)$$

其中,$\partial_D m(D, X, U)$ 表示 $m(\cdot, \cdot, \cdot)$ 关于第一个分量 D 求偏导。$\theta(y_1, y_2)$ 度量了"对于可观测因变量 Y 的取值位于区间 (y_1, y_2) 中的那些人,D 的改变对这些人产生的平均净效应"。由于式(3.5.2)涉及对 D 求偏导,因此要求 D 是连续型变量。当 D 是取值 0-1 的离散型变量时,我们可以定义"因变量条件平均处理效应"(Outcome Conditioned Average Treatment Effect,OATE):

$$\vartheta(y_1, y_2) = E(m(1, X, U) - m(0, X, U) \mid y_1 < Y < y_2).$$
$$(3.5.3)$$

$\vartheta(y_1, y_2)$ 度量了对于可观测因变量位于 (y_1, y_2) 中的个体,政策对这些人的平均处理效应。

第二,从定义来看,$\theta(y_1, y_2)$ 与 $\vartheta(y_1, y_2)$ 仅关心核心解释变量 D 对 Y 产生的影响,因此识别 $\theta(y_1, y_2)$ 与 $\vartheta(y_1, y_2)$ 无须施加像假设 3.2.1 这样强的"无条件独立性"(unconditional independence),即要求 (D, X) 联合独立于 U。本节将说明,为了识别 $\theta(y_1, y_2)$ 与 $\vartheta(y_1, y_2)$,仅需要像"给定 X 时,D 和 U 条件独立"这样的"条件外生性"假设。在之后的第六节中,我们进一步允许政策变量 D 是内生变量,即给定 X 时,D 和 U 之间仍然可以是相关的。

我们首先讨论 $\theta(y_1, y_2)$ 的识别条件。对于任意的随机变量 A，用 S_A 表示它的取值范围（支撑集）。

假设 3.5.1　U 可以依赖于 D 的取值，即 $U = U_D$。对于任意的 $d \in S_D$，给定 X 时，D 和 U_d 条件独立，即 $D \perp U_d \mid X$。

相对于第二节中的假设 3.2.1，假设 3.5.1 从两个方面对其进行了放松。首先它允许扰动项的取值依赖于政策干预强度 $D = d$。其次，假设 3.5.1 不再要求所有解释变量（包括政策变量与控制变量）与扰动项联合独立。在因果推断和"处理效应模型"文献中，像假设 3.5.1 这样的"条件独立性"十分常见。在处理效应模型中，"条件独立性"也被称为"基于可观测变量的选择"（selection on observables）。假设 3.5.1 显著弱于 $D \perp (U_d, X)$。直觉上，既然我们不关心 X 给 Y 带来的因果效应，那么也就不必要求 X 是"外生的"。

假设 3.5.2　对于任意的 $d \in S_D$，U_d 具有相同的条件分布（给定 X），即 $U_d \mid X \sim^d U_{d'} \mid X$，对于任意的 $d, d' \in S_D$。

假设 3.5.2 意味着，虽然现在的模型允许扰动项 U 依赖于 D 的实现值 d，但是各个 U_d 之间的条件分布必须相同。注意到如果 U_d 本身不依赖于 d，即 $U_d \equiv U$，假设 3.5.2 自然成立。因此可以这样认为，假设 3.5.2 "在一定程度上"放松了"$U_d \equiv U$"。

定理 3.3　设数据生成过程服从式 (3.5.1)，当假设 3.5.1 和假设 3.5.2 成立，以及其他一些技术性假设成立时（见本节附录），

$$\theta(y_1, y_2) = E(\partial_D m(D, X, U) \mid y_1 < Y < y_2)$$
$$= \frac{-1}{P(y_1 < Y < y_2)} E\left(\partial_D \int_{y_1}^{y_2} F(y \mid D, X) \mathrm{d}y\right).$$

定理 3.3 的详细证明见本章附录。由于 $P(y_1 < Y < y_2)$ 与条件分布函数 $F(y \mid D, X)$ 均可从可观测变量 (Y, D, X) 中"估计出来"，因此 $\theta(y_1, y_2)$ 可识别。

下面我们推导 $\theta(y) = E(\partial_D m(D, X, U) \mid Y = y)$ 的表达式。令 y_2 趋于 $y_1 = y$，$\theta(y_1, y_2)$ 将趋向于 $\theta(y)$，同时

$$P(y_1 < Y < y_2) \approx f_Y(y) \Delta y,$$
$$\int_{y_1}^{y_2} F(y \mid D, X) \mathrm{d}y \approx F(y \mid D, X) \Delta y,$$

其中，$\Delta y = y_2 - y_1$。因此

$$\theta(y) = \lim_{y_2 \to y_1 = y} \theta(y_1, y_2) = \frac{-E(\partial_D F(y \mid D, X))}{f_Y(y)}. \quad (3.5.4)$$

定理 3.3 和式(3.5.4)放在一起，说明无论 $\theta(y_1, y_2)$ 还是 $\theta(y) = E(\partial_D m(D, X, U) \mid Y = y)$ 均可识别。

下面我们考虑 $\theta(y_1, y_2)$ 的估计问题。为了简化记号，假设控制变量 X 维数是 1，且仅包含一个离散型变量。由于 $\theta(y_1, y_2)$ 的表达式涉及条件分布函数 $F(y \mid d, x)$，我们可以用核估计方法加以估计：

$$\hat{F}(y \mid d, x) = \frac{\sum_{j=1}^{n} 1\{Y_j \leqslant y\} K\left(\frac{D_j - d}{h}\right) 1\{X_j = x\}}{\sum_{j=1}^{n} K\left(\frac{D_j - d}{h}\right) 1\{X_j = x\}}.$$

估计具体步骤如下：

第 1 步：确定为了在区间 $[y_1, y_2]$ 上进行积分所需要的分割点数 $K > 0$，并按照如下方式确定网格点 $y^{(k)}, k = 1, \cdots, K$

$$y^{(k)} = y_1 + k \times \frac{y_2 - y_1}{K}.$$

第 2 步：给定 $h > 0$，以及任意的 $k = 1, \cdots, K$，利用核估计方法估计 $\hat{F}(y^{(k)} \mid D_i + h, X_i)$ 与 $\hat{F}(y^{(k)} \mid D_i - h, X_i)$。

$$\hat{F}(y^{(k)} \mid D_i + h, X_i) = \frac{\sum_{j \neq i} 1\{Y_j \leqslant y^{(k)}\} K\left(\frac{D_j - (D_i + h)}{h}\right) 1\{X_j = X_i\}}{\sum_{j \neq i} K\left(\frac{D_j - (D_i + h)}{h}\right) 1\{X_j = X_i\}},$$

$$\hat{F}(y^{(k)} \mid D_i - h, X_i) = \frac{\sum_{j \neq i} 1\{Y_j \leqslant y^{(k)}\} K\left(\frac{D_j - (D_i - h)}{h}\right) 1\{X_j = X_i\}}{\sum_{j \neq i} K\left(\frac{D_j - (D_i - h)}{h}\right) 1\{X_j = X_i\}}.$$

这一步是 OAPE 整个计算过程中计算量最大的一步，它的目的是要得到网格点 $y^{(k)}, k = 1, \cdots, K$ 对应的条件分布函数。

第 3 步：利用数值法计算 $\int_{y_1}^{y_2} F(y \mid D_i + h, X_i) \mathrm{d}y$ 与 $\int_{y_1}^{y_2} F(y \mid D_i - h, X_i) \mathrm{d}y$。

$$\int_{y_1}^{y_2} \hat{F}(y \mid D_i + h, X_i) \mathrm{d}y = \frac{y_2 - y_1}{K} \sum_{k=1}^{K} \hat{F}(y^{(k)} \mid D_i + h, X_i),$$

$$\int_{y_1}^{y_2} \hat{F}(y \mid D_i - h, X_i) \mathrm{d}y = \frac{y_2 - y_1}{K} \sum_{k=1}^{K} \hat{F}(y^{(k)} \mid D_i - h, X_i).$$

第 4 步：利用数值方法估计 $\partial_D \int_{y_1}^{y_2} F(y \mid D_i, X_i) \mathrm{d}y$。

$$\partial_D \int_{y_1}^{y_2} \hat{F}(y \mid D_i, X_i) \mathrm{d}y$$

$$= \frac{\int_{y_1}^{y_2} \hat{F}(y \mid D_i + h, X_i) \mathrm{d}y - \int_{y_1}^{y_2} \hat{F}(y \mid D_i - h, X_i) \mathrm{d}y}{2h}$$

$$= \frac{y_2 - y_1}{2hK} \sum_{k=1}^{K} (\hat{F}(y^{(k)} \mid D_i + h, X_i) - \hat{F}(y^{(k)} \mid D_i - h, X_i)).$$

第 5 步：得到 $\theta(y_1, y_2)$ 的估计值。

$$\hat{\theta}(y_1, y_2) = \frac{-1}{\sum_{i=1}^{n} 1\{y_1 < Y_i < y_2\}} \left(\sum_{i=1}^{n} \partial_D \int_{y_1}^{y_2} \hat{F}(y \mid D_i, X_i) \mathrm{d}y \right)$$

$$= \frac{-1}{\sum_{i=1}^{n} 1\{y_1 < Y_i < y_2\}} \frac{y_2 - y_1}{2hK} \cdot$$

$$\left(\sum_{i=1}^{n} \sum_{k=1}^{K} (\hat{F}(y^{(k)} \mid D_i + h, X_i) - \hat{F}(y^{(k)} \mid D_i - h, X_i)) \right).$$

与估计 OCQR 时类似，这里同样可以采用 Chernozhukov *et al.* (2013)提出的条件分布回归代替分布函数的核估计。在步骤 1 和步骤 5 不变的情况下，可以将步骤 2-4 修改为：

第 $2'$ 步：利用条件分布回归得到 $F(y^{(k)} \mid D, X)$ 的函数形式。假设

$$F(y^{(k)} \mid D, X) = \Lambda(\beta_0(y^{(k)}) + \beta_1(y^{(k)})D + \beta_2(y^{(k)})X).$$

其中 $\Lambda(\cdot)$ 是某个给定的连续型随机变量的分布函数。系数 $\beta_0(y^{(k)})$, $\beta_1(y^{(k)})$, $\beta_2(y^{(k)})$ 可由以下方法估计得到：

$$(\hat{\beta}_0(y^{(k)}), \hat{\beta}_1(y^{(k)}), \hat{\beta}_2(y^{(k)}))$$

$$= \operatorname*{argmax}_{b} \sum_{i=1}^{n} 1\{Y_i \leqslant y^{(k)}\} \ln \Lambda(b_0 + b_1 D_i + b_2 X_i)$$

$$+ 1\{Y_i > y^{(k)}\} \ln[1 - \Lambda(b_0 + b_1 D_i + b_2 X_i)].$$

此时

$$\hat{F}(y^{(k)} \mid D, X) = \Lambda(\hat{\beta}_0(y^{(k)}) + \hat{\beta}_1(y^{(k)})D + \hat{\beta}_2(y^{(k)})X).$$

第 $3'$ 步：得到 $\partial_D F(y^{(k)} \mid D, X)$ 的估计值。根据第 $2'$ 步的估计结果，

$$\partial_D \hat{F}(y^{(k)} \mid D, X) = \lambda(\hat{\beta}_0(y^{(k)}) + \hat{\beta}_1(y^{(k)})D + \hat{\beta}_2(y^{(k)})X)\hat{\beta}_1(y^{(k)}),$$

其中 $\lambda(\cdot) = \Lambda'(\cdot)$。

第 $4'$ 步：利用数值方法估计 $\partial_D \int_{y_1}^{y_2} F(y \mid D_i, X_i) \mathrm{d}y$。

$$\begin{aligned}\partial_D \int_{y_1}^{y_2} \hat{F}(y \mid D_i, X_i) \mathrm{d}y &= \frac{y_2 - y_1}{K} \sum_{k=1}^{K} \partial_D \hat{F}(y^{(k)} \mid D_i, X_i) \\ &= \frac{y_2 - y_1}{K} \sum_{k=1}^{K} \lambda(\hat{\beta}_0(y^{(k)}) + \hat{\beta}_1(y^{(k)})D_i \\ &\quad + \hat{\beta}_2(y^{(k)})X_i)\hat{\beta}_1(y^{(k)}).\end{aligned}$$

下面我们考虑政策变量离散时，因变量条件平均处理效应（OATE）

$$\vartheta(y_1, y_2) = E(m(1, X, U) - m(0, X, U) \mid y_1 < Y < y_2)$$

的识别和估计。

假设 3.5.3 对于任意的 $d \in \{0, 1\}$，$x \in S_X$，$m(d, x, u)$ 关于 u 严格单调递增。

与假设 3.2.2 类似，假设 3.5.3 重新要求 Y 的生成过程（也等价于潜因变量 Y_1 和 Y_0 的生成过程）关于扰动项严格单调递增。直觉上，当 D 是连续变量时，只要 d_1 充分接近 d_2，$m(d_1, x, u)$ 和 $m(d_2, x, u)$ 的取值会十分接近。但是这一性质在 D 取值离散时不再成立：$m(1, x, u)$ 和 $m(0, x, u)$ 可以是两个完全自由独立的函数。因此为了识别 OATE，我们需要更强的假设。下面定理说明 $\vartheta(y_1, y_2)$ 可识别。

定理 3.4 当假设 3.5.1-3.5.3 成立，以及其他一些技术性假设成立时（见附录），

$$\begin{aligned}\vartheta(y_1, y_2) &= \frac{1}{P(y_1 < Y < y_2)} \times \\ & E[1\{y_1 < Y < y_2\}((1-D)Q_Y(F_Y(Y \mid 0, X) \mid 1, X) + \\ & DQ_Y(F_Y(Y \mid 1, X) \mid 0, X) + (2D-1)Y)].\end{aligned}$$

其中, $Q_Y(\tau \mid d, x)$ 和 $F_Y(y \mid d, x)$ 分别是 Y 给定 (D, X) 的条件分位数和分布函数。

从定理 3.4 出发, 很容易得到 $\vartheta(y_1, y_2)$ 的估计量。我们首先通过核函数或者条件分布回归(或条件分位数回归)估计 $Q_Y(\tau \mid 1, x)$, $Q_Y(\tau \mid 0, x)$, $F_Y(y \mid 1, x)$ 和 $F_Y(y \mid 0, x)$。然后把这些中间估计量代入定理 3.4 中的表达式, 即得 $\vartheta(y_1, y_2)$ 的估计量。

本节附录

(一) 定理 3.3 的证明

除了假设 3.5.1 - 3.5.2 以外, 我们还需要以下技术性假设 A.1 - A.3 来证明定理 3.3。

令 $Q_Y(\tau \mid d, x)$ 表示给定 $D = d$ 和 $X = x$ 时, Y 的第 τ 分位数。

假设 A.1 条件分布函数 $F_{Y|D, X}(\cdot \mid d, x)$ 给定 $X = x$ 时关于勒贝格测度在 d 上绝对连续。Y 给定 D 和 X 的密度 $f(y \mid d, x)$ 在点 $(y, d) = (Q_Y(\tau \mid d, x), d)$ 连续并且在 $y \in \mathbf{R}$ 上有界。

假设 A.2 $Q_Y(\tau \mid d, x)$ 关于 d 局部可微。并且存在一个可测函数 Δ 满足

$$P(\mid m(d+\delta, x, U_d) - m(d, x, U_d) - \delta\Delta(U_d) \mid \geqslant \epsilon \mid D = d, X = x) = o(\delta).$$

对 $\delta \to 0^+$ 和任意固定的 $\epsilon > 0$, 我们把 $\Delta(u)$ 和 $\Delta(U_d)$ 分别记作 $\partial_d m(d, x, u)$ 和 $\partial_d m(d, x, U_d)$。

假设 A.3 $(Y, \partial_d m(d, x, U_d))$ 给定 $D = d$ 和 $X = x$ 的条件分布函数关于勒贝格测度绝对连续。对 $(Y, \partial_d m(d, x, U_d))$ 给定 D 和 X 的条件密度 $f_{Y, \partial_d m(d, x, U_d)|D, X}, f_{Y, \partial_d m(d, x, U_d)|D, X}(y, y' \mid d^*, x^*) \leqslant Cg(y')$, 其中 C 是一个常数并且 g 是一个在 $\mathbf{R}$ 上的均值有限的正密度函数(例如, $\int \mid y' \mid f(y')\mathrm{d}y' < \infty$)。

证明: 根据 $Q_Y(\tau \mid d, x)$ 的定义式

$$P(Y \leqslant Q_Y(\tau \mid d, x) \mid D = d, X = x)$$
$$= P(m(D, X, U_D) \leqslant Q_Y(\tau \mid d, x) \mid D = d, X = x)$$
$$= P(m(d, x, U_d) \leqslant Q_Y(\tau \mid d, x) \mid D = d, X = x) = \tau.$$

同理,对 $\delta > 0$ 有

$$\begin{aligned}&P(Y \leqslant Q_Y(\tau \mid d+\delta, x) \mid D=d+\delta, X=x) \\ &= P(m(D, X, U_D) \leqslant Q_Y(\tau \mid d+\delta, x) \mid D=d+\delta, X=x) \\ &= P(m(d+\delta, x, U_{d+\delta}) \leqslant Q_Y(\tau \mid d+\delta, x) \mid D=d+\delta, X=x) \\ &= \tau.\end{aligned}$$

因此

$$\begin{aligned}0 &= \tau - \tau \\ &= P(m(d+\delta, x, U_{d+\delta}) \leqslant Q_Y(\tau \mid d+\delta, x) \mid D=d+\delta, X=x) \\ &\quad - P(m(d, x, U_d) \leqslant Q_Y(\tau \mid d, x) \mid D=d, X=x) \\ &= A_1 + A_2 + A_3 + A_4. \end{aligned} \tag{A.1}$$

其中

$$\begin{aligned}A_1 &= P(m(d+\delta, x, U_{d+\delta}) \leqslant Q_Y(\tau \mid d+\delta, x) \mid D=d+\delta, X=x) \\ &\quad - P(m(d+\delta, x, U_{d+\delta}) \leqslant Q_Y(\tau \mid d, x) \mid D=d+\delta, X=x). \\ A_2 &= P(m(d+\delta, x, U_{d+\delta}) \leqslant Q_Y(\tau \mid d, x) \mid D=d+\delta, X=x) \\ &\quad - P(m(d+\delta, x, U_d) \leqslant Q_Y(\tau \mid d, x) \mid D=d+\delta, X=x). \\ A_3 &= P(m(d+\delta, x, U_d) \leqslant Q_Y(\tau \mid d, x) \mid D=d+\delta, X=x) \\ &\quad - P(m(d+\delta, x, U_d) \leqslant Q_Y(\tau \mid d, x) \mid D=d, X=x). \\ A_4 &= P(m(d+\delta, x, U_d) \leqslant Q_Y(\tau \mid d, x) \mid D=d, X=x) \\ &\quad - P(m(d, x, U_d) \leqslant Q_Y(\tau \mid d, x) \mid D=d, X=x). \end{aligned}$$

当 $\delta \to 0^+$ 时,对 A_1 得到,

$$\begin{aligned}A_1 &= P(m(d+\delta, x, U_{d+\delta}) \leqslant Q_Y(\tau \mid d+\delta, x) \mid D=d+\delta, X=x) \\ &\quad - P(m(d+\delta, x, U_{d+\delta}) \leqslant Q_Y(\tau \mid d, x) \mid D=d+\delta, X=x) \\ &= P(Y \leqslant Q_Y(\tau \mid d+\delta, x) \mid D=d+\delta, X=x) \\ &\quad - P(Y \leqslant Q_Y(\tau \mid d, x) \mid D=d+\delta, X=x) \\ &= \int_{Q_Y(\tau \mid d, x)}^{Q_Y(\tau \mid d+\delta, x)} f(y \mid d+\delta, x) \mathrm{d}y \\ &= \delta \partial_d Q_Y(\tau \mid d, x) f(Q_Y(\tau \mid d, x) \mid d, x) + o(\delta). \end{aligned} \tag{A.2}$$

其中,第一个等式根据 A_1 的定义式,第二个等式根据数据生成过程 $Y = m(D, X, U_D)$,第三个等式根据简单代数运算和假设 A.1 – A.2,最后一个等式根据带 Peano 余项的泰勒展开。

对 A_2 得到,

$$\begin{aligned}
A_2 &= P(m(d+\delta, x, U_{d+\delta}) \leqslant Q_Y(\tau \mid d, x) \mid D=d+\delta, X=x) \\
&\quad - P(m(d+\delta, x, U_d) \leqslant Q_Y(\tau \mid d, x) \mid D=d+\delta, X=x) \\
&= P(m(d+\delta, x, U_{d+\delta}) \leqslant Q_Y(\tau \mid d, x) \mid X=x) - P(m(d+\delta, x, \\
&\quad U_d) \leqslant Q_Y(\tau \mid d, x) \mid X=x) \\
&= P(m(d+\delta, x, U_d) \leqslant Q_Y(\tau \mid d, x) \mid X=x) - P(m(d+\delta, x, \\
&\quad U_d) \leqslant Q_Y(\tau \mid d, x) \mid X=x) \\
&= 0. \quad\quad\quad\quad\quad\quad\quad\quad\quad\quad\quad\quad\quad\quad\quad\quad\quad\quad\quad\text{(A.3)}
\end{aligned}$$

其中,第一个等式根据 A_2 的定义式,第二个等式根据假设 3.5.1,第三个等式根据假设 3.5.2,最后一个等式根据代数运算。

对 A_3 得到,

$$\begin{aligned}
A_3 &= P(m(d+\delta, x, U_d) \leqslant Q_Y(\tau \mid d, x) \mid D=d+\delta, X=x) \\
&\quad - P(m(d+\delta, x, U_d) \leqslant Q_Y(\tau \mid d, x) \mid D=d, X=x) \\
&= P(m(d+\delta, x, U_d) \leqslant Q_Y(\tau \mid d, x) \mid D=d, X=x) \\
&\quad - P(m(d+\delta, x, U_d) \leqslant Q_Y(\tau \mid d, x) \mid D=d, X=x) \\
&= 0. \quad\quad\quad\quad\quad\quad\quad\quad\quad\quad\quad\quad\quad\quad\quad\quad\quad\quad\quad\text{(A.4)}
\end{aligned}$$

其中,第一个等式根据 A_3 的定义式,第二个等式根据假设 3.5.1,最后一个等式根据代数运算。

对 A_4 得到,当 $\delta \to 0^+$ 时,

$$\begin{aligned}
A_4 &= P(m(d+\delta, x, U_d) \leqslant Q_Y(\tau \mid d, x) \mid D=d, X=x) \\
&\quad - P(m(d, x, U_d) \leqslant Q_Y(\tau \mid d, x) \mid D=d, X=x) \\
&= P(m(d+\delta, x, U_d) \leqslant Q_Y(\tau \mid d, x) \mid D=d, X=x) \\
&\quad - P(Y \leqslant Q_Y(\tau \mid d, x) \mid D=d, X=x) \\
&= P(Y \leqslant Q_Y(\tau \mid d, x) + Y - m(d+\delta, x, U_d) \mid D=d, X=x) \\
&\quad - P(Y \leqslant Q_Y(\tau \mid d, x) \mid D=d, X=x) \\
&= P(Q_Y(\tau \mid d, x) \leqslant Y \leqslant Q_Y(\tau \mid d, x) + Y \\
&\quad - m(d+\delta, x, U_d) \mid D=d, X=x) - P(Q_Y(\tau \mid d, x) + Y \\
&\quad - m(d+\delta, x, U_d) \leqslant Y \leqslant Q_Y(\tau \mid d, x) \mid D=d, X=x) \\
&= P(Q_Y(\tau \mid d, x) \leqslant Y \leqslant Q_Y(\tau \mid d, x) + m(d, x, U_d) \\
&\quad - m(d+\delta, x, U_d) \mid D=d, X=x) - P(Q_Y(\tau \mid d, x) \\
&\quad + m(d, x, U_d) - m(d+\delta, x, U_d) \leqslant Y
\end{aligned}$$

$$\leqslant Q_Y(\tau \mid d, x) \mid D=d, X=x) = P(Q_Y(\tau \mid d, x) \leqslant Y$$
$$\leqslant Q_Y(\tau \mid d, x) - \delta \partial_d m(d, x, U_d) \mid D=d, X=x)$$
$$- P(Q_Y(\tau \mid d, x) - \delta \partial_d m(d, x, U_d) \leqslant Y$$
$$\leqslant Q_Y(\tau \mid d, x) \mid D=d, X=x) + o(\delta)$$
$$= P\Big(Y \geqslant Q_Y(\tau \mid d, x), \partial_d m(d, x, U_d)$$
$$\leqslant -\frac{Y - Q_Y(\tau \mid d, x)}{\delta} \mid D=d, X=x\Big)$$
$$- P\Big(Y \leqslant Q_Y(\tau \mid d, x), \partial_d m(d, x, U_d)$$
$$\geqslant -\frac{Y - Q_Y(\tau \mid d, x)}{\delta} \mid D=d, X=x\Big) + o(\delta)$$
$$= \int_{Q_Y(\tau \mid d, x)}^{+\infty} \int_{-\infty}^{\frac{y - Q_Y(\tau \mid d, x)}{\delta}} f_{Y, \partial_d m(d, x, U_d) \mid D, X}(y, y' \mid d, x) \mathrm{d}y' \mathrm{d}y$$
$$- \int_{-\infty}^{Q_Y(\tau \mid d, x)} \int_{\frac{y - Q_Y(\tau \mid d, x)}{\delta}}^{+\infty} f_{Y, \partial_d m(d, x, U_d) \mid D, X}(y, y' \mid d, x) \mathrm{d}y' \mathrm{d}y$$
$$+ o(\delta).$$

其中，第一个等式根据 A_4 的定义式，第二个等式根据数据生成过程，第三个和第四个等式根据代数运算，第五个等式根据数据生成过程，第六个等式根据假设 A2 - A3 以及 $\delta \to 0^+$，第七个和最后一个等式根据代数运算。令 $-\frac{y - Q_Y(\tau \mid d, x)}{\delta} = u$，那么 A_4 可以化简为

$$A_4 = (-\delta) \int_0^{-\infty} \int_{-\infty}^{u} f_{Y, \partial_d m(d, x, U_d) \mid D, X}(Q_Y(\tau \mid d, x) - \delta u, y' \mid d, x) \mathrm{d}y' \mathrm{d}u$$
$$- (-\delta) \int_{+\infty}^{0} \int_{u}^{+\infty} f_{Y, \partial_d m(d, x, U_d) \mid D, X}(Q_Y(\tau \mid d, x)$$
$$- \delta u, y' \mid d, x) \mathrm{d}y' \mathrm{d}u + o(\delta)$$
$$= \delta \int_{-\infty}^{0} \int_{-\infty}^{u} f_{Y, \partial_d m(d, x, U_d) \mid D, X}(Q_Y(\tau \mid d, x) - \delta u, y' \mid d, x) \mathrm{d}y' \mathrm{d}u$$
$$- \delta \int_{0}^{+\infty} \int_{u}^{+\infty} f_{Y, \partial_d m(d, x, U_d) \mid D, X}(Q_Y(\tau \mid d, x) - \delta u, y' \mid d, x) \mathrm{d}y' \mathrm{d}u + o(\delta)$$
$$= \delta \int_{-\infty}^{0} \int_{y'}^{0} f_{Y, \partial_d m(d, x, U_d) \mid D, X}(Q_Y(\tau \mid d, x) - \delta u, y' \mid d, x) \mathrm{d}u \mathrm{d}y'$$
$$- \delta \int_{0}^{+\infty} \int_{0}^{y'} f_{Y, \partial_d m(d, x, U_d) \mid D, X}(Q_Y(\tau \mid d, x) - \delta u, y' \mid d, x) \mathrm{d}u \mathrm{d}y' + o(\delta)$$
$$= \delta \int_{-\infty}^{0} \int_{y'}^{0} f_{Y, \partial_d m(d, x, U_d) \mid D, X}(Q_Y(\tau \mid d, x), y' \mid d, x) \mathrm{d}u \mathrm{d}y'$$

$$-\delta\int_0^{+\infty}\int_0^{y'} f_{Y,\partial_d m(d,x,U_d)|D,X}(Q_Y(\tau\mid d,x),y'\mid d,x)\mathrm{d}u\mathrm{d}y' + o(\delta)$$

$$= \delta\int_{-\infty}^0 (-y') f_{Y,\partial_d m(d,x,U_d)|D,X}(Q_Y(\tau\mid d,x),y'\mid d,x)\mathrm{d}y'$$

$$-\delta\int_0^{+\infty} y' f_{Y,\partial_d m(d,x,U_d)|D,X}(Q_Y(\tau\mid d,x),y'\mid d,x)\mathrm{d}y' + o(\delta)$$

$$= -\delta\int_{-\infty}^{+\infty} y' f_{\partial_d m(d,x,U_d)|D,X,Y}(y'\mid d,x,Q_Y(\tau\mid d,x))$$

$$\cdot \mathrm{d}y' f(Q_Y(\tau\mid d,x)\mid d,x) + o(\delta)$$

$$= -\delta E(\partial_d m(d,x,U_d)\mid D=d, X=x, Y=Q_Y(\tau\mid d,x))$$

$$\cdot f(Q_Y(\tau\mid d,x)\mid d,x) + o(\delta). \tag{A.5}$$

其中,第一个等式根据定积分的变量代换,第二个和第三个等式根据定积分的性质,第四个等式根据 $\delta \to 0^+$ 时的泰勒展开,第五个和第六个等式根据代数运算,最后一个等式根据条件期望的定义。根据(A.1)-(A.5) 可以得到

$$\partial_d Q_Y(\tau\mid d,x) = E(\partial_d m(d,x,U_d)\mid D=d, X=x, Y=Q_Y(\tau\mid d,x)),$$

那么

$$\partial_d Q_Y(\tau\mid d,x)\mid_{\tau=F(y\mid d,x)} = E(\partial_d m(d,x,U_d)\mid D=d, X=x, Y=y)$$
$$= E(\partial_D m(D,X,U_D)\mid D=d, X=x, Y=y). \tag{A.6}$$

以下过程从第 τ 条件分位数定义的角度给出了 $\partial_d Q_Y(\tau\mid d,x)\mid_{\tau=F(y\mid d,x)}$ 的识别

$$\int_{-\infty}^{Q_Y(\tau\mid d,x)} f(y\mid d,x)\mathrm{d}y = \int_{-\infty}^{Q_Y(\tau\mid d,x)} \frac{f(d,x,y)}{f(d,x)}\mathrm{d}y = \tau,$$

两边关于 d 求偏导

$$\partial_d Q_Y(\tau\mid d,x)\frac{f(d,x,Q_Y(\tau\mid d,x))}{f(d,x)} +$$

$$\int_{-\infty}^{Q_Y(\tau\mid d,x)} \frac{\partial_d f(d,x,y)f(d,x) - \partial_d f(d,x)f(d,x,y)}{f^2(d,x)}\mathrm{d}y = 0,$$

根据代数运算

$$\partial_d Q_Y(\tau\mid d,x)$$

$$= -\frac{\int_{-\infty}^{Q_Y(\tau\mid d,x)} \partial_d f(d,x,y)f(d,x) - \partial_d f(d,x)f(d,x,y)\mathrm{d}y}{f(d,x,Q_Y(\tau\mid d,x))f(d,x)},$$

两边都在 $\tau = F(y \mid d, x)$ 处估值

$$\partial_d Q_Y(\tau \mid d, x)\mid_{\tau=F(y\mid d,x)}$$

$$= -\frac{\int_{-\infty}^{Q_Y(F(y\mid d,x)\mid d,x)} \partial_d f(d,x,y) f(d,x) - \partial_d f(d,x) f(d,x,y) \mathrm{d}y}{f(d,x,Q_Y(F(y\mid d,x)\mid d,x)) f(d,x)}$$

$$= -\frac{\int_{-\infty}^{y} \partial_d f(d,x,t) f(d,x) - \partial_d f(d,x) f(d,x,t) \mathrm{d}t}{f(d,x,y) f(d,x)}$$

$$= -\frac{\partial_d(F(y\mid d,x) f(d,x)) f(d,x) - \partial_d f(d,x) f(d,x) F(y\mid d,x)}{f(d,x,y) f(d,x)}$$

$$= -\frac{\partial_d F(y\mid d,x)}{f(y\mid d,x)}. \tag{A.7}$$

那么 $\theta(y_1, y_2)$ 可以通过以下等式识别

$$\theta(y_1, y_2) = E(\partial_D m(D, X, U_D) \mid y_1 < Y < y_2)$$

$$= \frac{1}{P(y_1 < Y < y_2)} E(1\{y_1 < Y < y_2\} \partial_D m(D, X, U_D))$$

$$= \frac{1}{P(y_1 < Y < y_2)} \int_{y_1}^{y_2} E(\partial_D m(D, X, U_D) \mid Y=y) f(y) \mathrm{d}y$$

$$= \frac{1}{P(y_1 < Y < y_2)} \int_{y_1}^{y_2} E(E(\partial_D m(D, X, U_D) \mid D, X, Y=y) \mid Y=y) f(y) \mathrm{d}y$$

$$= \frac{1}{P(y_1 < Y < y_2)} \int_{y_1}^{y_2} \iint E(\partial_D m(D, X, U_D) \mid D=d, X=x, Y=y) f(d, x, y) \mathrm{d}d \mathrm{d}x \mathrm{d}y$$

$$= \frac{1}{P(y_1 < Y < y_2)} \int_{y_1}^{y_2} \iint \partial_d Q_Y(\tau \mid d, x)\mid_{\tau=F(y\mid d,x)} \cdot f(d, x, y) \mathrm{d}d \mathrm{d}x \mathrm{d}y$$

$$= \frac{-1}{P(y_1 < Y < y_2)} \int_{y_1}^{y_2} \iint \frac{\partial_d F(y\mid d,x)}{f(y\mid d,x)} f(d, x, y) \mathrm{d}d \mathrm{d}x \mathrm{d}y$$

$$= \frac{-1}{P(y_1 < Y < y_2)} \iiint_{y_1}^{y_2} \partial_d F(y\mid d,x) \mathrm{d}y f(d,x) \mathrm{d}d \mathrm{d}x$$

$$= \frac{-1}{P(y_1 < Y < y_2)} E\left(\int_{y_1}^{y_2} \partial_D F(y \mid D, X) \mathrm{d}y\right).$$

(二) 定理 3.4 的证明

除了假设 3.5.1-3.5.3 以外，我们还需要以下技术性假设 A.4 来证

明定理 3.4。

假设 A.4 对 $x \in S_X$，U_0 给定 $X=x$ 的条件分布函数 $F_{U_0}(u_0 \mid x)$ 关于 u_0 严格单调递增。

定义

$$\vartheta(d, x, y) = E(m(1, X, U) - m(0, X, U) \mid D=d, X=x, Y=y).$$

那么

$$\begin{aligned}
\vartheta(d, x, y) &= E(m(1, X, U) - m(0, X, U) \mid D=d, X=x, Y=y) \\
&= E(m(1, X, U_D) - m(0, X, U_D) \mid D=d, X=x, Y=y) \\
&= E(m(1, x, U_d) - m(0, x, U_d) \mid D=d, X=x, Y=y) \\
&= E(m(1, x, U_d) - m(0, x, U_d) \mid D=d, X=x, m(d, x, U_d)=y) \\
&= E(m(1, x, U_d) - m(0, x, U_d) \mid D=d, X=x, U_d = m^{-1}(d, x, y)) \\
&= (m(1, x, U_d) - m(0, x, U_d))\mid_{U_d = m^{-1}(d, x, y)}. \quad (A.8)
\end{aligned}$$

其中,第一个等式根据 $\vartheta(d, x, y)$ 的定义,第二个等式根据 $U=U_D$,第三个等式根据条件期望的性质,第四个等式根据数据生成过程,第五个等式根据假设 3.5.3,第六个等式根据条件期望的性质。

把 U_0 给定 $X=x$ 的条件分布记为 $F_{U_0}(\cdot \mid x)$,即 $F_{U_0}(u_0 \mid x) := P(U_0 \leqslant u_0 \mid X=x)$,那么 $F_{U_0}(m^{-1}(d, x, y) \mid x)$ 可以通过如下方式识别:

$$\begin{aligned}
F_{U_0}(m^{-1}(d, x, y) \mid x) &= P(U_0 \leqslant m^{-1}(d, x, y) \mid X=x) \\
&= P(U_d \leqslant m^{-1}(d, x, y) \mid X=x) \\
&= P(U_d \leqslant m^{-1}(d, x, y) \mid D=d, X=x) \\
&= P(m(d, x, U_d) \leqslant m(d, x, m^{-1}(d, x, y)) \mid D=d, X=x) \\
&= P(m(d, x, U_d) \leqslant y \mid D=d, X=x) \\
&= P(m(D, X, U_D) \leqslant y \mid D=d, X=x) \\
&= P(Y \leqslant y \mid D=d, X=x) \\
&= F(y \mid d, x). \quad (A.9)
\end{aligned}$$

其中,第一个等式根据 $F_{U_0}(\cdot \mid x)$ 的定义,第二个等式根据假设 3.5.2,第三个等式根据假设 3.5.1,第四个等式根据假设 3.5.3,第五个等式根据代数运算,第六个等式根据条件概率的性质,第七个等式根据数据生成过程,最后一个等式根据条件分布函数的定义。

在比较弱的假设下,$F_{U_0}(u_0 \mid x)$ 是关于 u_0 的严格递增函数,那么根据(A.9)可以得

$$m^{-1}(d, x, y) = F_{U_0}^{-1}(F(y \mid d, x) \mid x). \quad (A.10)$$

在假设 3.5.3 下,成立恒等式

$$m(d, x, m^{-1}(d, x, y)) = y. \quad (A.11)$$

把(A.10)代入(A.11)可以得到

$$m(d, x, F_{U_0}^{-1}(F(y \mid d, x) \mid x)) = y.$$

在 $y = Q_Y(\tau \mid d, x)$ 处估值,其中 $Q_Y(\tau \mid d, x)$ 表示给定 $D = d$ 和 $X = x$ 时,Y 的第 τ 分位数。

$$m\Big(d, x, \underbrace{F_{U_0}^{-1}\Big(F(Q_Y(\tau \mid d, x) \mid d, x)\Big|x\Big)}_{\tau}\Big)$$
$$= Q_Y(\tau \mid d, x) \Rightarrow m(d, x, U_d)\big|_{U_d = F_{U_0}^{-1}(\tau \mid x)} = Q_Y(\tau \mid d, x).$$

从而

$$(m(1, x, U_d) - m(0, x, U_d))\big|_{U_d = F_{U_0}^{-1}(F(y \mid d, x) \mid x)}$$
$$= (Q_Y(\tau \mid 1, x) - Q_Y(\tau \mid 0, x))\big|_{\tau = F(y \mid d, x)}, \quad (A.12)$$

那么

$$\vartheta(d, x, y) = (m(1, x, U_d) - m(0, x, U_d))\big|_{U_d = m^{-1}(d, x, y)}$$
$$= (m(1, x, U_d) - m(0, x, U_d))\big|_{U_d = F_{U_0}^{-1}(F(y \mid d, x) \mid x)}$$
$$= (Q_Y(\tau \mid 1, x) - Q_Y(\tau \mid 0, x))\big|_{\tau = F(y \mid d, x)}.$$

其中,第一个等式根据(A.8),第二个等式根据(A.10),最后一个等式根据(A.12)。

因此,可以得到

$$\vartheta(1, x, y) = (Q_Y(\tau \mid 1, x) - Q_Y(\tau \mid 0, x))\big|_{\tau = F(y \mid 1, x)}$$
$$= y - Q_Y(F(y \mid 1, x) \mid 0, x), \quad (A.13)$$

$$\vartheta(0, x, y) = (Q_Y(\tau \mid 1, x) - Q_Y(\tau \mid 0, x))\big|_{\tau = F(y \mid 0, x)}$$
$$= Q_Y(F(y \mid 0, x) \mid 1, x) - y. \quad (A.14)$$

从而 $\vartheta(y_1, y_2)$ 可以通过如下方式被识别

$$\begin{aligned}&\vartheta(y_1, y_2)\\ =& E(m(1, X, U) - m(0, X, U) \mid y_1 < Y < y_2)\\ =& \frac{1}{P(y_1 < Y < y_2)} E(1\{y_1 < Y < y_2\}(m(1, X, U) - m(0, X, U)))\\ =& \frac{1}{P(y_1 < Y < y_2)} \int_{y_1}^{y_2} E(m(1, X, U) - m(0, X, U) \mid Y = y) f(y) \mathrm{d}y\\ =& \frac{1}{P(y_1 < Y < y_2)} \int_{y_1}^{y_2} E(E(m(1, X, U) - m(0, X, U) \mid D, X, Y = y) \mid Y = y) f(y) \mathrm{d}y\\ =& \frac{1}{P(y_1 < Y < y_2)} \int_{y_1}^{y_2} \int \underbrace{E(m(1, X, U) - m(0, X, U) \mid D = 1, X = x, Y = y)}_{\vartheta(1, x, y)}\\ & f(1, x \mid y) \mathrm{d}x f(y) \mathrm{d}y + \frac{1}{P(y_1 < Y < y_2)}\\ & \cdot \int_{y_1}^{y_2} \int \underbrace{E(m(1, X, U) - m(0, X, U) \mid D = 0, X = x, Y = y)}_{\vartheta(0, x, y)}\\ & \cdot f(0, x \mid y) \mathrm{d}x f(y) \mathrm{d}y\\ =& \frac{1}{P(y_1 < Y < y_2)} \times E(1\{y_1 < Y < y_2\}((1-D) Q_Y(F(y \mid 0, x) \mid 1, x) - D Q_Y(F(y \mid 1, x) \mid 0, x) + (2D - 1) Y)).\end{aligned}$$

其中,第一个等式根据 $\vartheta(y_1, y_2)$ 的定义,第二到第四个等式根据期望迭代法则,第五个等式根据条件期望的性质,最后一个等式根据等式(A.13)和(A.14)。

第六节 政策变量内生时因变量条件平均偏效应的识别和估计

上一节在政策满足条件外生性时讨论了 OAPE 的非参数识别和估计。条件外生性允许政策变量与扰动项之间是相关的,但是这种相关性必须完全归因于 D 和 U 中由 X 可解释的部分。不失一般性,假设 Y 的生成过程是:

$$Y = m(D, X, U). \tag{3.6.1}$$

政策变量的生成过程是:

$$D = g(X, V). \tag{3.6.2}$$

其中,$m(d, x, u)$ 和 $g(x, v)$ 函数形式未知,V 是不可观测的扰动项。由于给定 X 时,D 的变化完全由 V 决定,因此条件外生性(给定 X 时,D 和 U 独立)等价于要求给定 X 时,U 和 V 互相独立。

实际应用中,影响政策干预强度 D 的不可观测因素 V 与影响结果 Y 的不可观测 U 之间往往是高度相关的。例如:

(1) Y 表示个人收入,D 是个人的受教育年限。不可观测的个人能力(这时 U 和 V 都表示个人能力)会同时影响个人的收入与受教育水平。

(2) 技术创新是推动经济高质量发展的重要引擎。企业使用或参与数字化程度对其创新能力提升至关重要。用 Y 表示企业的创新产出(例如以企业申请专利数刻画),D 表示企业的数字化指数(连续型变量)。研究者感兴趣的是当其他因素不变时,企业数字化程度对创新的影响。同时,数字化虽然会促进企业创新,但是创新水平提高也会促进企业深化数字技术利用,因此 D 具有内生性。

(3) 考虑房地产的财富效应,即家庭拥有房产市值的增长是否会提高家庭消费。用 Y 表示家庭消费,D 是家庭拥有的不动产市值。由于家庭往往"同时"对以下事件进行决策:是否以及何时购买房产?购买市值多少的房产?消费多少?因此 D 具有内生性。

除此以外,大量实证研究需要分析某个"连续型"政策变量带来的影响作用,例如研究饮酒(吸烟)量对个人健康的影响;空气污染对企业和劳动力流动的影响;医疗支出对家庭消费、劳动供给的影响;企业负债率对研发创新的影响;银行资本充足率对经营的影响;等等。在这些问题中,政策变量与因变量往往是个体在"同一时间"决策的,因此具有内生性。

本节研究当政策变量内生时,OAPE 的识别和估计问题。我们的模型允许给定 X 时,U 和 V 仍然是相关的。在式(3.6.2)基础上,我们假设除了 X 以外,还有一个被排除在结果方程之外的,外生的工具变量 Z 影响 D,即选择方程变成

$$D = g(Z, X, V). \tag{3.6.3}$$

我们感兴趣的参数是因变量条件平均偏效应(OAPE):

$$\theta(y_1, y_2) = E(\partial_D m(D, X, U) \mid y_1 < Y < y_2). \tag{3.6.4}$$

为了识别 $\theta(y_1, y_2)$,我们施加如下假设:

假设 3.6.1 对于任意的 (z, x)，$g(z, x, v)$ 关于 v 严格单调递增。

假设 3.6.1 对选择方程施加了一定的结构约束，但是这种约束仍然是比较弱的。特别地，假设 3.6.1 要求 D 和 V 都是连续型变量，但是工具 Z 可以是离散的。

假设 3.6.2 （ⅰ）给定 V 和 X，Z 和 U 独立，即 $Z \perp U \mid (X, V)$。（ⅱ）给定 X，Z 和 V 独立，即 $Z \perp V \mid X$。

假设 3.6.2 对 Z 施加了必要的外生性要求。假设 3.6.2-（ⅰ）要求 Z 和结果方程扰动项 U 之间（条件）独立，假设 3.6.2-（ⅱ）要求 Z 和选择方程扰动项 V 之间（条件）独立。假设 3.6.2 成立的一个充分非必要条件是：Z 和 (U, V) 联合（条件于 X）独立，即 $Z \perp (U, V) \mid X$。

下面的引理证明，我们可以找到 $\xi = F_{D|ZX}(D \mid Z, X)$（称为控制函数，control function），其中 $F_{D|ZX}(d \mid z, x) = P(D < d \mid Z = z, X = x)$。它具有以下性质：当控制了 ξ 之后，D 的内生性不再存在。

引理 3.6.1 假设数据生成过程服从式 (3.6.1) 和 (3.6.3)。当假设 3.6.1-3.6.2 成立时，给定 $\xi = F_{D|ZX}(D \mid Z, X)$ 以及 X，D 和 U 独立。

引理 3.6.1 指出，当 D 内生时，只要控制了 $\xi = F_{D|ZX}(D \mid Z, X)$ 与 X，政策变量 D 仍然可以视作"条件外生的"。因此，根据上一节建立的政策条件外生时 OAPE 的识别定理（定理 3.3）可得以下结论：

定理 3.5 假设数据生成过程是式 (3.6.1) 和 (3.6.3)，当假设 3.6.1-3.6.2 成立时

$$\theta(y_1, y_2) = E\left(\frac{\partial m(D, X, U)}{\partial D} \mid Y \in (y_1, y_2)\right)$$

可识别，

$$\theta(y_1, y_2) = \frac{-1}{P(y_1 < Y < y_2)} E\left(\partial_D \int_{y_1}^{y_2} F_{Y|DX\tilde{V}}(y \mid D, X, \tilde{V}) \mathrm{d}y\right).$$

其中，$\tilde{V} = F_{D|ZX}(D \mid Z, X)$。

从定理 3.5 出发，不难得到政策内生时 $\theta(y_1, y_2)$ 的估计步骤：

第 1 步：假设 D 给定 (Z, X) 的条件分布函数服从如下灵活参数形式：

$$F_D(d \mid Z, X) = \Lambda_1(\beta_{10}(d) + \beta_{11}(d)Z + \beta_{12}(d)X).$$

其中，$\Lambda_1(\cdot)$ 是某个已知的连续型随机变量的分布函数，例如标准正态分布或者逻辑分布函数。

对于任意的 $d \in S_D$，在估计出了 $\hat{\beta}_{10}(d)$、$\hat{\beta}_{11}(d)$ 和 $\hat{\beta}_{12}(d)$ 之后，
$$\hat{\widetilde{V}}_i = \Lambda_1(\hat{\beta}_{10}(D_i) + \hat{\beta}_{11}(D_i)Z_i + \hat{\beta}_{12}(D_i)X_i).$$

第 2 步：确定为了在区间 $[y_1, y_2]$ 上进行积分所需要的分割点数 $K > 0$，并按照如下方式确定网格点 $y^{(k)}, k = 1, \cdots, K$

$$y^{(k)} = y_1 + k \times \frac{y_2 - y_1}{K}.$$

第 3 步：假设 Y 给定 $(D, X, \widetilde{V})$ 的条件分布服从以下灵活参数形式：
$$F_Y(y \mid D, X, \widetilde{V}) = \Lambda_2(\beta_{20}(y) + \beta_{21}(y)D + \beta_{22}(y)X + \beta_{23}(y)\widetilde{V}).$$

其中，$\Lambda_2(\cdot)$ 是另一个已知的连续型随机变量分布函数（可以与 $\Lambda_1(\cdot)$ 相同）。对于任意的 $y \in S_Y$，在估计出了 $\hat{\beta}_{20}(y)$、$\hat{\beta}_{21}(y)$、$\hat{\beta}_{22}(y)$ 和 $\hat{\beta}_{23}(y)$ 之后，

$$\hat{F}_Y(y^{(k)} \mid D, X, \widetilde{V})$$
$$= \Lambda_2(\hat{\beta}_{20}(y^{(k)}) + \hat{\beta}_{21}(y^{(k)})D + \hat{\beta}_{22}(y^{(k)})X + \hat{\beta}_{23}(y^{(k)})\hat{\widetilde{V}}).$$

第 4 步：得到 $\partial_D F_Y(y \mid D_i, X_i, \widetilde{V}_i)$ 的估计值。根据第 2 步，

$$\partial_D \hat{F}_Y(y^{(k)} \mid D_i, X_i, \widetilde{V}_i)$$
$$= \lambda_2(\hat{\beta}_{20}(y^{(k)}) + \hat{\beta}_{21}(y^{(k)})D_i + \hat{\beta}_{22}(y^{(k)})X_i + \hat{\beta}_{23}(y^{(k)})\hat{\widetilde{V}}_i)\hat{\beta}_{21}(y^{(k)}).$$

其中，$\lambda_2(\cdot) = \Lambda_2'(\cdot)$.

第 5 步：得到 $\theta(y_1, y_2)$ 的估计值。

$$\hat{\theta}(y_1, y_2) = \frac{-1}{\sum_{i=1}^{n} 1\{y_1 < Y_i < y_2\}} \Big(\sum_{i=1}^{n} \partial_D \int_{y_1}^{y_2} \hat{F}_Y(y \mid D_i, X_i, \widetilde{V}_i) \mathrm{d}y \Big)$$

$$= \frac{-1}{\sum_{i=1}^{n} 1\{y_1 < Y_i < y_2\}} \frac{y_2 - y_1}{K}$$

$$\cdot \Big(\sum_{i=1}^{n} \sum_{k=1}^{K} \partial_D \hat{F}_Y(y^{(k)} \mid D_i, X_i, \widetilde{V}_i) \Big).$$

本节附录

引理 3.6.1 的证明

第 1 步：原数据生成过程的正则化（normalization）处理。定义

$$\widetilde{V} = F_{V|X}(V, X). \qquad (3.6.a)$$

其中，$F_{V|X}(\cdot,\cdot)$ 是 V 给定 X 的条件分布函数，即 $F_{V|X}(a, b) = P(V < a \mid X = b)$。$F_{V|X}(\cdot,\cdot)$ 关于第一个分量严格单调递增。因此 $F_{V|X}(\cdot,\cdot)$ 存在反函数，记这个反函数为 $F_{V|X}^{-1}(\cdot,\cdot)$。式 (3.6.a) 等价于

$$V = F_{V|X}^{-1}(\widetilde{V}, X). \qquad (3.6.b)$$

原选择方程 $D = g(Z, X, V)$ 可以等价地表示成

$$D = g(Z, X, F_{V|X}^{-1}(\widetilde{V}, X)) = \widetilde{g}(Z, X, \widetilde{V}).$$

关于 $D = \widetilde{g}(Z, X, \widetilde{V})$ 有以下结论：

第一，$\widetilde{g}(\cdot)$ 仍然关于 $\widetilde{V}$ 严格单调递增。这是因为假设 3.6.1 与 $F_{V|X}^{-1}(\cdot,\cdot)$ 关于第一个分量严格单调递增（两个递增函数的复合函数还是递增函数）。

第二，给定 $\widetilde{V}$ 和 X，Z 和 U 独立。这是因为 $\widetilde{V} = F_{V|X}(V, X)$，因此给定 X，V 和 $\widetilde{V}$ 一一对应。因此给定 $\widetilde{V}$ 和 X 等价于给定 V 和 X，此时 Z 和 U 独立（假设 3.6.2-(i)）。

第三，给定 X，Z 和 $\widetilde{V} = F_{V|X}(V, X)$ 独立。这由假设 3.6.2-(ii)，以及给定 X 时，V 和 $\widetilde{V}$ 一一对应可得。

第四，给定 X，$\widetilde{V}$ 服从 $(0, 1)$ 上的均匀分布。因为对于任意的 a，

$$\begin{aligned}
P(\widetilde{V} < a \mid X = x) &= P(F_{V|X}(V, X) < a \mid X = x) \\
&= P(F_{V|X}(V, x) < a \mid X = x) \\
&= P(V < F_{V|X}^{-1}(a, x) \mid X = x) \\
&= F_{V|X}(F_{V|X}^{-1}(a, x), x) = a.
\end{aligned}$$

以上结论说明 $\widetilde{g}(Z, X, \widetilde{V})$ 满足原本关于 $g(Z, X, V)$ 的所有性质（假设 3.6.1-3.6.2），并且还具备给定 X 时 $\widetilde{V}$ 服从 $(0, 1)$ 上的均匀分布。这意味着只要稍微改变记号，除了假设 3.6.1-3.6.2 之外，我们可以直接认为成立给定 X，V 服从 $(0, 1)$ 上的均匀分布。

第 2 步：证明 $\xi = F_{D|ZX}(D \mid Z, X) = V$。

注意到：

$$\begin{aligned}
P(D < d \mid Z = z, X = x) &= P(g(z, x, V) < d \mid Z = z, X = x) \\
&= P(V < g^{-1}(z, x, d) \mid Z = z, X = x) \\
&= P(V < g^{-1}(z, x, d) \mid X = x) \\
&= g^{-1}(z, x, d).
\end{aligned}$$

以上第 1 个等号源自数据生成过程，第 2 个源自假设 3.6.1，第 3 个源自假设 3.6.2-(ⅱ)。因此 $\xi = F_{D|ZX}(D \mid Z, X) = g^{-1}(Z, X, D) = g^{-1}(Z, X, g(Z, X, V)) = V$。

第 3 步：由假设 3.6.2-(ⅰ)可知 $Z \perp U \mid (X, V)$，由于 $V = F_{D|ZX}(D \mid Z, X)$，可知给定 X 和 $F_{D|ZX}(D \mid Z, X)$，Z 和 U 互相独立。由于 $D = g(Z, X, V)$，即给定 X 和 V 时，D 的变化完全由 Z 决定，因此得到：给定 X 和 $F_{D|ZX}(D \mid Z, X)$ 时，D 和 U 互相独立。

第七节　利用 OAPE 预测政策的反事实效果

本章前面各节讨论的都是"已真实发生的政策"（由可观测变量 D 的分布刻画）产生的效果。本节研究：如何利用样本信息预测（估计）一个"新的政策"（改变 D 的分布）对样本内个体产生的效果。诺贝尔经济学奖得主 James J. Heckman 在他所著的三章"社会项目的计量经济评价"（收录于《计量经济学手册》第六卷，第 4790 页）中提到，"政策评估"的研究任务包含三个层次：第一层次是：

"**P-1** Evaluating the impact of historical interventions on outcomes including their impact in terms of welfare."

这也称为评价政策的"内部有效性"（internal validity）。所谓"内部有效性"，是指评估"已发生政策"的因果效应，这是因果推断与处理效应模型文献的基本任务。在此基础上，政策评价的第二层次是：

"**P-2** Forecasting the impacts (constructing counterfactual states) of interventions implemented in one environment in other environments, including their impacts in terms of welfare."

简单地说，P-2 要求预测一个"已经发生的政策"在新人群中产生的效果。这是探究政策的"外部有效性"（external validity）。"外部有效性"

是指，从有限样本中得出的研究结论，究竟在多大程度上能推广到其他样本中去。比如，某一种药在美国的临床试验中取得了效果，那么这种药能否在中国的临床试验中取得效果？房产税在试点城市产生了预期的效果，这样的效果是否可以推广到其他城市？假设政策在可观测变量分布为 (F_X, F_Y) 的人群中产生了理想效果，这一政策能否推广到可观测变量具有分布 (F_{X^*}, F_{Y^*}) 的人群中去？

政策评价的第三层次更具挑战性，它要求预测一个尚未实施过的、尚未在其他地方试点过的"全新政策"的净效应，即：

"**P-3** Forecasting the impacts of interventions (constructing counterfactual states associated with interventions) never historically experienced to various environments, including their impacts in terms of welfare."

上述 P-2 和 P-3 看起来十分相似。区分一个政策评价问题到底属于第二还是第三层次的关键在于看 D 的分布 F_D 是否发生了变化。设 D 的生成过程为：

$$D_i = g(Z_i, X_i, V_i).$$

其中，Z 是政府可以直接调控的激励手段，X 是可观测个人特征，V 是不可观测个人特征。当 D 表示受教育水平时，Z 可以是学费或者助学补贴。较高的助学补贴降低了人力资本投资的成本，激励个人在 (X, V) 不变时攻读更高的学历，但是这对毕业后的收入没有显著影响（Z 被排除在收入方程之外）。在这个例子中，不管是否改变 Z 的分布，从 (X, V) 到 D 的函数关系（对应法则）$g_z(x, v) \equiv g(z, x, v)$ 都没有发生变化。一般来说，改变"政策"可以通过两种方式实现：第一种方式是改变 Z 的分布，第二种方式是改变 $g_z(\cdot, \cdot)$ 的函数形式。当 Z 的分布发生变化，或者 $g_z(\cdot, \cdot)$ 函数形式发生改变，即使 (X, V) 的分布保持不变，受政策干预程度 D 在整个人群中的分布 F_D 也会发生变化，此时就认为所讨论的是一个"新政策"。

本章第五节讨论了政策满足条件外生性时 OAPE 的估计，第六节讨论了政策内生时采用工具变量估计 OAPE，这些都属于政策评价的第一层次。本节将在原来政策基础上定义两类"新政策"，并考虑如何估计这两类"新政策"产生的净效应。第一类"新政策"直接改变 D 的无条件分布函数，并保持模型中其他成分不变，这可以理解成直接改变 $g(z, x,$

v) 的函数形式,而保持各变量分布不变。第二类"新政策"通过改变工具变量 Z 的分布,进而改变 D 的分布。

7.1 第一类"新政策":直接改变政策的无条件分布

假设数据生成过程是:

$$Y = m(D, X, U). \tag{3.7.1}$$

其中,D 是连续型随机变量。为了将来可以直接改变 D 的无条件分布函数,将 D 表示成

$$D_i = F_0^{-1}(R_i), \tag{3.7.2}$$

或者等价地:

$$R_i = F_0(D_i). \tag{3.7.3}$$

其中,$F_0^{-1}(\cdot)$ 是 D 的无条件分位函数,$F_0(\cdot)$ 是 D 的分布函数,即 $F_0(d) = P(D < d)$。R_i 度量了 D_i 在所有 $D_i, i=1,\cdots,n$ 中的相对排序,称为 D 的秩(rank)。$R_i \in (0,1)$,R_i 越小,表示 D_i 在所有 $D_i, i=1,\cdots,n$ 中排序越低。将式(3.7.2)代入式(3.7.1)可得

$$Y = m(F_0^{-1}(R), X, U). \tag{3.7.4}$$

现考虑 D 的分布从 $F_0(\cdot)$ 出发朝着某个特定的方向,记成 G_0,改变 t 个单位,即 D 的分布函数变成

$$H_t = F_0 + t(G_0 - F_0). \tag{3.7.5}$$

当 $t=0$ 时,$H_0 = F_0$,表示 D 的分布没有发生改变。当 $t=1$ 时,$H_1 = G_0$。当 $t \in (0,1)$ 时,H_t 是 F_0 和 G_0 的加权平均:$H_t = (1-t)F_0 + tG_0$。不难看出,对于任意的 $t \in (0,1)$,H_t 始终是一个"合格"的分布函数:

首先,$H_t(d) = (1-t)F_0(d) + tG_0(d)$ 关于 d 严格单调递增。

其次,

$$\lim_{u \to +\infty} H_t(u) = \lim_{u \to +\infty}(1-t)F_0(u) + tG_0(u) = (1-t) + t = 1,$$

$$\lim_{u \to -\infty} H_t(u) = \lim_{u \to -\infty}(1-t)F_0(u) + tG_0(u) = 0.$$

当 D 的分布函数变成 H_t 时,相应的 Y 变成

$$Y_{H_t} = m(H_t^{-1}(R), X, U). \tag{3.7.6}$$

这时,可以认为 Y_{H_t} 与 $Y=Y_{H_0}$ 的差异

$$Y_{H_t} - Y = m(H_t^{-1}(R), X, U) - m(F_0^{-1}(R), X, U)$$

度量了仅将 D 的分布从 F_0 变成 H_t,而保持数据生成过程中其他一切因素不变时,对因变量产生的净效应。此处考虑的"反事实政策"允许政策分布的形状(不仅是均值)发生任意的改变。在实际中,政策制定者并不总是着眼于调整政策干预程度在人群中的均值。例如,金融监管者想知道提高银行最低资本充足率对银行经营的影响。此类政策干预直接抬高了 D 的分布的下限,仅仅从均值角度无法准确刻画此类政策改变的特点。

为了刻画 D 的分布从 F_0 变成 H_t 后对因变量带来的影响,定义以下两个参数:

$$\zeta(y, G_0)$$
$$= E\left(\frac{\partial m(H_t^{-1}(R), X, U)}{\partial t}\Big|_{t=0} \Big| Y = y\right)$$
$$= E\left(\lim_{t \to 0^+} \frac{m(H_t^{-1}(R), X, U) - m(F_0^{-1}(R), X, U)}{t}\Big|_{t=0} \Big| Y = y\right),$$

$$\zeta(y_1, y_2, G_0)$$
$$= E\left(\frac{\partial m(H_t^{-1}(R), X, U)}{\partial t}\Big|_{t=0} \Big| Y \in (y_1, y_2)\right)$$
$$= E\left(\lim_{t \to 0^+} \frac{m(H_t^{-1}(R), X, U) - m(F_0^{-1}(R), X, U)}{t}\Big|_{t=0} \Big| Y \in (y_1, y_2)\right).$$

其中,$\zeta(y, G_0)$ 度量了当政策 D 朝着给定方向 G_0 改变一小步,对于因变量取值等于 y 的子人群带来的净效应的平均值。相应地,$\zeta(y_1, y_2, G_0)$ 度量了当政策 D 朝着给定方向 G_0 改变一小步,对于因变量位于区间 (y_1, y_2) 中的子人群带来的净效应的平均值。

值得一提的是,这里提出的政策参数 $\zeta(y, G_0)$ 在经济学意义上与行为经济学中的"助推"概念有异曲同工之处。美国芝加哥大学教授,2017 年诺贝尔经济学奖获得者,行为经济学的开创者之一,理查德·塞勒写过一本叫做《助推》(Nudge)的书。书中提出这样的观点:政府在设计政策时,尽量不要采用强制性手段与硬性的规定。更加平易近人的方式是通过便民的政策工具,引导人们在健康、快乐与轻松的环境中进行决策,这

样的干预称为"助推"。例如,政府颁布法令,禁止人们食用垃圾食品,不算助推;把低价的新鲜水果便捷地呈现在人们眼前,让人们主动地选择健康食品,这便是助推。通过参数 $\zeta(y, G_0)$,政策制定者可以了解政策在当前阶段,朝着某一方向 G_0 改变一小步(轻轻地助推),对人们关心的因变量 Y 产生的平均作用。在估计一系列 $\zeta(y, G_0)$ 的基础上,政策制定者可以选择政策的最优助推方向 G_0,并对政策进行优化设计,保证人们获得"最大利益"和"自由选择权"。

与因变量条件平均偏效应(OAPE)定义类似,$\zeta(y, G_0)$ 和 $\zeta(y_1, y_2, G_0)$ 可称为"因变量条件反事实政策平均效应"(Outcome Conditioned Average Effect of a Counterfactual Policy, OACPE),它们反映的是"尚未发生的"新政策产生的净效应。$\zeta(y_1, y_2, G_0)$ 与 $\zeta(y, G_0)$ 之间的关系是:

$$\lim_{y_2 \to y_1} \zeta(y_1, y_2, G_0) = \zeta(y_1, G_0). \quad (3.7.7)$$

$$\zeta(y_1, y_2, G_0) = \frac{1}{P(y_1 < Y < y_2)} \int_{y_1}^{y_2} \zeta(y, G_0) f_Y(y) \mathrm{d}y.$$

从表面上看,$\zeta(y, G_0)$ 只反映了政策沿着方向 G_0 发生无穷小改变后产生的净效应,无法刻画 D 的分布从 F_0 变成某个给定的 F_* 带来的净效应。其实不然,若令 t 是一个非常小的正数,例如 $t=0.001$,且 F_* 满足

$$F_* = F_0 + t(G_* - F_0).$$

则可以解出与 F_* 对应的无穷小改变方向 G_*:

$$G_* = \frac{F_* - (1-t)F_0}{t}.$$

为了使 G_* 是一个良好定义的分布函数,

$$G'_* = \frac{F'_* - (1-t)F'_0}{t}.$$

须始终保持正值。上述推导说明,对于某些(但不是所有)固定的分布函数 F_*,我们总是可以找到相应的 G_*,使得 F_* 成为 F_0 沿着 G_* 发生无穷小改变后的分布。然后,根据中值定理,

$$E(m(F_*^{-1}(R), X, U) - m(F_0^{-1}(R), X, U) \mid Y=y) \approx \zeta(y, G_*) \times t.$$

根据定义 $E(m(F_0^{-1}(R), X, U) \mid Y=y) = E(m(D, X, U) \mid Y=y) = y$,因此

$$E(m(F_*^{-1}(R), X, U) \mid Y=y) \approx y + \zeta(y, G_*) \times t. \tag{3.7.8}$$

这意味着想要预测"新政策"(由分布函数 $F_*(\cdot)$ 刻画)产生的净效应,可以这样做:首先利用原始样本 (Y, D, X, Z) 估计出 $\zeta(y, G_*)$(估计方法见下),然后根据(3.7.8)计算出新政策对于因变量取值不同子人群的净效应。从这个意义上说,OACPE 具有极为强大的预测"新政策"带来的异质性效果的功能:OACPE 不仅在政策调整的方向(由 G_* 刻画)上具有相当的灵活度,同时可以反映出由此产生的政策效果在因变量无条件分布上的异质性。

下面讨论 $\zeta(y, G_0)$ 和 $\zeta(y_1, y_2, G_0)$ 的识别和估计问题。我们允许政策变量可能是内生的,即

$$D = g(Z, X, V). \tag{3.7.9}$$

其中,U 和 V 之间可以是相关的。为了像第六节一样采用控制函数方法克服内生性,我们直接假设如果控制了某个 V 以及 X,U 和 D 之间是互相独立的,即

假设 3.7.1 给定 (X, V),D 和 U 互相独立。

将来在实际运用中,我们需要先估计出 V_i,$i=1,\cdots,n$。上一节已经证明,当 Z 满足一定条件的外生性(假设 3.6.2)以及选择方程关于 V 严格单调递增(假设 3.6.1)时,以下

$$V_i = F_{D|ZX}(D_i \mid Z_i, X_i) \tag{3.7.10}$$

就是一个合格的"控制函数"。下面定理给出了 OACPE 的识别表达式。

定理 3.6 假设数据生成过程服从式(3.7.1)和式(3.7.9),假设 3.7.1 成立,则

$$\zeta(y, G_0) = \frac{1}{f_Y(y)} E\left(\frac{\partial F_{Y|DXV}(y \mid D, X, V)}{\partial D} \frac{G_0(D) - F_0(D)}{f_0(D)}\right), \tag{3.7.11}$$

$$\zeta(y_1, y_2, G_0)$$
$$= \frac{1}{P(y_1 < Y < y_2)} E\left(\int_{y_1}^{y_2} \frac{\partial F_{Y|DXV}(y \mid D, X, V)}{\partial D} \frac{G_0(D) - F_0(D)}{f_0(D)} dy\right). \tag{3.7.12}$$

且 $\zeta(y, G_0)$ 可以表示成

$$\zeta(y, G_0) = E_{DXV|Y=y}\left(\theta(y, D, X, V)\frac{F_0(D) - G_0(D)}{f_0(D)}\right),$$
(3.7.13)

其中，

$$\theta(y, d, x, v) = E\left(\frac{\partial m(D, X, U)}{\partial D}\bigg| Y=y, D=d, X=x, V=v\right).$$
(3.7.14)

由式(3.7.11)可知，当 $G_0 = F_0$ 时，$H_t \equiv F_0$，此时，$\zeta(y, G_0) = 0$。$\theta(y, d, x, v)$ 在形式上和政策变量 0-1 取值时的边际处理效应

$$MTE(x, v) = E(Y_1 - Y_0 \mid X=x, V=v)$$

非常类似，其中 V 是选择方程扰动项。由于

$$\theta(y, d, x, v)$$
$$= E\left(\lim_{\delta \to 0}\frac{m(d+\delta, x, U) - m(d, x, U)}{\delta}\bigg| Y=y, D=d, X=x, V=v\right).$$

因此 $\theta(y, d, x, v)$ 度量了对于可观测变量 (Y, X) 等于 (y, x)，选择方程扰动项 V 等于 v，且受政策干预强度 $D=d$ 的"子人群"来说，受政策干预强度的"略微提高"（D 从 d 变化到 $d+\delta$）对这些人的 Y 产生的净效应的平均值。另外，如果已知给定 (X, V)，D 独立于 U（见引理 3.6.1），

$$\theta(y, d, x, v) = E\left(\frac{\partial m(D, X, U)}{\partial D}\bigg| Y=y, D=d, X=x, V=v\right)$$
$$= E\left(\frac{\partial m(d, X, U)}{\partial d}\bigg| Y=y, X=x, V=v\right).$$

James J. Heckman 与其合作者在一系列研究（Heckman et al., 2007, 2005, 2001）中已经指出，ATE，ATT，ATU 等常见的政策参数都可以表示成 MTE 的某种加权平均。在连续政策处理效应模型中，我们也可以类似定义 ATE 和 ATT：

$$ATE(x, y) = E\left(\frac{\partial m(D, X, U)}{\partial D}\bigg| Y=y, X=x\right),$$
$$ATT(x, y, d_1, d_2) = E\left(\frac{\partial m(D, X, U)}{\partial D}\bigg| Y=y, X=x, d_1 \leqslant D \leqslant d_2\right).$$

我们不难将以上参数都写成 $\theta(y,d,x,v)$ 的加权平均。另外，Florens et al. (2008) 曾将

$$\theta(d,x,v) = E\left(\frac{\partial Y_d}{\partial d} \bigg| D = d, X = x, V = v\right) \quad (3.7.15)$$

定义为"连续处理效应模型"中的边际处理效应，其中 $Y_d = m(d, X, U)$。不难发现，我们这里的 $\theta(y,d,x,v)$ 比 Florens et al. (2008) 中的边际处理效应定义在了更为"细分"的子人群上。

根据定理 3.6，在已知政策变动方向 G_0 前提下，$\zeta(y, G_0)$ 可以这样估计：

第 1 步：根据 $V_i = F_{D|ZX}(D_i | Z_i, X_i)$，使用条件分布回归估计 $F_{D|ZX}(d | z, x)$，

$$\hat{V}_i = \hat{F}_{D|ZX}(D_i | Z_i, X_i).$$

第 2 步：利用条件分布回归估计 $F_{Y|DXV}(y | d, x, v)$，并计算

$$\frac{\partial \hat{F}_{Y|DXV}(y | d, x, v)}{\partial d}.$$

第 3 步：分别估计 D 的经验分布函数 $\hat{F}_0(\cdot)$ 以及它的密度函数 $\hat{f}_0(\cdot)$，还有 Y 的密度函数 $\hat{f}_Y(\cdot)$。

第 4 步：把以上中间估计结果代入

$$\hat{\zeta}(y, G_0) = \frac{1}{\hat{f}_Y(y)} \frac{1}{n} \sum_{i=1}^{n} \left(\frac{\partial \hat{F}_{Y|DXV}(y | D_i, X_i, \hat{V}_i)}{\partial D_i} \frac{G_0(D_i) - \hat{F}_0(D_i)}{\hat{f}_0(D_i)} \right).$$

7.2 第二类"新政策"：改变工具变量 Z 的分布

对于有些政策而言，直接改变干预程度在个体中的分布状况所产生的代价巨大。同时，要求个体强行改变自己受政策干预的程度忽略了个体基于收益—成本考量的自选择行为。一种更加温和的政策调整可以通过改变工具变量 Z 的分布展开。在大多数实际问题中，工具 Z 是政策制定者可以"直接调控"的变量，例如学费补贴的力度（补助金额），以及补贴针对哪些个体进行发放。这些信息都反映在 Z 的分布中。Heckman et al. (2007, 2005, 2001) 在一系列论文中，提出了一类"政策相关处理效应"(Policy Relevant Treatment Effect, PRTE) 参数，用于分析政策的反事实变动（政策从一种状态变化到另一种状态）对个体带来的平均净效

应。这里,我们把适用于政策 0—1 取值情形下的 PRTE 推广到连续政策处理效应模型中。

我们先简要回顾 PRTE 的基本思想。考虑一个政策变量取值 0—1 的处理效应模型

$$Y_1 = m_1(X, U_1), \quad Y_0 = m_0(X, U_0), \quad D = 1\{p(X, Z) > V\}. \tag{3.7.16}$$

其中,V 服从 $(0,1)$ 上的均匀分布(正则化假设)。可观测变量是 (Y, D, X, Z),$Y = DY_1 + (1-D)Y_0$。

考虑一类只影响个体参与政策的概率:

$$P(D=1 \mid X=X_i, Z=Z_i) = p(X_i, Z_i) \doteq P_i.$$

但是对潜因变量 (Y_1, Y_0) 的联合分布没有影响的"反事实"政策变动。改变 $P_i = p(X_i, Z_i)$ 可以通过三种方式进行:(1) 仅改变 X 的分布;(2) 仅改变 Z 的分布;(3) 仅改变 $p(\cdot,\cdot)$ 的函数形式。由于 (Y_1, Y_0) 的生成过程依赖于 X 但和 Z 无关(工具排除性假设),因此若想要改变 P_i,同时不对 (Y_1, Y_0) 产生影响,只能通过方式(2)或(3)进行。在 7.1 中,我们讨论了直接改变 D 的无条件分布所导致的一类政策的影响,这相当于直接改变 $p(\cdot,\cdot)$,而保持 (X, Z) 的分布不变。另一种改变 P_i 的方式是改变 Z 的分布(改变个体参与政策的激励)。James J. Heckman 在文中证明:无论采用方式(2)还是(3),只要这种改变不影响边际处理效应:

$$MTE(x, u) = E(Y_1 - Y_0 \mid X = x, U = u).$$

那么政策从状态 p_1(Z 改变前对应的政策)变动到 p_2(Z 改变后对应的政策)带来的平均效应就可以表示成 $MTE(x, u)$ 的加权平均(因而可识别):

$$E(Y^{p_2} \mid X = x) - E(Y^{p_1} \mid X = x)$$
$$= \int_0^1 MTE(x, u)(F_{P_2}(u \mid x) - F_{P_1}(u \mid x))du. \tag{3.7.17}$$

式(3.7.17)显示,PRTE 的权重正比于 $F_{P_2}(u \mid x) - F_{P_1}(u \mid x)$,即政策改变前后的 P_i 的(条件)分布的差异。式(3.7.17)显示了 MTE 在处理效应模型中的核心地位,MTE 是构建所有政策参数的基石(building block)。

本节要考虑的政策反事实效应与 James J. Heckman 所定义的

PRTE 在概念上保持一致。假设工具 Z 从原来的真实分布 F_Z 改变至政策制定者设置的一个新分布 F_{Z^*}，或者更为直观地，假设个体的 Z 的观测值从 $\{Z_i\}_{i=1,\cdots,n}$ 变成 $\{Z_i^*\}_{i=1,\cdots,n}$。若其他因素不变，D_i 就变成了

$$D_i^* = g(X_i, Z_i^*, V_i). \tag{3.7.18}$$

注意到由式(3.7.18)所定义的"新政策"并没有真实发生。研究者无法观测到 D_i^* 与 $Y_i^* = m(D_i^*, X_i, U_i)$，也不知道 $m(d, x, u)$ 和 $g(x, z, v)$ 的函数形式。但是研究者仍然希望了解 D_i^* 对于"反事实"因变量 Y_i^* 产生的平均净效应：

$$\begin{aligned}
&\theta^*(y_1, y_2) \\
&= E(\partial_{D^*} m(D^*, X, U) \mid y_1 < Y^* < y_2) \\
&= E\left(\lim_{\delta \to 0} \frac{m(D^* + \delta, X, U) - m(D^*, X, U)}{\delta} \bigg| y_1 < Y^* < y_2\right).
\end{aligned}$$

可以看出，$\theta^*(y_1, y_2)$ 与对应于已发生政策 (Y, D, X) 的 OAPE 参数 $\theta(y_1, y_2)$ 在形式上保持一致。

$\theta^*(y_1, y_2)$ 度量了由 Z 的分布改变（从 F_Z 变成 F_Z^*）所引致的"新政策"对"反事实"因变量位于 (y_1, y_2) 范围内个体的平均净效应。$\theta^*(y_1, y_2)$ 的最大特点是：一方面，它反映了新政策带来的某种平均效应，因而便于应用研究者理解；另一方面，它反映了这种政策效应在因变量无条件分布上的异质性，因而兼具平均处理效应和分位数处理效应的优势。下面将证明，在一些较弱的条件下（假设 3.7.2-3.7.4），$\theta^*(y_1, y_2)$ 可识别。

正式地，我们假设 (Y, D, X, Z) 生成过程服从

$$Y = m(D, X, U), \tag{3.7.19}$$

$$D = g(X, Z, V). \tag{3.7.20}$$

反事实变量 (Y^*, D^*) 生成过程服从

$$Y^* = m(D^*, X, U), \tag{3.7.21}$$

$$D^* = g(X, Z^*, V). \tag{3.7.22}$$

可观测变量包括 (Y, D, X, Z, Z^*)。

假设 3.7.2 $(y_1, y_2) \subset S_Y$.

假设 3.7.2 是说只有当 (y_1, y_2) 位于已实现因变量 Y 的支撑集中

时,我们才能识别 $\theta^*(y_1, y_2)$。这一假设说明我们对"新政策"的预测范围受限于已知数据的范畴。这一点正如估计出了 $ATE(x) = E(Y_1 - Y_0 | X = x)$ 之后,想通过

$$ATE^* = \int ATE(x) \mathrm{d}F_{X^*}(x)$$

来预测政策在具有特征 F_{X^*} 的新人群中产生的平均效应时,需要 $S_{X^*} \subset S_X$。

假设 3.7.3 对于任意的 $(y, d, x, v) \in (S_Y \cap S_{Y^*}) \times (S_D \cap S_{D^*}) \times S_X \times S_V$,

$$\theta^*(y, d, x, v) = E\left(\frac{\partial m(D^*, X, U)}{\partial D^*} \bigg| Y^* = y, D^* = d, X = x, V = v\right)$$

总是等于

$$\theta(y, d, x, v) = E\left(\frac{\partial m(D, X, U)}{\partial D} \bigg| Y = y, D = d, X = x, V = v\right).$$

假设 3.7.3 称为"政策不变性"(policy invariance),它要求 Z 分布的变化对 $\theta(y, d, x, v)$ 没有影响。很容易看出,假设 3.7.3 成立的一个充分条件是:

$$U | Y^* = y, D^* = d, V = v \sim^d U | Y = y, D = d, V = v.$$

除此以外,我们再给出假设 3.7.3 成立的三个充分条件:

条件 1:给定 (X, V),(Z^*, Z) 和 U 独立(见假设 3.6.2-(i))。

条件 2:给定 V 和 X 时,(D, D^*) 和 U 互相独立。

条件 3:$m(d, x, u)$ 关于 u 的反函数存在(即关于 u 严格单调)。

本节附录证明了,以上三个条件之一成立,即可保证政策不变性成立。

假设 3.7.4 给定 V 和 X,$D^* = g(Z^*, X, V)$ 和 U 独立。

我们曾在第六节引理 3.6.1 中证明,给定 V 和 X,D 和 U 互相独立。假设 3.7.4 要求这一性质对于反事实政策变量 D^* 也成立。由于给定 X 和 V 时,D^* 完全由 Z^* 的变动导致,因此假设 3.7.4 成立的一个充分条件是,给定 V 和 X,Z^* 和 U 独立。如果 $Z^* = h(Z)$,即改变后的工具是改变前工具的某种确定性函数(例如 $Z_i^* = Z_i + 1$),则假设 3.7.4 必成立。

定理 3.7 数据生成过程服从(3.7.19)-(3.7.22),假设 3.6.1-3.6.2 成立,假设 3.7.2-3.7.4 成立,则

(1)
$$\theta^*(y) = E\left(\frac{\partial m(D^*, X, U)}{\partial D^*} \bigg| Y^* = y\right)$$
$$= E_{D^*XV|Y^*=y}(\theta(y, D^*, X, V)),$$

$$\theta^*(y_1, y_2) = E\left(\frac{\partial m(D^*, X, U)}{\partial D^*} \bigg| Y^* \in (y_1, y_2)\right)$$
$$= E_{D^*XV|Y^* \in (y_1, y_2)}(\theta(y, D^*, X, V)).$$

其中,
$$\theta(y, d, x, v) = \frac{\partial Q_{Y|DXV}(\tau \mid d, x, v)}{\partial d}\bigg|_{\tau = F_{Y|DXV}(y|d, x, v)}.$$

$Q_{Y|DXV}(\tau \mid d, x, v)$ 是 Y 给定 $(D, X, V) = (d, x, v)$ 的第 τ 条件分位数,$F_{Y|DXV}(y \mid d, x, v)$ 是 Y 给定 $(D, X, V) = (d, x, v)$ 的条件分布函数,$V = F_{D|ZX}(D \mid Z, X)$。

(2) (Y^*, D^*, X, V) 的联合分布可识别,它的联合密度函数可以表示成

$$f_{Y^*D^*XV}(y, d, x, v)$$
$$= f_{Y|DXV}(y \mid d, x, v) \times f_{Q_{D|ZX}(V|Z^*, X), XV}(d, x, v).$$

其中,$f_{Y|DXV}(y \mid d, x, v)$ 是 Y 给定 (D, X, V) 的条件密度函数,$f_{Q_{D|ZX}(V|Z^*, X), XV}(d, x, v)$ 是 $(Q_{D|ZX}(V \mid Z^*, X), X, V)$ 的联合密度函数。

定理 3.7-(1)利用政策不变性就可以得到,光有这一结论还不足以说明 $\theta^*(y)$ 可识别,原因在于 (Y^*, D^*, X, V) 中有些分量是不可观测的。因此结论(2)说明了尽管 (Y^*, D^*, X, V) 不可观测,但是它的分布函数却是可以被估计的。在估计方面,由于 $\theta(y, d, x, v)$ 的估计步骤已经讨论过,$\theta^*(y)$ 的计算量主要体现在 $f_{Y|DXV}(y \mid d, x, v)$ 以及 $f_{Q_{D|ZX}(V|Z^*, X), XV}(d, x, v)$ 的估计中。

最后,我们还可以得到有关不可观测的反事实因变量 Y^* 的以下结论:

推论 3.7.1 在定理 3.7 的假设条件下，Y^* 给定 X 时的条件分布 $F_{Y^*|X}(y \mid x)$ 可识别。

从推论 3.7.1 出发，我们进一步可以知道 Y^* 的边际分布亦可被识别和估计。

本节附录

（一）定理 3.6 的证明

定理 3.6 的证明需要引理 3.7.1-3.7.2。我们先介绍这些引理。

引理 3.7.1 设 $H_t = F_0 + t(G_0 - F_0)$，F_0 和 G_0 分别是两个连续型随机变量的分布函数。对于任意的 $r \in (0, 1)$，

$$\frac{\partial H_t^{-1}(r)}{\partial t}\bigg|_{t=0} = -\frac{G_0(F_0^{-1}(r)) - r}{f_0(F_0^{-1}(r))}.$$

其中，H_t^{-1} 表示 H_t 的反函数（分位数函数），f_0 是 F_0 的密度函数。

引理 3.7.1 的证明：设 H_t、F_0 和 G_0 各自对应的密度函数分别是 h_t、f_0 和 g_0，则 $h_t = f_0 + t(g_0 - f_0)$。且 $\frac{\partial h_t}{\partial t} = g_0 - f_0$。由 h_t 和 H_t 的定义可得，对于任意的 $r \in (0, 1)$，

$$\int_{-\infty}^{H_t^{-1}(r)} h_t(s) \mathrm{d}s = r.$$

对上式两边关于 t 求导数，利用复合函数求导法则，

$$\frac{\partial H_t^{-1}(r)}{\partial t} h_t(H_t^{-1}(r)) + \int_{-\infty}^{H_t^{-1}(r)} (g_0(s) - f_0(s)) \mathrm{d}s = 0.$$

移项后在 $t = 0$ 处取值，并注意到 $H_0 = F_0$，

$$\begin{aligned}\frac{\partial H_t^{-1}(r)}{\partial t}\bigg|_{t=0} &= -\frac{\int_{-\infty}^{H_t^{-1}(r)} (g_0(s) - f_0(s)) \mathrm{d}s}{h_t(H_t^{-1}(r))}\bigg|_{t=0} \\ &= \frac{F_0(H_0^{-1}(r)) - G_0(H_0^{-1}(r))}{f_0(H_0^{-1}(r))} \\ &= \frac{r - G_0(F_0^{-1}(r))}{f_0(F_0^{-1}(r))}.\end{aligned}$$

引理 3.7.2 数据生成过程服从式(3.7.1)和式(3.7.9)，假设 3.7.1 成立，则

$$E\left(\frac{\partial m(D, X, U)}{\partial D} \mid Y=y, D=d, X=x, V=v\right)$$
$$=\frac{\partial Q_{Y|DXV}(\tau \mid d, x, v)}{\partial d}\bigg|_{\tau=F_{Y|DXV}(y|d,x,v)}.$$

引理 3.7.2 的证明：见定理 3.3 的证明过程。

定理 3.6 的证明：利用引理 3.7.1 的结果，令 $r=R$，并注意到 $D=F_0^{-1}(R)$，

$$\frac{\partial H_t^{-1}(R)}{\partial t}\bigg|_{t=0}=\frac{R-G_0(F_0^{-1}(R))}{f_0(F_0^{-1}(R))}=\frac{F_0(D)-G_0(D)}{f_0(D)}.$$

然后，

$$\zeta(y, G_0)=E\left(\frac{\partial m(H_t^{-1}(R), X, U)}{\partial t}\bigg|_{t=0} \mid Y=y\right)$$
$$=E\left(\frac{\partial m(D, X, U)}{\partial D}\frac{\partial H_t^{-1}(R)}{\partial t}\bigg|_{t=0} \mid Y=y\right)$$
$$=E\left(\frac{\partial m(D, X, U)}{\partial D}\frac{F_0(D)-G_0(D)}{f_0(D)}\bigg| Y=y\right)$$
$$=E_{DXV|Y=y}\left(E\left(\frac{\partial m(D, X, U)}{\partial D}\frac{F_0(D)-G_0(D)}{f_0(D)}\bigg|\right.\right.$$
$$\left.\left. Y=y, D=d, X=x, V=v\right)\right)$$
$$=E_{DXV|Y=y}\left(E\left(\frac{\partial m(D, X, U)}{\partial D}\bigg| Y=y, D=d, X=x, V=v\right)\right.$$
$$\left. \cdot \frac{F_0(d)-G_0(d)}{f_0(d)}\right)$$
$$=E_{DXV|Y=y}\left(\frac{\partial Q_{Y|DXV}(\tau \mid d, x, v)}{\partial d}\bigg|_{\tau=F_{Y|DXV}(y|d,x,v)}\frac{F_0(d)-G_0(d)}{f_0(d)}\right).$$

其中，第一个等号来源于参数定义，第二个等号来源于复合函数求导法则，第三个等号来源于 $\dfrac{\partial H_t^{-1}(R)}{\partial t}\bigg|_{t=0}=\dfrac{F_0(D)-G_0(D)}{f_0(D)}$，第四、五个等号来源于条件期望性质，第六个等号来源于引理 3.7.2。同时，上面的推导已经证明了式(3.7.13)。

为了化简 $\left.\dfrac{\partial Q_{Y|DXV}(\tau \mid d, x, v)}{\partial d}\right|_{\tau=F_{Y|DXV}(y|d, x, v)}$，注意到根据条件分布函数与条件分位函数互为反函数的事实，对于任意的 (d, x, v, y) 成立

$$Q_{Y|DXV}(F_{Y|DXV}(y \mid d, x, v) \mid d, x, v) = y.$$

对上式两边关于 y 求导，利用复合函数求导法则可得：

$$\left.\frac{\partial Q_{Y|DXV}(\tau \mid d, x, v)}{\partial \tau}\right|_{\tau=F_{Y|DXV}(y|d, x, v)} f_{Y|DXV}(y \mid d, x, v) = 1.$$

对 $Q_{Y|DXV}(F_{Y|DXV}(y \mid d, x, v) \mid d, x, v) = y$ 等号两边关于 d 求导可得：

$$\left.\frac{\partial Q_{Y|DXV}(\tau \mid d, x, v)}{\partial d}\right|_{\tau=F_{Y|DXV}(y|d, x, v)} +$$

$$\left.\frac{\partial Q_{Y|DXV}(\tau \mid d, x, v)}{\partial \tau}\right|_{\tau=F_{Y|DXV}(y|d, x, v)} \frac{\partial F_{Y|DXV}(y \mid d, x, v)}{\partial d} = 0.$$

把上面两个求导结果结合起来可得：

$$\left.\frac{\partial Q_{Y|DXV}(\tau \mid d, x, v)}{\partial d}\right|_{\tau=F_{Y|DXV}(y|d, x, v)}$$

$$= -\frac{1}{f_{Y|DXV}(y \mid d, x, v)} \frac{\partial F_{Y|DXV}(y \mid d, x, v)}{\partial d}.$$

把上面的结果代入 $\zeta(y, G_0)$ 的推导过程，得到：

$$\zeta(y, G_0)$$

$$= E_{DXV|Y=y}\left(\left.\frac{\partial Q_{Y|DXV}(\tau \mid d, x, v)}{\partial d}\right|_{\tau=F_{Y|DXV}(y|d, x, v)} \frac{F_0(d) - G_0(d)}{f_0(d)}\right)$$

$$= -E_{DXV|Y=y}\left(\frac{1}{f_{Y|DXV}(y \mid d, x, v)} \frac{\partial F_{Y|DXV}(y \mid d, x, v)}{\partial d} \frac{F_0(d) - G_0(d)}{f_0(d)}\right)$$

$$= -\int \frac{1}{f_{Y|DXV}(y \mid d, x, v)} \frac{\partial F_{Y|DXV}(y \mid d, x, v)}{\partial d} \frac{F_0(d) - G_0(d)}{f_0(d)}$$

$$\times \frac{f(y, d, x, v)}{f(y)} dd\,dx\,dv$$

$$= -\int \frac{f(d, x, v)}{f(y, d, x, v)} \frac{\partial F_{Y|DXV}(y \mid d, x, v)}{\partial d} \frac{F_0(d) - G_0(d)}{f_0(d)}$$

$$\times \frac{f(y, d, x, v)}{f(y)} dd\,dx\,dv$$

$$= -\frac{1}{f_Y(y)} \int \frac{\partial F_{Y|DXV}(y \mid d, x, v)}{\partial d} \frac{F_0(d) - G_0(d)}{f_0(d)} f(d, x, v) \mathrm{d}d\,\mathrm{d}x\,\mathrm{d}v$$

$$= \frac{1}{f_Y(y)} E\left(\frac{\partial F_{Y|DXV}(y \mid d, x, v)}{\partial d} \frac{G_0(d) - F_0(d)}{f_0(d)}\right).$$

最后，

$$\zeta(y_1, y_2, G_0)$$
$$= \frac{1}{P(y_1 < Y < y_2)} E\left(\int_{y_1}^{y_2} \zeta(y, G_0) f_Y(y) \mathrm{d}y\right)$$
$$= \frac{1}{P(y_1 < Y < y_2)} E\left(\int_{y_1}^{y_2} \frac{\partial F_{Y|DXV}(y \mid D, X, V)}{\partial D} \frac{G_0(D) - F_0(D)}{f_0(D)} \mathrm{d}y\right).$$

（二）政策不变性成立的充分条件

充分条件 1 的证明：为简单起见，不妨假设 X 不存在，以下一切陈述均在控制了 X 之后成立。假设 3.7.3 等价于以下陈述：

$$E\left(\frac{\partial m(d, U)}{\partial d} \middle| Y^* = y, D^* = d, V = v\right)$$
$$\equiv E\left(\frac{\partial m(d, U)}{\partial d} \middle| Y = y, D = d, V = v\right). \quad (3.7.\mathrm{a})$$

首先注意到，等号两边条件期望的被积函数 $\frac{\partial m(D^*, U)}{\partial D^*}$ 与 $\frac{\partial m(D, U)}{\partial D}$ 的函数形式是完全相同的，因此式(3.7.a)成立的一个充分条件是：

$$U \mid Y^* = y, D^* = d, V = v \sim^d U \mid Y = y, D = d, V = v.$$
$$(3.7.\mathrm{b})$$

$\sim^d$ 表示分布相同。上式 $\sim^d$ 左边等于

$$U \mid Y^* = y, D^* = d, V = v \sim^d U \mid m(d, U) = y, g(Z^*, v) = d, V = v$$
$$\sim^d U \mid m(d, U) = y, V = v.$$

上式第二个 $\sim^d$ 利用了给定 V，Z^* 和 U 独立。同理可以证明在 $Z \perp U \mid V$ 条件下，下式成立：

$$U \mid Y = y, D = d, V = v \sim^d U \mid m(d, U) = y, V = v.$$

因此式(3.7.b)成立。

充分条件 2 的证明：注意到

$$U \mid Y^* = y, D^* = d, V = v \sim^d U \mid m(d, U) = y, D^* = d,$$
$$V = v \sim^d U \mid m(d, U) = y, V = v.$$

以上第一个分布等价来源于数据生成过程，第二个来源于充分条件 2。同理，

$$U \mid Y = y, D = d, V = v \sim^d U \mid m(d, U) = y, D = d,$$
$$V = v \sim^d U \mid m(d, U) = y, V = v.$$

因此式(3.7.b)成立。

充分条件 3 的证明：记 $\dfrac{\partial m(d, u)}{\partial d} = m'(d, u)$.

$$E\left(\frac{\partial m(d, U)}{\partial d} \bigg| Y^* = y, D^* = d, V = v\right)$$
$$= E(m'(d, u) \mid m(d, U) = y, D^* = d, V = v)$$
$$= E(m'(d, U) \mid U = m^{-1}(d, y), D^* = d, V = v)$$
$$= E(m'(d, m^{-1}(d, y)) \mid U = m^{-1}(d, y), D^* = d, V = v)$$
$$= m'(d, m^{-1}(d, y)).$$

同样地，$E\left(\dfrac{\partial m(d, U)}{\partial d} \bigg| Y = y, D = d, V = v\right) = m'(d, m^{-1}(d, y))$.

（三）定理 3.7 的证明

不失一般性地，只证明有关 $\theta^*(y)$ 的结论。按定义，

$$\theta^*(y, d, x, v)$$
$$= E\left(\frac{\partial m(D^*, X, U)}{\partial D^*} \bigg| Y^* = y, D^* = d, X = x, V = v\right).$$

因此由条件期望性质，

$$\theta^*(y) = E\left(\frac{\partial m(D^*, X, U)}{\partial D^*} \bigg| Y^* = y\right)$$
$$= E_{D^* XV \mid Y^* = y}[\theta^*(y, D^*, X, V)].$$

$E_{D^* XV \mid Y^* = y}$ 表示给定 $Y^* = y$ 时对 (D^*, X, V) 求期望。接下来只需证明两点：第一，$\theta^*(y, d, x, v)$ 可识别；第二，(D^*, X, V, Y^*) 的联合分布可识别。

先证明第一点：$\theta^*(y, d, x, v)$ 可识别。

由假设 3.7.3，$\theta^*(y,d,x,v)=\theta(y,d,x,v)$，且由政策条件外生性时 OAPE 的识别定理可知，$\theta(y,d,x,v)$ 可识别，

$$\theta(y,d,x,v)=\frac{\partial Q_{Y|DX\widetilde{V}}(\tau\mid d,x,v)}{\partial d}\bigg|_{\tau=F_{Y|DX\widetilde{V}}(y|d,x,v)}.$$

其中，$Q_{Y|DX\widetilde{V}}(\tau\mid d,x,v)$ 是 Y 给定 $(D,X,\widetilde{V})=(d,x,v)$ 的第 τ 条件分位数，$F_{Y|DX\widetilde{V}}(y\mid d,x,v)$ 是 Y 给定 $(D,X,\widetilde{V})=(d,x,v)$ 的条件分布函数，$\widetilde{V}=F_{D|ZX}(D\mid Z,X)=V$。

然后证明第二点：(D^*,X,V,Y^*) 的联合分布可识别。证明分两步，首先证明 (D^*,X,V) 的联合（边际）分布可识别，其次证明给定 (D^*,X,V) 时，Y^* 的条件分布可以识别。

由于 X 可直接观测，$V=F_{D|ZX}(D\mid Z,X)$，因此只需说明 $D_i^*=g(Z_i^*,X_i,V_i)$ 可识别。对于任意的 $0<\tau<1$，

$$P(D<g(z,x,\tau)\mid Z=z,X=x)$$
$$=P(g(Z,X,V)<g(z,x,\tau)\mid Z=z,X=x)$$
$$=P(g(z,x,V)<g(z,x,\tau)\mid Z=z,X=x)$$
$$=P(V<\tau\mid Z=z,X=x)$$
$$=P(V<\tau\mid X=x)=\tau.$$

其中，第一个等号源自 D 的生成过程，第二个等号源自条件概率性质，第三个源自假设 3.6.1，第四个源自假设 3.6.2，第五个源自引理 3.6.1 证明过程中的 (3.6.c)。上述推理说明 $g(z,x,\tau)$ 是 D 给定 (Z,X) 的第 τ 条件分位数。因此

$$D_i^*=Q_{D|ZX}(V_i\mid Z_i^*,X_i).$$

上面推理已经证明 (D^*,X,V) 每个分量均可估计，记 (D^*,X,V) 的边际密度函数是 $f_{D^*XV}(d,x,v)$。

下证 Y^* 的条件分布可以识别。注意到

$$P(Y^*<y\mid D^*=d,X=x,V=v)$$
$$=P(m(D^*,X,U)<y\mid D^*=d,X=x,V=v)$$
$$=P(m(d,x,U)<y\mid D^*=d,X=x,V=v)$$
$$=P(m(d,x,U)<y\mid X=x,V=v)$$
$$=P(m(d,x,U)<y\mid D=d,X=x,V=v)$$
$$=P(m(D,X,U)<y\mid D=d,X=x,V=v)$$
$$=P(Y<y\mid D=d,X=x,V=v)=F_{Y|DXV}(y\mid d,x,v).$$

以上第一个等号源自 Y^* 的生成过程,第二个源自条件概率定义,第三个源自假设 3.7.4,第四个源自引理 3.6.1,第五个源自条件概率定义,第六个源自 Y 的生成过程。以上推理说明,在所施加假定下,给定 (D^*, X, V),Y^* 的条件分布恰巧等于给定 (D, X, V),Y 的条件分布函数,即

$$F_{Y|DXV}(y \mid d, x, v) = F_{Y^*|D^*XV}(y \mid d, x, v).$$

这意味着

$$f_{Y|DXV}(y \mid d, x, v) = f_{Y^*|D^*XV}(y \mid d, x, v).$$

所以

$$f_{Y^*D^*XV}(y, d, x, v) = f_{Y^*|D^*XV}(y \mid d, x, v) \times f_{D^*XV}(d, x, v)$$
$$= f_{Y|DXV}(y \mid d, x, v) \times f_{D^*XV}(d, x, v).$$

其中,$D_i^* = Q_{D|ZX}(V_i \mid Z_i^*, X_i)$。

(四) 推论 3.7.1 的证明

证明:为简单起见,假设 X 不存在,下述推理均可认为是在控制了 X 之后继续得以成立。此时模型变成 $Y^* = m(D^*, U)$,$D^* = g(Z^*, V)$。根据之前的证明,V 可识别,实际上,

$$V = F_{D|ZX}(D \mid Z, X).$$

因此以下证明中不妨认为 V 可观测。由于

$$P(D < d \mid Z = z) = P(g(z, V) < d \mid Z = z)$$
$$= P(V < g^{-1}(z, d) \mid Z = z)$$
$$= P(V < g^{-1}(z, d)) = g^{-1}(z, d).$$

说明 $g^{-1}(z, d)$ 函数形式可识别,因此其反函数 $g(z, v)$ 亦可识别。由于

$$D_i^* = g(Z_i^*, V_i).$$

既然 Z_i^* 可观测,V_i 可识别,$g(z, v)$ 亦可识别,因此 D_i^* 可识别,即可认为 D_i^* 是可观测的。由于 V 是控制函数,因此给定 V,D^* 和 U 互相独立。

$$P(Y^* < y \mid V=v, D^*=d)$$
$$=P(m(d, U) < y \mid V=v, D^*=d)$$
$$=P(m(d, U) < y \mid V=v)$$
$$=P(m(d, U) < y \mid V=v, D=d)$$
$$=P(m(D, U) < y \mid V=v, D=d)$$
$$=P(Y < y \mid V=v, D=d)=F_{Y|DV}(y \mid d, v).$$

上述最后一个等号右侧是可观测变量 (Y, D, V) 的条件分布函数,因 $P(Y^* < y \mid V=v, D^*=d)$ 可识别。对 $P(Y^* < y \mid V=v, D^*=d)$ 在 (V, D^*) 联合分布上积分,即得 Y^* 的边际分布。证毕。

第八节 OAPE 与其他异质性政策参数之间的关系

本章第四节已讨论过条件因变量分位数回归(OCQR)与线性均值回归(OLS)以及条件分位数回归(QR)之间的区别和联系。在此基础上,本章引入了一类反映政策效应异质性的新参数,称为因变量条件平均偏效应(OAPE)。

$$\theta(y_1, y_2)=E(\partial_D m(D, X, U) \mid y_1 < Y < y_2)$$

与

$$\theta(y)=E(\partial_D m(D, X, U) \mid Y=y).$$

反映了政策对位于因变量无条件分布不同位置子人群的异质性效果。政策对"所有人"产生的平均偏效应是:

$$APE=E\left(\frac{\partial m(D, X, U)}{\partial D}\right).$$

OAPE 与 APE 之间的关系十分显然:

$$APE=\int_{S_Y} \theta(y) f_Y(y) \mathrm{d}y.$$

一个重要的问题是:OAPE 和文献中已经出现的异质性政策参数之间有何关联?本节深入讨论 OAPE 和其他两类异质性政策参数,即条件分位函数的平均导数(Average Quantile Derivatives,AQD)与 Firpo et al.(2009)提出的无条件分位数偏效应(UQPE)之间的关系。

8.1 条件分位函数的平均导数

记 $Q_Y(\tau \mid d, x)$ 是 Y 给定 $D=d$,$X=x$ 时的第 τ 分位数,即对于任

意的 $\tau \in (0, 1)$，成立

$$P(Y < Q_Y(\tau \mid d, x) \mid D = d, X = x) = \tau.$$

AQD 的定义为：

$$AQD(\tau) = E\left(\frac{\partial Q_Y(\tau \mid D, X)}{\partial D}\right).$$

它反映了 D 对 Y 的第 τ 条件分位数的边际影响（在整个人群上）的平均值。AQD 可以看成是线性分位数回归模型中系数的非参数推广。假设 Y 对应的分位数回归模型是：

$$Y = \beta_0(\tau) + \beta_1(\tau)D + \beta_2(\tau)X + U,$$

扰动项 U 满足条件分位数约束，即 U 的第 τ 条件分位数等于零。此时

$$Q_Y(\tau \mid d, x) = \beta_0(\tau) + \beta_1(\tau)d + \beta_2(\tau)x.$$

因此

$$E\left(\frac{\partial Q_Y(\tau \mid D, X)}{\partial D}\right) = \beta_1(\tau).$$

比 AQD 更为一般的是"加权条件分位数平均导数"（Weighted Average Quantile Derivatives，WAQD）：

$$E\left(\frac{\partial Q_Y(\tau \mid D, X)}{\partial D} w(D, X)\right).$$

从表面上看，很难发现 AQD 与 OAPE 之间的关系。AQD 和 OAPE 之间的最大区别在于：前者从 Y 的条件分布（或条件分位函数）的不同位置定义"子人群"，而 OAPE 从 Y 的无条件分布的不同位置定义"异质性"。后面我们将说明：WAQD 与 OAPE 之间存在着某种联系。

8.2 无条件分位数偏效应

从参数定义上看，与 OAPE 最接近的是 Firpo *et al.* (2009) 提出的无条件分位数偏效应（Unconditional Quantile Partial Effect，UQPE）。UQPE 度量了当其他因素不变，核心解释变量（政策变量）分布的边际变化对因变量无条件分位数产生的影响。设 Y 的生成过程是 $Y = m(D, X, U)$。在保持 X 固定、D 的分布发生微小改变时，Y 的反事实分布是：

$$F_{Y^\epsilon}(y) = \int F(y \mid D = d + \epsilon, X = x) dF(d, x).$$

其中，$F(d, x)$ 表示 (D, X) 的联合分布函数。用 $Q_{Y^\epsilon}(\cdot)$ 表示 $F_{Y^\epsilon}(\cdot)$ 的逆函数，即 Y^ϵ 的分位函数。D 的第 τ 无条件分位数偏效应是：

$$UQPE(\tau) = \frac{\partial Q_{Y^\epsilon}(\tau)}{\partial \epsilon}\bigg|_{\epsilon=0}. \tag{3.8.1}$$

在给定 X 后，D 和 U 条件独立的假设下，Fipro et al.（2009，定理 1，959 页）说明了 UQPE 可以解释为 D 分布的微小改变对 Y 的无条件分位数产生的因果效应。下面我们建立 OAPE 和 UQPE 之间的关系。用 $Q_Y(\tau)$ 表示 Y 的第 τ 分位数。用 CQPE 表示 $Q_Y(\tau \mid d, x)$ 关于 d 的导数，即

$$CQPE_\tau(d, x) = \frac{\partial Q_Y(\tau \mid d, x)}{\partial d}.$$

定义 $\xi_\tau(d, x) = F_Y(Q_Y(\tau) \mid d, x)$。在 Fipro et al.（2009）中，$\xi_\tau(d, x)$ 称为匹配函数（matching function），它反映了 Y 的无条件分位数落在给定 $(D, X) = (d, x)$ 时 Y 的条件分布的位置。

定理 3.8 在和定理 3.3 相同的条件下，我们有

(ⅰ) $\theta(Q_Y(\tau)) = UQPE(\tau).$

(ⅱ) $\theta(Q_Y(\tau_1), Q_Y(\tau_2)) = \dfrac{1}{\tau_2 - \tau_1} \displaystyle\int_{\tau_1}^{\tau_2} UQPE(\tau) d\tau.$

(ⅲ) $UQPE(\tau) = E\left(CQPE_{\xi_\tau(D, X)} \dfrac{f(Q_Y(\tau) \mid D, X)}{f(Q_Y(\tau))}\right).$

定理 3.8(ⅰ)-(ⅱ)深刻揭示了 OAPE 和 UQPE 两类看似毫无关联的政策参数之间的紧密关系，其中 OAPE 属于"给定因变量取值的平均处理效应"，或称为"因变量条件型政策参数"；UQPE 属于"反事实政策效应参数"。从定理 3.8 可以得到以下结论：(1) UQPE 除了可以解释成"无条件分位数效应"，也可以解释成政策对某一含义明确的子人群产生的"平均效应"。这里的子人群是指因变量 Y 取值等于 $Q_Y(\tau)$ 的子人群。(2)鉴于 OAPE 与 UQPE 之间的等价关系，OAPE 具有的良好性质（例如下一节推得的 OAPE 的半参数效率界）都可以推广至 UQPE 中。除此以外，OAPE 的估计量经过适当调整，也可适用于 UQPE 的估计，反之亦

然。(3)考虑到 OAPE 和 UQPE 之间的紧密关联,定理 3.8-(ⅲ)给出了 OAPE 与 CQPE 之间的关系,即 OAPE 可以表示成(经匹配函数 $\zeta_\tau(d, x)$ 旋转后的)CQPE 的某种加权平均,权重正比于 $\dfrac{f(Q_Y(\tau) \mid D, X)}{f(Q_Y(\tau))}$。

将定理 3.8 的结论推而广之,我们可以建立"因变量条件型政策参数"与一类"反事实政策效应参数"之间的关系。为了说明这一观点,除了定理 3.8 已揭示的 OAPE 与 UQPE 之间的等价关系,我们还可以建立本章第七节提到的"因变量条件反事实政策平均效应"(OACPE)与文献中已经提出的"边际政策偏效应"(Rothe,2012)之间的关系。第七节中提出的 OACPE 可以写成

$$\zeta(y, G_0) = E\left(\left.\frac{\partial m(H_t^{-1}(R), X, U)}{\partial t}\right|_{t=0} \mid Y = y\right),$$

或者

$$\zeta(y_1, y_2, G_0) = E\left(\left.\frac{\partial m(H_t^{-1}(R), X, U)}{\partial t}\right|_{t=0} \mid Y \in (y_1, y_2)\right).$$

$\zeta(y, G_0)$ 度量了当政策 D 朝着给定方向 G_0 改变一小步,对因变量取值等于 y 的子人群带来的净效应的平均值。相应地,$\zeta(y_1, y_2, G_0)$ 度量了当政策 D 朝着给定方向 G_0 改变一小步,对因变量位于区间 (y_1, y_2) 中的子人群带来的净效应的平均值。为了说明 OACPE 与其他参数之间的联系,我们首先对 Rothe(2012)提出的"边际政策偏效应"(Marginal Partial Policy Effect,MPPE)做简要介绍。

Rothe(2012)提出了一类新的反事实政策效应参数,用于度量当其他因素不变时,解释变量向量中某一分量的边际分布朝着某一给定方向发生变化后,对因变量无条件分布的影响。记分布发生改变的解释变量为 D,其余解释变量是 $X = (X_1, \cdots, X_K)$。因变量 Y 的生成过程是 $Y = m(D, X, U_D)$。用 $Q_0(\cdot), Q_1(\cdot), \cdots, Q_K(\cdot)$ 分别表示 $D, X_1, \cdots, X_K$ 的无条件分位数函数。Y 也可以等价地表示成

$$Y = m(Q_0(R_0), Q_1(R_1), \cdots, Q_K(R_K), U_D).$$

其中,$R_k \sim^d U(0, 1), k = 0, \cdots, K$。$R$ 的联合分布,也就是 (D, X) 的 copula 函数,度量了 D 和 X 之间的相关结构。因为 D 是连续分布,R_0 与 D 之间是一一对应关系。保持其他条件不变,当 D 的分布变成某个给定的累积分布函数 $H(\cdot)$ 时,相应的因变量变成

$$Y_H = m(H^{-1}(R_0), Q_1(R_1), \cdots, Q_K(R_K), U_D).$$

对于任意的连续型随机变量 A，用 $Q_A(\cdot)$ 表示它的分位数函数。当 D 的无条件分布从 $F_0(\cdot) = Q_0^{-1}(\cdot)$ 变动到 $H(\cdot)$ 时，因变量第 τ 分位数的变化是：

$$Q_{Y_H}(\tau) - Q_Y(\tau).$$

实际上，在政策评价中，研究者总是考虑政策在现有基础上发生小幅度的收缩、扩张或调整。因此我们考虑如下形式的 H：

$$H_t = F_0 + t(G_0 - F_0).$$

其中，G_0 是研究者事先设定的分布函数（因此与模型中其他随机变量均独立），代表了政策变化方向。则沿着 G_0 方向的第 τ 分位数偏效应（Marginal Quantile Partial Effect，MQPE）是：

$$MQPE(\tau, G_0) = \frac{\partial Q_{Y_{H_t}}(\tau)}{\partial t}\bigg|_{t=0}.$$

下面的定理揭示了 MQPE 与 OACPE 之间的关系：

定理 3.9 在和定理 3.3 相同的条件下，

(ⅰ) $\zeta(Q_Y(\tau), G_0) = MQPE(\tau, G_0).$

(ⅱ) $\zeta(Q_Y(\tau_1), Q_Y(\tau_2), G_0) = \dfrac{1}{\tau_2 - \tau_1} \int_{\tau_1}^{\tau_2} MQPE(\tau, G_0) \mathrm{d}\tau.$

本节附录

（一）定理 3.8 的证明

对(ⅰ)，根据定理 3.3 可以得到

$$\theta(y) = \frac{-E(\partial_D F(y \mid D, X))}{f(y)}.$$

根据 Fipro et al.(2009，推论 1，958 页)，$UQPE(\tau)$ 可以表达为

$$UQPE(\tau) = -\frac{1}{f(Q_Y(\tau))} \iint \frac{\partial F(Q_y(\tau) \mid d, x)}{\partial d} f(d, x) \mathrm{d}d \mathrm{d}x,$$

即为 $\theta(Q_Y(\tau))$。

结论(ⅱ)来自(ⅰ)和

$$\theta(y_1, y_2) = \frac{1}{P(y_1 < Y < y_2)} \int_{y_1}^{y_2} \theta(y) f(y) \mathrm{d}y.$$

对(ⅲ),只要证明

$$\theta(Q_Y(\tau)) = E\left(\frac{\partial Q_Y(u \mid d, x)}{\partial d}\bigg|_{u=F(Q_Y(\tau)|d,x)} \frac{f(Q_Y(\tau) \mid D, X)}{f(Q_Y(\tau))}\right).$$

然后应用(ⅰ)的结果即可。注意定理 3.3 的证明,可以得到

$$\begin{aligned}\theta(y_1) &= \lim_{y_2 \to y_1} \theta(y_1, y_2) \\ &= \lim_{y_2 \to y_1} \frac{1}{P(y_1 < Y < y_2)} \int_{y_1}^{y_2} \iint \frac{\partial Q(u \mid d, x)}{\partial d}\bigg|_{u=F(y|d,x)} \\ &\quad \cdot f(y \mid d, x) f(d, x) \mathrm{d}d\,\mathrm{d}x\,\mathrm{d}y \\ &= \frac{1}{f(y_1)} \iint \frac{\partial Q(u \mid d, x)}{\partial d}\bigg|_{u=F(y_1|d,x)} f(y_1 \mid d, x) f(d, x) \mathrm{d}d\,\mathrm{d}x.\end{aligned}$$

令 $y_1 = Q_Y(\tau)$ 得到

$$\begin{aligned}\theta(Q_Y(\tau)) &= \frac{1}{f(Q_Y(\tau))} \iint \frac{\partial Q(u \mid d, x)}{\partial d}\bigg|_{u=F(Q_Y(\tau)|d,x)} \\ &\quad \cdot f(Q_Y(\tau) \mid d, x) f(d, x) \mathrm{d}d\,\mathrm{d}x \\ &= E\left(\frac{\partial Q(u \mid D, X)}{\partial D}\bigg|_{u=F(Q_Y(\tau)|D,X)} \frac{f(Q_Y(\tau) \mid d, x)}{f(Q_Y(\tau))}\right).\end{aligned}$$

(二) 定理 3.9 的证明

除了和定理 3.3 相同的假设,还需要技术性假设 A.4 来证明定理 3.9。

假设 A.4 H_t 的支撑集是 D 给定 X 支撑集的子集,即对所有 $x \in supp(X)$,有 $supp(H_t) \subset supp(D \mid X = x)$。

证明:在和定理 3.3 相同的假设以及技术性假设 A.4 下,类似于 Rothe(2012,引理 1,2274 页),我们得到

$$\begin{aligned}F_{Y_{H_t}}(y) &= P(Y_{H_t} \leqslant y) = P(m(D_{H_t}, X, U_D) \leqslant y) \\ &= P(m(H_t^{-1}(R_0), X, U_{F_0^{-1}(R_0)}) \leqslant y) \\ &= \iint P(m(H_t^{-1}(r), x, U_{F_0^{-1}(r)}) \leqslant y \mid R_0 = r, X = x) \mathrm{d}F_{R_0 X}(r, x) \\ &= \iint P(m(H_t^{-1}(r), x, U_{F_0^{-1}(r)}) \leqslant y \mid X = x) \mathrm{d}F_{R_0 X}(r, x)\end{aligned}$$

$$=\iint P(m(H_t^{-1}(r),x,U_{H_t^{-1}(r)})\leqslant y\mid X=x)\mathrm{d}F_{R_0X}(r,x)$$

$$=\iint P(m(d,x,U_d)\leqslant y\mid X=x)\mathrm{d}F_{R_0X}(H_t(d),x)$$

$$=\iint P(m(d,x,U_d)\leqslant y\mid D=d,X=x)\mathrm{d}F_{R_0X}(H_t(d),x)$$

$$=\iint P(m(D,X,U_D)\leqslant y\mid D=d,X=x)\mathrm{d}F_{R_0X}(H_t(d),x)$$

$$=\iint P(Y\leqslant y\mid D=d,X=x)\mathrm{d}F_{R_0X}(H_t(d),x)$$

$$=\iint P(Y\leqslant y\mid D=H_t^{-1}(r),X=x)\mathrm{d}F_{R_0X}(r,x)$$

$$=E(F(y\mid H_t^{-1}(R_0),X))=E(F(y\mid H_t^{-1}(F_0(D)),X)).$$

其中,第一个等式根据无条件分布函数的定义;第二个等式根据Y_{H_t}的数据生成过程;第三个等式根据$D_{H_t}=H_t^{-1}(R_0)$,该条件是D的连续性暗含的;第四个等式根据迭代期望法则;第五个等式根据假设3.5.1和$D=F_0^{-1}(R_0)$;第六个等式根据假设3.5.2;第七个等式根据变量代换和假设A.4;第八个等式根据假设3.5.1;第九个等式根据条件概率的性质;第十个等式根据数据生成过程$Y=m(D,X,U_D)$;第十一个等式根据变量代换和假设A.4;第十二个等式根据期望的定义;最后一个等式根据$R_0=F_0(D)$,是D的连续性和$D=Q_0(R_0)$暗含的。

从而Y在分布$F_{Y_{H_t}}(\cdot)$下的概率密度函数$f_{Y_{H_t}}(\cdot)$可以写作

$$f_{Y_{H_t}}(y)=E(f(y\mid H_t^{-1}(F_0(D)),X)).$$

两边对t求导

$$\frac{\partial f_{Y_{H_t}}(y)}{\partial t}=E\left(\frac{\partial f(y\mid H_t^{-1}(F_0(D)),X)}{\partial H_t^{-1}(F_0(D))}\frac{\partial H_t^{-1}(F_0(D))}{\partial t}\right).$$

在$t=0$处估值

$$\frac{\partial f_{Y_{H_t}}(y)}{\partial t}\bigg|_{t=0}=E\left(\partial_D f(y\mid D,X)\frac{\partial H_t^{-1}(F_0(D))}{\partial t}\bigg|_{t=0}\right)$$

$$=E\left(\partial_D f(y\mid D,X)\frac{\partial H_t^{-1}(R_0)}{\partial t}\bigg|_{t=0}\right), \quad (\text{B.1})$$

其中,最后一个等式根据$R_0=F_0(D)$。

我们把连续分布的随机变量 D 在分布 F_0，G_0 和 H_t 下的概率密度函数分别记作对应的小写记号 f_0，g_0 和 h_t。根据 $H_t(d)=F_0(d)+t(G_0(d)-F_0(d))$，我们得到 $h_t(d)=f_0(d)+t(g_0(d)-f_0(d))$。根据定义,有

$$\int_{-\infty}^{H_t^{-1}(r)} h_t(d)\mathrm{d}d = r.$$

两边对 t 求导

$$\frac{\partial H_t^{-1}(r)}{\partial t} h_t(H_t^{-1}(r)) + \int_{-\infty}^{H_t^{-1}(r)} (g_0(d)-f_0(d))\mathrm{d}d = 0.$$

在 $t=0$ 处估值

$$\left.\frac{\partial H_t^{-1}(r)}{\partial t}\right|_{t=0} f_0(F_0^{-1}(r)) + \int_{-\infty}^{F_0^{-1}(r)} (g_0(d)-f_0(d))\mathrm{d}d = 0.$$

根据简单的代数运算和分布函数的性质

$$\left.\frac{\partial H_t^{-1}(r)}{\partial t}\right|_{t=0} = -\frac{\int_{-\infty}^{F_0^{-1}(r)} (g_0(d)-f_0(d))\mathrm{d}d}{f_0(F_0^{-1}(r))}$$

$$= -\frac{G_0(F_0^{-1}(r)) - F_0(F_0^{-1}(r))}{f_0(F_0^{-1}(r))}$$

$$= -\frac{G_0(F_0^{-1}(r)) - r}{f_0(F_0^{-1}(r))}.$$

那么

$$\left.\frac{\partial H_t^{-1}(R_0)}{\partial t}\right|_{t=0} = -\frac{G_0(F_0^{-1}(R_0)) - R_0}{f_0(F_0^{-1}(R_0))} = -\frac{G_0(F_0^{-1}(F_0(D))) - F_0(D)}{f_0(F_0^{-1}(F_0(D)))}$$

$$= -\frac{G_0(D) - F_0(D)}{f_0(D)}.$$

其中,第二个等式根据 $R_0 = F_0(D)$。根据定义

$$\int_{-\infty}^{Q_{Y_{H_t}}(\tau)} f_{Y_{H_t}}(y)\mathrm{d}y = \tau.$$

两边对 t 求导

$$\frac{\partial Q_{Y_{H_t}}(\tau)}{\partial t} f_{Y_{H_t}}(Q_{Y_{H_t}}(\tau)) + \int_{-\infty}^{Q_{Y_{H_t}}(\tau)} \frac{\partial f_{Y_{H_t}}(y)}{\partial t}\mathrm{d}y = 0.$$

在 $t=0$ 处估值

$$\frac{\partial Q_{Y_{H_t}}(\tau)}{\partial t}\bigg|_{t=0} f_Y(Q_Y(\tau)) + \int_{-\infty}^{Q_Y(\tau)} \frac{\partial f_{Y_{H_t}}(y)}{\partial t}\bigg|_{t=0} \mathrm{d}y = 0.$$

那么

$$\begin{aligned}
MQPE(\tau, G_0) &= \frac{\partial Q_{Y_{H_t}}(\tau)}{\partial t}\bigg|_{t=0} = -\frac{1}{f_Y(Q_Y(\tau))}\int_{-\infty}^{Q_Y(\tau)} \frac{\partial f_{Y_{H_t}}(y)}{\partial t}\bigg|_{t=0} \mathrm{d}y \\
&= -\frac{1}{f_Y(Q_Y(\tau))}\int_{-\infty}^{Q_Y(\tau)} E\Big(\partial_D f(y\mid D, X) \frac{\partial H_t^{-1}(R_0)}{\partial t}\bigg|_{t=0}\Big) \mathrm{d}y \\
&= \frac{1}{f_Y(Q_Y(\tau))}\int_{-\infty}^{Q_Y(\tau)} E\Big(\partial_D f(y\mid D, X) \frac{G_0(D)-F_0(D)}{f_0(D)}\Big) \mathrm{d}y \\
&= \frac{1}{f_Y(Q_Y(\tau))} E\Big(\partial_D F(Q_Y(\tau)\mid D, X) \frac{G_0(D)-F_0(D)}{f_0(D)}\Big).
\end{aligned}$$

证毕。

第九节 OAPE 的双稳健估计以及半参数效率界

本章第五节定理 3.1 建立了 OAPE 的如下识别结果：

$$\theta(y_1, y_2) = \frac{-1}{P(y_1 < Y < y_2)} E\Big(\partial_D \int_{y_1}^{y_2} F(y\mid D, X)\mathrm{d}y\Big).$$

(3.9.1)

基于式(3.9.1)，第五节给出了 $\theta(y_1, y_2)$ 的估计步骤，其思路十分简单：将式(3.9.1)中的 $F(y\mid D, X)$、$P(y_1 < Y < y_2)$ 以及期望算子 $E(\cdot)$ 用它们的估计值或样本均值代替，即

$$\hat{\theta}(y_1, y_2) = \frac{-1}{\hat{P}(y_1 < Y < y_2)}\Big(\frac{1}{n}\sum_{i=1}^{n}\partial_D \int_{y_1}^{y_2} \hat{F}(y\mid D_i, X_i)\mathrm{d}y\Big).$$

(3.9.2)

虽然这样得到的估计量十分简单直观，然而存在两个问题：第一，如何才能较为快速地写出 $\hat{\theta}(y_1, y_2)$ 渐近方差表达式？一般来说，式(3.9.2)的渐近方差依赖于无限维冗余参数 $F(y\mid D, X)$ 的估计方式。采用"条件分布回归""核估计"，甚至更为高级的"筛估计"来估计 $F(y\mid D, X)$，最终得到的 $\hat{\theta}(y_1, y_2)$ 将具有不同的极限分布。本节首先推导 $\theta(y_1,$

y_2)的双稳健矩条件(double robust moment condition)。从双稳健矩条件出发，我们不仅可以方便地写出 $\theta(y_1, y_2)$ 估计量的渐近方差；而且可以说明，由此得到的估计量的极限分布与 $F(y \mid D, X)$ 的估计形式无关。第二，对于一个新的模型以及估计量，理论计量经济学者十分关心它的效率界(efficiency bound)。在经典的多元线性回归模型中，高斯－马尔可夫定理给出了 OLS 的效率界。对于 OAPE 这种新的政策参数，在它的各种一致估计量之中，是否存在一个方差最小的估计量？这样的估计量具有何种形式，以及最小的方差是多少？本节第二个定理推导了 OAPE 的效率界，并且构造了 OAPE 的有效估计量。

9.1 OAPE 的双稳健矩条件

我们先给出 OAPE 的双稳健矩条件的形式，然后再讨论这一矩条件具有的优良性质。OAPE 的双稳健矩条件是：

$$\theta^{dr}(y_1, y_2) = \frac{-1}{P(y_1 < Y < y_2)} E\left(\partial_D \int_{y_1}^{y_2} F(y \mid D, X) dy\right) - \frac{1}{P(y_1 < Y < y_2)}$$
$$\cdot E\left(\frac{\partial_D f(D, X)}{f(D, X)} \left(\int_{y_1}^{y_2} F(y \mid D, X) dy - \int_{y_1}^{y_2} 1\{Y < y\} dy\right)\right).$$

上述双稳健矩条件涉及两个未知函数：$\eta_1(d, x) = \int_{y_1}^{y_2} F(y \mid d, x) dy$ 以及 $\eta_2(d, x) = \frac{\partial_D f(D, X)}{f(D, X)}$。在此记号下，$\theta^{dr}(y_1, y_2)$ 可以写成

$$\theta^{dr}(y_1, y_2) = \frac{-1}{P(y_1 < Y < y_2)} E(\partial_D \eta_1(D, X; y_1, y_2))$$
$$- \frac{1}{P(y_1 < Y < y_2)}$$
$$\cdot E\left(\eta_2(D, X) \left(\eta_1(D, X; y_1, y_2) - \int_{y_1}^{y_2} 1\{Y < y\} dy\right)\right).$$

所谓双稳健矩条件，是指矩条件中的无限维冗余参数(这里的 $\eta_1(d, x)$ 与 $\eta_2(d, x)$)中有一个被错误设定时，矩条件仍然能够识别出 $\theta(y_1, y_2)$。有关双稳健矩条件的定义以及相关性质可以参考 Sant'Anna et al.(2020)。与(3.9.1)相比，$\theta^{dr}(y_1, y_2)$ 之所以具备更为"稳健"的特性，是多出了以下项：

$$\frac{1}{P(y_1 < Y < y_2)}$$

$$\cdot E\left(\frac{\partial_D f(D, X)}{f(D, X)}\left(\int_{y_1}^{y_2} F(y \mid D, X)\mathrm{d}y - \int_{y_1}^{y_2} 1\{Y < y\}\mathrm{d}y\right)\right).$$

我们把有关 OAPE 双稳健矩条件的性质总结在以下定理中。

定理 3.10 在和定理 3.3 相同的条件下，只要 $\eta_1(D, X; y_1, y_2) = \int_{y_1}^{y_2} F(y \mid D, X)\mathrm{d}y$ 或者 $\eta_2(D, X) = \frac{\partial_D f(D, X)}{f(D, X)}$ 其中之一（几乎处处）成立，那么 $\theta^{dr}(y_1, y_2) = \theta(y_1, y_2)$。

9.2 OAPE 的半参数效率界

通常来说，任何一个模型中参数的估计方法不止一种。例如，多元线性回归模型中的系数既可以通过普通最小二乘法（OLS）加以估计，也可以通过加权（广义）最小二乘法（generalized OLS）估计。在待估参数的所有渐近无偏（一致）估计量中，可能存在一个方差最小的估计量。这样的估计量称为该参数的有效估计量。在多元线性回归中，当误差项满足同方差假设时，高斯－马尔可夫定理指出 OLS 估计量具有有效性，即 OLS 估计量在所有线性无偏估计量中具有最小的方差。当误差项是异方差时，采用最优权重的广义最小二乘法是有效的。

对于本章研究的"因变量条件平均偏效应"这一新的政策参数而言，一个重要的问题是：在条件独立性假设下，OAPE 是否存在有效估计量？我们首先说明如何定义 OAPE 估计量的效率界。

式(3.9.1)说明 OAPE 估计量是一类"半参数"估计量，即研究者最终感兴趣的 $\theta(y_1, y_2)$ 是有限维的，但估计过程涉及若干个未知的无限维参数（$F(y \mid d, x)$）。为了理解"半参数模型"的效率界，首先假设未知函数具有某种参数化的设定，例如

$$F(y \mid d, x) = \Lambda(\beta_0(y) + d\beta_1(y) + x\beta_2(y)).$$

对于每一个这样的"参数化子模型"（这样的参数化子模型通常是无限个），我们可以按照传统的方法计算参数的 Cramer-Rao 下界（即参数无偏估计量的最小方差）。那么该半参数模型估计量的方差界就是所有参数子模型的 Cramer-Rao 界的上确界。下面定理给出了 OAPE 的半参数效率界。

定理 3.11 在和定理 3.3 相同的条件下，$\theta(y_1, y_2)$ 的半参数方差界为 $E(\psi^2(D, X, \theta; y_1, y_2))$，其中

$$\psi(D, X, \theta; y_1, y_2) = \frac{-1}{P(y_1 < Y < y_2)} \partial_D \int_{y_1}^{y_2} F(y \mid D, X) dy - \theta$$

$$- \frac{1}{P(y_1 < Y < y_2)} E\left(\frac{\partial_D f(D, X)}{f(D, X)}\right.$$

$$\left. \cdot \left(\int_{y_1}^{y_2} F(y \mid D, X) dy - \int_{y_1}^{y_2} 1\{Y < y\} dy\right)\right)$$

$$+ \frac{E\left(\partial_D \int_{y_1}^{y_2} F(y \mid D, X) dy\right)}{P^2(y_1 < Y < y_2)}$$

$$\cdot (1\{y_1 < Y < y_2\} - P(y_1 < Y < y_2)).$$

可以证明 $\psi(D, X, \theta; y_1, y_2)$ 仍然是 OAPE 的一个"双稳健矩条件"。基于定理 3.11，$\theta(y_1, y_2)$ 的有效估计量可以这样构造：记

$$\hat{\theta}(y_1, y_2) = \frac{-1}{\hat{P}(y_1 < Y < y_2)} \left(\frac{1}{n} \sum_{i=1}^{n} \partial_D \int_{y_1}^{y_2} \hat{F}(y \mid D_i, X_i) dy\right),$$

$$\hat{P}(y_1 < Y < y_2) = \frac{1}{n} \sum_{i=1}^{n} 1\{y_1 < Y_i < y_2\}.$$

则

$$\hat{\theta}_e(y_1, y_2) = \hat{\theta}(y_1, y_2) - \frac{1}{\hat{P}(y_1 < Y < y_2)} \frac{1}{n} \sum_{i=1}^{n} \frac{\partial_D \hat{f}(D_i, X_i)}{\hat{f}(D_i, X_i)}$$

$$\cdot \left(\int_{y_1}^{y_2} [\hat{F}(y \mid D_i, X_i) - 1\{Y_i < y\}] dy\right) - \frac{\hat{\theta}(y_1, y_2)}{\hat{P}(y_1 < Y < y_2)}$$

$$\cdot \frac{1}{n} \sum_{i=1}^{n} \{1\{y_1 < Y_i < y_2\} - \hat{P}(y_1 < Y < y_2)\}.$$

是 $\theta(y_1, y_2)$ 的有效估计量，且它的渐近方差是 $E(\psi^2(D, X, \theta; y_1, y_2))$。

本节附录

（一）定理 3.10 的证明

如果 $\eta_1(D, X; y_1, y_2) = \int_{y_1}^{y_2} F(y \mid D, X) dy$，那么

$$\theta^{dr}(y_1, y_2)$$
$$= \frac{-1}{P(y_1 < Y < y_2)} E\Big(\partial_D \int_{y_1}^{y_2} F(y \mid D, X) \mathrm{d}y\Big) - \frac{1}{P(y_1 < Y < y_2)}$$
$$\cdot E\Big(\eta_2(D, X) \Big(\int_{y_1}^{y_2} F(y \mid D, X) \mathrm{d}y - \int_{y_1}^{y_2} 1\{Y < y\} \mathrm{d}y\Big)\Big)$$
$$= \theta(y_1, y_2) - \frac{1}{P(y_1 < Y < y_2)} E\Big(\eta_2(D, X) \Big(\int_{y_1}^{y_2} F(y \mid D, X) \mathrm{d}y$$
$$- E(\int_{y_1}^{y_2} 1\{Y < y\} \mathrm{d}y \mid D, X)\Big)\Big)$$
$$= \theta(y_1, y_2) - \frac{1}{P(y_1 < Y < y_2)} E\Big(\eta_2(D, X) \Big(\int_{y_1}^{y_2} F(y \mid D, X)$$
$$\cdot \mathrm{d}y - \iint_{y_1}^{y_2} 1\{t < y\} \mathrm{d}y f(t \mid D, X) \mathrm{d}t\Big)\Big)$$
$$= \theta(y_1, y_2) - \frac{1}{P(y_1 < Y < y_2)} E\Big(\eta_2(D, X) \Big(\int_{y_1}^{y_2} F(y \mid D, X)$$
$$\cdot \mathrm{d}y - \int_{y_1}^{y_2} \int 1\{t < y\} f(t \mid D, X) \mathrm{d}t \mathrm{d}y\Big)\Big)$$
$$= \theta(y_1, y_2) - \frac{1}{P(y_1 < Y < y_2)} E\Big(\eta_2(D, X) \Big(\int_{y_1}^{y_2} F(y \mid D, X)$$
$$\cdot \mathrm{d}y - \int_{y_1}^{y_2} F(y \mid D, X) \mathrm{d}y\Big)\Big)$$
$$= \theta(y_1, y_2).$$

如果 $\eta_2(D, X) = \dfrac{\partial_D f(D, X)}{f(D, X)}$, 那么

$$\theta^{dr}(y_1, y_2) = \frac{-1}{P(y_1 < Y < y_2)} E(\partial_D \eta_1(D, X; y_1, y_2))$$
$$- \frac{1}{P(y_1 < Y < y_2)} E\Big(\frac{\partial_D f(D, X)}{f(D, X)}$$
$$\cdot \Big(\eta_1(D, X; y_1, y_2) - \int_{y_1}^{y_2} 1\{Y < y\} \mathrm{d}y\Big)\Big)$$
$$= \frac{-1}{P(y_1 < Y < y_2)} \iint \partial_d \eta_1(d, x; y_1, y_2) f(d, x) \mathrm{d}d \mathrm{d}x$$
$$- \frac{1}{P(y_1 < Y < y_2)} \iint \frac{\partial_d f(d, x)}{f(d, x)}$$
$$\cdot \eta_1(d, x; y_1, y_2) f(d, x) \mathrm{d}d \mathrm{d}x$$
$$+ \frac{1}{P(y_1 < Y < y_2)} \iiint \frac{\partial_d f(d, x)}{f(d, x)} \int_{y_1}^{y_2} 1\{t < y\}$$

$$\cdot \mathrm{d}y f(t, d, x) \mathrm{d}t \mathrm{d}d \mathrm{d}x$$

$$= \frac{1}{P(y_1 < Y < y_2)} \iint \partial_d f(d, x) \eta_1(d, x; y_1, y_2) \mathrm{d}d \mathrm{d}x$$

$$- \frac{1}{P(y_1 < Y < y_2)} \iint \partial_d f(d, x) \eta_1(d, x; y_1, y_2) \mathrm{d}d \mathrm{d}x$$

$$+ \frac{1}{P(y_1 < Y < y_2)} \iiint \partial_d f(d, x)$$

$$\cdot \int_{y_1}^{y_2} 1\{t < y\} f(t \mid d, x) \mathrm{d}t \mathrm{d}y \mathrm{d}d \mathrm{d}x$$

$$= \frac{1}{P(y_1 < Y < y_2)} \iint \partial_d f(d, x)$$

$$\cdot \int_{y_1}^{y_2} \int 1\{t < y\} f(t \mid d, x) \mathrm{d}t \mathrm{d}y \mathrm{d}d \mathrm{d}x$$

$$= \frac{1}{P(y_1 < Y < y_2)} \iint \partial_d f(d, x) \int_{y_1}^{y_2} F(y \mid d, x) \mathrm{d}y \mathrm{d}d \mathrm{d}x$$

$$= -\frac{1}{P(y_1 < Y < y_2)} \iint \partial_d \int_{y_1}^{y_2} F(y \mid d, x) \mathrm{d}y f(d, x) \mathrm{d}d \mathrm{d}x$$

$$= -\frac{1}{P(y_1 < Y < y_2)} E\Big(\partial_D \int_{y_1}^{y_2} F(y \mid D, X) \mathrm{d}y\Big)$$

$$= \theta(y_1, y_2).$$

证毕。

(二) 定理 3.11 的证明

可观测随机变量 (D, X, Y) 的联合密度可以写作

$$f(d, x, y) = f(y \mid d, x) f(d \mid x) f(x).$$

考虑一个指数 ϵ 的常规参数子模型(regular parametric submodel)，其中 ϵ_0 对应于真实模型：$f(d, x, y; \epsilon_0) = f(d, x, y)$。$f(d, x, y; \epsilon)$ 的密度可以写作

$$f(d, x, y; \epsilon) = f(y \mid d, x; \epsilon) f(d \mid x; \epsilon) f(x; \epsilon).$$

我们假设上面这个等式所有的项都可以交换积分和微分的顺序，其充分条件在 Amemiya (1985)的定理 1.3.2 中给出，那么

$$\iiint \frac{\partial f(d, x, y; \epsilon)}{\partial \epsilon} \mathrm{d}d \mathrm{d}x \mathrm{d}y = \frac{\partial}{\partial \epsilon} \underbrace{\iiint f(d, x, y; \epsilon) \mathrm{d}d \mathrm{d}x \mathrm{d}y}_{1} = 0.$$

其中，$f(d, x, y; \epsilon)$ 对应的得分函数是：

$$s(d, x, y; \epsilon) = \frac{\partial \ln f(d, x, y; \epsilon)}{\partial \epsilon}$$

$$= \breve{f}(y \mid d, x; \epsilon) + \breve{f}(d \mid x; \epsilon) + \breve{f}(x; \epsilon).$$

其中，$\breve{f}$ 定义了各种对数密度的导数，即 $\breve{f}(y \mid d, x; \epsilon) = \frac{\partial \ln f(y \mid d, x; \epsilon)}{\partial \epsilon}$，$\breve{f}(d \mid x; \epsilon) = \frac{\partial \ln f(d \mid x; \epsilon)}{\partial \epsilon}$，$\breve{f}(x; \epsilon) = \frac{\partial \ln f(x; \epsilon)}{\partial \epsilon}$。

在真值 ϵ_0 处，得分的期望等于 0。模型的切空间是均值为 0 并且满足得分可加结构的函数集：

$$\mathfrak{I} = \{s_y(y \mid d, x) + s_d(d \mid x) + s_x(x)\}.$$

对任意满足零均值的函数 $s_y(y \mid d, x)$、$s_d(d \mid x)$ 和 $s(d \mid x)$：$E(s_y(Y \mid D, X) \mid D, X) = E(s_d(D \mid X) \mid X) = E(s_x(X)) = 0$。

$\theta(y_1, y_2)$ 的半参数效率界是对所有常规参数子模型满足

$$\left. \frac{\partial \theta(y_1, y_2; F_\epsilon)}{\partial \epsilon} \right|_{\epsilon = \epsilon_0} = E(\Gamma(D, X, Y) \cdot s(D, X, Y; \epsilon_0))$$

的函数 $\Gamma(D, X, Y)$ ($E(\Gamma(\cdot)) = 0$ 并且 $E(\|\Gamma^2(\cdot)\|) < \infty$) 在 $\mathfrak{I}$ 上的投影。如果 $\Gamma(D, X, Y)$ 本身就在切空间上，那么方差界为 $E(\Gamma^2(D, X, Y))$。

首先，我们需要得到 $\left. \frac{\partial \theta(y_1, y_2; F_\epsilon)}{\partial \epsilon} \right|_{\epsilon = \epsilon_0}$。

注意

$$P(y_1 < Y < y_2) = \int_{y_1}^{y_2} f(y) \mathrm{d}y = \int_{y_1}^{y_2} \iint f(d, x, y) \mathrm{d}d \mathrm{d}x \mathrm{d}y$$

$$= \int_{y_1}^{y_2} \iint f(y \mid d, x) f(d, x) f(x) \mathrm{d}d \mathrm{d}x \mathrm{d}y.$$

那么，结合定理 3.3

$$\theta(y_1, y_2) = \frac{-1}{P(y_1 < Y < y_2)} E\left(\partial_D \int_{y_1}^{y_2} F(y \mid D, X) \mathrm{d}y\right)$$

$$= \frac{-1}{\int_{y_1}^{y_2}\iint f(y\mid d,x)f(d,x)f(x)\mathrm{d}d\mathrm{d}x\mathrm{d}y} \iint \partial_d \int_{y_1}^{y_2}\int 1\{t\leqslant y\}$$
$$\cdot f(t\mid d,x)\mathrm{d}t\mathrm{d}y f(d\mid x)f(x)\mathrm{d}d\mathrm{d}x.$$

在指数为 ϵ 的子模型下

$$\theta(y_1,y_2;F_\epsilon) = \frac{-1}{\int_{y_1}^{y_2}\iint f(y\mid d,x;\epsilon)f(d,x;\epsilon)f(x;\epsilon)\mathrm{d}d\mathrm{d}x\mathrm{d}y} \cdot$$
$$\iint \partial_d \int_{y_1}^{y_2}\int 1\{t\leqslant y\}f(t\mid d,x;\epsilon)\mathrm{d}t\mathrm{d}y f(d\mid x;\epsilon)f(x;\epsilon)\mathrm{d}d\mathrm{d}x.$$

两边关于 ϵ 求偏导并在 $\epsilon=\epsilon_0$ 处取值

$$\frac{\partial \theta(y_1,y_2;F_\epsilon)}{\partial \epsilon}\bigg|_{\epsilon=\epsilon_0}$$

$$= \frac{E(\partial_D \int_{y_1}^{y_2} F(y\mid D,X)\mathrm{d}y)}{P^2(y_1<Y<y_2)} \int_{y_1}^{y_2}\iint \frac{\partial f(y\mid d,x;\epsilon)}{\partial \epsilon}\bigg|_{\epsilon=\epsilon_0}$$

$$\cdot f(d\mid x)f(x)\mathrm{d}d\mathrm{d}x\mathrm{d}y + \frac{E(\partial_D \int_{y_1}^{y_2} F(y\mid D,X)\mathrm{d}y)}{P^2(y_1<Y<y_2)}$$

$$\cdot \int_{y_1}^{y_2}\iint f(y\mid d,x) \frac{\partial f(d\mid x;\epsilon)}{\partial \epsilon}\bigg|_{\epsilon=\epsilon_0} f(x)\mathrm{d}d\mathrm{d}x\mathrm{d}y$$

$$+ \frac{E(\partial_D \int_{y_1}^{y_2} F(y\mid D,X)\mathrm{d}y)}{P^2(y_1<Y<y_2)} \int_{y_1}^{y_2}\iint f(y\mid d,x)f(d\mid x)$$

$$\cdot \frac{\partial f(x;\epsilon)}{\partial \epsilon}\bigg|_{\epsilon=\epsilon_0} \mathrm{d}d\mathrm{d}x\mathrm{d}y - \frac{1}{P(y_1<Y<y_2)}\iint \partial_d \int_{y_1}^{y_2}\int 1\{t\leqslant y\}$$

$$\cdot \frac{\partial f(t\mid d,x;\epsilon)}{\partial \epsilon}\bigg|_{\epsilon=\epsilon_0} \mathrm{d}t\mathrm{d}y f(d\mid x)f(x)\mathrm{d}d\mathrm{d}x$$

$$- \frac{1}{P(y_1<Y<y_2)}\iint \partial_d \int_{y_1}^{y_2}\int 1\{t\leqslant y\}f(t\mid d,x)\mathrm{d}t\mathrm{d}y$$

$$\cdot \frac{\partial f(d\mid x;\epsilon)}{\partial \epsilon}\bigg|_{\epsilon=\epsilon_0} f(x;\epsilon)\mathrm{d}d\mathrm{d}x - \frac{1}{P(y_1<Y<y_2)}\iint \partial_d \int_{y_1}^{y_2}\int 1\{t\leqslant y\}$$

$$\cdot f(t\mid d,x)\mathrm{d}t\mathrm{d}y f(d\mid x)\frac{\partial f(x;\epsilon)}{\partial \epsilon}\bigg|_{\epsilon=\epsilon_0}\mathrm{d}d\mathrm{d}x.$$

$E(\psi(D, X, \theta; y_1, y_2) \cdot s(D, X, Y; \epsilon_0))$ 可以分解成如下 9 项，分别记作 $\gamma_1, \gamma_2, \gamma_3, \gamma_4, \gamma_5, \gamma_6, \gamma_7, \gamma_8, \gamma_9$:

$$\gamma_1 = \frac{-1}{P(y_1 < Y < y_2)} E\Big(\partial_D \int_{y_1}^{y_2} F(y \mid D, X)\mathrm{d}y \check{f}(Y \mid D, X; \epsilon_0)\Big)$$
$$- \theta(y_1, y_2) E(\check{f}(Y \mid D, X; \epsilon_0)),$$

$$\gamma_2 = \frac{-1}{P(y_1 < Y < y_2)} E\Big(\partial_D \int_{y_1}^{y_2} F(y \mid D, X)\mathrm{d}y \check{f}(D \mid X; \epsilon_0)\Big)$$
$$- \theta(y_1, y_2) E(\check{f}(D \mid X; \epsilon_0)),$$

$$\gamma_3 = \frac{-1}{P(y_1 < Y < y_2)} E\Big(\partial_D \int_{y_1}^{y_2} F(y \mid D, X)\mathrm{d}y \check{f}(X; \epsilon_0)\Big)$$
$$- \theta(y_1, y_2) E(\check{f}(X; \epsilon_0)),$$

$$\gamma_4 = \frac{-1}{P(y_1 < Y < y_2)} E\Big(\frac{\partial_D f(D, X)}{f(D, X)}\Big(\int_{y_1}^{y_2} F(y \mid D, X)\mathrm{d}y$$
$$- \int_{y_1}^{y_2} 1\{Y < y\}\mathrm{d}y\Big)\check{f}(Y \mid D, X; \epsilon_0)\Big),$$

$$\gamma_5 = \frac{-1}{P(y_1 < Y < y_2)} E\Big(\frac{\partial_D f(D, X)}{f(D, X)}\Big(\int_{y_1}^{y_2} F(y \mid D, X)\mathrm{d}y$$
$$- \int_{y_1}^{y_2} 1\{Y < y\}\mathrm{d}y\Big)\check{f}(D \mid X; \epsilon_0)\Big),$$

$$\gamma_6 = \frac{-1}{P(y_1 < Y < y_2)} E\Big(\frac{\partial_D f(D, X)}{f(D, X)}\Big(\int_{y_1}^{y_2} F(y \mid D, X)\mathrm{d}y$$
$$- \int_{y_1}^{y_2} 1\{Y < y\}\mathrm{d}y\Big)\check{f}(X; \epsilon_0)\Big),$$

$$\gamma_7 = \frac{E\Big(\partial_D \int_{y_1}^{y_2} F(y \mid D, X)\mathrm{d}y\Big)}{P^2(y_1 < Y < y_2)} E((1\{y_1 < Y < y_2\}$$
$$- P(y_1 < Y < y_2))\check{f}(Y \mid D, X; \epsilon_0)),$$

$$\gamma_8 = \frac{E\Big(\partial_D \int_{y_1}^{y_2} F(y \mid D, X)\mathrm{d}y\Big)}{P^2(y_1 < Y < y_2)} E((1\{y_1 < Y < y_2\}$$
$$- P(y_1 < Y < y_2))\check{f}(D \mid X; \epsilon_0)),$$

$$\gamma_9 = \frac{E\left(\partial_D \int_{y_1}^{y_2} F(y \mid D, X) dy\right)}{P^2(y_1 < Y < y_2)} E((1\{y_1 < Y < y_2\}$$
$$- P(y_1 < Y < y_2))\check{f}(X; \epsilon_0)).$$

接下来分别计算 $\gamma_1, \gamma_2, \gamma_3, \gamma_4, \gamma_5, \gamma_6, \gamma_7, \gamma_8, \gamma_9$ 的值：

$$\gamma_1 = -\frac{1}{P(y_1 < Y < y_2)} E\left(\partial_D \int_{y_1}^{y_2} F(y \mid D, X) dy \check{f}(Y \mid D, X; \epsilon_0)\right)$$
$$- \theta(y_1, y_2) \underbrace{E(\check{f}(Y \mid D, X; \epsilon_0))}_{0}$$
$$= -\frac{1}{P(y_1 < Y < y_2)} \iint E\left(\partial_D \int_{y_1}^{y_2} F(y \mid D, X) dy \check{f}(Y \mid D, X; \epsilon_0) \mid\right.$$
$$\left. D=d, X=x\right) f(d, x) dd dx$$
$$= -\frac{1}{P(y_1 < Y < y_2)} \iint \partial_d \int_{y_1}^{y_2} F(y \mid d, x) dy$$
$$\cdot \underbrace{E(\check{f}(Y \mid D, X; \epsilon_0) \mid D=d, X=x)}_{0} f(d, x) dd dx$$
$$= 0.$$

$$\gamma_2 = -\frac{1}{P(y_1 < Y < y_2)} E\left(\partial_D \int_{y_1}^{y_2} F(y \mid D, X) dy \check{f}(D \mid X; \epsilon_0)\right)$$
$$- \theta(y_1, y_2) \underbrace{E(\check{f}(D \mid X; \epsilon_0))}_{0}$$
$$= -\frac{1}{P(y_1 < Y < y_2)} \iint \partial_d \int_{y_1}^{y_2} F(y \mid d, x) dy \check{f}(d \mid x; \epsilon_0)$$
$$\cdot f(d, x) dd dx$$
$$= -\frac{1}{P(y_1 < Y < y_2)} \iint \partial_d \int_{y_1}^{y_2} \int 1\{t \leq y\} f(t \mid d, x)$$
$$\cdot dt dy \check{f}(d \mid x; \epsilon_0) f(d \mid x) f(x) dd dx$$
$$= -\frac{1}{P(y_1 < Y < y_2)} \iint \partial_d \left(\int_{y_1}^{y_2} \int 1\{t \leq y\} f(t \mid d, x)\right.$$
$$\left. \cdot dt dy\right) \frac{\partial f(d \mid x; \epsilon)}{\partial \epsilon}\bigg|_{\epsilon=\epsilon_0} f(x) dd dx.$$

$$\gamma_3 = -\frac{1}{P(y_1 < Y < y_2)} E\left(\partial_D \int_{y_1}^{y_2} F(y \mid D, X) dy \check{f}(X; \epsilon_0)\right)$$

$$-\theta(y_1, y_2)\underbrace{E(\check{f}(X;\epsilon_0))}_{0}$$

$$=-\frac{1}{P(y_1<Y<y_2)}\iiint\partial_d\int_{y_1}^{y_2}F(y\mid d, x)\mathrm{d}y\check{f}(x;\epsilon_0)f(d, x)\mathrm{d}d\,\mathrm{d}x$$

$$=-\frac{1}{P(y_1<Y<y_2)}\iiint\partial_d\int_{y_1}^{y_2}\int 1\{t\leqslant y\}f(t\mid d, x)\mathrm{d}t\mathrm{d}y\check{f}(x;\epsilon_0)$$

$$\cdot f(d\mid x)f(x)\mathrm{d}d\,\mathrm{d}x$$

$$=-\frac{1}{P(y_1<Y<y_2)}\iint\partial_d\Big(\int_{y_1}^{y_2}\int 1\{t\leqslant y\}f(t\mid d, x)\mathrm{d}t\mathrm{d}y\Big)$$

$$\cdot f(d\mid x)\frac{\partial f(x;\epsilon)}{\partial\epsilon}\Big|_{\epsilon=\epsilon_0}\mathrm{d}d\,\mathrm{d}x.$$

$$\gamma_4=\frac{-1}{P(y_1<Y<y_2)}E\Big(\frac{\partial_D f(D, X)}{f(D, X)}\Big(\int_{y_1}^{y_2}F(y\mid D, X)\mathrm{d}y$$

$$-\int_{y_1}^{y_2}1\{Y<y\}\mathrm{d}y\Big)\check{f}(Y\mid D, X;\epsilon_0)\Big)$$

$$=\frac{-1}{P(y_1<Y<y_2)}E\Big(\frac{\partial_D f(D, X)}{f(D, X)}\int_{y_1}^{y_2}\int 1\{t\leqslant y\}f(t\mid D, X)$$

$$\cdot \mathrm{d}t\mathrm{d}y\underbrace{E(\check{f}(Y\mid D, X;\epsilon_0)\mid D, X)}_{0}\Big)$$

$$+\frac{1}{P(y_1<Y<y_2)}\iint\frac{\partial_d f(d, x)}{f(d, x)}E\Big(\int_{y_1}^{y_2}1\{Y<y\}\mathrm{d}y\check{f}$$

$$\cdot (Y\mid D, X;\epsilon_0)\mid D=d, X=x\Big)f(d, x)\mathrm{d}d\,\mathrm{d}x$$

$$=\frac{1}{P(y_1<Y<y_2)}\iiint\partial_d f(d, x)\int_{y_1}^{y_2}\int 1\{t<y\}$$

$$\cdot \mathrm{d}y\check{f}(t\mid d, x;\epsilon_0)dt f(t\mid d, x)\mathrm{d}d\,\mathrm{d}x$$

$$=\frac{1}{P(y_1<Y<y_2)}\iiint\partial_d f(d, x)\int_{y_1}^{y_2}\int 1\{t<y\}$$

$$\cdot \mathrm{d}y\frac{\partial f(t\mid d, x;\epsilon)}{\partial\epsilon}\Big|_{\epsilon=\epsilon_0}\mathrm{d}t\,\mathrm{d}d\,\mathrm{d}x$$

$$=\frac{-1}{P(y_1<Y<y_2)}\iint\partial_d\Big(\int_{y_1}^{y_2}\int 1\{t<y\}\mathrm{d}y\frac{\partial f(t\mid d, x;\epsilon)}{\partial\epsilon}\Big|_{\epsilon=\epsilon_0}\mathrm{d}t\Big)$$

$$\cdot f(d\mid x)f(x)\mathrm{d}d\,\mathrm{d}x.$$

$$\gamma_5=\frac{-1}{P(y_1<Y<y_2)}E\Big(\frac{\partial_D f(D, X)}{f(D, X)}\Big(\int_{y_1}^{y_2}F(y\mid D, X)\mathrm{d}y$$

$$-\int_{y_1}^{y_2}1\{Y<y\}\mathrm{d}y\Big)\check{f}(D\mid X;\epsilon_0)\Big)=\frac{-1}{P(y_1<Y<y_2)}\iint\frac{\partial_d f(d,x)}{f(d,x)}$$

$$\cdot\underbrace{E\Big(\Big(\int_{y_1}^{y_2}F(y\mid D,X)\mathrm{d}y-\int_{y_1}^{y_2}1\{Y<y\}\mathrm{d}y\Big)\Big|D=d,X=x\Big)}_{0}$$

$$\cdot\check{f}(d\mid x;\epsilon_0)f(d,x)\mathrm{d}d\mathrm{d}x$$

$$=0.$$

$$\gamma_6=\frac{-1}{P(y_1<Y<y_2)}E\Big(\frac{\partial_D f(D,X)}{f(D,X)}\Big(\int_{y_1}^{y_2}F(y\mid D,X)\mathrm{d}y$$

$$-\int_{y_1}^{y_2}1\{Y<y\}\mathrm{d}y\Big)\check{f}(X;\epsilon_0)\Big)$$

$$=\frac{-1}{P(y_1<Y<y_2)}\iint\frac{\partial_d f(d,x)}{f(d,x)}$$

$$\cdot\underbrace{E\Big(\Big(\int_{y_1}^{y_2}F(y\mid D,X)\mathrm{d}y-\int_{y_1}^{y_2}1\{Y<y\}\mathrm{d}y\Big)\Big|D=d,X=x\Big)}_{0}$$

$$\cdot\check{f}(x;\epsilon_0)f(d,x)\mathrm{d}d\mathrm{d}x$$

$$=0.$$

$$\gamma_7=\frac{E\Big(\partial_D\int_{y_1}^{y_2}F(y\mid D,X)\mathrm{d}y\Big)}{P^2(y_1<Y<y_2)}E((1\{y_1<Y<y_2\}$$

$$-P(y_1<Y<y_2))\check{f}(Y\mid D,X;\epsilon_0))$$

$$=\frac{E\Big(\partial_D\int_{y_1}^{y_2}F(y\mid D,X)\mathrm{d}y\Big)}{P^2(y_1<Y<y_2)}\iiint E(1\{y_1<Y<y_2\}\check{f}(Y\mid D,X;\epsilon_0)\mid$$

$$D=d,X=x)f(d,x)\mathrm{d}d\mathrm{d}x$$

$$-\frac{E\Big(\partial_D\int_{y_1}^{y_2}F(y\mid D,X)\mathrm{d}y\Big)}{P(y_1<Y<y_2)}\underbrace{E(\check{f}(Y\mid D,X;\epsilon_0))}_{0}$$

$$=\frac{E\Big(\partial_D\int_{y_1}^{y_2}F(y\mid D,X)\mathrm{d}y\Big)}{P^2(y_1<Y<y_2)}\iiint\int_{y_1}^{y_2}\frac{\partial f(y\mid d,x;\epsilon)}{\partial\epsilon}\Big|_{\epsilon=\epsilon_0}$$

$$\mathrm{d}y f(d\mid x)f(x)\mathrm{d}d\mathrm{d}x.$$

$$\gamma_8=\frac{E\Big(\partial_D\int_{y_1}^{y_2}F(y\mid D,X)\mathrm{d}y\Big)}{P^2(y_1<Y<y_2)}E((1\{y_1<Y<y_2\}$$

$$\begin{aligned}&-P(y_1<Y<y_2))\check{f}(D\mid X;\epsilon_0))\\&=\frac{E\!\left(\partial_D\!\int_{y_1}^{y_2}\!F(y\mid D,X)\mathrm{d}y\right)}{P^2(y_1<Y<y_2)}\!\iint\!E(1\{y_1<Y<y_2\}\mid D=d,X=x)\\&\quad\cdot\check{f}(d\mid x;\epsilon_0)f(d,x)\mathrm{d}d\,\mathrm{d}x\\&\quad-\frac{E\!\left(\partial_D\!\int_{y_1}^{y_2}\!F(y\mid D,X)\mathrm{d}y\right)}{P(y_1<Y<y_2)}\underbrace{E(\check{f}(D\mid X;\epsilon_0))}_{0}\\&=\frac{E\!\left(\partial_D\!\int_{y_1}^{y_2}\!F(y\mid D,X)\mathrm{d}y\right)}{P^2(y_1<Y<y_2)}\!\iiint_{y_1}^{y_2}\!f(y\mid d,x)\mathrm{d}y\\&\quad\cdot\frac{\partial f(d\mid x;\epsilon)}{\partial\epsilon}\bigg|_{\epsilon=\epsilon_0}f(x)\mathrm{d}d\,\mathrm{d}x.\end{aligned}$$

$$\begin{aligned}\gamma_9&=\frac{E\!\left(\partial_D\!\int_{y_1}^{y_2}\!F(y\mid D,X)\mathrm{d}y\right)}{P^2(y_1<Y<y_2)}E((1\{y_1<Y<y_2\}\\&\quad-P(y_1<Y<y_2))\check{f}(X;\epsilon_0))\\&=\frac{E\!\left(\partial_D\!\int_{y_1}^{y_2}\!F(y\mid D,X)\mathrm{d}y\right)}{P^2(y_1<Y<y_2)}\!\iint\!E(1\{y_1<Y<y_2\}\mid D=d,X=x)\end{aligned}$$

$\check{f}(x;\epsilon_0)f(d,x)\mathrm{d}d\,\mathrm{d}x$

$$\begin{aligned}&\quad-\frac{E\!\left(\partial_D\!\int_{y_1}^{y_2}\!F(y\mid D,X)\mathrm{d}y\right)}{P(y_1<Y<y_2)}\underbrace{E(\check{f}(X;\epsilon_0))}_{0}\\&=\frac{E\!\left(\partial_D\!\int_{y_1}^{y_2}\!F(y\mid D,X)\mathrm{d}y\right)}{P^2(y_1<Y<y_2)}\\&\quad\cdot\iiint_{y_1}^{y_2}\!f(y\mid d,x)\mathrm{d}yf(d\mid x)\frac{\partial f(x;\epsilon)}{\partial\epsilon}\bigg|_{\epsilon=\epsilon_0}\mathrm{d}d\,\mathrm{d}x.\end{aligned}$$

那么

$$\frac{\partial\theta(y_1,y_2;F_\epsilon)}{\partial\epsilon}\bigg|_{\epsilon=\epsilon_0}=E(\psi(D,X,\theta;y_1,y_2)\cdot s(D,X,Y;\epsilon_0)).$$

此外，由于

$$\frac{-1}{P(y_1<Y<y_2)}E\Big(\partial_D\int_{y_1}^{y_2}F(y\mid D,X)\mathrm{d}y-\theta\Big)=0,$$

$$\frac{-1}{P(y_1<Y<y_2)}E\Big(\frac{\partial_D f(D,X)}{f(D,X)}$$

$$\cdot\Big(\int_{y_1}^{y_2}F(y\mid D,X)\mathrm{d}y-\int_{y_1}^{y_2}1\{Y<y\}\mathrm{d}y\Big)\Big|D,X\Big)=0,$$

$$\frac{E\Big(\partial_D\int_{y_1}^{y_2}F(y\mid D,X)\mathrm{d}y\Big)}{P^2(y_1<Y<y_2)}E(1\{y_1<Y<y_2\}-P(y_1<Y<y_2))=0.$$

因此，$\psi(D,X,\theta;y_1,y_2)$ 在切空间上，从而 $E(\psi^2(D,X,\theta;y_1,y_2))$ 是方差界。

本章参考文献

[1] 邸俊鹏,韩清. 最低工资标准提升的收入效应研究. 数量经济技术经济研究, 2015,32(07)：90-103.

[2] 杜莉,罗俊良. 房价上升如何影响我国城镇居民消费倾向——基于两阶段家庭最优消费模型的研究. 财贸经济,2017,38(03)：67-82.

[3] 黄静,屠梅曾. 房地产财富与消费：来自于家庭微观调查数据的证据. 管理世界, 2009,(07)：35-45.

[4] 贾朋,张世伟. 最低工资标准提升的溢出效应. 统计研究,2013,30(04)：37-41.

[5] 李春风,陈乐一,刘建江. 房价波动对我国城镇居民消费的影响研究. 统计研究, 2013,30(02)：14-22.

[6] 马双,张劼,朱喜. 最低工资对中国就业和工资水平的影响. 经济研究,2012,47 (05)：132-146.

[7] 孙中伟,舒玢玢. 最低工资标准与农民工工资——基于珠三角的实证研究. 管理世界,2011,(08)：45-56.

[8] 张大永,曹红. 家庭财富与消费：基于微观调查数据的分析. 经济研究,2012,47 (S1)：53-65.

[9] Amemiya T. *Advanced econometrics*, Massachusetts：Harvard university press,1985.

[10] Chernozhukov V, Fernández-Val I, Melly B. Inference on Counterfactual Distributions. *Econometrica*, 2013, 81(6)：2205-2268.

[11] Firpo S, Fortin N M, Lemieux T. Unconditional Quantile Regressions. *Econometrica*, 2009, 77(3)：953-973.

[12] Florens J P, Heckman J J, Meghir C, Vytlacil E. Identification of Treatment

Effects Using Control Functions in Models With Continuous, Endogenous Treatment and Heterogeneous Effects. *Econometrica*, 2008, 76 (5): 1191-1206.

[13] Heckman J J, Vytlacil E J. Policy-Relevant Treatment Effects. *American Economic Review*, 2001, 91(2): 107-111.

[14] Heckman J J, Vytlacil E J. Structural Equations, Treatment Effects, and Econometric Policy Evaluation. *Econometrica*, 2005, 73(3): 669-738.

[15] Heckman J J, Vytlacil E J. Econometric Evaluation of Social Programs, Part II: using the marginal treatment effect to organize alternative econometric estimators to evaluate social programs, and to forecast their effects in new environments. *Handbook of Econometrics*, Vol. 6, Amsterdam: Elsevier, 2007: 4875-5143.

[16] Koenker R, Bassett G. Regression Quantiles. *Econometrica*, 1978, 46(1): 33-50.

[17] Li Q, Racine J S. *Nonparametric Econometrics: Theory and Practice*, New Jersey: Princeton University Press, 2007.

[18] Neumark D, Schweitzer M, Wascher W. Minimum Wage Effects throughout the Wage Distribution, *Journal of Human Resources*, 2004, 39(2): 425-450.

[19] Newey W K. Semiparametric Efficiency Bounds. *Journal of applied econometrics*, 1990, 5(2): 99-135.

[20] Rothe C. Partial Distributional Policy Effects. *Econometrica*, 2012, 80(5): 2269-2301.

[21] Sant'Anna P H C, Zhao J. Doubly Robust Difference-in-differences Estimators. *Journal of Econometrics*, 2020, 219(1): 101-122.

[22] Wooldridge J M. *Econometric Analysis of Cross Section and Panel Data*, The United states of America: MIT press, 2010.

第四章 收入分配与阶层流动：一种新的反事实分布分解方法

第一节 引　　言

　　根据收入水平的高低，我们可以将城乡居民大致分为低收入、中等收入和高收入三个群体。尽管大部分人收入的绝对水平随着时间推移总是增长的，但由于每个人的收入增速存在差异，因此个人在全体人群中的收入排序会发生改变：一个人既可能出现收入阶层的向上流动（收入排序随着时间推移上升），也可能出现向下流动。如果低收入者的收入增长快于中等收入者，那么更多低收入者能够进入中等收入群体，而中等收入群体的不断壮大是实现共同富裕的必然要求。

　　尽管有的人能够迅速摆脱贫困，从低收入进入中等收入，但有的人却陷入了"低收入陷阱"，在很长一段时期内难以摆脱收入较低的困境，无法实现收入阶层的跃升。个人因素中，教育水平的提高对"扩大中等收入群体"具有特殊意义，政府要扩大教育投资，缩小教育在城乡和地区间的差异，从而增加低收入劳动力的市场竞争力。除了教育因素，所有制、城乡差异等因素导致了劳动力市场分割，阻碍了居民收入流动，使社会出现一定程度的阶层固化问题，影响了中等收入群体规模的扩大。

　　个人在不同收入阶层之间的合理流动对个人发展、社会活力具有重要意义，是实现共同富裕的途径之一。改革开放以来，中国经济的高速发展带来了居民收入水平的大幅增长，然而由于各个收入阶层的收入增长速率并不一致，导致居民整体收入不平等持续扩大。一个重要的问题是：随着时间的推移，各个收入阶层的收入增长呈现哪些趋势？哪些因素决定了各个收入阶层（低收入、中等收入和高收入者）的收入增长速率差异？低收入群体是否普遍受困于"低收入陷阱"？中等收入人群是否存在阶层下滑的风险？要回答这些问题，我们需要根据实际数据识别出所谓的"阶层流动效应"。合理度量并估计个人在不同收入水平群体之间的流动程度是本章的主要研究内容之一。

在分析工资分布变化的趋势及背后因素时,应用研究者常用的一个实证框架是"工资分解方法"(wage decomposition method)。工资分解方法的基本思想是:将个体在不同年份录得的收入(工资)差异分解成两种主要的效应,一种称为禀赋效应(composition effect),另一种称为结构效应(structural effect)。所谓禀赋效应,是指影响收入的个体特征(劳动力市场要素)分布的变化对收入增长(差异)的贡献。例如,假设研究者拥有2020年和2010年两年的劳动者样本,2020年劳动者的受教育水平普遍高于2010年劳动者的受教育水平(这表现为2020年受教育水平的分布曲线相对于2010年的更靠右)。在受教育水平提升有助于提高收入的前提下,受教育水平分布的改变对于2010—2020年间收入增长的贡献就是(教育的)禀赋效应。所谓结构效应,是指劳动力市场要素回报率的变化对收入增长的贡献。倘若2020年的教育回报率高于2010年的教育回报率,那么即使受教育整体水平在2010—2020年间保持不变,2020年个人的收入也会高于2010年的收入,这体现了(教育的)结构效应。

各种工资分解方法中,最经典的是 Oaxaca(1973)和 Blinder(1973)提出的均值分解方法(以下简称 OB 分解)。OB 分解将两组人群(也可以是同一组人在两个年份的观测值)工资均值的差异分解成禀赋和结构效应。OB 方法的优势在于分解步骤简便,分解结果便于解释,缺点在于仅从"均值"视角无法全面刻画工资分布整个形状的改变及原因。例如,刻画收入不平等程度的一个常用指标是 IQR(inter quantile range),通常定义为工资分布函数的 75% 分位点与 25% 分位点之差(也可以是 90% 分位点与 10% 分位点之差)。与极差(最大值减去最小值)相比,IQR 的优势在于对异常值(outlier)具有更好的稳健性。IQR 是工资分布分位点的函数,无法表示成均值的函数。正如本书主题所强调的那样,仅从"平均效应"入手来评价政策无法揭示政策对不同子人群产生的异质性效果,仅从"均值分解"视角也无法反映工资分布整个形状的变迁及其原因。因此文献中开始出现"工资分布分解"方法,这可以看成是"异质性政策效应参数"在工资分解文献中的推广和延伸。

Machado & Mata(2005)假设工资生成过程服从条件分位数回归模型,通过概率变换构建"反事实"工资分布;Dinardo et al.(1996)通过重置权重(re-weighting)函数构建"反事实"工资,将参数模型拓展到非参数模型；Firpo, Fortin & Lemieus (2009, 2018)提出了基于再中心化影响函数(re-centered influence function, RIF)的分解方法,将 OB 分解拓展到可以对因变量(工资)的任何分布特征(包括方差、分位数、基尼系数、IQR 等)进行分解,而且具备分解至每个解释变量单独贡献的优越性。由于这些优势,RIF 方法在国内文献中得到广泛运用。卢晶亮(2018)运用 RIF 分解,研究了 1995—2013 年期间城镇劳动者工资不平等上升的主要影响因素。迟巍、黎波和余秋梅(2008)采用 RIF 分解,考察了 1987—2004 年期间我国城市居民的收入分布变迁特点及成因。徐舒(2010)运用 RIF 分解方法,基于 CHNS 数据发现教育回报是引起我国劳动者收入不平等扩大的重要原因。郭继强等(2011)提供了国内运用"工资分解"方法研究工资不平等的文献综述。

现有的"工资分解"框架,无论是 OB 方法还是其他种种"分布分解"方法,均无法度量随着时间的推移,个体从某个收入阶层流动(上升或者下降)到另一个收入阶层的程度。在度量收入阶层流动性方面的相关研究中,多数文献偏重于宏观经济和制度因素方面的研究,这类研究通过理论逻辑的阐述,表明了培育中等收入群体的可行路径,客观上总结了"扩中"的一般经验,但是,这些经验总结较为宽泛,其结论往往并未经过数据的实证检验。另外有一些文献从代际收入关联性的角度研究父代收入的位序如何影响子代收入位序。例如,杨沫和王岩(2020)运用 1989—2015 年共计 10 轮 CHNS 数据,采用秩回归(rank-rank regression)对国内居民代际收入流动性的变化趋势进行了估计,他们发现代际收入流动性在 2004 年以后呈不断上升的变化趋势。这种采用"父代—子代"样本进行分析的框架存在两个缺陷。首先,这种分析框架依赖于父代和子代样本的配对,因此对数据要求极高。其次,这种回归分析方法重于静态分析(不是一种反事实分析),只能说明父代的收入排序如何影响子代的收入排序,而没有说明低收入家庭可以通过何种方式具有更高的上升为中等收入阶层的概率。

本章中,我们将"阶层流动效应"的度量和估计纳入标准的"工资分解"框架中,提出一种新的工资"反事实分布分解"方法。新的分解方法在形式上相当于"控制了个体所在收入水平后"的工资分布的分位数分解,因此称新的分解方法为"因变量条件工资分解"(outcome conditioned decomposition,OC 分解)。与 Firpo, Fortin & Lemieus (2009, 2018)提出的 RIF 分解方法一致,OC 分解也是一种"分布分解"方法。OC 方法的分解目标是：位于不同年份收入无条件分布同一相对位置的子人群（例如我们将 2010 年的低收入者（高收入者）和 2020 年的低收入者（高收入者）进行比较；或者更一般地，将位于 2010 年工资无条件分布第 (τ_1,τ_2) 分位区间的人与位于 2020 年工资分布第 (τ_1,τ_2) 分位区间的人进行比较）。OC 分解可用于分析不同收入阶层人群收入增长的演变趋势以及位于不同收入阶层个体收入增速出现差异的原因。如果将 (τ_1,τ_2) 设置成 $(0,1)$，那么 OC 分解等价于传统的 OB 分解（即此时 OC 分解的目标是整个人群的工资均值差异）。

与其他"分布分解"方法相比，OC 分解的特色在于能够识别任意两期之间，个体在不同收入阶层之间流入（或流出）的程度，这称为"阶层流动效应"。本章中，"阶层流动效应"的表达式是：

$$\Delta^M(\tau_1,\tau_2)=E(Y_2\mid G=2,F_{Y_2|G=2}(Y_2)\in(\tau_1,\tau_2))$$
$$-E(Y_2\mid G=2,F_{Y_1|G=1}(Y_1)\in(\tau_1,\tau_2)),$$

其中，Y_2 表示个体在第 2 年的潜在收入，$G_i=2$ 表示个体 i 属于第 2 年样本，也表示此时个体 i 的 X 的分布等于第 2 年劳动者所具有的 X 分布。$F_{Y_t|G=g}(\cdot)$ 表示给定 $G=g$ 时，Y_t 的分布函数。$\Delta^M(\tau_1,\tau_2)$ 度量了第 2 年潜在收入位于 (τ_1,τ_2) 区间的人在第 2 年的平均收入与第 1 年潜在收入位于"同一收入阶层"的人在第 2 年平均收入之差。从 $\Delta^M(\tau_1,\tau_2)$ 的定义可以看出，如果第 1 年属于 (τ_1,τ_2) 阶层中的人在第 2 年全部进入了"相同"收入阶层，或者说，满足 $F_{Y_2|G=2}(Y_2)\in(\tau_1,\tau_2)$ 的人与满足 $F_{Y_1|G=1}(Y_1)\in(\tau_1,\tau_2)$ 的是同一些人，则 $\Delta^M(\tau_1,\tau_2)=0$。$\Delta^M(\tau_1,\tau_2)$ 大于零意味着在第 1 年属于 (τ_1,τ_2) 阶层中的人到了第 2 年，他们中"大部分"进入了更低收入阶层，即出现了收入阶层"下滑"。同理，$\Delta^M(\tau_1,\tau_2)$ 小于零意味着第 1 年属于 (τ_1,τ_2) 阶层中的人在第 2 年"大部分"进入了更高收入阶层。

但是也存在这样的情况：第 1 年位于 (τ_1,τ_2) 阶层的人，一半进入了较低的阶层，另一半进入了较高的阶层，这时也会出现 $\Delta^M(\tau_1,\tau_2)$ 等于零（正负相抵）的情况。因此严格来说，$\Delta^M(\tau_1,\tau_2)$ 度量了收入位于 (τ_1,τ_2) 区间的个体的"平均流动效应"（类似于一段时间内的平均速度）。为了缓解"正负相抵导致平均流动效应等于零"的问题，研究者可以通过让 (τ_1,τ_2) 区间不断缩小的方式（也意味着需要更大的计算量），使得出现"正负相抵"的概率下降（当时间长度趋于零时的平均速度的极限是瞬时速率)。随着 (τ_1, τ_2) 在 $(0,1)$ 上变化,研究者可以了解阶层流动效应在不同收入水平上的变化趋势。当 (τ_1, τ_2) 区间宽度缩小至一个点时,$\Delta^M(\tau_1, \tau_2)$ 度量了任一收入分位点上的流动效应(瞬时流动效应)。

在识别"阶层流动效应"的基础上,OC 分解将收入随时间变化的增长分解成三部分:"阶层流动效应"、"控制了收入阶层后的禀赋效应"以及"控制了收入阶层后的结构效应"。和传统的工资分解框架相比,本章提出的分解框架具有两个新意:第一,它多出了"阶层流动效应"一项,这是原来分解框架中不具备的;第二,这里的禀赋和结构效应控制了收入阶层不变。本章提出的分解框架有助于揭示个体想要摆脱"低收入陷阱"进入中等收入阶层,需要具备哪些有利的条件,有利于从动态和发展的角度研究低收入群体发展为中等收入群体的路径,从而为扩大中等收入群体提供更有价值的参考建议。

本章各节安排如下。第二节回顾工资分解的基本方法,其中包括 OB 分解与以 RIF 为代表的分布分解。我们重点强调,从表面上看,RIF 分解的比较对象是位于收入无条件分布相同位置的个体。但是这种方法未能事先控制个体所在的收入阶层不变,因此 RIF 分解结果中的禀赋和结构效应混合了两种成分:第一是对于"同一收入阶层"个体(控制了收入阶层之后)而言,劳动力要素分布或者要素回报率对工资差异(增长)的贡献;第二是个体在不同收入阶层之间的流动,我们称为"阶层流动效应"(以往 RIF 分解所忽略的)。

基于这一考虑,本章第三节在一个较为一般的"潜因变量"(处理效应模型)框架中正式定义了"阶层流动效应"这一参数,并讨论了识别它所需的条件与这些条件的经济学意义。第四节讨论 OC 分解项的估计和推断。由于第三节中已经将各分解项表示成可观测变量联合分布的函数,因此我们用样本均值代替识别表达式中的各种条件期望,就可以得到分解项的一致估计。在实际应用中,研究者还关心某一个特定的解释变量对收入增长和阶层流动的单独贡献。例如,受教育水平的提高对"扩大中等收入群体"具有特殊意义。受教育水平的普遍提高是否有利于阶层流动?中等收入群体的收入增长有多少比例可归因于教育回报率的改变?要回答这些问题,需要计算"受教育水平"对各分解项的单独贡献。第四节我们还讨论了如何将"阶层流动效应"、禀赋和结构效应进一步分解到每一个解释变量的单独贡献。

第五节利用 2010—2018 年中国家庭追踪调查数据(CFPS),考察了近十年经济发展引起的不同收入阶层收入增长演变趋势及异质性特征。尽管城镇居民收入不平等的演变及导致不平等上升的影响因素在文献中已得到广泛讨论,与之前文献相比,本章实证部分的边际贡献有:第一,以往文献在分析收入增长时,未控制个体所在"收入阶层"。本章通过采用新提出的 OC 分解方法,控制个体在考察初期的收入水平,分析了同一收入阶层的收入不平等(收入增速差异)演变与成因。第二,本章将位于收入无条件分布相同位置子人群的收入增长分解成阶层增长效应和阶层流动效应,识别出阶层流动对于不同收入阶层人群收入增长的贡献。第三,我们探究了教育水平在其中所起的作用。我们发现,与高收入人群相比,中等收入阶层的教育回报率偏低,而低收入阶层教育水平提升对其收入的促进作用显著,显示了教育对阶层流动的异质性作用。第六节在总结全章的基础上,提出了本章理论方法可以拓展的一些方向。

第二节　工资分解方法概述与问题的提出

2.1　OB 分解

经验观察表明,不同人群(例如同一年截面数据中的男性和女性劳动者、城镇和农村户籍劳动者,在不同所有制单位工作的劳动者)、同一人群在不同时期(受过大学教育的城镇男性劳动者在不同年份构成的截面数据)的收入分布存在显著差异。例如,男性工资普遍高于女性,城镇劳动者的收入高于农村劳动者。过去的二十多年间,我国城镇劳动者的收入水平得到极大提高,但收入不平等也在不断扩大。这期间国内劳动力市场经历了所有制结构调整、大规模城乡劳动力流动、高等教育扩招等一系列政策与制度变化,这些均被认为是导致收入不平等的重要原因。为确定起见,本章重点分析具有可比性的某一类型劳动者(例如受过大学教育的城镇户口男性劳动者)在不同年份收入增长(变化)的趋势及其原因。本章介绍的计量模型也适用于分析同一截面中不同人群的工资差异。

不失一般性,假设研究者关心从第 1 期(例如 2010 年)到第 2 期(2020 年),劳动者收入分布在这一期间的变化原因。传统 OB 方法关心的分解目标是:

$$\Delta^O = E(Y_2 \mid G=2) - E(Y_1 \mid G=1), \quad (4.2.1)$$

其中 Y_g，$g=1,2$ 表示第 g 期的潜在收入，G 称为分组变量（相当于处理效应模型中的政策变量）。$G_i=t$ 表示个体 i 在第 t 期被观测到。所有工资分解方法的一个基本任务是将不同组个体之间的工资差异分解成结构效应与禀赋效应，前者度量了劳动力要素回报率的变化对分解目标的贡献，后者度量了劳动力要素分布的变化对分解目标的贡献。从式(4.2.1)出发来定义结构和禀赋效应是很方便的。式(4.2.1)可以写成 $\Delta^O = \Delta^C + \Delta^S$，其中

$$\Delta^S = E(Y_2 \mid G=1) - E(Y_1 \mid G=1) = E(Y_2 - Y_1 \mid G=1), \tag{4.2.2}$$

$$\Delta^C = E(Y_2 \mid G=2) - E(Y_2 \mid G=1). \tag{4.2.3}$$

Δ^S 反映了将个体特征分布固定在 $G=1$（2010 年的劳动者所具有的个体特征）时，工资方程的变化（劳动力要素回报率变化）在全体人群上的平均值。Δ^C 反映了将工资方程固定在第 2 期（2020 年）具有的函数形式时，劳动力特征分布的改变所导致的工资均值的变化。上述分解步骤的一个缺陷是，禀赋和结构效应的表达式不是唯一的。例如，研究者也可以如此分解：

$$\Delta^S = E(Y_2 \mid G=2) - E(Y_1 \mid G=2) = E(Y_2 - Y_1 \mid G=2),$$
$$\Delta^C = E(Y_1 \mid G=2) - E(Y_1 \mid G=1).$$

为了解决上述"分解顺序"不唯一的问题，我们可以把 Δ^S 所有可能的估计值的算术平均值作为"结构效应"的估计值，把 Δ^C 所有可能的估计值的算术平均值作为"禀赋效应"的估计值。

2.2 RIF 分解

从式(4.2.1)可以看出，OB 方法仅限于对工资整体均值差异的分解。除了均值以外，研究者有时候还关心工资分布的其他统计特征（例如方差、分位点、基尼系数、IQR）在两组人群中的差异如何分解成禀赋和结构效应。Firpo, Fortin & Lemieus (2009, 2018) 提出的 RIF 分解可以对两组人群在工资分布任一分位点上的差异进行分解。RIF 的分解目标是：

$$\Delta^O(\tau) = Q_{Y_2 \mid G=2}(\tau) - Q_{Y_1 \mid G=1}(\tau), \tag{4.2.4}$$

其中，$0<\tau<1$，$Q_{Y_t|G=g}(\tau)$ 表示 Y_t（个体在第 t 期的潜在收入）给定 $G=g$ 时的第 τ 分位数，即 $P(Y_t<Q_{Y_t|G=g}(\tau)|G=g)=\tau$。

从式(4.2.4)不难看出，RIF 分解目标比较的对象是位于收入无条件分布同一相对位置的个体。用 $G=1$ 表示 2010 年，$G=2$ 表示 2020 年。式(4.2.4)中的"被减数"（"减数"）代表位于 2020 年（2010 年）收入无条件分布第 τ 分位点上"子人群"对应的工资。但是，需要注意的是：位于 2010 年工资分布第 τ 分位点的与位于 2020 年工资分布第 τ 分位点的未必是"同一些人"。到了 2020 年，曾经位于 2010 年工资分布第 τ 分位点的人有三种情形出现：第一，这些人继续留在"同一收入阶层"，即这些人仍然位于 2020 年工资分布的第 τ 分位点；第二，这些人由于在 2010—2020 期间收入增速较低，到了 2020 年这些人相对收入发生了下滑，这表现为他们在 2020 年收入分布上所处的位置小于 τ；第三，这些人在 2010—2020 期间收入增速较高，在 2020 年收入分布中所处的位置大于 τ。通过以上分析不难看出，RIF 分解目标至少包含了两种效应：同一收入阶层中个人的收入分布的变化（将来可以进一步分解成结构和禀赋效应），以及个体在不同收入阶层之间的流动（以往 RIF 分解所忽视的）。

2.3 修改后的 RIF 分解目标

RIF 分解的比较对象是位于收入无条件分布同一相对位置的个体。但是这种方法未能事先控制个体所在的收入阶层不变，因此 RIF 分解结果中的禀赋和结构效应必然混合了两种成分：第一是对于"同一收入阶层"个体（控制了收入阶层之后）而言，劳动力要素分布或者要素回报率对工资差异的贡献；第二是个体在不同收入阶层之间的流动，我们称为"阶层流动效应"。

基于以上动机，我们首先略微修改 RIF 的分解目标，但仍保持 RIF 分解目标的经济学意义不变。然后，将"阶层流动效应"从原来的禀赋和结构效应中分离出来，构成单独的一项。调整后位于收入分布相同位置子人群的"平均工资"之差等于三项之和：阶层流动效应，控制了收入阶层后的禀赋效应，以及控制了收入阶层后的结构效应。OC 分解的目标是：

$$\Delta^O(\tau_1,\tau_2)=E(Y_2|G=2,F_{Y_2|G=2}(Y_2)\in(\tau_1,\tau_2))$$
$$-E(Y_1|G=1,F_{Y_1|G=1}(Y_1)\in(\tau_1,\tau_2)),$$

(4.2.5)

或者等价地，

$$\Delta^O(\tau_1, \tau_2) = E(Y_2 \mid G=2, Y_2 \in (Q_{Y_2|G=2}(\tau_1), Q_{Y_2|G=2}(\tau_2))) \\ - E(Y_1 \mid G=1, Y_1 \in (Q_{Y_1|G=1}(\tau_1), Q_{Y_1|G=1}(\tau_2))),$$

(4.2.6)

其中 $Q_{Y_t|G=g}(\tau)$ 表示 Y_t 给定 $G=g$ 时的第 τ 分位数，$F_{Y_t|G=g}(\cdot)$ 表示 Y_t 给定 $G=g$ 时的分布函数。

式(4.2.5)或式(4.2.6)在经济学意义上和式(4.2.4)本质上是相同的，它们都表示了位于收入无条件分布同一相对位置的个体的工资差异。从表面上看，式(4.2.5)反映的是工资均值的差异（更像 OB 分解），但当 (τ_1, τ_2) 区间的宽度趋于零，即 $\tau_2 \to \tau_1 = \tau$ 时，$\Delta^O(\tau_1, \tau_2)$ 等于工资无条件分布第 τ 分位点的差异，即

$$\lim_{\tau_2 \to \tau_1 = \tau} \Delta^O(\tau_1, \tau_2) = Q_{Y|G=2}(\tau) - Q_{Y|G=1}(\tau),$$

这恰恰是 Firpo, Fortin & Lemieux(2018) 中的分解目标。像 OC 分解这样对工资分布"某一分位区间"上的子人群，而非"某一分位点"子人群工资差异进行分解，可以带来几个好处。第一，区间的宽度是研究者可以自由调整的。当数据样本量较小时，研究者可以适当减少区间个数，增大区间宽度（例如仅将全部人群分成低收入、中等收入、高收入三个子集），这有利于提高每个区间上分解结果的精确程度。第二，当区间个数（也表示划分的收入阶层个数）足够多时，区间分解与点分解的结果具有相同的趋势，因此保留了分解结果的经济学含义不变。最后，将式(4.2.4)写成式(4.2.5)，清晰显示了 OC 分解中"阶层流动效应"一项的来源：RIF 分解认为满足

$$\{i \mid Y_{2i} \in (Q_{Y_2|G=2}(\tau_1), Q_{Y_2|G=2}(\tau_2))\} \quad (4.2.7)$$

与

$$\{i \mid Y_{1i} \in (Q_{Y_1|G=1}(\tau_1), Q_{Y_1|G=1}(\tau_2))\} \quad (4.2.8)$$

的是"同一些人"。但是本章的观点是：满足以上两个事件集合的个体 i 并非总是重合。以上两个集合中个体潜在工资差异即定义为"阶层流动效应"，它度量了在第 1 期属于某个收入阶层的个体在第 2 期"流动到"其他收入阶层的程度。

2.4 阶层流动效应

我们正式地定义阶层流动效应为：

$$\Delta^M(\tau_1,\tau_2)=E(Y_2\mid G=2,F_{Y_2|G=2}(Y_2)\in(\tau_1,\tau_2))$$
$$-E(Y_2\mid G=2,F_{Y_1|G=1}(Y_1)\in(\tau_1,\tau_2)).$$

(4.2.9)

$\Delta^M(\tau_1,\tau_2)$度量了第2年潜在收入位于第(τ_1,τ_2)分位区间的人在第2年的平均收入与第1年位于"同一收入阶层"的人在第2年平均收入之差。

$\Delta^M(\tau_1,\tau_2)$为何称为"阶层流动效应"？简单地说，导致(4.2.9)减号前后两项不相等的原因只有一个：满足式(4.2.7)的个体与满足式(4.2.8)的个体不完全重合。具体而言，如果2010年位于(τ_1,τ_2)阶层中的人到了2020年全部维持在原来的(τ_1,τ_2)阶层，则式(4.2.9)等于零。如果2010年位于(τ_1,τ_2)阶层中的人大部分进入了更低的阶层，那么式(4.2.9)为正值。反之，式(4.2.9)为负值。但是也存在这样的情况：2010年位于(τ_1,τ_2)阶层的人一半进入了较低的阶层，另一半进入了较高的阶层，这时也会出现式(4.2.9)等于零（正负相抵）的情况。因此式(4.2.9)可以看成(τ_1,τ_2)阶层对应的"平均流动效应"（类似于一段时间内的平均速度）。为了缓解"正负相抵导致平均流动效应等于零"的问题，研究者可以通过让(τ_1,τ_2)区间不断缩小的方式（也意味着需要更大的计算量），使得出现"正负相抵"情形的可能性下降（当时间长度趋于零时，平均速度的极限是瞬时速率）。随着(τ_1,τ_2)在$(0,1)$上变化，研究者可以了解阶层流动效应在不同收入阶层上的变化趋势。当(τ_1,τ_2)区间宽度缩小至一个点时，式(4.2.9)度量了任一收入分位点上的流动效应（称为瞬时流动效应）。

第三节 阶层流动效应的识别：一个新的工资分解框架

本节考虑包含"阶层流动效应"之后的工资分解。首先，我们将分解目标式(4.2.5)拆成三项：

$$\underbrace{E(Y_2 \mid G=2, F_{Y_2\mid G=2}(Y_2) \in (\tau_1, \tau_2)) - E(Y_1 \mid G=1, F_{Y_1\mid G=1}(Y_1) \in (\tau_1, \tau_2))}_{\Delta^O(\tau_1, \tau_2)}$$

$$= \underbrace{E(Y_2 \mid G=2, F_{Y_2\mid G=2}(Y_2) \in (\tau_1, \tau_2)) - E(Y_2 \mid G=2, F_{Y_1\mid G=1}(Y_1) \in (\tau_1, \tau_2))}_{\Delta^M(\tau_1, \tau_2)}$$

$$+ \underbrace{E(Y_2 \mid G=2, F_{Y_1\mid G=1}(Y_1) \in (\tau_1, \tau_2)) - E(Y_2 \mid G=1, F_{Y_1\mid G=1}(Y_1) \in (\tau_1, \tau_2))}_{\Delta^C(\tau_1, \tau_2)}$$

$$+ \underbrace{E(Y_2 \mid G=1, F_{Y_1\mid G=1}(Y_1) \in (\tau_1, \tau_2)) - E(Y_1 \mid G=1, F_{Y_1\mid G=1}(Y_1) \in (\tau_1, \tau_2))}_{\Delta^S(\tau_1, \tau_2)}.$$

根据上一节的讨论，$\Delta^M(\tau_1, \tau_2)$ 称为阶层流动效应，它度量了当其他因素不变时，在第 1 期属于 (τ_1, τ_2) 阶层的个体在第 2 期流动到"其他收入阶层"对（从第 1 期到第 2 期）工资增长的影响。或者说，$\Delta^M(\tau_1, \tau_2)$ 反映的是满足 $F_{Y_2\mid G=2}(Y_2) \in (\tau_1, \tau_2)$ 的个体"不同于"满足 $F_{Y_1\mid G=1}(Y_1) \in (\tau_1, \tau_2)$ 的个体所导致的平均工资差异。$\Delta^C(\tau_1, \tau_2)$ 称为"控制了收入阶层后的禀赋效应"，它度量了控制个体在第 1 期的收入水平之后，劳动力特征分布（从第 1 期到第 2 期）的变化对工资增长的贡献。如果不控制个体所在的收入阶层（把 "$F_{Y_1\mid G=1}(Y_1) \in (\tau_1, \tau_2)$" 从 $\Delta^C(\tau_1, \tau_2)$ 的定义中去掉），则 Δ^C 变成 $E(Y_2 \mid G=2) - E(Y_2 \mid G=1)$，这正是 OB 分解中的禀赋效应定义。同理，$\Delta^S(\tau_1, \tau_2)$ 称为"控制了收入阶层后的结构效应"，它度量了控制个体在第 1 期的收入水平之后，劳动力特征回报率（从第 1 期到第 2 期）的变化对工资增长的贡献。

需要注意的是，$\Delta^M(\tau_1, \tau_2)$、$\Delta^C(\tau_1, \tau_2)$ 和 $\Delta^S(\tau_1, \tau_2)$ 在定义上都反映了"单一因素"（保持其他因素不变）变化对工资的影响。例如 $\Delta^M(\tau_1, \tau_2)$ 在定义上保持工资方程（要素回报率）与个体特征分布不变，$\Delta^C(\tau_1, \tau_2)$ 在定义上保持工资方程和 $F_{Y_1\mid G=1}(Y_1) \in (\tau_1, \tau_2)$ 不变。因此 $\Delta^M(\tau_1, \tau_2)$、$\Delta^C(\tau_1, \tau_2)$ 和 $\Delta^S(\tau_1, \tau_2)$ 均可理解成某个单一因素造成的因果效应。但是上述分解存在的一个问题（也是其他分解方法都具有的问题）是：$\Delta^M(\tau_1, \tau_2)$、$\Delta^C(\tau_1, \tau_2)$ 和 $\Delta^S(\tau_1, \tau_2)$ 的表达式并不唯一。例如不同的分解顺序，$\Delta^M(\tau_1, \tau_2)$ 一项存在四种表达式，分别是：

$$E(Y_2 \mid G=2, F_{Y_2\mid G=2}(Y_2) \in (\tau_1, \tau_2)) - E(Y_2 \mid G=2, F_{Y_1\mid G=1}(Y_1) \in (\tau_1, \tau_2)),$$

$$E(Y_2 \mid G=1, F_{Y_2\mid G=2}(Y_2) \in (\tau_1, \tau_2)) - E(Y_2 \mid G=1, F_{Y_1\mid G=1}(Y_1) \in (\tau_1, \tau_2)),$$

$$E(Y_1 \mid G=2, F_{Y_2\mid G=2}(Y_2) \in (\tau_1, \tau_2)) - E(Y_1 \mid G=2, F_{Y_1\mid G=1}(Y_1) \in (\tau_1, \tau_2)),$$

$$E(Y_1 \mid G=1, F_{Y_2\mid G=2}(Y_2) \in (\tau_1, \tau_2)) - E(Y_1 \mid G=1, F_{Y_1\mid G=1}(Y_1) \in (\tau_1, \tau_2)),$$

但是它们的估计方法是类似的。解决分解顺序不唯一的一个办法是：研究者可以将上述四种表达式的算数平均值作为"阶层流动效应"的度量。

与 RIF 分解目标一样，$\Delta^O(\tau_1,\tau_2)$ 不需要任何条件就可直接识别。注意到

$$E(Y_2 \mid G=2, F_{Y_2|G=2}(Y_2) \in (\tau_1,\tau_2))$$
$$=E(Y \mid G=2, Y \in (Q_{Y|G=2}(\tau_1), Q_{Y|G=2}(\tau_2))),$$
$$E(Y_1 \mid G=1, F_{Y_1|G=1}(Y_1) \in (\tau_1,\tau_2))$$
$$=E(Y \mid G=1, Y \in (Q_{Y|G=1}(\tau_1), Q_{Y|G=1}(\tau_2))).$$

上述等号右边都是可观测变量 (Y,G) 的条件期望和条件分位函数，因此可以直接估计。

下面我们讨论识别 $\Delta^M(\tau_1,\tau_2)$、$\Delta^C(\tau_1,\tau_2)$ 和 $\Delta^S(\tau_1,\tau_2)$ 需要的条件。假设个体在第 g 期（组）的潜因变量（潜在工资）Y_g 的生成过程为：

$$Y_g = m_g(X, U_g), \quad g=1,2, \tag{4.3.1}$$

其中 $m_g(x,u)$ 函数形式未知。根据一般的处理效应模型框架（Rubin，1974），研究者无法观测到 Y_g，只能观测到

$$Y = 1\{G=1\}Y_1 + 1\{G=2\}Y_2. \tag{4.3.2}$$

假设 4.3.1 可观测变量包括 (Y,G,X) 的一个独立同分布样本（里面包含对应 $G=1$ 和 $G=2$ 的两个子样本）。

假设 4.3.1 不要求数据集是一个平衡面板，即不要求每个人 $i=1,\cdots,n$，在 $g=1,2$ 都有观测值。这与之前的工资分解方法对数据的要求保持一致。比式 (4.3.1) 更一般的数据生成过程是 $Y_g = m_g(X_g, U_g), g=1,2$。式 (4.3.1) 意味着如果当个体 i 属于 $G=1$ 时的个体特征是 X_i，那么当这个人属于 $G=2$ 时（反事实），他的个体特征仍然是 X_i。这一限制对于分析属于"同一时间点上的截面数据"中的两组人是合理的。例如在分析工资的性别差异时，$G=1$ 表示 2010 年的城镇户口男性劳动者，$G=2$ 表示 2010 年城镇户口女性劳动者；在分析城乡工资差异时，$G=1$ 表示某年城镇户口劳动者，$G=2$ 表示同一年农村户口劳动者。

当采用多个时期截面数据（非平衡面板）分析收入的增长或不平等程度的演变时，研究者会担心 X 随时间发生变化。实际中有两个方法缓解这一问题。第一，实际数据中 X 的大部分分量都是不随时间变化的，例

如受教育水平、性别、婚姻状况、所在工作单位性质、工作岗位性质等。除此以外,对于大部分随时间变化的个体特征而言,它们都是时间的已知函数,例如年龄、工作经验。研究者可以取这些变量在不同时间点的均值加入 X。另外,我们的模型允许工资生成函数 $m_g(x,u)$ 随时间发生变化,这进一步缓解了遗漏随时间变化的个体特征所带来的影响。

第二种方法是:如果 X 的维数不太高,而样本容量足够大,研究者可以认为数据生成过程服从

$$Y_g = m_g(X_1, X_2, U_g). \tag{4.3.3}$$

式(4.3.3)意味着每一期的潜在工资依赖于"所有时期"的可观测变量,这种设定自然保证了假设 4.3.1 成立,但是当 X 维数本身较高时,式(4.3.3)会进一步加剧维数诅咒。

假设 4.3.2 给定 X, G 和 (U_1, U_2) 独立。

假设 4.3.2 称为"依可观测变量的选择"(selection on observables),它是处理效应模型中识别政策净效应的最常见假设。也是在 RIF 分解中,让禀赋和结构效应具有"因果含义"需要施加的最弱假设。

假设 4.3.3 对于 $g=1,2$, $m_g(x,u)$ 关于 u 严格单调递增。

假设 4.3.3 是 RIF 分解所不必加的。但是本章为了识别"阶层流动效应",需要这一假设。对于工资生成函数而言,u 是不可观测的个人能力。给定 X,收入是能力的递增函数。

假设 4.3.4 给定 X,U_1 的分布和 U_2 相同,即 $U_1 \mid X \sim^d U_2 \mid X$。

假设 4.3.4 允许扰动项在不同时期是不同的随机变量,即对于某些 i 来说,允许 $U_{1i} \neq U_{2i}$。这允许个体的能力可以受到"随机的"扰动和冲击。下面定理说明,在以上条件下,OC 分解中各项均可表示成可观测变量 (Y,G,X) 联合分布的函数,这意味着每一项都可以从实际数据中加以估计。

定理 4.1 数据生成过程服从式(4.3.1)-(4.3.2),假设 4.3.1-4.3.4 成立,则对于任意的 $0 < \tau_1 < \tau_2 < 1$,

$$\Delta^O(\tau_1, \tau_2) = \Delta^M(\tau_1, \tau_2) + \Delta^C(\tau_1, \tau_2) + \Delta^S(\tau_1, \tau_2).$$

且等号右边每一项均可识别。记 $Q_{Y|G=1}(\tau_1) = y_{11}$, $Q_{Y|G=1}(\tau_2) = y_{12}$, $Q_{Y|G=2}(\tau_1) = y_{21}$, $Q_{Y|G=2}(\tau_2) = y_{22}$,那么

$$\Delta^M(\tau_1,\tau_2) = E(Y \mid G=2, Y \in (y_{21}, y_{22})) - E[Y \mid G=2,$$
$$F_{Y\mid GX}(Y \mid 1, X) \in (F_{Y\mid GX}(y_{11} \mid 1, X), F_{Y\mid GX}(y_{12} \mid 1, X))],$$
$$\Delta^C(\tau_1,\tau_2) = E[Y \mid G=2, F_{Y\mid GX}(Y \mid 1, X) \in (F_{Y\mid GX}(y_{11} \mid 1, X),$$
$$F_{Y\mid GX}(y_{12} \mid 1, X))] - E_{X\mid G=1, Y \in (y_{11}, y_{12})}[\theta_2(\tau_1, \tau_2, X)],$$
$$\Delta^S(\tau_1,\tau_2) = E_{X\mid G=1, Y \in (y_{11}, y_{12})}[\theta_2(\tau_1, \tau_2, X)]$$
$$- E(Y \mid G=1, Y \in (y_{11}, y_{12})),$$
$$\theta_2(\tau_1, \tau_2, x) = E(Y \mid G=2, F_{Y\mid GX}(Y \mid 1, x) \in (F_{Y\mid GX}(y_{11} \mid 1, x),$$
$$F_{Y\mid GX}(y_{12} \mid 1, x)), X=x).$$

定理 4.1 有两种理解方式。首先,研究者可以将 OC 分解视作"RIF 分解目标经收入流动效应调整后"(将 $\Delta^O(\tau_1,\tau_2) - \Delta^M(\tau_1,\tau_2)$ 作为分解目标)的一种工资分布分解。根据定理 4.1,

$$\Delta^O(\tau_1,\tau_2) - \Delta^M(\tau_1,\tau_2) = \Delta^C(\tau_1,\tau_2) + \Delta^S(\tau_1,\tau_2),$$
(4.3.4)

式(4.3.4)等号左边 $\Delta^O(\tau_1,\tau_2) - \Delta^M(\tau_1,\tau_2)$ 可以理解成"控制了收入阶层后的收入增长",或者"经阶层流动效应调整后的收入增长"。等号右边 $\Delta^C(\tau_1,\tau_2)$ 和 $\Delta^S(\tau_1,\tau_2)$ 的意义与 RIF 分解中的禀赋以及结构效应类似:$\Delta^C(\tau_1,\tau_2)$ 反映了"控制了收入阶层后"X 的分布变化对于收入增长的贡献,$\Delta^S(\tau_1,\tau_2)$ 反映了"控制了收入阶层后"X 的回报率(X 前系数)变化对于收入增长的贡献。通过估计 $\Delta^O(\tau_1,\tau_2) - \Delta^M(\tau_1,\tau_2)$,研究者可以了解低收入者的收入增长(在控制收入阶层之后)是否真的快于中等收入者?中等收入者与高收入者的收入增速谁更快?如果高收入者的收入增速更快,收入不平等势必进一步扩大。

定理 4.1 的第二种理解方式是,它使得研究者可以直接估计"阶层流动效应"$\Delta^M(\tau_1,\tau_2)$。这一项是原来的 RIF 分解所无法估计的。通过估计 $\Delta^M(\tau_1,\tau_2)$,研究者可以了解在第 1 期和第 2 期之间,大部分低收入者是否进入了中等收入群体?(即 (τ_1,τ_2) 较低时,$\Delta^M(\tau_1,\tau_2)$ 小于零)。

本节附录

(一) 定理 4.1 的证明

当 $G=2$ 时,$Y_2 = Y$,因此

$$E(Y_2 \mid G=2, F_{Y_2|G=2}(Y_2) \in (\tau_1, \tau_2))$$
$$= E(Y \mid G=2, F_{Y|G=2}(Y) \in (\tau_1, \tau_2))$$
$$= E(Y \mid G=2, Y \in (Q_{Y|G=2}(\tau_1), Q_{Y|G=2}(\tau_2))).$$

同理

$$E(Y_1 \mid G=1, F_{Y_1|G=1}(Y_1) \in (\tau_1, \tau_2))$$
$$= E(Y \mid G=1, F_{Y|G=1}(Y) \in (\tau_1, \tau_2))$$
$$= E(Y \mid G=1, Y \in (Q_{Y|G=1}(\tau_1), Q_{Y|G=1}(\tau_2))).$$

定义

$$\theta_1(\tau_1, \tau_2) = E(Y_2 \mid G=2, F_{Y_1|G=1}(Y_1) \in (\tau_1, \tau_2)),$$
$$\theta_2(\tau_1, \tau_2) = E(Y_2 \mid G=1, F_{Y_1|G=1}(Y_1) \in (\tau_1, \tau_2)).$$

由于

$$\Delta^M(\tau_1, \tau_2) = E(Y \mid G=2, Y \in (Q_{Y|G=2}(\tau_1), Q_{Y|G=2}(\tau_2))) - \theta_1(\tau_1, \tau_2),$$
$$\Delta^C(\tau_1, \tau_2) = \theta_1(\tau_1, \tau_2) - \theta_2(\tau_1, \tau_2),$$
$$\Delta^S(\tau_1, \tau_2) = \theta_2(\tau_1, \tau_2) - E(Y \mid G=1, Y \in (Q_{Y|G=1}(\tau_1), Q_{Y|G=1}(\tau_2))).$$

因此只需证明 $\theta_1(\tau_1, \tau_2)$ 和 $\theta_2(\tau_1, \tau_2)$ 可识别。

先证明 $\theta_1(\tau_1, \tau_2)$ 可识别。记 $Q_{Y|G=1}(\tau_1) = y_{11}$, $Q_{Y|G=1}(\tau_2) = y_{12}$。注意到 y_{11} 和 y_{12} 均可识别。将 $\theta_1(\tau_1, \tau_2)$ 写成

$$\theta_1(\tau_1, \tau_2) = E(Y_2 \mid G=2, Y_1 \in (y_{11}, y_{12}))$$
$$= E[Y \mid G=2, m_1(X, U_1) \in (y_{11}, y_{12})]$$
$$= E[Y \mid G=2, U_1 \in (\eta_1(X, y_{11}), \eta_1(X, y_{12}))].$$

以上第 1 个等号来源于定义,第 2 个等号来源于 Y_1 的数据生成过程以及 $G=2$ 时,$Y_2 = Y$;第 3 个等号来源于假设 4.3.3,其中 $\eta_1(x, y)$ 是 $m_1(x, u)$ 的反函数。识别想要进行下去的难点在于把不可观测的 U_1 和 $\eta_1(\cdot, \cdot)$ 表示成可观测变量 (Y, G, X) 联合分布的函数。注意到条件分布函数 $F_{U_1|X}(u \mid x)$ 关于 u 严格单调递增。$U_1 \in (\eta_1(X, y_{11}), \eta_1(X, y_{12}))$ 等价于

$$F_{U_1|X}(U_1 \mid X) \in (F_{U_1|X}(\eta_1(X, y_{11}) \mid X), F_{U_1|X}(\eta_1(X, y_{12}) \mid X)).$$

同时,根据附录中引理 4.1-4.2,可知 $F_{U_1|X}(U_1 \mid X) = F_{Y|GX}(Y \mid 1, X)$,以及 $(F_{U_1|X}(\eta_1(X, y_{11}) \mid X), F_{U_1|X}(\eta_1(X, y_{12}) \mid X)) = (F_{Y|GX}(y_{11} \mid$

$1, X)$，$F_{Y|GX}(y_{12} \mid 1, X))$。因此

$$\theta_1(\tau_1, \tau_2) = E[Y \mid G=2, F_{Y|GX}(Y \mid 1, X) \in \\ (F_{Y|GX}(y_{11} \mid 1, X), F_{Y|GX}(y_{12} \mid 1, X))].$$

由于上述等号右边已经表示成可观测变量(Y, G, X)联合分布的条件期望，因此$\theta_1(\tau_1, \tau_2)$可识别。

下证$\theta_2(\tau_1, \tau_2) = E[Y_2 \mid G=1, Y_1 \in (y_{11}, y_{12})]$可识别。定义

$$\theta_2(\tau_1, \tau_2, x) = E(Y_2 \mid G=1, Y_1 \in (y_{11}, y_{12}), X=x),$$

则

$$\theta_2(\tau_1, \tau_2, x)$$
$$= E(m_2(x, U_2) \mid G=1, m_1(x, U_1) \in (y_{11}, y_{12}), X=x)$$
$$= E(m_2(x, U_2) \mid G=1, U_1 \in (\eta_1(x, y_{11}), \eta_1(x, y_{12})), X=x)$$
$$= E(m_2(x, U_2) \mid G=2, U_1 \in (\eta_1(x, y_{11}), \eta_1(x, y_{12})), X=x)$$
$$= E(m_2(x, U_2) \mid G=2, F_{U_1|X}(U_1 \mid x) \in (F_{U_1|X}(\eta_1(x, y_{11}) \mid x), \\ F_{U_1|X}(\eta_1(x, y_{12}) \mid x)), X=x)$$
$$= E(m_2(X, U_2) \mid G=2, F_{Y|GX}(Y \mid 1, x) \in (F_{Y|GX}(y_{11} \mid 1, x), \\ F_{Y|GX}(y_{12} \mid 1, x)), X=x)$$
$$= E(Y \mid G=2, F_{Y|GX}(Y \mid 1, x) \in (F_{Y|GX}(y_{11} \mid 1, x), \\ F_{Y|GX}(y_{12} \mid 1, x)), X=x),$$

上述第1个等号来源于代入Y_1, Y_2的数据生成过程，第2个等号来源于假设4.3.3，第3个等号来源于假设4.3.2，第4个等号来源于$F_{U_1|X}(u \mid x)$关于u严格单调递增，第5个等号来源于引理4.1-4.2，第6个等号来源于$G=2$时，$m_2(X, U_2) = Y_2 = Y$。上述等号右边已经表示成了可观测变量(Y, G, X)联合分布的函数，因此$\theta_2(\tau_1, \tau_2, x)$可识别。由于$X$给定$G=1, Y \in (y_{11}, y_{12})$时的条件分布可识别，因此$\theta_2(\tau_1, \tau_2) = E_{X|G=1, Y \in (y_{11}, y_{12})}[\theta_2(\tau_1, \tau_2, X)]$亦可识别。

（二）证明定理4.1需要的引理

由于$m_g(x, u)$关于u严格单调递增，它的反函数存在，记成$\eta_g(x, y)$。用$F_{U_1|X}(u \mid x)$表示给定$X=x$时，U_1的条件分布函数，即$F_{U_1|X}(u \mid x) = P(U_1 < u \mid X=x)$。

引理4.1 在定理4.1的条件下，对于任意的$(x, y) \in S_X \times S_Y$，

$g=1,2,$

$$F_{U_1|X}(\eta_g(x,y)\mid x)=P(Y\leqslant y\mid G=g, X=x)=F_{Y|GX}(y\mid g,x).$$

证明：$P(Y\leqslant y\mid G=g, X=x)=P(Y_g\leqslant y\mid G=g, X=x)$
$=P(m_g(X,U_g)\leqslant y\mid G=g, X=x)$
$=P(m_g(x,U_g)\leqslant y\mid G=g, X=x)$
$=P(U_g\leqslant \eta_g(x,y)\mid G=g, X=x)$
$=P(U_g\leqslant \eta_g(x,y)\mid X=x)$
$=P(U_1\leqslant \eta_g(x,y)\mid X=x)$
$=F_{U_1|X}(\eta_g(x,y)\mid x).$

以上第 1—2 个等号来源于数据生成过程，第 3 个来源于条件期望性质，第 4 个来源于假设 4.3.3，第 5 个来源于假设 4.3.2，第 6 个来源于假设 4.3.4。

引理 4.2 记 $F_{Y|GX}(y\mid g,x)=P(Y\leqslant y\mid G=g, X=x)$。在定理 4.1 的条件下，对于任意的 $g=1,2$，

$$F_{U_1|X}(U_g\mid X)=F_{Y|GX}(Y\mid g,X).$$

证明：引理 4.1 已证

$$F_{U_1|X}(\eta_g(x,y)\mid x)=F_{Y|GX}(y\mid g,x).$$

在上式中令 $x=X_i$，$y=Y_{gi}$，并注意到 $U_{gi}=\eta_g(X_i,Y_{gi})$，

$F_{U_1|X}(U_{gi}\mid X_i)=F_{U_1|X}(\eta_g(X_i,Y_{gi})\mid X_i)=F_{Y|GX}(Y_{gi}\mid g,X_i)$
$=F_{Y|GX}(Y_i\mid g,X_i).$

去掉下标 i，即得结论。

第四节　阶层流动效应的估计

本节讨论 OC 分解的实施步骤。我们首先在上一节识别定理（定理 4.1）的基础上，给出 OC 分解中各项的估计量。其次我们讨论了估计中应该注意的事项，以及如何计算估计量的标准差。最后我们讨论了如何将禀赋和结构效应分解到单个解释变量的贡献。

4.1　OC 分解项的估计

假设研究者获得了独立同分布样本 $\{Y_i, G_i, X_i\}$，$i=1,\cdots,n$。根

据定理 4.1,研究者需要估计以下各项:

(1) $E(Y \mid G=2, Y \in (y_{21}, y_{22}))$,

(2) $E[Y \mid G=2, F_{Y|GX}(Y \mid 1, X) \in (F_{Y|GX}(y_{11} \mid 1, X), F_{Y|GX}(y_{12} \mid 1, X))]$,

(3) $E_{X|G=1, Y \in (y_{11}, y_{12})}[\theta_2(\tau_1, \tau_2, X)]$,

其中 $\theta_2(\tau_1, \tau_2, x) = E(Y \mid G=2, F_{Y|GX}(Y \mid 1, x) \in (F_{Y|GX}(y_{11} \mid 1, x), F_{Y|GX}(y_{12} \mid 1, x)), X=x)$,

(4) $E(Y \mid G=1, Y \in (y_{11}, y_{12}))$。

第(1)、第(4)项的估计比较简单。给定 $0 < \tau_1 < \tau_2 < 1$,研究者通过 $Q_{Y|G=1}(\tau_1) = y_{11}$, $Q_{Y|G=1}(\tau_2) = y_{12}$, $Q_{Y|G=2}(\tau_1) = y_{21}$, $Q_{Y|G=2}(\tau_2) = y_{22}$,估计 y_{11}, y_{12}, y_{21} 和 y_{22}。然后 $E(Y \mid G=2, Y \in (y_{21}, y_{22}))$ 的一个一致估计量是:

$$\frac{\sum_{i=1}^{n} Y_i 1\{G_i = 2\} 1\{y_{21} < Y_i < y_{22}\}}{\sum_{i=1}^{n} 1\{G_i = 2\} 1\{y_{21} < Y_i < y_{22}\}}.$$

类似地,$E(Y \mid G=1, Y \in (y_{11}, y_{12}))$ 的一个一致估计量是:

$$\frac{\sum_{i=1}^{n} Y_i 1\{G_i = 1\} 1\{y_{11} < Y_i < y_{12}\}}{\sum_{i=1}^{n} 1\{G_i = 1\} 1\{y_{11} < Y_i < y_{12}\}}.$$

为了估计第(2)和第(3)项,首先需要定义其中涉及的几个条件分布函数的估计量。不失一般性,假设 X 是一维,且取值是离散的。对于任意的 (Y_i, X_i),第(2)项涉及的条件分布函数的估计量是:

$$\hat{F}_{Y|GX}(Y_i \mid 1, X_i) = \frac{\sum_{j=1, j \neq i}^{n} 1\{Y_j < Y_i\} 1\{G_j = 1\} 1\{X_j = X_i\}}{\sum_{j=1, j \neq i}^{n} 1\{G_j = 1\} 1\{X_j = X_i\}},$$

(4.4.1)

$$\hat{F}_{Y|GX}(y_{11} \mid 1, X_i) = \frac{\sum_{j=1, j \neq i}^{n} 1\{Y_j < y_{11}\} 1\{G_j = 1\} 1\{X_j = X_i\}}{\sum_{j=1, j \neq i}^{n} 1\{G_j = 1\} 1\{X_j = X_i\}},$$

(4.4.2)

$$\hat{F}_{Y|GX}(y_{12} \mid 1, X_i) = \frac{\sum_{j=1, j \neq i}^{n} 1\{Y_j < y_{12}\}1\{G_j = 1\}1\{X_j = X_i\}}{\sum_{j=1, j \neq i}^{n} 1\{G_j = 1\}1\{X_j = X_i\}}.$$

(4.4.3)

在此基础上，$E[Y \mid G = 2, F_{Y|GX}(Y \mid 1, X) \in (F_{Y|GX}(y_{11} \mid 1, X), F_{Y|GX}(y_{12} \mid 1, X))]$ 的一个一致估计量是：

$$\frac{\sum_{i=1}^{n} Y_i 1\{G_i = 2\}1\{\hat{F}_{Y|GX}(Y_i \mid 1, X_i) \in (\hat{F}_{Y|GX}(y_{11} \mid 1, X_i), \hat{F}_{Y|GX}(y_{12} \mid 1, X_i))\}}{\sum_{i=1}^{n} 1\{G_i = 2\}1\{\hat{F}_{Y|GX}(Y_i \mid 1, X_i) \in (\hat{F}_{Y|GX}(y_{11} \mid 1, X_i), \hat{F}_{Y|GX}(y_{12} \mid 1, X_i))\}}.$$

最后考虑第(4)项的估计。首先定义

$$\hat{F}_{Y|GX}(Y_j \mid 1, X_i) = \frac{\sum_{k=1, k \neq i, j}^{n} 1\{Y_k < Y_j\}1\{G_k = 1\}1\{X_k = X_i\}}{\sum_{k=1, k \neq i, j}^{n} 1\{G_k = 1\}1\{X_k = X_i\}}.$$

$$\theta_2(\tau_1, \tau_2, X_i) = E(Y \mid G = 2, F_{Y|GX}(Y \mid 1, X_i) \in (F_{Y|GX}(y_{11} \mid 1, X_i), F_{Y|GX}(y_{12} \mid 1, X_i)), X = X_i)$$

的一个一致估计量是

$$\hat{\theta}_2(\tau_1, \tau_2, X_i)$$

$$= \frac{\sum_{j=1, j \neq i}^{n} Y_j 1\{G_j = 2\}1\{\hat{F}_{Y|GX}(Y_j \mid 1, X_i) \in (\hat{F}_{Y|GX}(y_{11} \mid 1, X_i), \hat{F}_{Y|GX}(y_{12} \mid 1, X_i))\}1\{X_j = X_i\}}{\sum_{j=1, j \neq i}^{n} 1\{G_j = 2\}1\{\hat{F}_{Y|GX}(Y_j \mid 1, X_i) \in (\hat{F}_{Y|GX}(y_{11} \mid 1, X_i), \hat{F}_{Y|GX}(y_{12} \mid 1, X_i))\}1\{X_j = X_i\}}$$

$$= \frac{\sum_{j=1, j \neq i}^{n} Y_j 1\{G_j = 2\}1\{\hat{F}_{Y|GX}(Y_j \mid 1, X_j) \in (\hat{F}_{Y|GX}(y_{11} \mid 1, X_j), \hat{F}_{Y|GX}(y_{12} \mid 1, X_j))\}1\{X_j = X_i\}}{\sum_{j=1, j \neq i}^{n} 1\{G_j = 2\}1\{\hat{F}_{Y|GX}(Y_j \mid 1, X_j) \in (\hat{F}_{Y|GX}(y_{11} \mid 1, X_j), \hat{F}_{Y|GX}(y_{12} \mid 1, X_j))\}1\{X_j = X_i\}}.$$

$E_{X|G=1, Y \in (y_{11}, y_{12})}[\theta_2(\tau_1, \tau_2, X)]$ 的一个一致估计量是

$$\frac{\sum_{i=1}^{n} \hat{\theta}_2(\tau_1, \tau_2, X_i) 1\{G_i = 1\} 1\{Y_i \in (y_{11}, y_{12})\}}{\sum_{i=1}^{n} 1\{G_i = 1\} 1\{Y_i \in (y_{11}, y_{12})\}}.$$

4.2 估计和推断中的注意事项

(1) 从上面的估计过程可以看出，估计的计算量主要在于条件分布函数，例如估计 $\hat{F}_{Y|GX}(Y_j \mid 1, X_i)$、$\hat{F}_{Y|GX}(Y_i \mid 1, X_i)$、$\hat{F}_{Y|GX}(y_{11} \mid 1, X_i)$ 和 $\hat{F}_{Y|GX}(y_{12} \mid 1, X_i)$。一旦这些条件分布函数被估计出，$\Delta^M(\tau_1, \tau_2)$、$\Delta^C(\tau_1, \tau_2)$ 和 $\Delta^S(\tau_1, \tau_2)$ 只不过是这些条件分布函数的样本均值。为了说明估计原理，以上估计量仅考虑了个体特征 X 是一维，且取值是离散的情形。当 X 同时包含离散和连续分量时，我们在各估计量中用

$$\prod_{l=1}^{K_d} 1\{X_{jl}^d = X_{il}^d\} \prod_{s=1}^{K_c} K\left(\frac{X_{js}^c - X_{is}^c}{h_s}\right)$$

代替 $1\{X_j = X_i\}$，其中 X_l^d 表示 X 的第 l 个离散分量，X_s^c 表示 X 的第 s 个连续分量，$K = K_d + K_c$。

(2) 当 X 的维数不高，且样本容量较大时，$\hat{F}_{Y|GX}(Y_j \mid 1, X_i)$、$\hat{F}_{Y|GX}(Y_i \mid 1, X_i)$、$\hat{F}_{Y|GX}(y_{11} \mid 1, X_i)$ 和 $\hat{F}_{Y|GX}(y_{12} \mid 1, X_i)$ 的核估计量表现较好。一旦 X 的维数很高，核估计量的精确度将下降。此时，研究者可以采用条件分布回归代替核估计。条件分布回归方法如下：

首先，研究者假设 $F_{Y|GX}(y \mid 1, x)$ 服从参数形式：

$$F_{Y|GX}(y \mid 1, x) = \Lambda(\beta_0(y) + \beta_1(y)x + \beta_2(y)x^2).$$

其中 $\Lambda(\cdot)$ 是某个给定的连续型随机变量的分布函数。系数 $\beta_0(y)$、$\beta_1(y)$、$\beta_2(y)$ 可由以下方法估计得到：

$$\begin{aligned}&(\hat{\beta}_0(y), \hat{\beta}_1(y), \hat{\beta}_2(y)) \\ &= \underset{b}{\operatorname{argmax}} \sum_{i=1}^{n} 1\{Y_i \leqslant y\} \ln \Lambda(b_0 + b_1 X_i + b_2 X_i^2) 1\{G_i = 1\} \\ &\quad + 1\{Y_i > y\} \ln[1 - \Lambda(b_0 + b_1 X_i + b_2 X_i^2)] 1\{G_i = 1\}\end{aligned}$$

此时

$$\hat{F}_{Y|GX}(y \mid 1, x) = \Lambda(\hat{\beta}_0(y) + \hat{\beta}_1(y)x + \hat{\beta}_2(y)x^2).$$

然后，$\hat{F}_{Y|GX}(Y_j \mid 1, X_i) = \Lambda(\hat{\beta}_0(Y_j) + \hat{\beta}_1(Y_j)X_i + \hat{\beta}_2(Y_j)X_i^2)$，其他分布函数估计量类似可得。

（3）我们在附录中报告了上述估计量在一个简单数据生成过程下的模拟结果。模拟结果显示估计量具有良好的小样本性质。特别地，估计量可以很好地捕捉结构和构成效应在因变量不同取值区间上的异质性。运用标准的适用于核估计量的大样本理论可以证明，以上每一分解项估计量都服从$\sqrt{n}$-收敛且具有正态的极限分布。但是它们的极限分布具有十分复杂的表达式，此时若采用代入法（plug-in）计算估计量的标准误并不方便。根据本书第二章介绍的 Bootstrap 理论，实际中我们推荐采用 Bootstrap 方法获得标准误的一致估计。事实上许多使用 RIF 分解方法的文章均采用 Bootstrap 获得估计量的标准差（卢晶亮，2018；迟巍等，2018）。

4.3 如何将各效应分解至每一个解释变量的单独贡献？

在实际应用中，研究者还可能关心某一个特定的解释变量对收入增长和阶层流动的单独贡献。例如，受教育水平的提高对"扩大中等收入群体"具有特殊意义，政府要扩大教育投资，缩小教育在城乡和地区间的差异，从而增加低收入劳动者的市场竞争力。受教育水平的普遍提高是否有利于阶层流动？中等收入群体的收入增长有多少比例可归因于教育回报率的改变？要回答这些问题，需要计算"受教育水平"对各分解项的单独贡献。

在式（4.3.1）的基础上，我们将Y_g的生成过程$Y_g = m_g(X, U_g)$，$g = 1, 2$写成X的线性函数：

$$Y_g = B_0^g(U_g) + X'B^g(U_g), g = 1, 2 \qquad (4.4.1)$$

式（4.4.1）将Y_g（第g期潜在工资）表示成可观测个体特征X的线性函数，但是X前系数依赖于不可观测的个人能力U_g而称为随机系数。在（4.4.1）下，利用条件期望的线性性质，我们可以重写$\Delta^M(\tau_1, \tau_2)$、$\Delta^C(\tau_1, \tau_2)$和$\Delta^S(\tau_1, \tau_2)$：

$$\begin{aligned}\Delta^M(\tau_1, \tau_2) &= E(Y_2 \mid G = 2, F_{Y_2|G=2}(Y_2) \in (\tau_1, \tau_2)) \\ &\quad - E(Y_2 \mid G = 2, F_{Y_1|G=1}(Y_1) \in (\tau_1, \tau_2)) \\ &= \sum_{l=0}^{K} \Delta_l^M(\tau_1, \tau_2).\end{aligned}$$

其中 $\Delta_l^M(\tau_1,\tau_2)$, $l=0,1,\cdots,K$, 表示 $\Delta^M(\tau_1,\tau_2)$ 分解到 X 的第 l 个分量 X_l 的贡献:

$$\Delta_0^M(\tau_1,\tau_2) = E(B_0^2(U_2) \mid G=2, F_{Y_2|G=2}(Y_2) \in (\tau_1,\tau_2))$$
$$- E(B_0^2(U_2) \mid G=2, F_{Y_1|G=1}(Y_1) \in (\tau_1,\tau_2)),$$
$$\Delta_l^M(\tau_1,\tau_2) = E(X_l B_l^2(U_2) \mid G=2, F_{Y_2|G=2}(Y_2) \in (\tau_1,\tau_2))$$
$$- E(X_l B_l^2(U_2) \mid G=2, F_{Y_1|G=1}(Y_1) \in (\tau_1,\tau_2)).$$

同理,

$$\Delta^C(\tau_1,\tau_2) = E(Y_2 \mid G=2, F_{Y_1|G=1}(Y_1) \in (\tau_1,\tau_2))$$
$$- E(Y_2 \mid G=1, F_{Y_1|G=1}(Y_1) \in (\tau_1,\tau_2))$$
$$= \sum_{l=0}^{K} \Delta_l^C(\tau_1,\tau_2).$$

其中 $\Delta_l^C(\tau_1,\tau_2)$, $l=0,1,\cdots,K$, 表示 $\Delta^C(\tau_1,\tau_2)$ 分解到 X 的第 l 个分量 X_l 的贡献:

$$\Delta_0^C(\tau_1,\tau_2) = E(B_0^2(U_2) \mid G=2, F_{Y_1|G=1}(Y_1) \in (\tau_1,\tau_2))$$
$$- E(B_0^2(U_2) \mid G=1, F_{Y_1|G=1}(Y_1) \in (\tau_1,\tau_2)),$$
$$\Delta_l^C(\tau_1,\tau_2) = E(X_l B_l^2(U_2) \mid G=2, F_{Y_1|G=1}(Y_1) \in (\tau_1,\tau_2))$$
$$- E(X_l B_l^2(U_2) \mid G=1, F_{Y_1|G=1}(Y_1) \in (\tau_1,\tau_2)),$$
$$\Delta^S(\tau_1,\tau_2) = E(Y_2 - Y_1 \mid G=1, F_{Y_1|G=1}(Y_1) \in (\tau_1,\tau_2))$$
$$= \sum_{l=0}^{K} \Delta_l^S(\tau_1,\tau_2).$$

其中 $\Delta_l^S(\tau_1,\tau_2)$, $l=0,1,\cdots,K$, 表示 $\Delta^S(\tau_1,\tau_2)$ 分解到 X 的第 l 个分量 X_l 的贡献:

$$\Delta_0^S(\tau_1,\tau_2) = E(B_0^2(U_2) - B_0^1(U_1) \mid G=1, F_{Y_1|G=1}(Y_1) \in (\tau_1,\tau_2)),$$
$$\Delta_l^S(\tau_1,\tau_2) = E(X_l B_l^2(U_2) - X_l B_l^1(U_1) \mid G=1, F_{Y_1|G=1}(Y_1) \in (\tau_1,\tau_2)).$$

和定理 4.1 中识别 $\Delta^M(\tau_1,\tau_2)$、$\Delta^C(\tau_1,\tau_2)$ 和 $\Delta^S(\tau_1,\tau_2)$ 有所不同,为了识别 $\Delta_l^M(\tau_1,\tau_2)$、$\Delta_l^C(\tau_1,\tau_2)$ 和 $\Delta_l^S(\tau_1,\tau_2)$,我们需要知道有关 "$B_l^g(U_g)$" 的信息,即 X_l 的回报率。为此,我们加上如下假设:

假设 4.4.1 X 和 U_2 互相独立。

假设 4.4.1 要求控制变量独立于第 2 期的扰动项,这是识别 $\Delta^M(\tau_1, \tau_2)$, $\Delta^C(\tau_1, \tau_2)$ 和 $\Delta^S(\tau_1, \tau_2)$ 所不需要的。

定理 4.2 假设定理 4.1 所需的条件成立,数据生成过程服从线性随机系数模型式(4.4.1),且假设 4.4.1 成立,则对于任意 $l = 1, \cdots, K$

$$\Delta_l^M(\tau_1, \tau_2) = E(X_l \beta_l^2(F_{Y|GX}(Y \mid 2, X)) \mid G = 2, Y \in (y_{21}, y_{22}))$$
$$- E(X_l \beta_l^2(F_{Y|GX}(Y \mid 2, X)) \mid G = 2, F_{Y|GX}(Y \mid 1, X) \in$$
$$(F_{Y|GX}(y_{11} \mid 1, X), F_{Y|GX}(y_{12} \mid 1, X))),$$

$$\Delta_l^C(\tau_1, \tau_2) = E(X_l \beta_l^2(F_{Y|GX}(Y \mid 2, X)) \mid G = 2, F_{Y|GX}(Y \mid 1, X) \in$$
$$(F_{Y|GX}(y_{11} \mid 1, X), F_{Y|GX}(y_{12} \mid 1, X)))$$
$$- E(X_l \beta_l^2(F_{Y|GX}(Y \mid 2, X)) \mid G = 1, Y \in (y_{11}, y_{12})),$$

$$\Delta_l^S(\tau_1, \tau_2) = E(X_l \beta_l^2(F_{Y|GX}(Y \mid 2, X))$$
$$- X_l \beta_l^1(F_{Y|GX}(Y \mid 1, X)) \mid G = 1, Y \in (y_{11}, y_{12})).$$

其中 $\beta_l^g(u)$, $g = 1, 2$ 表示在 $G = g$ 的子样本中,用 Y 对 X 进行第 u 分位数回归后 X_l 前的系数。

从定理 4.2 出发,我们可以对于任意的 $l = 1, \cdots, K$,估计出 $\Delta_l^M(\tau_1, \tau_2)$、$\Delta_l^C(\tau_1, \tau_2)$ 和 $\Delta_l^S(\tau_1, \tau_2)$。其估计方法与前面估计 $\Delta^M(\tau_1, \tau_2)$、$\Delta^C(\tau_1, \tau_2)$ 和 $\Delta^S(\tau_1, \tau_2)$ 的步骤几乎一致。例如,为了估计

$$\Delta_l^M(\tau_1, \tau_2) = E(X_l \beta_l^2(F_{Y|GX}(Y \mid 2, X)) \mid G = 2, Y \in (y_{21}, y_{22}))$$
$$- E(X_l \beta_l^2(F_{Y|GX}(Y \mid 2, X)) \mid G = 2, F_{Y|GX}(Y \mid 1, X) \in$$
$$(F_{Y|GX}(y_{11} \mid 1, X), F_{Y|GX}(y_{12} \mid 1, X))),$$

我们可以这样做:首先在 $G = 2$ 的子样本中,用 Y 对 $(1, X)$ 进行第 u 分位数回归,记 X_l 前系数的估计量是 $\hat{\beta}_l^2(u)$。然后估计 $\Delta_l^M(\tau_1, \tau_2)$ 中出现的分布函数:

$$\hat{F}_{Y|GX}(Y_i \mid 2, X_i) = \frac{\sum_{j=1, j \neq i}^{n} 1\{Y_j < Y_i\} 1\{G_j = 2\} 1\{X_j = X_i\}}{\sum_{j=1, j \neq i}^{n} 1\{G_j = 2\} 1\{X_j = X_i\}},$$

$$\hat{F}_{Y|GX}(Y_i \mid 1, X_i) = \frac{\sum_{j=1, j \neq i}^{n} 1\{Y_j < Y_i\} 1\{G_j = 1\} 1\{X_j = X_i\}}{\sum_{j=1, j \neq i}^{n} 1\{G_j = 1\} 1\{X_j = X_i\}},$$

$$\widehat{F}_{Y|GX}(y_{11} \mid 1, X_i) = \frac{\sum_{j=1, j\neq i}^{n} 1\{Y_j < y_{11}\}1\{G_j = 1\}1\{X_j = X_i\}}{\sum_{j=1, j\neq i}^{n} 1\{G_j = 1\}1\{X_j = X_i\}},$$

$$\widehat{F}_{Y|GX}(y_{12} \mid 1, X_i) = \frac{\sum_{j=1, j\neq i}^{n} 1\{Y_j < y_{12}\}1\{G_j = 1\}1\{X_j = X_i\}}{\sum_{j=1, j\neq i}^{n} 1\{G_j = 1\}1\{X_j = X_i\}}.$$

基于以上中间估计量,

$$\widehat{\Delta}_l^M(\tau_1, \tau_2) = \frac{\sum_{i=1}^{n} X_{li}\widehat{\beta}_l^2(\widehat{F}_{Y|GX}(Y_i \mid 2, X_i))1\{G_i = 2\}1\{Y_i \in (y_{21}, y_{22})\}}{\sum_{i=1}^{n} 1\{G_i = 2\}1\{Y_i \in (y_{21}, y_{22})\}}$$

$$- \frac{\sum_{i=1}^{n} X_{li}\widehat{\beta}_l^2(\widehat{F}_{Y|GX}(Y_i \mid 2, X_i))1\{G_i = 2\}1\{\widehat{F}_{Y|GX}(Y_i \mid 1, X_i) \in (\widehat{F}_{Y|GX}(y_{11} \mid 1, X_i), \widehat{F}_{Y|GX}(y_{12} \mid 1, X_i))\}}{\sum_{i=1}^{n} 1\{G_i = 2\}1\{\widehat{F}_{Y|GX}(Y_i \mid 1, X_i) \in (\widehat{F}_{Y|GX}(y_{11} \mid 1, X_i), \widehat{F}_{Y|GX}(y_{12} \mid 1, X_i))\}},$$

$$\widehat{\Delta}_l^C(\tau_1, \tau_2) = \frac{\sum_{i=1}^{n} X_{li}\widehat{\beta}_l^2(\widehat{F}_{Y|GX}(Y_i \mid 2, X_i))1\{G_i = 2\}1\{\widehat{F}_{Y|GX}(Y_i \mid 1, X_i) \in (\widehat{F}_{Y|GX}(y_{11} \mid 1, X_i), \widehat{F}_{Y|GX}(y_{12} \mid 1, X_i))\}}{\sum_{i=1}^{n} 1\{G_i = 2\}1\{\widehat{F}_{Y|GX}(Y_i \mid 1, X_i) \in (\widehat{F}_{Y|GX}(y_{11} \mid 1, X_i), \widehat{F}_{Y|GX}(y_{12} \mid 1, X_i))\}}$$

$$- \frac{\sum_{i=1}^{n} X_{li}\widehat{\beta}_l^2(\widehat{F}_{Y|GX}(Y_i \mid 2, X_i))1\{G_i = 1\}1\{Y_i \in (y_{11}, y_{12})\}}{\sum_{i=1}^{n} 1\{G_i = 1\}1\{Y_i \in (y_{11}, y_{12})\}},$$

$$\widehat{\Delta}_l^S(\tau_1, \tau_2) = \frac{\sum_{i=1}^{n} X_{li}(\widehat{\beta}_l^2(\widehat{F}_{Y|GX}(Y_i \mid 2, X_i)) - \widehat{\beta}_l^1(\widehat{F}_{Y|GX}(Y_i \mid 1, X_i)))1\{G_i = 1\}1\{Y_i \in (y_{11}, y_{12})\}}{\sum_{i=1}^{n} 1\{G_i = 1\}1\{Y_i \in (y_{11}, y_{12})\}}.$$

本节附录

（一）定理 4.2 的证明

首先考虑 $\Delta_l^M(\tau_1, \tau_2)$ 的识别。

$\Delta_l^M(\tau_1, \tau_2)$
$= E(X_l B_l^2(U_2) \mid G=2, Y \in (y_{21}, y_{22}))$
$\quad - E(X_l B_l^2(U_2) \mid G=2, Y_1 \in (y_{11}, y_{12}))$
$=^{(1)} E(X_l B_l^2(F_{U_2}^{-1}(F_{U_2}(U_2))) \mid G=2, Y \in (y_{21}, y_{22}))$
$\quad - E(X_l B_l^2(F_{U_2}^{-1}(F_{U_2}(U_2))) \mid G=2, m_1(X, U_1) \in (y_{11}, y_{12}))$
$=^{(2)} E(X_l \beta_l^2(F_{Y|GX}(Y \mid 2, X)) \mid G=2, Y \in (y_{21}, y_{22}))$
$\quad - E(X_l \beta_l^2(F_{Y|GX}(Y \mid 2, X)) \mid G=2, U_1 \in (\eta_1(X, y_{11}), \eta_1(X, y_{12})))$
$=^{(3)} E(X_l \beta_l^2(F_{Y|GX}(Y \mid 2, X)) \mid G=2, Y \in (y_{21}, y_{22}))$
$\quad - E(X_l \beta_l^2(F_{Y|GX}(Y \mid 2, X)) \mid G=2, F_{U_1|X}(U_1 \mid X) \in$
$\quad (F_{U_1|X}(\eta_1(X, y_{11}) \mid X), F_{U_1|X}(\eta_1(X, y_{12}) \mid X)))$
$=^{(4)} E(X_l \beta_l^2(F_{Y|GX}(Y \mid 2, X)) \mid G=2, Y \in (y_{21}, y_{22}))$
$\quad - E(X_l \beta_l^2(F_{Y|GX}(Y \mid 2, X)) \mid G=2, F_{Y|GX}(Y \mid 1, X) \in$
$\quad (F_{Y|GX}(y_{11} \mid 1, X), F_{Y|GX}(y_{12} \mid 1, X))).$

以上等号(1)中，将 $B_l^2(U_2)$ 表示成 $B_l^2(F_{U_2}^{-1}(F_{U_2}(U_2)))$。等号(2)利用引理 4.3 将 $B_l^2(F_{U_2}^{-1}(u))$ 表示成 $\beta_l^2(u)$，其中 $\beta_l^2(u)$ 表示在 $G=2$ 的子样本中，用 Y 对 X 进行第 u 分位数回归后 X_l 前的系数。等式(2)还利用了引理 4.4 以及假设 4.3.3。等式(3)将

$$U_1 \in (\eta_1(X, y_{11}), \eta_1(X, y_{12}))$$

等价地表示成

$F_{U_1|X}(U_1 \mid X) \in (F_{U_1|X}(\eta_1(X, y_{11}) \mid X), F_{U_1|X}(\eta_1(X, y_{12}) \mid X)).$

等式(4)利用了引理 4.1 和 4.2 的结果。至此，$\Delta_l^M(\tau_1, \tau_2)$ 已被表示成可观测变量 (Y, G, X) 联合分布的函数，因此可识别。其次考虑 $\Delta_l^C(\tau_1, \tau_2)$ 的识别。

$\Delta_l^C(\tau_1, \tau_2) = E(X_l B_l^2(U_2) \mid G=2, Y_1 \in (y_{11}, y_{12}))$
$\quad - E(X_l B_l^2(U_2) \mid G=1, Y_1 \in (y_{11}, y_{12}))$
$\quad = E(X_l B_l^2(F_{U_2}^{-1}(F_{U_2}(U_2))) \mid G=2, Y_1 \in (y_{11}, y_{12}))$

$$- E(X_l B_l^2 (F_{U_2}^{-1}(F_{U_2}(U_2))) \mid G=1, Y \in (y_{11}, y_{12}))$$
$$= E(X_l \beta_l^2 (F_{Y|GX}(Y \mid 2, X)) \mid G=2, F_{Y|GX}(Y \mid 1, X) \in$$
$$(F_{Y|GX}(y_{11} \mid 1, X), F_{Y|GX}(y_{12} \mid 1, X)))$$
$$- E(X_l \beta_l^2 (F_{Y|GX}(Y \mid 2, X)) \mid G=1, Y \in (y_{11}, y_{12})).$$

最后考虑 $\Delta_l^S(\tau_1, \tau_2)$ 的识别。

$$\Delta_l^S(\tau_1, \tau_2) = E(X_l B_l^2(U_2) - X_l B_l^1(U_1) \mid G=1, Y_1 \in (y_{11}, y_{12}))$$
$$= E(X_l B_l^2 (F_{U_2}^{-1}(F_{U_2}(U_2)))$$
$$- X_l B_l^1 (F_{U_2}^{-1}(F_{U_2}(U_1))) \mid G=1, Y \in (y_{11}, y_{12}))$$
$$= E(X_l \beta_l^2 (F_{Y|GX}(Y \mid 2, X))$$
$$- X_l \beta_l^1 (F_{Y|GX}(Y \mid 1, X)) \mid G=1, Y \in (y_{11}, y_{12})).$$

其中，$\beta_l^g(u)$，$g=1, 2$ 表示在 $G=g$ 的子样本中，用 Y 对 X 进行第 u 分位数回归后 X_l 前的系数。

（二）证明定理 4.2 需要的引理

引理 4.3 在定理 4.2 的假设下，对于任意的 $u \in (0, 1)$，$x \in S_X$，$l=0, 1, \cdots, K$，$g=1, 2$，$B_l^g(F_{U_2}^{-1}(u))$ 恰好是在 $G=g$ 的子样本中，用 Y 对 X 进行第 u 分位数回归后 X_l 前的系数，其中 $F_{U_2}^{-1}(u)$ 是 U_2 的第 u（无条件）分位数。

证明：对于任意的 $u \in (0, 1)$，根据分位数回归的定义，只需证明

$$P(Y \leqslant B_0^g(F_{U_2}^{-1}(u)) + x'B^g(F_{U_2}^{-1}(u)) \mid G=g, X=x) = u.$$

上式左边等于

$$P(Y \leqslant B_0^g(F_{U_2}^{-1}(u)) + x'B^g(F_{U_2}^{-1}(u)) \mid G=g, X=x)$$
$$= P(Y_g \leqslant B_0^g(F_{U_2}^{-1}(u)) + x'B^g(F_{U_2}^{-1}(u)) \mid G=g, X=x)$$
$$= P(B_0^g(U_g) + x'B^g(U_g) \leqslant B_0^g(F_{U_2}^{-1}(u))$$
$$+ x'B^g(F_{U_2}^{-1}(u)) \mid G=g, X=x)$$
$$= P(U_g \leqslant F_{U_2}^{-1}(u) \mid G=g, X=x) = P(U_g \leqslant F_{U_2}^{-1}(u) \mid X=x)$$
$$= P(U_2 \leqslant F_{U_2}^{-1}(u) \mid X=x) = P(U_2 \leqslant F_{U_2}^{-1}(u)) = u.$$

以上第 1—2 个等号来源于数据生成过程，第 3 个来源于假设 4.3.3，第 4 个来源于假设 4.3.2，第 5 个来源于假设 4.3.4，第 6 个来源于假设 4.4.1。

引理 4.4 记 $F_{Y|GX}(y \mid g, x) = P(Y \leqslant y \mid G=g, X=x)$。在定理 4.2 的条件下,对于任意的 $g = 1, 2$,

$$F_{U_2}(U_g) = F_{Y|GX}(Y \mid g, X).$$

证明:引理 4.2 已证在假设 4.3.1-4.3.4 之下,

$$F_{U_1|X}(U_g \mid X) = F_{Y|GX}(Y \mid g, X).$$

利用假设 4.3.4 和假设 4.4.1,可得

$$F_{U_2}(U_g) = F_{U_2|X}(U_g \mid X) = F_{U_1|X}(U_g \mid X) = F_{Y|GX}(Y \mid g, X).$$

证毕。

(三) 数值模拟

为了反映本节提出的估计量在样本容量有限时的表现,我们进行了一个小规模的蒙特卡罗模拟实验。在不同的样本量下,我们计算了结构效应 $\Delta_l^S(\tau_1, \tau_2)$ 和禀赋效应 $\Delta_l^C(\tau_1, \tau_2)$ 在 Y 的 9 个等间距分位区间上的估计量。Y_g, $g = 1, 2$ 的数据生成过程为:

$$Y_1 = B_0^1 + B_1^1(U)X_1^1 + B_2^1(U)X_2^1,$$
$$Y_2 = B_0^2 + B_1^2(U)X_1^2 + B_2^2(U)X_2^2,$$
$$Y = 1\{G=1\}Y_1 + 1\{G=2\}Y_2,$$

其中 B_0^1、B_0^2 为常数,$B_0^1 = 0.7$,$B_0^2 = 1.4$,B_1^1、B_2^1、B_1^2、B_2^2 为随机变量,$B_1^1 = 0.2U$,$B_2^1 = B_1^2 = 0.4U$,$B_2^2 = 0.8U$。随机变量 $(X_1^1, X_2^1, X_1^2, X_2^2, U, G)$ 各分量之间互相独立,各分量从如下分布中抽取: $U \sim^d Uniform[0, 1]$,$X_1^1 \sim^d Uniform[1, 3]$,$X_2^1 \sim^d Uniform[2, 4]$,$X_1^2 \sim^d Uniform[7, 9]$,$X_2^2 \sim^d Uniform[8, 10]$,$P(G=1) = 0.5$。我们使用如下 Epanechnikov 类型的高阶核函数来完成估计:

$$K(t) = c_0(6\,864 - 24\,024t^2 + 2\,450\,448t^4 - 1\,108\,536t^6 + 2\,586\,584t^8$$
$$- 32\,449\,872t^{10} + 208\,012t^{12} - 534\,888t^{14})1\{-1 \leqslant t \leqslant 1\},$$

其中 $c_0 = 0.000\,671\,222\,8$,窗宽 $h = sn^{-0.18}$,s 代表样本标准差,n 代表样本量。

对于每个估计量,我们都重复计算 200 次。在 2 000 个样本量下,报告了 9 个分位区间上的结构效应 $\hat{\Delta}_l^S(\tau_1, \tau_2)$ 和构成效应 $\hat{\Delta}_l^C(\tau_1, \tau_2)$ 的

经验偏差率（empirical bias ratio，等于偏差除以真值）和经验标准误（empirical standard deviation）。具体结果如表所示：

1. $\Delta_1^S(\tau_1,\tau_2)$ 的模拟结果

N=2 000 时 $\Delta_1^S(\tau_1,\tau_2)$ 的模拟结果

(τ_1,τ_2)	5%—15%	15%—25%	25%—35%	35%—45%	45%—55%	55%—65%	65%—75%	75%—85%	85%—95%
真值	0.160 8	0.320 1	0.479 8	0.639 0	0.798 4	0.957 6	1.119 8	1.280 9	1.438 2
偏误率 Ratio	0.105 3	0.068 4	0.025 9	0.020 1	0.011 7	0.011 1	0.023 3	0.016 5	0.024 8
Std	0.107 0	0.103 3	0.117 3	0.106 5	0.198 4	0.177 8	0.173 8	0.194 4	0.115 0

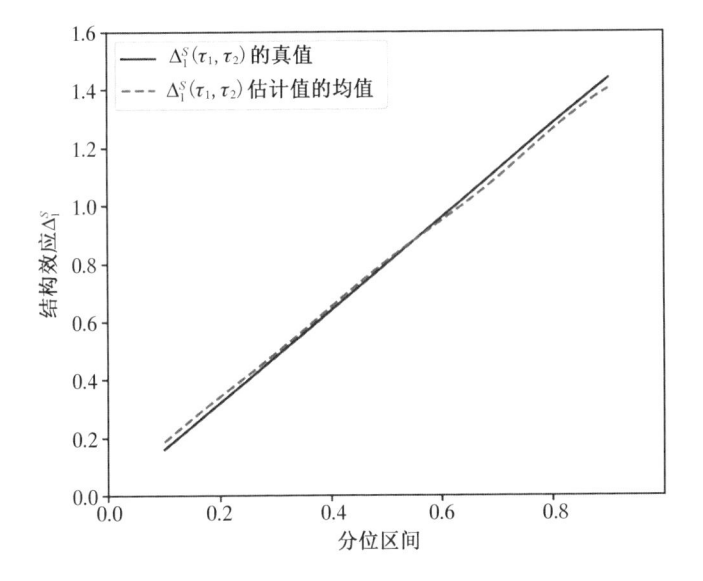

2. $\Delta_2^S(\tau_1,\tau_2)$ 的模拟结果

N=2 000 时 $\Delta_2^S(\tau_1,\tau_2)$ 的模拟结果

(τ_1,τ_2)	5%—15%	15%—25%	25%—35%	35%—45%	45%—55%	55%—65%	65%—75%	75%—85%	85%—95%
真值	0.360 7	0.718 9	1.077 0	1.436 8	1.791 6	2.151 3	2.511 9	2.868 8	3.232 1
偏误率 Ratio	0.115 5	0.050 3	0.038 0	0.015 9	0.026 1	0.014 8	0.005 6	0.009 5	0.028 2
Std	0.137 1	0.155 8	0.188 9	0.212 6	0.258 0	0.218 2	0.206 5	0.205 7	0.193 4

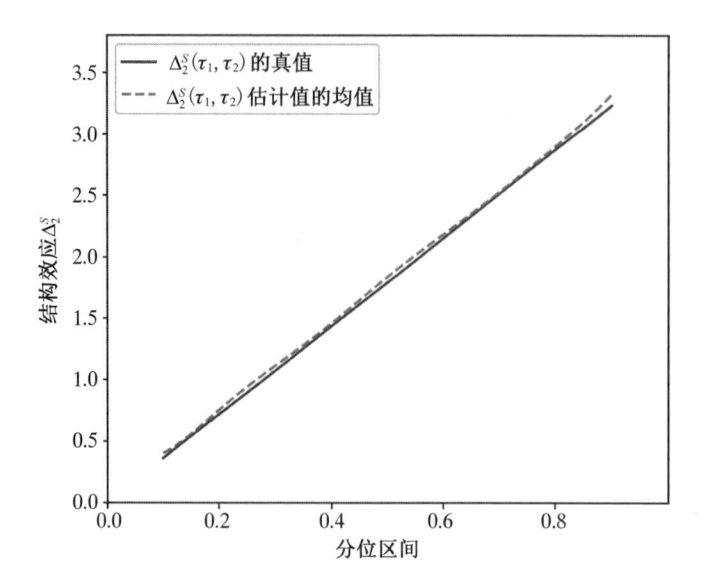

3. $\Delta_1^C(\tau_1, \tau_2)$ 的模拟结果

$N=2\,000$ 时 $\Delta_1^C(\tau_1, \tau_2)$ 的模拟结果

(τ_1, τ_2)	5%—15%	15%—25%	25%—35%	35%—45%	45%—55%	55%—65%	65%—75%	75%—85%	85%—95%
真值	0.120 2	0.239 5	0.359 1	0.477 5	0.597 0	0.717 0	0.837 5	0.957 6	1.077 5
偏误率 Ratio	0.075 6	0.021 2	0.021 9	0.029 7	0.015 6	0.034 2	0.035 7	0.043 0	0.034 4
Std	0.051 4	0.069 9	0.078 3	0.084 8	0.090 5	0.084 3	0.069 7	0.075 5	0.058 7

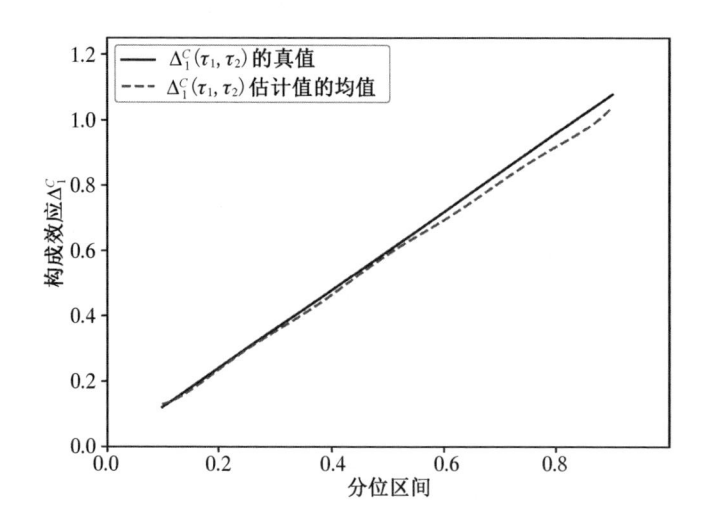

4. $\Delta_2^C(\tau_1, \tau_2)$ 的模拟结果

$N=2\,000$ 时 $\Delta_2^C(\tau_1, \tau_2)$ 的模拟结果

(τ_1, τ_2)	5%—15%	15%—25%	25%—35%	35%—45%	45%—55%	55%—65%	65%—75%	75%—85%	85%—95%
真值	0.2391	0.4764	0.7154	0.9519	1.1877	11.4298	1.6656	1.9064	2.1520
偏误率 Ratio	0.0808	0.0274	0.0387	0.0465	0.0356	0.0553	0.0487	0.0466	0.0152
Std	0.0542	0.0647	0.0809	0.0793	0.0815	0.0886	0.0717	0.0620	0.1228

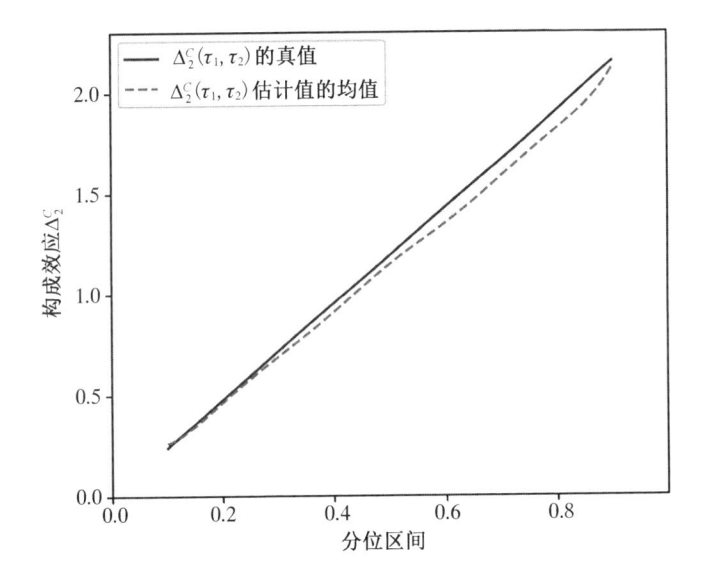

第五节 教育、收入增长与阶层流动：2010—2018 年 CFPS 实证分析

近二十年中国经济的高速发展带来了居民收入水平的大幅增长，然而由于各个收入阶层的收入增长速率并不一致，导致居民整体收入不平等持续扩大。研究居民收入不平等趋势及其成因的方法之一是通过对收入在不同年份的变化（增长）进行分解，进而识别影响收入分配的不同要素对增长的贡献作用（徐舒，2010；卢晶亮，2018；罗楚亮，2018）。为了揭示近年来国内社会变迁和收入增长演变趋势，本节采用中国家庭追踪调

查(CFPS)2010—2018 年数据,运用本章提出的 OC 分解方法,分析各收入阶层收入增长的异质性演变特征,以及识别阶层流动效应对收入不平等的贡献作用。

在对不同年份人群的收入分布进行分解时,已有文献普遍采用 Firpo,Fortin & Lemieus(2009,2018)提出的 RIF 分解方法。但正如本章前面所指出的,RIF 分解方法尽管可以分析收入分布不同位置人群收入增长的异质性特征,但 RIF 分解目标是两个时期位于收入无条件分布相同位置上的子人群,该方法没有控制个体所在"收入阶层"。本节采用新提出的 OC 分解方法,控制个体在考察初期的收入水平不变,进而分析同一收入阶层人群收入不平等(收入增速差异)的演变与成因。

哪些因素可能加剧收入不平等?毫无疑问,受教育程度是公认的影响收入分配的重要因素。国内已有不少文献研究了教育与收入分配之间的关系。陈斌开等(2010)基于 2002 年 CHIP 数据,采用传统 OB 分解表明,教育水平差异是国内城乡收入差距的重要影响因素。徐舒(2010)运用 RIF 分解方法,基于中国健康与营养调查数据,发现教育回报是引起我国劳动者收入不平等扩大的重要原因。在以上文献基础上,本节利用 OC 分解进一步识别出教育对收入增长贡献在不同收入阶层人群中的异质性作用。研究发现,对于中高收入人群而言,教育的回报率差异(结构效应)对于收入增长具有更强解释能力,然而对于低收入人群而言,教育水平分布的差异(构成效应)则占主导地位。

5.1 数据说明

本节实证分析采用中国家庭追踪调查(CFPS)2010－2018 年的数据。该数据库包含了全国 25 个省/市/自治区的样本,具有较好的代表性。我们将居民个人收入作为因变量,对象为年龄在 16－65 岁的人群。为使居民收入在不同年份之间具有可比性,以 2010 年为基准年,根据城镇居民消费者价格指数对居民收入进行调整。需要说明的是,在 CFPS 数据中,一些年份的收入变量数据存在缺失。对于缺失较少的年份如 2012 年,我们插补了数据。对于缺失较大的年份如 2014 年,我们暂未采用该年份数据[①]。劳动力市场特征包括:居民受教育年数、工作经验、性别、职业、行业类型、省份和职务类型等。变量的定义和描述性统计见下:

---

① 2014 年的收入数据与其他年份的不一致性较大,因此本节未采用。

	变量名称	含义	定义
因变量	年收入	居民个人的年收入	个人的年收入,单位万元
关键变量	教育年限	接受教育的年数	被调查者的受教育年限
控制变量	工作经验	工作的年数	等于年龄－教育年限－6
	性别	被调查者性别	男性记为1,女性记为0
	职业	被调查者是否为农民或自由职业者等	如果是,记为1;否则记为0
	行业类型	工作的机构是否为政府部门、事业单位或者国有企业	如果是,记为1;其余记为0
	省份	被调查者所在的省份是否为东部省份	如果是,记为1;否则记为0
	职务类型	是否有行政管理职务	有行政管理职务,记为1;否则记为0

2010 年变量的描述统计量

变量名称	观测数	Mean	Std	Min	Max
个人收入对数	22 314	−0.472 3	1.570 3	−9.210 3	4.382 0
教育年限	22 314	7.589 4	4.595 1	0	22
工作经历	22 314	28.960 1	14.480 0	0	59
性别	22 314	0.538 0	0.498 6	0	1
职业	22 314	0.084 9	0.278 8	0	1
行业类型	22 314	0.110 2	0.313 1	0	1
省份	22 314	0.374 9	0.484 1	0	1
职务类型	22 314	0.048 9	0.215 6	0	1

5.2 OB 分解结果

作为分析的起点,我们首先比较了相邻年份收入的平均增长,并进行了OB分解。表4.1报告了考察期内收入总增长、受教育程度以及除教育以外其他因素对收入增长的贡献,还报告了教育的结构和构成效应。其中结构效应度量了因教育回报率变动导致的收入增长,构成效应度量了因受教育水平分布的变化导致的收入增长。从中可以看出,近十年以来,受教育水平对收入增长的贡献率维持在8%—18%的水平。

OB分解结果显示,大多数时候,教育的构成效应大于结构效应;教育因素主要通过使整个人群受教育水平提升对收入增长起促进作用;另外,虽然教育的结构效应并不占主导地位,但是随着时间推移,呈现逐步上升的趋势。OB 分解只能告诉我们整个人群收入增长随时间变化的趋势，以及教育对整体人群收入增长的平均贡献。接着我们利用 OC 分解分析不同收入阶层收入增速的差异性以及教育对不同收入水平子人群收入增长所起作用的异质性。

表 4.1　　　　　　收入增长的 OB 分解及教育的贡献

	2010—2012	2012—2016	2016—2018	2010—2018
收入对数的差	0.795 2	0.464 0	0.250 1	1.509 3
常数项和其余变量总和	0.732 1	0.378 6	0.208 5	1.358 4
教育的贡献	0.063 1	0.084 8	0.041 6	0.150 9
教育的贡献率	7.94%	18.28%	16.63%	10.00%
教育的结构效应	−0.007 2	0.004 7	0.031 2	0.023 9
教育的构成效应	0.070 3	0.080 1	0.010 4	0.127 0

5.3　按收入水平的分解结果

为了考察不同收入阶层收入增速的差异性以及随时间的变化趋势，首先要对收入阶层进行划分。具体做法如下：计算出各年样本对应的收入经验分布的 0.1，0.2，…，0.9 九个分位点，然后根据这九个分位点将每年收入划分为十个区间。低分位区间对应低收入阶层，高分位区间对应高收入阶层。接着计算同一收入阶层（对应同一分位区间）子人群的收入增速。具体计算方法如下：以 2010—2012 年这段时期为例，用 $[y_1^{2\,012}, y_2^{2\,012}]$ 和 $[y_1^{2\,010}, y_2^{2\,010}]$ 分别代表 2012 年收入分布 0.1—0.2 分位点构成的收入区间以及 2010 年收入分布 0.1—0.2 分位点构成的区间，则该收入阶层在 2010—2012 期间的收入增长为

$$E(Y^{2\,012} \mid Y^{2\,012} \in [y_1^{2\,012}, y_2^{2\,012}]) - E(Y^{2\,010} \mid Y^{2\,010} \in [y_1^{2\,010}, y_2^{2\,010}]). \tag{4.5.1}$$

注意到(4.5.1)与 RIF 分解目标本质上是一致的，两者区别在于(4.5.1)计算的是分位数区间上子人群的收入差异，RIF 分解目标是不同分位点对应子人群的收入差异。当划分的区间个数足够多，每个区间的长度趋于零时，(4.5.1)与 RIF 分解目标将无限趋近。我们计算了 2010—2012、2012—2016、2016—2018 和 2010—2018 四个时期，不同收入阶层对应的平均收入增长值，具体结果如表 4.2 所示。为了直观显示计算结果，我们还画出了对应的趋势图，如图 4.1 所示。

从表4.2或图4.1可以看出,在不同时间段,低收入者的收入增速总是大于高收入者的收入增速。在每一个收入阶层,2010—2012的收入实际增长始终大于2012—2016和2016—2018年的实际增长。这说明各个收入阶层的收入增速趋缓。同时,各个时期、各个收入阶层的收入增速均保持正值,这说明我国城镇居民的实际收入在各个阶层都保持增长。

表 4.2　　　　　　　　　不同收入分位区间的收入增长

年份	2010—2012	2012—2016	2016—2018	2010—2018
收入对数差	0.795 2	0.464 0	0.250 1	1.509 3
区间				
0—0.1	1.108 4	0.968 0	0.455 6	2.532 0
0.1—0.2	1.096 0	0.555 7	0.480 7	2.132 4
0.2—0.3	0.953 9	0.513 3	0.307 1	1.774 3
0.3—0.4	0.956 9	0.390 3	0.230 8	1.578 0
0.4—0.5	0.870 8	0.355 9	0.233 8	1.460 5
0.5—0.6	0.867 3	0.371 6	0.239 6	1.478 5
0.6—0.7	0.607 5	0.365 8	0.214 9	1.188 2
0.7—0.8	0.521 6	0.354 7	0.184 6	1.060 9
0.8—0.9	0.460 9	0.344 3	0.185 0	0.990 1
0.9—1	0.413 4	0.350 9	0.131 3	0.895 7

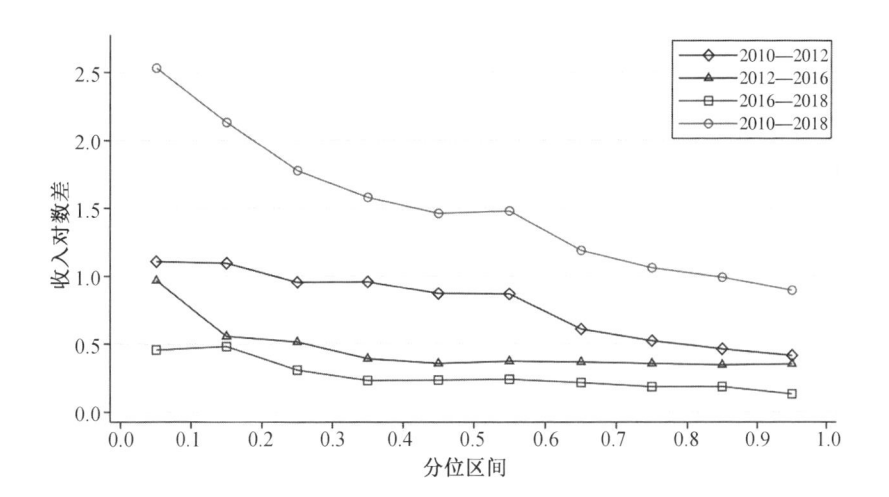

图 4.1　不同收入分位区间的收入增长

(4.5.1)从比较"两个时期位于收入无条件分布同一分位区间子人群的收入差异"这一视角,来度量不同收入阶层的"收入增速"。这种做法没有控制个体在考察初期的收入水平,因此图 4.1 的结果实际上混合了两种效应:第一种效应反映了位于同一收入阶层人群的收入增长,简称为同阶层增长效应;第二种效应度量了由于各收入阶层收入增速存在差异,个体在不同收入阶层之间产生流动,称为阶层流动效应。本章提出的 OC 分解可以在控制个体当前收入水平不变的前提下预测未来收入的增长速度,使分解结果只反映同一收入阶层人群的收入增长趋势。

表 4.3 报告了四个时期内,在控制了个体收入初值后,不同收入阶层的收入增长。图 4.2 画出了表 4.3 对应的折线图。从表 4.3 或图 4.2 可以看出,当控制了个体所在的收入阶层后,收入增速随收入阶层的提高呈现明显的异质性:收入阶层越高,收入增速越低,甚至为负值;收入阶层越低,收入增速反而越高。这种现象在不同的时间段有一致的体现。其次,将图 4.2 和图 4.1 放在一起分析后发现:当不控制个体所在收入阶层时,收入无条件分布各位置上的子群体收入增速差异较小;一旦控制了收入阶层,收入增速表现出更为明显的异质性。如前所述,图 4.1 展示的结果同时包括了收入增长和阶层流动两种效应,因此图 4.1 和 4.2 所展示结果的差异正是阶层流动效应所致。从图 4.2 看出,低收入阶层的收入增长最快,一部分低收入个体进阶到中等收入阶层;高收入阶层收入增长最慢,一部分高收入者下降到中等收入阶层。最终的结果正如图 4.1 所展示:从收入无条件分布的角度来看,各个阶层的收入增速被"平均"了,即图 4.1 虽然也呈现下降趋势,但是下降趋势更为平缓。

表 4.3 同一收入阶层人群的收入增长:$\Delta^C(\tau_1, \tau_2) + \Delta^S(\tau_1, \tau_2)$

	2010—2012	2012—2016	2016—2018	2010—2018
收入对数差	0.795 2	0.464 0	0.250 1	1.509 3
区间				
0—0.1	2.194 3	2.033 5	1.287 4	3.283 7
0.1—0.2	1.206 0	0.828 2	0.509 6	1.887 4
0.2—0.3	0.682 8	0.471 9	0.258 5	1.274 3
0.3—0.4	0.593 5	0.275 2	0.180 6	1.242 8
0.4—0.5	0.417 8	0.173 3	0.120 1	0.872 3
0.5—0.6	0.386 3	0.155 4	0.054 8	0.899 5
0.6—0.7	0.412 8	0.136 5	0.031 8	0.849 0
0.7—0.8	0.227 8	0.082 0	0.009 3	0.668 7
0.8—0.9	0.115 2	0.004 3	−0.025 4	0.444 4
0.9—1	−0.121 3	−0.245 1	−0.322 3	0.204 9

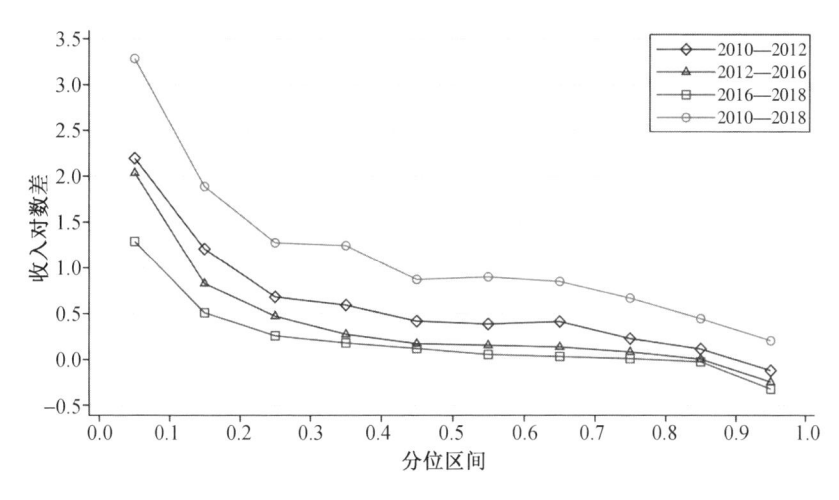

图 4.2　同一收入阶层人群的收入增长：$\Delta^C(\tau_1,\tau_2)+\Delta^S(\tau_1,\tau_2)$

5.4　阶层流动效应的估计

利用本章前面介绍的阶层流动效应 $\Delta^M(\tau_1,\tau_2)$ 的估计步骤，我们计算了各个收入阶层对应的阶层流动效应，结果见表 4.4。

表 4.4　　　　　　　　　　阶层流动效应

区间	2010—2012	2012—2016	2016—2018	2010—2018
0—0.1	−1.085 9	−1.065 5	−0.831 8	−0.751 7
0.1—0.2	−0.110 0	−0.272 4	−0.029 0	0.244 9
0.2—0.3	0.271 1	0.041 4	0.048 5	0.300 0
0.3—0.4	0.363 4	0.115 1	0.050 1	0.335 1
0.4—0.5	0.453 0	0.182 6	0.113 6	0.588 2
0.5—0.6	0.481 0	0.216 2	0.184 7	0.578 9
0.6—0.7	0.194 6	0.229 3	0.183 0	0.339 2
0.7—0.8	0.293 8	0.272 7	0.175 3	0.392 1
0.8—0.9	0.345 6	0.340 0	0.210 2	0.545 7
0.9—1	0.534 8	0.596 0	0.453 8	0.690 7

从表 4.4 可以看出，低收入者的收入流动效应大多为负值，而高收入者的收入流动效应为正值。由于 $\Delta^M(\tau_1,\tau_2)$ 小于零意味着在前一期属于 (τ_1,τ_2) 阶层中的人大部分进入了更高的阶层，$\Delta^M(\tau_1,\tau_2)$ 大于零则

意味着在前一期属于 (τ_1, τ_2) 阶层中的人退步到了更低的阶层。这符合中国的现实：低收入者的收入增速最快，因此他们中的部分人将进入更高的阶层，即中等收入群体。同时，并非所有高收入者都能继续保持"领先"，他们中一定会有一些人退步到比原先低的阶层。另外，阶层流动效应的符号也与图 4.2 的结果保持一致：高收入者收入增速低于中等收入者，因此高收入者中的一些人将被中等收入者所代替。从阶层流动的绝对值来看，绝对值呈现 U 型，即中间阶层的流动较弱（中等收入陷阱），低收入阶层与高收入阶层的流动活跃性较高（绝对值较大）。

5.5 教育对收入增长的贡献

以上分析了不同收入阶层收入增长的异质性。作为影响收入重要因素的受教育水平，对不同收入阶层收入增长作用几何？我们进一步计算了受教育水平对于不同收入阶层收入增长的结构效应和构成效应，结果如图 4.3 所示。

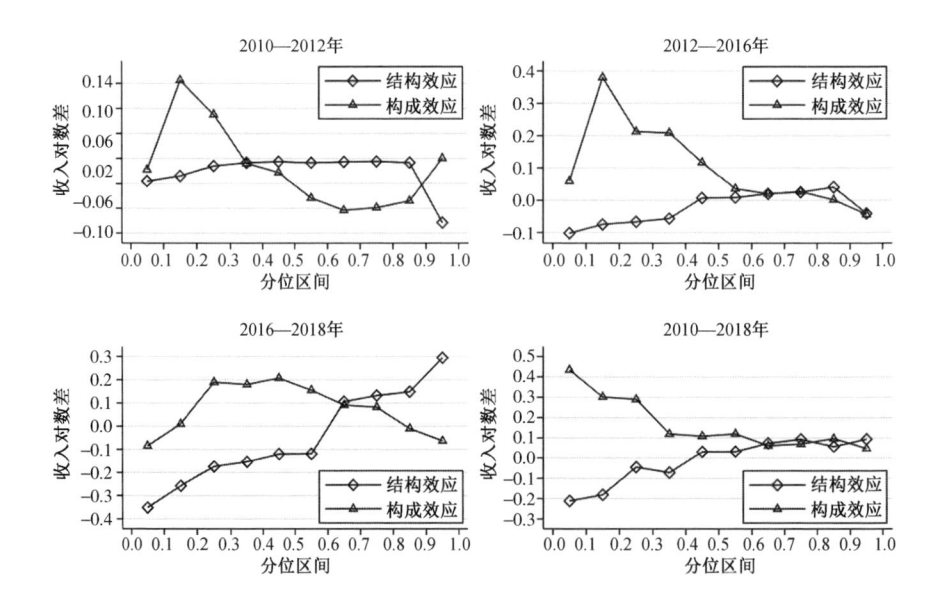

图 4.3　不同收入阶层教育的结构/构成效应

图 4.3 显示了各个时间段内，教育对收入增长两种效应的相对重要性。首先，两种效应在不同收入阶层上均体现一定程度的异质性。结构效应，即教育回报率提高导致的收入增长在大多数时候都随着收入水平

的提高而上升；构成效应，教育水平分布差异在大多数时候都随着收入的提高而下降。其次，对于低收入人群，构成效应曲线大多时候总是位于结构效应上方；对于高收入人群，则是结构效应占主导地位。这表明对于低收入人群而言，收入增长主要依靠受教育水平的提高，而非教育回报率的提高。对于高收入阶层而言，教育对收入增长的作用主要通过提升教育回报率实现。徐舒（2010）认为教育回报率的提升部分源于技术进步。现实中，高收入人群是各个行业劳动者中的精英人物或骨干力量，他们一般掌握着该行业最先进的技术或更高的管理技能，由于不同行业的技术之间具有较大差异，因此技术在这一人群中的变异程度理应高于低收入人群。

为了进一步看清教育对收入增长的异质性作用，图 4.4 展示了结构和构成效应在四个时间段内的对比结果，以观察结构/构成效应在不同时间段的共同趋势。首先，通过观察结构效应可知，在不同的时间段内，教育的结构效应在中高收入阶层基本保持为正，且随着收入水平的上升而呈递增趋势，这表明收入越高的居民越能利用教育回报率的上升来促进自身收入的增长。其次，图中构成效应的趋势呈现两大特点：一方面，对中高收入群体而言，构成效应在四个考察期内都随收入阶层的提高而下降，这一特征与结构效应在中高收入人群中不断上升是前后一致的；另一方面，低收入人群的构成效应显著为正，但中高收入人群，构成效应数值不断减小，趋向于零。

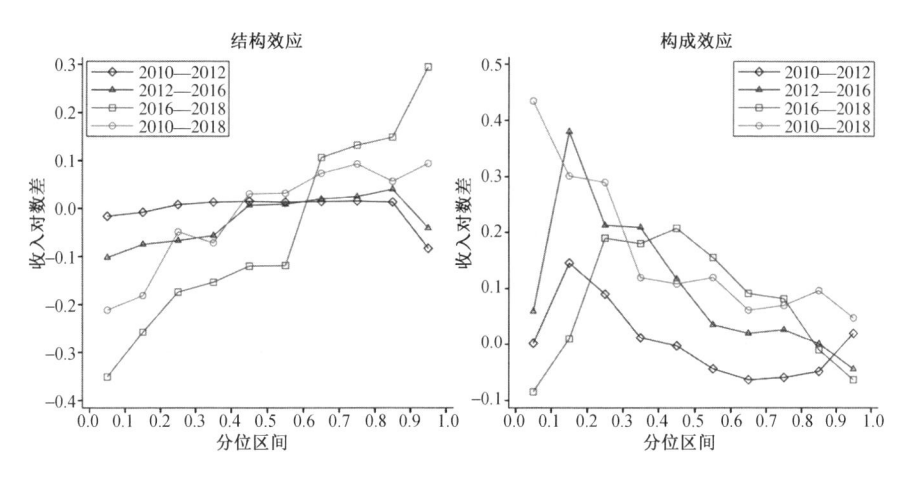

图 4.4 教育结构/构成效应在不同分位区间的分布情况

结构和构成效应的这些变化特征说明：教育水平的差异是影响低收入阶层收入增长的重要因素，但对中高收入人群的影响可以忽略不计。教育的结构效应在中高收入阶层不断提高，但构成效应只在低收入人群中显著为正。因此，单纯依靠提升个人教育水平难以实现从中等收入阶层到高收入阶层的跨越，中等收入人群须想办法通过提高教育回报率跃迁到高收入阶层。这些结果的政策意义是：如果管理层更为关注的是低收入人群的收入不平等问题，则积极普及义务教育、提高低收入群体的大学毛入学率将是一个正确的决策；如果管理层想要减缓中高收入阶层的收入不平等，则政策着力点应该放在如何减少教育回报率在这些人中的差异。例如，可以打破各行业、各地区、各所有制之间的壁垒，提高中高收入阶层人群在劳动力市场内的流动性。总体来看，教育依然是我国城镇居民打破阶层固化、实现阶层流动的重要途径。OC 分解的结果也说明，教育对不同收入阶层群体的作用机制呈异质性。当管理层通过教育相关政策来缓解收入不平等时，须考虑这种异质性。

第六节　本 章 小 结

我们观察到：不同收入水平个体之间的收入增速存在差异。因此从收入阶层流动视角来说，随着时间的推移，一个人既可能出现收入阶层的向上流动（收入排序随着时间推移而上升），也可能出现收入阶层向下流动。基于这一事实，本章对劳动经济学家在分析工资分布演变趋势及驱动因素时常用的"工资分解"框架进行了改进。

目前文献中的工资分解方法（例如 OB，RIF 分解）一般将两组不同人群之间（也可以是同一人群在不同时期之间）的收入差异（增长）分解成两种主要的效应：一种称为禀赋效应，也称为构成效应，是指影响收入的个体特征（劳动力市场要素）的分布变化对收入增长（差异）的贡献。另一种称为结构效应，是指个体特征的回报率变化对收入增长的贡献。用公式表示，是：

$$\Delta^O = \Delta^C + \Delta^S,$$

其中 Δ^C 表示禀赋效应，Δ^S 是结构效应。本章提出的主要观点是：除了禀赋和结构效应以外，在某些条件下，研究者还可以识别出个体在不同收入阶层之间的流动程度，称为阶层流动效应。因此我们提出了一个比上面更为一般的工资分解恒等式：

$$\Delta^O(\tau_1,\tau_2)=\Delta^M(\tau_1,\tau_2)+\Delta^C(\tau_1,\tau_2)+\Delta^S(\tau_1,\tau_2),$$
(4.6.1)

其中

$$\Delta^M(\tau_1,\tau_2)=E(Y_2\mid G=2, F_{Y_2|G=2}(Y_2)\in(\tau_1,\tau_2))$$
$$-E(Y_2\mid G=2, F_{Y_1|G=1}(Y_1)\in(\tau_1,\tau_2)).$$

$\Delta^M(\tau_1,\tau_2)$ 的符号度量了第 1 期收入水平位于 (τ_1,τ_2) 阶层中的个体在第 2 期向更高收入阶层或更低收入阶层流动的方向。$\Delta^M(\tau_1,\tau_2)$ 的绝对值度量了流动的活跃度。通过在一系列的 $(\tau_1,\tau_2)\subset(0,1)$ 上估计 $\Delta^M(\tau_1,\tau_2)$，研究者可以了解在第 1 期和第 2 期之间，大部分低收入者是否成为中等收入群体。

式(4.6.1)的另一种等价表示是：

$$\Delta^O(\tau_1,\tau_2)-\Delta^M(\tau_1,\tau_2)=\Delta^C(\tau_1,\tau_2)+\Delta^S(\tau_1,\tau_2),$$
(4.6.2)

即"经阶层流动效应调整后的收入增长"($\Delta^O(\tau_1,\tau_2)-\Delta^M(\tau_1,\tau_2)$)可以进一步分解成"控制了收入阶层后"$X$ 的分布变化对于收入增长的贡献($\Delta^C(\tau_1,\tau_2)$)以及"控制了收入阶层后"X 的回报率(X 前系数)变化对于收入增长的贡献($\Delta^S(\tau_1,\tau_2)$)。这一分解框架有助于研究者了解低收入者的收入增长(在控制收入阶层之后)是否真的快于中等收入者？中等收入者与高收入者的收入增速谁更快？如果高收入者的收入增速更快，收入不平等程度势必进一步扩大。

使用 2010—2018 年中国家庭追踪调查(CFPS)数据，运用新提出的 OC 分解，我们分析了不同收入阶层人群收入增速异质性特征，得到的主要结论是：

(1) 当不控制个体所在收入阶层时(传统 RIF 分解)，收入分布各区间子人群收入增速较为一致与平缓；一旦控制了个体所在的收入阶层(OC 分解)，收入增速则体现出明显的异质性：收入阶层越高，收入增速越慢；收入阶层越低，收入增速反而快。

(2) OC 分解的一大特点是可以计算各个收入阶层对应的阶层流动效应。计算结果表明，跨阶层的流动在收入分布的两端最活跃，但是方向相反；阶层流动在中间阶层有时不显著，这提示可能存在"中等收入陷阱"。低收入人群的阶层流动效应为负,说明部分低收入人群由于收入增长较快,跃迁到了中等收入群体;高收入人群的阶层流动效应为正,说明部分高收入者因为收入无法继续保持较高增速,其收入排序滑落到了中间阶层。

(3) 进一步考察受教育程度对收入增速异质性的影响作用后发现:与高收入人群相比,中间收入阶层的教育回报率偏低,单纯依靠提高个人的受教育水平,无法实现从中等向高收入阶层的跨越。但是,低收入阶层教育水平的提升对其收入促进作用显著,依靠增加教育投资仍是低收入人群进入中间收入阶层的重要手段。

本章为研究收入不平等演变趋势与成因提供一种新的经验分析框架。得到的结论还具有以下政策含义:对于低收入人群的收入不平等问题,应该积极普及义务教育、提高低收入群体的大学毛入学率。教育是导致我国收入分配不平等的重要因素,是我国居民打破阶层固化、实现个人发展的重要途径。然而,教育对不同收入阶层群体的作用机制却呈异质性,试图通过与教育相关政策来缓解收入不平等时,须考虑这些异质性来制定相应的政策方针。

本章参考文献

[1] 陈斌开,张鹏飞,杨汝岱. 政府教育投入、人力资本投资与中国城乡收入差距. 管理世界,2010,(01):36-43.

[2] 迟巍,黎波,余秋梅. 基于收入分布的收入差距扩大成因的分解. 数量经济技术经济研究,2008,(09):52-64.

[3] 郭继强,姜俪,陆利丽. 工资差异分解方法述评. 经济学(季刊),2011,10(02):363-414.

[4] 卢晶亮. 城镇劳动者工资不平等的演化:1995—2013. 经济学(季刊),2018,17(04):1305-1328.

[5] 罗楚亮. 城镇居民工资不平等的变化:1995—2013 年. 世界经济,2018,41(11):25-48.

[6] 徐舒. 技术进步、教育收益与收入不平等. 经济研究,2010,45(09):79-92+108.

[7] 杨沫,王岩. 中国居民代际收入流动性的变化趋势及影响机制研究. 管理世界,2020,36(03):60-76.

[8] Blinder A S. Wage Discrimination: Reduced Form and Structural Estimates. *The Journal of Human Resources*, 1973, 8(4):436-455.

[9] DiNardo J, Fortin N, Lemieux T. Labor Market Institutions and the

Distribution of Wages, 1973—1992: A Semiparametric Approach. *Econometrica*, 1996, 64(5): 1001-1044.

[10] Firpo S, Fortin N M, Lemieux T. Unconditional Quantile Regressions. *Econometrica*, 2009, 77(3): 953-973.

[11] Firpo S, Fortin N M, Lemieux T. Decomposing Wage Distributions Using Recentered Influence Function Regressions. *Econometrics*, 2018, 6(2): 28.

[12] Fortin N, Lemieux T, Firpo S. Decomposition Methods in Economics. *Handbook of Labor Economics*, Vol. 4, Amsterdam: Elsevier, 2011: 1-102.

[13] Machado J, Mata J. Counterfactual Decompositions of Changes in Wage Distributions Using Quantile Regression. *Journal of Applied Econometrics*, 2005, 20(4): 445-465.

[14] Oaxaca, Ronald. Male-Female Wage Differentials in Urban Labor Markets. *International Economic Review*, 1973, 14(3): 693.

第五章 边际处理效应的应用：大学扩招中的最优录取率

第一节 引　　言

改革开放以来，我国高等教育实现了长足的发展，取得了举世瞩目的成就。1978 年我国高等教育（大专和本科）招生 40.1 万人，毛入学率仅为 1.55%；1998 年我国高等教育招生 108.4 万人，毛入学率为 9.76%。1999 年高等教育招生规模增加 51 万人，增幅达 47.3%。1999 年启动的高校扩招拉开了此后十数年高等教育扩招的帷幕。至 2002 年我国高等教育招生毛入学率达 15%，标志着我国高等教育进入大众化阶段；2019 年高等教育毛入学率达 51.6%，标志着我国高等教育进入普及化阶段。

图 5.1　中国高等教育录取率

2019 年末新冠疫情暴发以来，尽管我国疫情防控成绩斐然，但疫情对经济造成的沉重打击无可避免。作为重点就业群体之一的高校毕业生就业压力进一步增大。同时，新一轮产业革命蓄势待发，因此对高素质人才的需求进一步增加。为缓解各级学校毕业生就业压力，同时为实现人力资本积累并增加高素质人才供给，我国开始新一轮研究生教育扩招。这一现象使我们回忆起具有相似政策背景的 1999 年高等教育扩招事件。

1996年,我国结束了自1951年以来的高校和中专毕业生毕业分配制度,毕业生就业压力与日俱增;另一方面,国家发展所需高素质人才缺口不断扩大。全面回顾与评价1999年大学扩招,有助于我们理解当下研究生扩招对社会人力资本积累的长期影响。

Becker(1962)将人力资本投资视为可以提高个体未来收入的资源投入。其指出,相较于有形资本的投资,人力资本投资更加鲁莽(impetuous),也更加容易犯错。大量的研究指出,高等教育回报具有显著的异质性(李雪松等,2004;Carneiro et al., 2011;Heckman et al., 2018),并非每个人都可以从"读大学"中获得相同的收益;在权衡了读大学的"成本"和"收益"之后,并非每个人读大学的净收益都是正值。从每年高考所引发的社会关注可以看出,中国家庭对高等教育投资具有高度热情。高等教育作为人力资本投资的方式之一,是否对所有个体的人力资本积累均有无可替代的作用?倘若高等教育回报是因人而异的,那么扩招政策的影响是否也因人而异?2020年的扩招政策又能从1999年借鉴到什么?

本章以Heckman选择模型为基本框架,在此基础上提出一个新的评价政策异质性的参数,称为"政策边际强度效应"。政策边际强度效应度量了当其他因素不变,政策的实施力度(对于大学扩招而言,政策强度等于调整后的大学录取率)对于感兴趣的因变量(个人工资)平均值的边际影响。通过估计这一参数,我们可以了解不同录取率下扩招政策的边际影响。

从表面上看,要估计不同强度的扩招政策所对应的"录取率"对工资的影响在概念上并不难。倘若研究者可以观测到录取率在个体层面的变动(假设每个人在读大学的年纪、大学的实际录取率具有不同的数值),只需要用个人工资对录取率,以及其他控制变量进行线性回归,此时录取率变量前的系数则反映了研究者关心的"录取率对工资的边际影响"。然而,一般来说,研究者无法观测到大学录取率在个人层面的变化,因此"政策边际强度"并不能直接估计,这构成了"政策边际强度"的识别问题。本章中,我们证明,在一定的条件下,政策边际强度恰好等于Heckman等人提出的边际处理效应(MTE,见本书第二章第三节)在选择方程扰动项(即MTE定义中的v)取特定值时的估值,从而解决了政策边际强度的识别问题。由于文献中对于MTE的估计已有成熟的方法,相应地,政策边际强度也可以估计出来。

通过计量分析,我们发现由于扩招政策而得以进入高校学习的个体的高等教育平均回报率为71%,即扩招政策使得这部分群体的收入平均提升71%。进一步的异质性分析表明,高等教育对个体人力资本积累具有显著的异质性,并且随着录取率的提高,扩招政策的边际影响逐渐变弱。在55.5%的录取率下扩招政策的边际影响为4.43%且不显著,即位于55.5%的录取边界上的个体高等教育回报率只有4.43%。进一步的反事实分析表明,当录取率提升到57.0%之后,扩招政策的边际影响为−1.78%。这一结果说明1999年扩招恰好达到较为合适的政策边界,但也表明高校扩招并不总是好事。从"因材施教"的教育观念来看,并不是所有个体都适合偏向学术性的高等教育,对部分个体而言实际工作经验对其收入的提升作用更加明显。这启示我们在实施扩招政策时,应注意扩招的幅度,避免过度扩招及其对人力资本积累所带来的负面效应。

本章其余部分结构安排如下:第二节对研究教育回报异质性的文献略作回顾,并通过一个静态模型提出我们的理论假设(录取率如何影响工资);第三节正式提出政策边际强度参数的定义,并讨论它和MTE之间的关系;第四节是实证分析;第五节对估计结果的稳健性以及识别条件的检验进行了讨论;第六节对本章进行总结,并提出未来可以继续研究的方向。

第二节 最优录取率和人力资本积累:一个理论模型

本节首先简要回顾研究在校教育对人力资本积累影响的文献和观点。接着,我们构建了一个能够说明大学扩招对于人力资本积累影响机制的理论模型。这个理论模型的基本结论是:存在一个最优录取率让全社会人力资本达到最高。倘若设置的录取率过低,则部分个体因为不能读大学而无法达到最优人力资本积累水平;倘若设置的录取率过高,一些更加适合"通过工作"积累人力资本的个体因为选择了读大学,同样造成了人力资本的损失。

研究在校教育对人力资本积累贡献的文献非常多。Becker(1962)从在职培训、学校教育、信息和健康投入等方面对人力资本投资进行了成本和收益分析。Mincer(1974)提出Mincer方程来研究教育回报率。Griliches(1977)指出Mincer方程存在遗漏变量问题,会使得教育回报的估计结果出现偏差。除遗漏变量问题外,个体受教育程度还存在自选择

(self-selection)问题,因此Angrist et al.(1991)尝试使用个体出生季度作为工具变量来解决教育回报方程中的内生性问题,并且说明工具变量方法所估计的教育回报高于最小二乘法。吴要武(2010)说明在中国的教育体制下,出生季度不是弱工具变量,并且认为中国教育的年回报率为13.9%—15.6%。

为解决受教育程度的内生性问题,越来越多的研究者在处理效应模型的框架下考虑教育回报问题。处理效应模型的一大优势是可以解决教育回报的异质性问题,无论是最小二乘估计量还是两阶段最小二乘估计量,都只关注教育的平均回报率,然而,不同个体的教育回报率是有所不同的。Heckman et al.(1999)首次提出使用局部工具变量(Local IV)方法来解决处理效应模型中的内生性和异质性问题。Heckman et al.(2005)则将结构方程、处理效应以及政策评价进行有机结合,并在边际处理效应的基础上将平均处理效应、参与者的平均处理效应以及局部平均处理效应等政策评价中常用的参数联系起来。Carneiro et al.(2011)将上述方法用于实证研究,发现美国教育回报存在显著的异质性,部分群体的高等教育回报率甚至为负。Heckman et al.(2018)认为能力差异的存在使得读大学并不总是一个明智的选择。李雪松等(2004)通过边际处理效应发现中国城镇居民高等教育的回报率存在明显的异质性;Wang et al.(2014)利用CHIP数据(1988,1995,2002),对扩招前中国城镇居民高等教育的异质回报率进行了深入的分析。

大学扩招政策对经济社会发展的影响逐渐引起学者的关注。Che et al.(2018)将1999年扩招视为外生冲击,研究表明扩招政策刺激企业进行技术调整,并促进了全要素生产率的提升。邢春冰(2014)分析了大学扩招对农村劳动力迁移的作用;陈斌开等(2016)从城镇化的角度研究扩招政策,发现高校扩招促进城镇化,并推高住房价格;杨沫等(2020)则认为扩招政策削弱了代际收入流动性。

还有部分文献关注扩招对大学生就业的影响。吴要武等(2010)立足于大学毕业生"就业困难"问题,通过分析认为扩招降低了大学新毕业生的劳动参与率以及小时工资;马光荣等(2017)则从供给冲击的角度解释了扩招对高等教育回报率的负面影响。邢春冰等(2011),Meng et al.(2013)则发现能力差异会极大地影响扩招政策的最终效果。其中邢春冰等(2011)认为扩招后大学毕业生平均能力的下降导致毕业生失业增加;Meng et al.(2013)认为能力的差异是扩招后收入不平等增加的重要原因。

扩招对我国人力资本积累的贡献和可能的不利影响尚未得到充分的研究。扩招政策确确实实提高了高等教育普及率,因此在短期内极大地提升了我国年轻劳动力的受教育水平,为我国经济发展和产业结构升级做出巨大贡献。但不同个体从中受益的情况不同,接受高等教育和参加工作的替代关系意味着要完成高等教育,就要放弃相应年限的工作经验,而高等教育和工作经验对个体人力资本积累的贡献因人而异。

人力资本是指可以提高工人生产效率的一系列技能或特征。Becker(1962)认为合适的在职培训、学校教育、信息和健康均有助于人力资本积累。因此在校学习并不是进行人力资本积累的唯一方式。在分工日益精细以及"干中学"普遍存在的今天,大学教育对人力资本积累的贡献是否无可替代也存在疑问。对于中学毕业生而言,其要在读大学和直接工作之间进行决策。而大学教育和对应年限工作经验对个体人力资本的贡献也因人而异。整个社会的人力资本由个体人力资本加总而成,政府可以调节大学的入学人数来影响社会整体人力资本积累。扩招政策即是通过这一渠道影响社会整体人力资本积累。下面我们用一个模型来说明个人在"读大学"和"中学毕业后直接工作"两者之间的选择如何影响人力资本的积累,并考察整个社会读大学人数的比例(大学录取率)对社会平均人力资本的影响。

考虑一个具有个体异质性的人力资本投资模型。若忽略高等教育对个人偏好的影响,即高等教育只能通过影响收入来影响消费,进而间接影响个人效用。那么,可将个体高等教育决策简化为能否提高终身收入。则高中毕业生 i 的决策目标为:

$$\max_{(I_i)} w_i(EHC_i(I_i)),$$

其中,$w_i(EHC_i(I_i))$ 为与预期人力资本水平 $EHC_i(I_i)$ 有关的工资,不妨设 $w_i(\cdot)$ 为单调递增函数。I_i 为个体是否读大学的决策变量,即个体决定读大学时 $I_i=1$,否则 $I_i=0$。读大学意味着放弃相应年限的工作经验以及在职培训,那么基于个体特征的预期人力资本积累水平由下式决定:

$$EHC_i(I_i) = I_i \cdot f_e(u_i) + (1-I_i) \cdot g(u_i) + \varepsilon(u_i), \quad (5.2.1)$$

其中,u_i 为个体特征,$f_e(u_i)$ 表示读大学对人力资本的事前预期贡献,

$g(u_i)$ 表示参加工作对人力资本的贡献，$\varepsilon(u_i)$ 表示个体高中毕业时所具有的人力资本存量。个体将根据个人特征 u_i 进行人力资本投资决策。因此个体 i 决定读大学的条件为

$$w_i(EHC_i(1)) \geqslant w_i(EHC_i(0)).$$

则个体 i 的人力资本投资决策可由下式表示：

$$I_i = \begin{cases} 1, & f_e(u_i) \geqslant g(u_i), \\ 0, & f_e(u_i) < g(u_i). \end{cases}$$

而个体 i 能否上大学不仅取决于个人意愿，还取决于大学录取率。在不考虑个体决策的情况下，个体 i 是否上大学的影响方程如下。一种直观的理解是，将 u_i 视为应试能力或高考分数，而将 u_P 视为给定录取率下所需的应试能力或录取分数线，只有在特定的应试能力或分数线之上的个体才能读大学：

$$IS_i = \begin{cases} 1, & u_i \geqslant u_P, \\ 0, & u_i < u_P. \end{cases}$$

不妨设个体特征 $u_i \in [\underline{u}, \bar{u}]$，其概率密度函数为 $h(u)$，则 u_P 与录取率 P 具有以下关系：

$$Pr(IS_i = 1) = Pr(u_i \geqslant u_P) = \int_{u_P}^{\bar{u}} h(u) \mathrm{d}u = P.$$

综合个体决策与大学录取率，个体 i 能否上大学由下式决定：

$$I\{College_i\} = \begin{cases} 1, & f_e(u_i) \geqslant g(u_i) \text{ 且 } u_i \geqslant u_P, \\ 0, & \text{其他}. \end{cases} \quad (5.2.2)$$

个体的实际人力资本并不完全等价于预期人力资本，记 $f(u_i)$ 为读大学对人力资本积累的事后实际贡献，则个体 i 的人力资本积累水平由下式决定：

$$HC_i(1\{College_i\}) = 1\{College_i\} \cdot f(u_i) + (1 - 1\{College_i\})$$
$$\cdot g(u_i) + \varepsilon(u_i). \quad (5.2.3)$$

完全信息下，高等教育的事前预期回报等于事后实际回报，即 $f_e(u_i) = f(u_i)$。但个人和家庭并不是根据完全信息进行决策的，而 $f_e(u_i) \geqslant f(u_i)$ 普遍存在，其原因如下：(1)传统观点"万般皆下品，唯有

读书高"的影响深远,使得中国家庭和社会对高等教育的期望回报更高；(2)学生家长难以获取充分的信息,这导致其难以独立地对孩子的高等教育决策提供有效的建议,而受传统观念与社会舆论的影响较大；(3)"一考定终身"的考试制度下,中学生在各方压力之下全力备考,而未有充分的时间和精力去了解高等教育及专业选择问题。实际上,很多高中生是在参考前后(每年的 6 月份左右)去了解高等院校以及专业选择问题,因此难以准确分析读大学的成本与收益。个体读大学可能不仅仅是为了积累人力资本。例如：邢春冰(2014)和赵西亮(2017)指出高等教育会影响与户籍相关的社会福利；大学学历(而非人力资本)有助于个体找到更好的工作,即"羊皮效应"的存在(Hungerford et al.,1987;李锋亮等,2009)。上述问题本质上是在讨论高等教育的"隐形收益",高等教育的"隐形收益"会提高个体读大学的意愿,但我们这里主要关心高等教育的人力资本积累效应。

个体异质性的存在使得不同个体适合不同的人力资本积累方式,即部分个体适合在学校接受教育,而部分个体适合在工作和实践中积累经验。则有如下假设：

假设 5.2.1 对于 $u \in [\underline{u}, \bar{u}]$, $f_e(u_i)$, $f(u)$ 关于 u 单调递增,且 $f_e(u_i) \geqslant f(u_i)$;

假设 5.2.2 $f_e(\underline{u}) < g(\underline{u})$, $f(\underline{u}) < g(\underline{u})$ 且 $f(\bar{u}) > g(\bar{u})$;

假设 5.2.3 对于 $u \in [\underline{u}, \bar{u}]$, $f'(u) > g'(u)$。

为便于理解,不妨将 u 视为应试能力。则假设 5.2.1 意为应试能力更强的个体其高等教育回报更高,并且高等教育的事前预期回报大于等于事后实际回报。另外一种解释为,应试能力强的个体所上大学更好,则高等教育对其人力资本积累的贡献就越大。倘若高考制度是合理的,这一假设比较自然。假设 5.2.2 则意味着并不是所有个体都适合读大学,应试能力最差而完全考不上大学的个体,其通过工作经验所获得人力资本高于读大学；而应试能力最强的个体,更适合通过读大学实现人力资本积累。假设 5.2.3 意为随着应试能力的增强,读大学对提升人力资本积累的速度高于工作,这一假设可以保证 $f(u)-g(u)$ 和 $f_e(u)-g(u)$ 关于 u 单调递增。在以上假设下,结合个体决策方程(5.2.2)和人力资本积累方程(5.2.3)意味着,应试能力较强的个体,上大学的概率较高,其高等教育回报率也较高；应试能力较弱的个体,上大学的概率较低,工作对其人力资本积累的作用更大。

由假设 5.2.1-5.2.3 可知，$f_e(u) - g(u)$ 在 $u \in [\underline{u}, \bar{u}]$ 上有零点，不妨将零点记为 u_e，即 $f_e(u_e) - g(u_e) = 0$。则当 $u_e > u_p$ 时，$I\{College_i\} = 1\{u_i \geqslant u_e\}$，即个体是否上大学由高等教育的预期回报决定；当 $u_e \leqslant u_p$ 时，$I\{College_i\} = 1\{u_i \geqslant u_P\}$，即个体是否上大学由大学录取率决定。因此在一定的范围内，政府能通过改变录取率来影响个人决策。

当 $u_e \leqslant u_p$ 时，社会平均人力资本水平为

$$\begin{aligned}
SHC &= \int_{\underline{u}}^{\bar{u}} HC \cdot h(u) \mathrm{d}u \\
&= \int_{\underline{u}}^{\bar{u}} (1\{College_i\} \cdot f(u_i) + (1 - 1\{College_i\}) \\
&\quad \cdot g(u_i) + \varepsilon(u_i)) \cdot h(u) \mathrm{d}u \\
&= \int_{u_p}^{\bar{u}} f(u) h(u) \mathrm{d}u + \int_{\underline{u}}^{u_p} g(u) h(u) \mathrm{d}u + \int_{\underline{u}}^{\bar{u}} \varepsilon(u) h(u) \mathrm{d}u.
\end{aligned}$$

SHC 关于录取率 P 的一阶导数为：

$$\frac{\partial SHC}{\partial P} = -(f(u_P) - g(u_P)) h(u_P) \frac{\partial u_P}{\partial P}.$$

易知 $h(u) > 0$，而由 $\int_{u_P}^{\bar{u}} h(u) \mathrm{d}u = P$ 可知 $\frac{\partial u_P}{\partial P} = \frac{-1}{h(u_P)} < 0$，即 u_P 为 P 的单调递减函数。则 $\frac{\partial SHC}{\partial P}$ 的符号由 $f(u_P) - g(u_P)$ 决定，即录取率对社会平均人力资本积累的边际影响由位于录取边界上个体的高等教育回报率决定。对于连续函数 $f(u)$，$g(u)$，由假设 5.2.2 可知，必有 u_{p^*} 使得 $f(u_{p^*}) - g(u_{p^*}) = 0$。即存在 P^* 满足下式：

$$-(f(u_{p^*}) - g(u_{p^*})) h(u_{p^*}) \frac{\partial u_P}{\partial P} \Big|_{P = P^*} = 0.$$

由假设 5.2.3 可知 $f(u) - g(u)$ 关于 u 单调。当录取率 $P < P^*$ 时，$u_P > u_{p^*}$，且 $f(u_P) - g(u_P) > 0$，则 $\frac{\partial SHC}{\partial P} > 0$，即录取率过低使得部分个体不能读大学而无法达到最优人力资本积累水平；而 $P > P^*$ 时，$u_P < u_{p^*}$，且 $f(u_P) - g(u_P) < 0$，则 $\frac{\partial SHC}{\partial P} < 0$，即更加适合通过工作进行人力资本积累的个体选择读大学会造成人力资本积累的损失。

当 $u_e > u_p$ 时,社会的平均人力资本水平为

$$SHC = \int_{u_e}^{\bar{u}} f(u)h(u)\mathrm{d}u + \int_{\underline{u}}^{u_e} g(u)h(u)\mathrm{d}u + \int_{\underline{u}}^{\bar{u}} \varepsilon(u)h(u)\mathrm{d}u.$$

这一情形下,录取率不会影响个体决策,因此也不会影响社会人力资本积累水平。由于我国录取率的提高能够增加入学人数,因此本章主要关心 $u_e \leqslant u_p$ 的情形。

第三节　政策边际强度与 MTE

上一节的理论分析表明:在承认教育回报率具有异质性的前提下,存在着一个对于全社会而言最优的大学录取率。如果实际设置的录取率高于最优录取率,一些适合"通过工作"更快积累人力资本(获得更高工资)的人的收益将受损;如果实际设置的录取率低于最优值,那么一些更适合"读大学"的人将被迫进入工作岗位,这也会降低全社会的平均人力资本。如果以上"录取率影响人力资本积累"的机制正确,则意味着如下亟待检验的实证假设:(1)在较低的录取率水平上,当其他因素不变时,社会平均工资是录取率的递增函数。(2)在较高的录取率水平上,当其他因素不变时,社会平均工资是录取率的递减函数。

为了检验上述命题,理想的方式是通过微观(个人层面的)数据进行。然而,若使用个体微观数据,核心解释变量"大学录取率"无法在个人层面观测到充分的变化,此时线性回归难以识别"录取率"对个人工资的净影响。本节提出一个新的实证策略来检验录取率对工资的影响。这一策略的基本思想是:在一个非常一般的 Heckman 选择模型中,首先定义政策实施力度(调整后的录取率)对研究者感兴趣的因变量(工资)的平均净影响,这一参数称为"政策边际强度效应"。然后,在一些较弱的假设下(主要是要求潜因变量关于时间连续变化),我们证明政策边际强度等于边际处理效应(MTE)的某些取值。文献中估计 MTE 已有许多成熟的方法,因此政策边际强度也可估计。

根据处理效应模型文献中普遍采用的 Rubin(1974)潜变量框架,我们假设

$$\begin{aligned} Y_1 &= m_1(R, X, U_1), \\ Y_0 &= m_0(R, X, U_0). \end{aligned} \quad (5.3.1)$$

其中，Y_0 为中学毕业但不接受高等教育的潜在收入，Y_1 为大学(本专科)毕业生的收入；R 表示参加高考的年份，用以控制参加高考时间对工资的影响；X 为控制变量，例如健康状况、工作性质等；$m_0(\cdot)$，$m_1(\cdot)$ 为未知函数，U_0，U_1 则为影响收入的未知变量。是否读大学用 D 表示，其中 $D=1$ 表示完成大学学业。其选择方程如下，其中 Z 为工具变量，V 为选择方程中的未知变量。

$$D = 1\{p(R, X, Z) > V\}. \tag{5.3.2}$$

可观测的个人收入为：

$$Y = DY_1 + (1-D)Y_0. \tag{5.3.3}$$

Carneiro et al.(2011)指出高等教育的边际回报率为：

$$MTE(X, p) = E[Y_1 - Y_0 \mid X, V = p]. \tag{5.3.4}$$

该参数反映了条件于 X，$V = p$ 下高等教育的平均回报率。尽管 Carneiro et al.(2011)给出了(5.3.4)式，并认为其能反映高等教育的异质回报率，但并不能很清楚地解释 $V = p$ 究竟具有何种含义，而只将其视为高等教育在 V 的不同分位点上的异质性表现。在本章要研究的"录取率对平均工资的影响"问题背景之下，可将 $V = p$ 同高等教育录取率衔接起来，并借此解释 1999 年扩招政策的边际影响。

已知大学录取率在 1999 年出现跳跃性增长，记 $r_0 = 1999$，我们通过下式来描述该现象：

$$p_+ = \lim_{r \to r_0^+} Pr(D = 1 \mid R = r, X = x), \tag{5.3.5}$$

$$p_- = \lim_{r \to r_0^-} Pr(D = 1 \mid R = r, X = x). \tag{5.3.6}$$

其中，p_+ 表示个体在 1999 年参加高考的录取率，而 p_- 表示 1998 年的高考录取率。则 $\Delta p = p_+ - p_-$ 为扩招政策的强度，若 $\Delta p \approx 0$ 则表示政策强度接近于零，即扩招未影响个体读大学的概率；$\Delta p \to 1 - p_-$ 则意味着扩招政策强度达到极致，使得每个人都能读大学。为识别和估计出目标参数，需要以下假设：

假设 5.3.1 给定 R，X 和 Z，V 的条件分布服从均匀分布。

注意，由于未对 $p(\cdot)$ 的函数形式做假定，因此假设 5.3.1 并不是实质性约束，而只是一种正则化表示。若 V 的条件分布为 $\widetilde{F}(v, r, x, z) = $

$F_{V|R}(v \mid r, x, z)$，则令 $\widetilde{V} = F_{V|R, X, Z}(v \mid r, x, z)$，$\widetilde{P}(r) = \widetilde{F}(p(r, x, z), r, x, z)$，易知变换后的选择方程满足假设 5.3.1。

假设 5.3.2 （连续性假设）$m_d(r, x, u)$ 及条件密度函数 $f_{U_d|R, X, V}(u \mid r, x, v)$ 在 $r = r_0$ 处连续，对 $d = 0, 1$ 均成立。

假设 5.3.2 为本文的核心假设，并且有很强的现实意义。工资为劳动力市场内劳动力的均衡价格。在扩招问题中，工资方程在 $r = r_0$ 处连续意味着，1999 年前后参加高考的个体有着相近的均衡工资。实际上，扩招导致的供给冲击可能会对当期（1999 年和 2003 年）的市场均衡产生重大影响，但这一影响会随着时间逐渐衰退，因此很难影响到十几年后的均衡工资水平，本章第五节将会对此假设进行详细的验证。假设 5.3.2 的存在也预示着我们实证分析的局限性，即无法识别出市场均衡的剧烈变化对收入的影响。假设 5.3.2 同时意味着，扩招政策不会直接影响工资方程，而是通过影响个体读大学的概率来改变工资分布。

我们关心的问题是：如果扩招政策强度 Δp 出现变化，那么个体的期望收入会发生什么变化？给定扩招前的招生强度 p_-，Δp 的变化即为 p_+ 的变化，因此政策边际强度效应（Marginal Intensity Effect，MIE）的定义如下：

$$MIE(r_0^+, X, p_+) = \frac{\partial E[Y \mid R = r_0^+, X]}{\partial p_+}. \quad (5.3.7)$$

边际强度效应即为个体期望收入关于政策强度 p_+ 的偏导数。而条件于 $R = 1999$ 的目标参数反映了 1999 年政策变化的边际影响，因此可以部分排除相近年限其他政策（例如：2001 年中国进入世界贸易组织）的干扰。若 MIE 为正且随着 p_+ 的增大而减小，则意味着随着扩招政策强度的增加，扩招政策对收入的促进作用逐渐减弱。若 p_+ 过大以至于 MIE 为负，则说明扩招政策强度过大以至于对部分群体的收入产生负面影响。在这种意义上可以讨论扩招政策最合适的强度，即使得 MIE 接近零的录取率 p_+^*。若扩招后录取率小于 p_+^*，则应该进一步扩招；若录取率大于 p_+^*，则说明扩招过度而降低了收入。

由于研究者通常无法观测到式（5.3.7）中 p_+ 的一个独立同分布样本，因此 $MIE(r_0^+, X, p_+)$ 并不能直接估计。以下定理将 MIE 和 MTE 联系到了一起，从而启发我们如何利用微观数据估计"录取率对个人收入的影响"。

定理 5.1　在假设 5.3.1-5.3.2 下,有

$$\frac{\partial E[Y \mid R = r_0^+, X]}{\partial p_+} = E[Y_1 - Y_0 \mid V = p_+, R = r_0, X].$$

(5.3.8)

定理 5.1 将政策的边际强度效应和 Carneiro et al. (2011) 的高等教育边际回报率联系起来,则可以通过边际处理效应来估计政策的边际强度效应,也可以采用类似的方法进行统计推断。从直观上来看,定理 5.1 说明政策强度略微调整的影响等于政策对那些位于参与边界个体的平均影响。以扩招政策为例,如果 1999 年的录取率从 55% 提升到 56%,则整体收入的变化等于由于录取率提升 1% 而能上大学的那部分群体的高等教育回报。

值得注意的是,$E[Y_1 - Y_0 \mid V = p_+, R = r_0, X]$ 条件于 $V = p_+$。由选择方程(5.3.2)可知,V 越大,则个体上大学的概率越低,因此随着 p_+ 的增加,$E[Y_1 - Y_0 \mid V = p_+, R = r_0, X]$ 反映的是上大学概率较低个体的边际回报。如果中国的高等教育选拔机制(高考)是合理的,则通过选拔得以进入大学的个体高等教育回报率应该更高,那么不扩招就无法读大学的个体的高等教育回报率理应低于不扩招也能读大学的个体。因此扩招政策的边际强度效应 $\dfrac{\partial E[Y \mid R = r_0^+, X]}{\partial p_+}$ 和高等教育的边际回报率 $E[Y_1 - Y_0 \mid V = p_+, R = r_0, X]$ 应该随着 p_+ 的增加而下降。另外,除了识别录取率对工资均值的影响,我们也推出了识别录取率对 Y 的方差和分布的影响的相关结论。这些结论可用于分析扩招政策对收入差距的影响,这部分结果见本节附录。

下面我们讨论政策边际强度的估计问题。定理 5.1 已经指出,政策边际强度等于边际处理效应在 V (选择方程扰动项)等于 p_+ 时的估值。因此,估计政策边际强度在步骤上与估计边际处理效应是一样的。估计边际处理效应所需的条件详见 Heckman et al. (2005) 以及 Carneiro et al. (2009)。我们发现,在实证研究中,若不对 $m_0(\cdot)$, $m_1(\cdot)$ 的函数形式加以限制而采用非参数方法来估计,则会面临维数灾难。尤其是在控制变量 X 的维数较高的情况下,为得到有效估计量所需的数据量是实证研究难以满足的。但 $m_0(\cdot)$, $m_1(\cdot)$ 若采用完全线性的形式,则面临较大的模型误设风险。为在模型设定的灵活性和实证研究的可行性之间取得平衡,我们采用如下半参数设定:

$$Y_0 = \beta_0 X + f_0(R) + U_0,$$
$$Y_1 = \beta_1 X + f_1(R) + U_1. \tag{5.3.9}$$

我们将 $f_0(R)$，$f_1(R)$ 设定为 R 的三次函数，这一设定下，目标参数政策的边际强度效应为：

$$\begin{aligned}MIE &= \frac{\partial E[Y \mid R = r_0^+, X = x]}{\partial p_+} \\ &= E[Y_1 - Y_0 \mid V = p_+, R = r_0, X = x] \\ &= (\beta_1 - \beta_0)x + (f_1(r_0) - f_0(r_0)) \\ &\quad + E[U_1 - U_0 \mid V = p_+, R = r_0, X = x].\end{aligned}$$

在 (U_0, V) 和 (U_1, V) 独立于 (R, X, Z) 的假定下，

$$\begin{aligned}&E[U_1 - U_0 \mid V = p_+, R = r_0, X = x] \\ &= E[U_1 \mid V = p_+] - E[U_0 \mid V = p_+].\end{aligned}$$

由 Carneiro *et al.* (2009) 可知，

$$\begin{aligned}E[U_1 \mid V = p_+] &= E[U_1 \mid V = p_+, D = 1] \\ &\quad + p_+ \frac{\partial E[U_1 \mid V = p_+, D = 1]}{\partial p_+}, \\ E[U_0 \mid V = p_+] &= E[U_0 \mid V = p_+, D = 0] \\ &\quad - (1 - p_+) \frac{\partial E[U_0 \mid V = p_+, D = 0]}{\partial p_+}.\end{aligned}$$

则可根据非参数方法估计 $E[U_1 \mid V = p_+]$ 和 $E[U_0 \mid V = p_+]$，而不需要担心控制变量过多所带来的维数灾难。基于以上讨论，我们采用三步法估计目标参数：第一步，通过参数或非参数方法估计出个体倾向得分 P；第二步，根据已估出倾向得分使用 Robinson(1988) 所提出方法估计 (β_0, β_1)，以及 $f_0(R)$，$f_1(R)$ 中 R 前的系数；第三步，根据第二步的估计结果计算残差 $(\hat{U}_0, \hat{U}_1)$，然后通过非参数方法估计 $E[U_1 \mid V = p_+]$ 和 $E[U_0 \mid V = p_+]$。

本节附录

（一）定理 5.1 的证明

为简化符号，以下证明均条件于 X，并略写 X。

第五章　边际处理效应的应用：大学扩招中的最优录取率　221

$$\begin{aligned}E[Y\mid R=r_0^+] &= E[(Y_1-Y_0)D+Y_0\mid R=r_0^+]\\ &= E[(Y_1-Y_0)\cdot 1\{P(R)>V\}\mid R=r_0^+]+E[Y_0\mid R=r_0^+]\\ &= E[(Y_1-Y_0)\cdot 1\{P(R)>V\}\mid R=r_0^+]+E[Y_0\mid R=r_0]\\ &= \lim_{r\to r_0^+}E[(Y_1-Y_0)\cdot 1\{P(r)>V\}\mid R=r]+E[Y_0\mid R=r_0]\\ &= \lim_{r\to r_0^+}\int_0^{p(r)} E[(Y_1-Y_0)\mid R=r,V=v]\mathrm{d}v+E[Y_0\mid R=r_0]\\ &= \int_0^{p_+} E[(Y_1-Y_0)\mid R=r_0,V=v]\mathrm{d}v+E[Y_0\mid R=r_0].\end{aligned}$$

则 $\dfrac{\partial E[Y\mid R=r_0^+,X]}{\partial p_+}=E[Y_1-Y_0\mid V=p_+,R=r_0,X].$

（二）定理 5.1 的若干推广

收入的方差反映了收入的离散程度，可以用于度量收入分配的不平等程度，即收入的方差越大，意味着收入的离散程度越大，收入分配的不平等程度也就越大。以下定理 5.2 识别了政策强度对收入方差的影响，可用于评价扩招政策对收入分配不平等的影响。给定录取率下，若上述参数为负值，则说明扩招政策降低了收入分配的不平等程度，反之则说明扩招政策增加了收入分配的不平等程度。此外，我们可以进一步识别出政策强度对收入分布的影响，见定理 5.3。

定理 5.2　在假设 5.3.1-5.3.2 下，有

$$\dfrac{\partial Var[Y\mid R=r_0^+,X]}{\partial p_+}=E[Y_1^2-Y_0^2\mid V=p_+,R=r_0]-2E[Y\mid R=r_0]$$
$$\cdot E[Y_1-Y_0\mid V=p_+,R=r_0].$$

证明：以下证明均条件于 X。因为 $Var(Y)=E(Y^2)-(E(Y))^2$，

$$\dfrac{\partial Var(Y\mid R=r_0^+)}{\partial p_+}$$
$$=\dfrac{\partial E(Y^2\mid R=r_0^+)}{\partial p_+}-2E(Y\mid X,R=r_0^+)\dfrac{\partial E(Y\mid R=r_0^+)}{\partial p_+}.$$

因为

$$\begin{aligned}E(Y^2\mid R=r_0^+) &= E((DY_1+(1-D)Y_0)^2\mid R=r_0^+)\\ &= E(DY_1^2+(1-D)Y_0^2+2D(1-D)Y_1Y_0\mid R=r_0^+)\\ &= E(DY_1^2+(1-D)Y_0^2\mid R=r_0^+)\\ &= E(D(Y_1^2-Y_0^2)\mid R=r_0^+)+E(Y_0^2\mid R=r_0^+).\end{aligned}$$

且

$$E(D(Y_1^2 - Y_0^2) \mid R = r_0^+)$$
$$= \lim_{r \to r_0^+} E((Y_1^2 - Y_0^2) \cdot 1\{P(r) > V\} \mid R = r) + E(Y_0 \mid R = r_0)$$
$$= \lim_{r \to r_0^+} \int_0^{p(r)} E(Y_1^2 - Y_0^2 \mid R = r, V = v) \mathrm{d}v + E(Y_0 \mid R = r_0)$$
$$= \int_0^{p_+} E(Y_1^2 - Y_0^2 \mid R = r, V = v) \mathrm{d}v + E[Y_0 \mid R = r_0].$$

因此

$$\frac{\partial E(Y^2 \mid R = r_0^+)}{\partial p_+} = E(Y_1^2 - Y_0^2 \mid R = r_0, V = p_+).$$

于是

$$\frac{\partial Var(Y \mid R = r_0^+)}{\partial p_+} = E(Y_1^2 - Y_0^2 \mid R = r_0, V = p_+)$$
$$- 2E(Y \mid X, R = r_0)E(Y_1 - Y_0 \mid R = r_0, V = p_+).$$

定理 5.3 在假设 5.3.1-5.3.2 下，有

$$\frac{\partial F_{Y \mid R, X, Z}(Y \mid R = r_0^+, X = x, Z = z)}{\partial p_+}$$
$$= F_{Y_1 \mid V, R, X}(y \mid p_+, r_0, x, z) - F_{Y_0 \mid V, R, X}(y \mid p_+, r_0, x, z).$$

证明：以下均默认条件于 X, Z,

$$F(Y \mid R = r_0^+) = E(1\{Y < y\} \mid R = r_0^+)$$
$$= E(1\{Y < y\} \mid R = r_0^+, D = 1)p_+$$
$$\quad + E(1\{Y < y\} \mid R = r_0^+, D = 0)(1 - p_+)$$
$$= E(1\{Y_1 < y\} \mid R = r_0^+, D = 1)p_+$$
$$\quad + E(1\{Y_0 < y\} \mid R = r_0^+, D = 0)(1 - p_+)$$
$$= E(1\{Y_1 < y\} \mid R = r_0^+, P(R) > V)p_+$$
$$\quad + E(1\{Y_0 < y\} \mid R = r_0^+, P(R) < V)(1 - p_+)$$
$$= \lim_{r \to r_0^+} \frac{\int_0^{p(r)} E(1\{Y_1 < y\} \mid R = r, V = v) \mathrm{d}v}{p(r)} p_+$$
$$\quad + \lim_{r \to r_0^+} \frac{\int_{p(r)}^1 E(1\{Y_1 < y\} \mid R = r, V = v) \mathrm{d}v}{1 - p(r)} (1 - p_+)$$

$$= \int_0^{p_+} E(1\{Y_1 < y\} \mid R=r, V=v) \mathrm{d}v$$
$$+ \int_{p_+}^1 E(1\{Y_1 < y\} \mid R=r, V=v) \mathrm{d}v.$$

上式等号两边同时对 p_+ 求导,即得所需结论。

第四节 实证分析：大学扩招对人力资本积累的影响

4.1 政策背景

1977 年 10 月国务院批转教育部《关于一九七七年高等学校招生工作的意见》,标志着高考正式恢复,此后 20 年中国高等教育进入稳步发展时期。中国高等院校逐渐扩大招生规模以培养更多的高层次人才,其中高等教育毛入学率由 1978 年的 1.6% 发展为 1998 年的 9.8%,高考录取率也由 1978 年的 6.6% 逐渐提升到 1998 年的 33.9%。

1992 年中国共产党第十四次全国代表大会明确提出建设社会主义市场经济体制的目标。中国经济社会发展对高素质人才的需要愈发突出,而 1998 年我国大学生在校人数不过 780 万人,远远不能满足人民群众接受高等教育的需要和国家经济社会发展对人才的需要。在此背景下,1998 年 12 月中国共产党第十五次全国代表大会通过《面向 21 世纪教育振兴行动计划》,明确提出扩大高等教育招生数。次年,高等教育招生规模增加 51 万人,增幅达 47.3%,实际录取人数为 159.7 万人。高考录取率也由前一年的 33.9% 提升到 1999 年的 55.5%。由此拉开了此后十数年的高等教育扩招的序幕。

1999 年的扩招政策对于改革开放以来中国高等教育发展具有承上启下的作用。正如 Carneiro *et al.* (2011)以及 Balestra *et al.* (2017)所指出,教育具有显著的异质性影响。因此研究 1999 年扩招政策的边际影响和异质性影响对理解近二十年中国高等教育发展具有重要意义。

4.2 数据和变量描述

第一批受扩招政策影响的个体为 1999 年参加高考的学生,这批上大学的个体将在 2003 年毕业,其工作 5 年以上的收入更具有代表性,因此选取数据应该尽可能在 2008 年之后。经综合比较和考虑,我们最终选择采用中国家庭收入调查 2013 年的调查数据(CHIP2013)。该数据得到国家自然科学基金资助和国家统计局的支持,由北京师范大学中国收入分配研究院联合国内外专家共同完成。

我们选取高中、职高和中专毕业生作为未完成高等教育的个体,选取大专和本科毕业生作为完成高等教育的个体。将个体 18 岁时所在年份视为参加高考的年份,为使个体收入具有代表性,我们选取在 1985—2005 年间参加高考的个体。因此样本内个体的实际年龄范围为 27—47 岁。

核心被解释变量为个体工资性年收入(或经营净年收入)的对数值。控制变量包括性别、户口类型(出生地户口是否为农村户口)、工作性质(是否在政府、事业单位或国企工作)、婚姻状况、是否为少数民族、是否入党、健康状况、家庭资产规模(万元)、父母受教育状况(父母中有一方完成初中教育)。

兄弟姐妹个数将会影响家庭在个人教育上的支出,进而影响个体读大学的概率,因此参考 Taber(2001)选择兄弟姐妹个数作为工具变量。个体高考所在地的工资水平反映了当地的经济发展水平,会影响个人中小学教育的质量,进而会影响个体升学的概率;此外,Cameron *et al.*(2004)指出个人直接就业的收入是读大学的机会成本,因此也会影响个体读大学的概率。综合以上两点,选择参加高考年份原始户口所在地职工平均年工资作为工具变量(以 1985 年为基数)。通过对数据的预处理最终得到 5 575 个样本,样本的描述性统计量见表 5.1。

表 5.1　　　　　　　　数据的描述性统计

变量名	最小值	均值	最大值	标准差
对数工资	3.81	10.32	14.40	0.82
是否完成高等教育	0	0.50	1	0.50
参加高考年份	1 985	1 995.46	2 005	6.23
是否为女性	0	0.45	1	0.50
农村户口	0	0.31	1	0.46
工作性质	0	0.40	1	0.49
已婚	0	0.90	1	0.30
是否为少数民族	0	0.04	1	0.20
是否为党员	0	0.21	1	0.41
是否健康	0	0.88	1	0.33

续表

变量名	最小值	均值	最大值	标准差
家庭资产(万元)	0	8.64	362.60	15.70
父母受教育程度	0	0.20	1	0.40
兄弟姐妹个数	0	1.53	9	1.36
地区平均年收入(元)	950	2 464	9 657	1 541.02

虽然高等教育招生规模的大幅增加主要是从 1999 年开始，我们还是计算了样本内高等教育录取率变化趋势(见图 5.2)。其中 1999 年后样本内录取率十分接近真实录取率，而 1998 年及之前样本内录取率高于实际录取率。分别以 3 次多项式拟合 1999 年之前和之后的高等教育录取率，会发现录取率在 1999 年出现明显跃升。不过跃升幅度只有 6%，低于实际跃升幅度 21%。产生这种现象的主要原因是 1998 年及之前样本内录取率过高，这可能是样本内城镇户籍人口比例过高导致的。

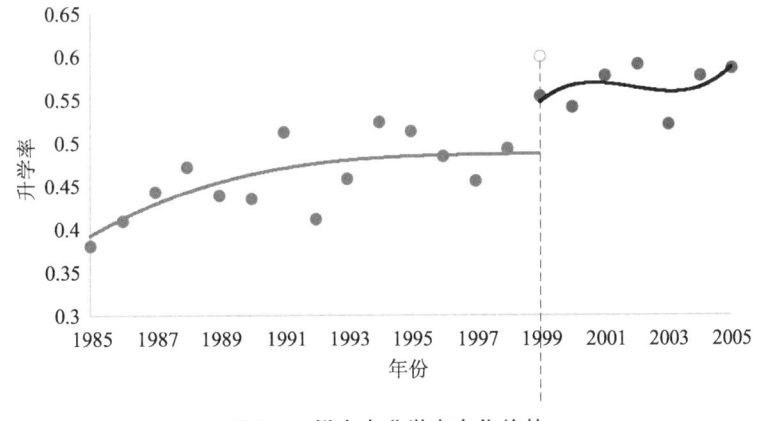

图 5.2 样本内升学率变化趋势

4.3 估计扩招政策的平均影响

断点回归设计是以断点为工具变量去估计内生政策变量的局部平均处理效应。考虑到扩招政策使得高等教育录取率在 1999 年前后出现不连续的变化，因此可以用断点回归设计的方法估计高等教育的平均回报率。在 Angrist *et al.* (1996)的框架下，不进行扩招依然能够上大学的个体为总是接受者(Always-takers)，扩招之后依然不能上大学的个体为从不接受者(Never-takers)。而以 1999 年扩招为工具变量，其估计结果反映的是服从者(Compliers)的平均高等教育回报率。

表5.2为断点回归的估计结果,从该表中可知扩招政策的服从者的高等教育平均回报率为71%。该结果说明,在平均意义上1999年扩招政策对受扩招政策影响的群体(由于扩招而得以上大学的群体)的收入具有显著的提升作用。但依此认定进一步扩招依然能够提高居民整体收入,就会存在政策误判的可能。

表5.2　　　　　　　　　模糊断点回归结果

窗宽(年)	2	3	4	5
高等教育回报	0.849 1***	0.719 6***	0.711 4***	0.710 5***
标准误	0.196 4	0.133 1	0.118 3	0.108 5
控制变量	Yes	Yes	Yes	Yes

注：*、** 和 *** 分别表示在10%、5%和1%的显著性水平下通过检验。

和发达国家的经验类似,中国的高等教育回报也很可能因人而异,仅仅从平均意义上评价政策,不能够使我们全面而准确地理解政策背后的含义。事实上,在本章的模型框架下,断点回归的结果为政策边际强度效应的某种平均。

$$FRD = \int_{p_-}^{p_+} \frac{\partial E[Y \mid R = r_0^+]}{\partial p} f_P(p) \mathrm{d}p$$
$$= \int_{p_-}^{p_+} E[Y_1 - Y_0 \mid V = p, R = r_0] f_P(p) \mathrm{d}p.$$

(5.4.1)

如式(5.4.1)所示,升学概率位于$[p_-, p_+]$之间的群体即为扩招政策的服从者,而模糊断点回归即为这部分群体的平均高等教育回报率。式(5.4.1)一个更深刻的含义在于,如果高等教育存在显著的异质性,而不同工具变量对应不同的服从者,那么采用不同工具变量所估计出的局部平均处理效应将会有所不同,因此高等教育回报率会由于工具变量的选择而有所不同。

4.4　估计政策边际强度前的准备工作：估计倾向得分和结果方程各系数

由于估计政策边际强度效应需要首先估计倾向得分,以及系数(β_0, β_1)。倾向得分可以衡量个体接受并完成高等教育的可能性,而(β_0, β_1)可以反映性别、户籍状况等控制变量如何影响个体收入。

由于本节中控制变量和工具变量较多,因此最终选择 Probit 模型来估计个体倾向得分。另外,考虑到 1999 年前后录取率变化较大,因此建议使用两个模型分别估计 1985—1998 和 1999—2005 年个体倾向得分。所估计倾向得分的取值范围为 [0.034 7, 0.999 8],其中位数为 0.490 8,均值为 0.499 2。参数的估计结果见表 5.3。

表 5.3　　　　　　　使用 Probit 模型估计倾向得分

变量	1998 年及之前	1999 年及之后
参加高考的年份	0.021 6***	0.020 5
	(0.008 4)	(0.018 5)
兄弟姐妹个数	−0.033 2*	−0.098 1***
	(0.017 8)	(0.031 7)
当地平均工资	0.000 25***	0.000 038
	(0.000 06)	(0.000 026)
女性	−0.041 7	0.276 2***
	(0.047 6)	(0.061 4)
农村户口	−0.828 6***	−0.049 1***
	(0.064 0)	(0.064 3)
在国有部门工作	0.657 1***	0.676 7***
	(0.049 9)	(0.071 0)
已婚	−0.546 6***	−0.332 8***
	(0.198 0)	(0.075 5)
少数民族	0.015 86	0.044 0
	(0.125 7)	(0.152 9)
党员	0.696 1***	0.673 6***
	(0.057 2)	(0.100 1)
身体健康	0.110 0*	−0.202 1*
	(0.065 8)	(0.121 0)
资产	0.008 0***	0.010 9***
	(0.001 7)	(0.003 1)
父母教育	0.235 3***	0.530 4
	(0.057 12)	(0.088 7)
截距项	−0.230 1	0.154 8
	(0.251 7)	(0.157 4)
样本量	3 488	2 087
AIC	3 914	2 401

注:以 1999 年为基年,对参加高考的年份进行处理,即 $R=$ 参加高考年份 -1999;*、** 和 *** 分别表示在 10%、5% 和 1% 的显著性水平下显著。

表 5.4.4 给出 (β_0, β_1) 的估计结果,其中加入参加高考年份的三阶多项式控制时间趋势,并通过 Bootstrap 方法计算标准误。从表中可以发现除了婚姻状况和民族状况对个体收入的影响不显著外,其余变量对收入的影响方向与学历无关。性别差异会对收入产生显著影响,其中女性的中学毕业生收入比男性低 32.52%,对于大学毕业生这一数值为 25.02%,这或许反映了劳动力市场中的性别歧视。此外,无论是否完成高等教育,农村户籍人口的收入均低于城镇户籍人口,中学毕业生的这一数值为 18.02%,而大学毕业生的这一数值为 7.49%。对于中学毕业生在国有部门工作将使其收入提升 7.74%,但是否在国有部门工作对大学毕业生收入影响不显著。此外身体健康状况也会影响个体收入,而且身体健康对中学毕业生收入的影响也大于大学毕业生,这或许是因为中学毕业生更多地从事体力劳动,因此身体状况对收入的影响更大。总的来说,从表 5.4 中可以发现,个人的出生条件(例如性别、户籍状况)会对收入产生影响,但个体可以通过高等教育来减弱出生条件对收入的影响。高等教育对个体突破出生条件限制并实现更好发展是有积极意义的。

表 5.4　　　　　　　(β_0, β_1) 的半参数估计结果

变量	中学毕业对数收入	大学毕业对数收入
女性	−0.325 2***	−0.250 2***
	(0.033 9)	(0.026 0)
农村户口	−0.180 2***	−0.074 9*
	(0.035 7)	(0.037 7)
国有部门工作	0.077 4**	0.023 3
	(0.037 0)	(0.029 1)
已婚	−0.062 7	0.022 0
	(0.064 9)	(0.047 2)
少数民族	−0.207 0*	0.012 2
	(0.103 1)	(0.057)
党员	−0.097 8*	−0.000 9
	(0.054 2)	(0.031 5)
身体健康	0.144 2***	0.109 5**
	(0.048 6)	(0.042 4)
资产	0.014 9***	0.007 8***
	(0.002 7)	(0.001 7)
父母初中毕业	0.088 9*	0.161 2***
	(0.047 5)	(0.028 1)
$f(R)$	控制	控制

注:*、**和***分别表示在 10%、5%和 1%的显著性水平下通过检验。

4.5 估计政策边际强度效应

为全面而准确地理解扩招政策的作用,不能仅仅关注扩招政策的平均影响,还必须关注扩招政策的异质性影响。在存在较大异质性的情况下,将个体所受政策影响近似为政策的平均影响,就会导致政策误判。对于扩招政策而言,如果政策的边际影响为正,即刚好位于录取边界个体的高等教育回报率为正,那么使该个体接受高等教育对社会人力资本积累具有正面意义;反之,政策的边际影响为负,则该个体高等教育回报率为负,就应该让该个体直接进入劳动力市场。因此,若在 55.5% 的录取率下,扩招政策的边际影响为正,说明继续扩招将有助于提升整体收入,扩招政策的边际影响为负,则说明扩招过度,扩招政策的边际影响接近零,则说明扩招政策达到了合适的政策强度。

已知 1999 年高考录取率为 55.5%,因此在 55.5 的录取率下政策的边际效应是评价 1999 年扩招政策的重要参数。利用前一节中给出的政策边际强度的估计步骤,可计算出 55.5% 的录取率下政策的边际强度效应为 0.044 3。该估计结果具有两层含义:其一,在 55.5% 录取率下略微提高(降低)1% 的录取率将使得整体收入提高(降低)约 0.044 3%;其二,对于在 1999 年大学录取线附近的群体,其高等教育回报率为 0.044 3,即完成高等教育可使其收入提高 4.43%。而根据 Carneiro et al.(2009)可计算该参数标准误为 0.152 9,则该参数在任何常用的置信水平下均不显著。该结果说明 1999 年扩招政策的边际影响比较微弱。

在估计过程中我们也注意到:控制变量的取值会影响所估计扩招政策的边际强度效应。我们将各控制变量均值下的估计结果视为基准结果,即 $X = \bar{x}$,其中 $\bar{x}$ 为各控制变量均值所构成的向量。1999 年的扩招政策影响非常广泛,作用机制也十分复杂,选择代表性个体是为得到可信结论而不得不做的简化。我们也计算了不同控制变量取值下的估计结果,并不改变基本结论。

得益于倾向得分的灵活变化,我们可以进行适当的反事实分析,并估计出不同录取率下的政策边际强度效应以及高等教育的边际回报率。首先关注 55.5% 录取率附近的政策边际强度效应。如表 5.5 所示,55.0% 录取率下政策边际强度效应为 0.060 4,56.0% 录取率下政策边际强度效应为 0.025 6。而在 57.0% 的录取率下政策的边际强度效应为 −0.017 8,即扩招政策对收入的边际影响变为负值。位于 57.0% 录取边界的个体高等教育对其收入的提升作用或许不如参加工作所获工作经验。

1998年高考录取率为33.9%,而34.0%录取率下政策的边际强度效应为0.7713,即位于33.9%录取边界的个体高等教育回报率约为77.13%。这一结果说明,在1998年录取率的基础上提高高等教育录取率对促进我国人力资本积累具有重要意义。随着录取率的提高,政策边际强度效应逐渐减弱,45.0%录取率下政策边际强度效应为0.4544,达到48%的录取率后政策边际强度效应衰减为0.3133并在5%的显著性水平下不显著,50.0%的录取率下政策边际强度效应为0.2272。

表 5.5　　　　　　　　扩招政策的边际强度效应

录取率	33.5%	34.0%	40.0%	45.0%	48.0%
MIE	0.7894	0.7713	0.7593	0.4544	0.3133
标准误	0.1822	0.1824	0.1854	0.1751	0.1656
录取率	50.0%	55.0%	55.5%	56.0%	57.0%
MIE	0.2272	0.0604	0.0443	0.0256	−0.0178
标准误	0.1603	0.1530	0.1529	0.1527	0.1527

从表5.5的估计结果来看,扩招政策的边际强度效应随着录取率的提升而下降。为更直观地展示这种现象,图5.3给出不同录取率下政策边际强度效应的曲线,其中虚线为参数95%的置信区间。显然,随着录取率的提升扩招政策的边际强度效应逐步下降,并在48.0%的录取率下变得不显著,在57.0%的录取率下变为负值。这也反映出,随着录取率的提升高等教育的边际回报率逐渐下降,即扩招政策的边际效应递减定律。

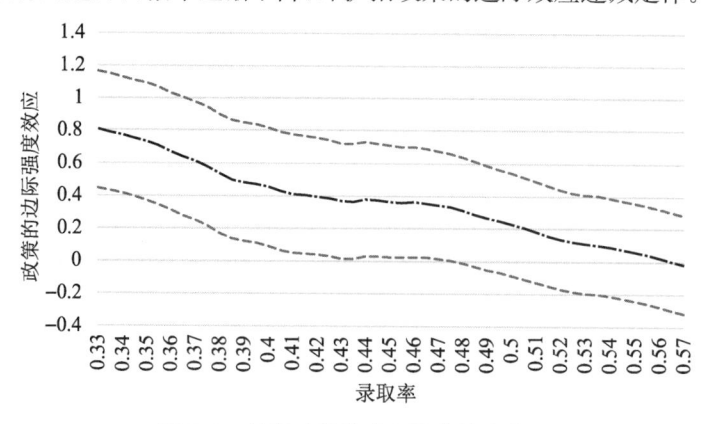

图 5.3　扩招政策的边际强度效应曲线

从图 5.3 出发,我们已经可以从个人收入的角度回答"1999 年的高等教育扩招是否过度"这一问题。已知 1999 年高考录取率为 55.5%,而 55.5% 的录取率下扩招政策的边际强度效应为 4.43%,且在任何常见的显著性水平下均不显著。这一结果说明 1999 年的扩招政策达到合适的政策边界,即进一步扩招对居民收入的影响十分微弱,甚至可能为负。若考虑到高等教育扩招所带来的成本问题,则 1999 年的扩招政策或许已经略微过度。

从表 5.4 中可知,对于中学毕业生女性收入比男性低 32.52%,而大学毕业生女性比男性低 25.02%。因此高等教育可以缩小男女性之间的收入差距,则女性的高等教育回报率会略微高于男性,那么不同录取率下女性从扩招政策中获益更多。

图 5.4 给出不同录取率下,男女性的扩招政策边际强度效应。结果表明,男性从扩招政策中收益率略低于女性,并且随着录取率的提高,扩招政策对两者收入的正向影响逐渐下降。

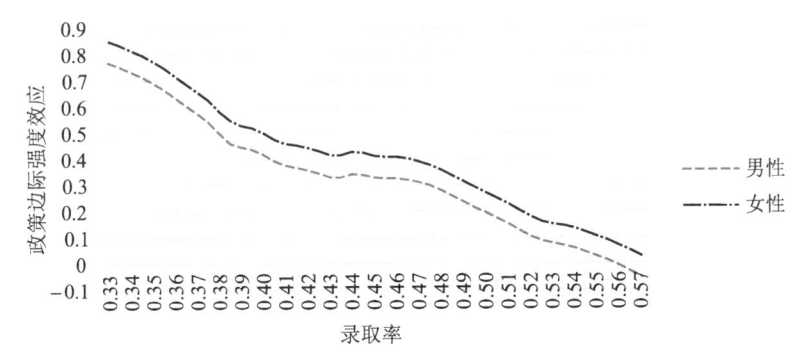

图 5.4 不同性别下的政策边际强度效应曲线

表 5.4 还说明农村户籍人口收入低于城镇户籍人口,并且对于中学毕业生而言,农村户籍人口收入比城镇户籍人口收入低 18.02%;而对于大学毕业生而言,该数值为 7.49%。因此农村户籍人口可以通过高等教育缩小与城镇户籍人口的收入差距,即高等教育对于缩小城乡收入差距也有重要意义。这一现象反映在扩招政策上,即为不同录取率下农村户籍人口从扩招政策中的收益要高于城镇户籍人口。图 5.5 给出不同户籍群体的政策边际强度效应曲线。显然,农村户籍人口从扩招政策中受益较大,但随着录取率的提高扩招政策的边际影响依然表现出逐渐下降的趋势。综合图 5.4 和图 5.5,可以发现高等教育能够改善出生条件(禀

赋)所导致的收入劣势，这可能也是中国家庭高等教育投资热情高涨的原因。

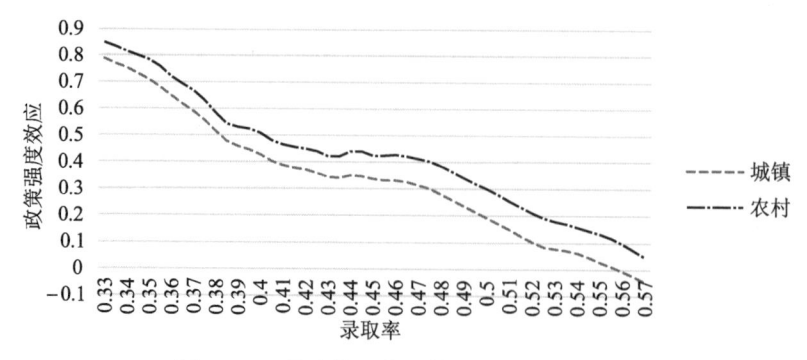

图 5.5　不同户籍下的政策边际强度效应曲线

综合以上结果可知，随着录取率的提高 1999 年扩招政策的边际效应逐渐下降，并且高等教育的边际回报率也随着录取率的提高而下降。这一现象可能由两种因素导致：其一，随着录取率的提高，进入大学的生源质量下降，尤其是对于那些不扩招就无法上大学的群体而言，其高等教育对其收入的提升作用也不如工作经验。其二，不同录取边界上个体所接受高等教育的质量有差异。位于录取线边界的个体可能仅仅只能上大专，大专院校的高等教育资源数量和质量弱于本科，更远远比不上双一流高校，因此该部分个体的高等教育回报率低于远远高于录取线的个体，因此扩招政策的边际影响逐渐下降。可惜的是，本文无法将这些因素对扩招政策的影响一一分离并识别出来。

第五节　政策边际强度识别条件的检验

政策边际强度反映了当其他因素不变时，仅仅提高政策实施力度对因变量平均值带来的边际影响。上一节中，我们估算了在一系列所设定的不同录取率水平下，扩招对人均收入的影响。正如使用双重差分法估计政策净效应依赖于平行趋势假设一样，本章提出的政策边际强度的识别和估计步骤的成立也依赖于几个重要的条件。其中最重要的条件是假设 5.3.2，也称为连续性假设，它要求潜因变量 (Y_1, Y_0) 关于驱动变量 (R) 在能够引起倾向得分 $P(D=1 \mid R=r)$ 不连续的每一个点上都是连续变化的。直觉上，如果这一连续性条件得不到满足，那么 Y 的改变就不能完全归因于政策实施力度的变化,因为倾向得分的改变(进而引起 D 的分布的改变)也会影响 Y。本节中,我们将对这些条件从不同角度加以检验,用于说明上一节估计结果的可靠性。

5.1 连续性的检验

1999 年高等教育招生规模扩大 51 万人,会直接造成当年进入劳动力市场的中学毕业生人数下降 51 万人,而 2003 年进入劳动力市场的大学毕业生增加 51 万人。国家统计局数据显示 1999 年的高中阶段毕业生人数为 731.8 万,2003 年大学阶段毕业生人数为 187.7 万人,所以扩招会增加 2003 年毕业生的就业压力并降低当年的工资。倘若这一劳动供给冲击使得 1999 年前后参加高考的学生处于不同的市场均衡之中,尤其是使得大学毕业生的工资出现断崖式下降,这就可能违背假设 5.3.2。我们从两个不同角度对连续性假设 5.3.2 进行检验。

首先,由于我们实证分析所采用的工资数据来自 CHIP2013,因此上一段所提到的供给冲击是否在十几年后依然产生作用是存疑的。首先在统一的劳动力市场中,2002 年大学毕业生和 2003 年大学毕业生之间存在替代关系;而且,中国经济在同期处于快速增长阶段,并且技能偏向性技术进步(徐舒,2010;Che et al., 2018)也会增加对大学毕业生的需求。因此 1999 年扩招会在短期内具有较大影响,而是否存在长期效应还需进一步检验。

基于 CHIP2013 的截面数据,显然不同年份参加高考的个体有着不同年份的工作经验,因此参加高考的年份会影响工资水平。令 $R = 2013 - year_{高考}$ 及 $T = 1\{year_{高考} \geq 1999\}$,倘若扩招导致大学毕业生收入出现断崖式下降,那么对于在 1999 年左右参加高考的个体而言 R 和 T 的交互项 $RT = R \times T$ 应该显著为负。表 5.6 给出 RT 对高中毕业生、大学毕业生及其两者总体收入的影响,从中可以看出 RT 对三类收入的影响均不显著。因此可以认为个体工资方程并没有因扩招而突变,即假设 5.3.2 成立。

表 5.6　　　　　　　　　　连续性假设的检验

被解释变量	高中毕业生收入	大学毕业生收入	总体收入
RT	−0.001 0 (0.005 0)	−0.001 4 (0.003 6)	−0.000 4 (0.003 1)

续表

被解释变量	高中毕业生收入	大学毕业生收入	总体收入
R	0.057 7***	0.051 7***	0.048 8***
	(0.020 6)	(0.015 7)	(0.013 1)
R^2	−0.001 5***	−0.001 2***	−0.001 3***
	(0.000 5)	(0.000 4)	(0.000 3)
控制变量	Y	Y	Y
Adjusted R^2	0.109 3	0.103 8	0.091 7
样本量	5 575	2 782	2 793

注：*、** 和 *** 分别表示在 10%、5% 和 1% 的显著性水平下通过检验。

第二种检验连续性的想法是：既然前文估算了不同录取率下

$$E[Y_1 - Y_0 \mid V = p_+, R = 1999, X]$$

的估计值，倘若扩招的供给冲击使得 1999 年前后参加高考的个体处于不同的市场均衡，那么 $E[Y_1 - Y_0 \mid V = p_+, R < 1999, X]$ 和 $E[Y_1 - Y_0 \mid V = p_+, R > 1999, X]$ 的估计结果会存在较大差异。图 5.6 给出了 $R = 1996, 1999$ 和 2002 下边际处理效应的估计结果，从中可以看出边际处理效应的估计结果对 R 的变化并不敏感。因此假设 5.3.2 是成立的，上述估计结果也是稳健的。以上检验方法与双重差分法中的安慰剂检验想法是类似的。

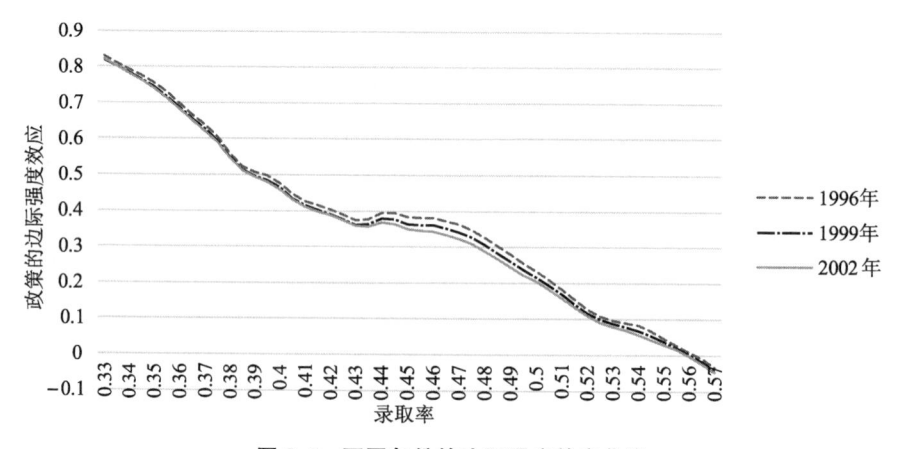

图 5.6 不同年份的边际强度效应曲线

5.2 其他稳健性检验

严格意义上讲,应该采用个体终身的收入来衡量其人力资本积累量,因此本章中度量个体收入的方式存在误差。但由于个体终身收入数据的不可得性,我们可以根据已有数据对个体工资关于工作经验做出相应调整,并给出不同工作年限下扩招政策边际强度效应的估计结果。其具体做法为:针对高中毕业生样本,将收入对经验、经验平方及其他控制变量做回归,可得经验和经验平方项前的系数,基于该系数估计其在不同工作年限下的收入;而大学毕业生根据类似的方法得到其不同工作年限下的收入。然后基于调整后的收入估计扩招政策的边际强度效应。

工作经验调整后的政策边际强度效应曲线如图 5.7 所示。其中"10 年工作经验"曲线表示,基于毕业 10 年大学生收入和毕业 14 年高中生收入所估计的扩招政策边际强度曲线,其余各曲线高中生样本工作经验均比大学生多 4 年。从图 5.7 可以看出,10 年和 15 年工作经验下的扩招政策边际强度曲线和基准结果非常接近,而随着工作经验的增加边际强度曲线向上平移。但各个曲线均支持随着录取率的提高扩招政策的边际影响逐渐下降这一结论。

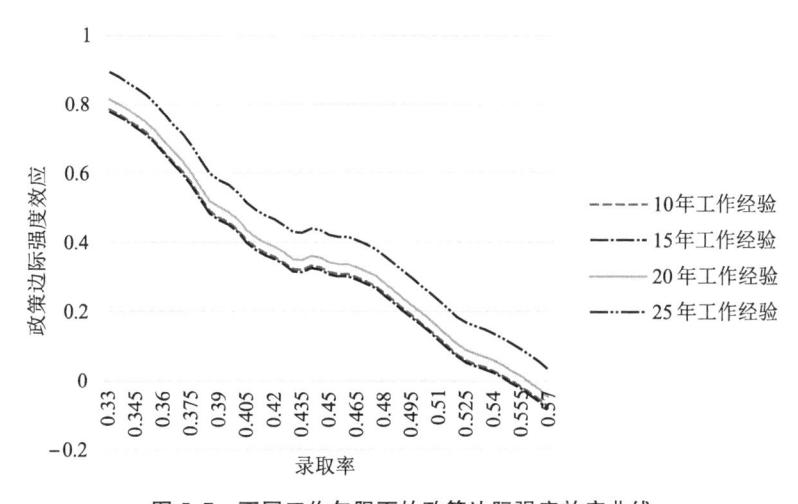

图 5.7 不同工作年限下的政策边际强度效应曲线

除此以外,我们还做了如下稳健性分析。第一,由于不同省份之间经济发展水平、高等教育资源数量以及高考录取率之间存在差异,因此扩招政策的影响可能会存在地区差异。我们在基础模型中加入地区虚拟变量以求控制地区差异。第二，另外考虑不再通过高考年限的多项式而是通过参加高考年份的虚拟变量来控制时间趋势。第三，借鉴 Belloni et al. (2012)，通过 LASSO (Least Absolute Shrinkage and Selection Operator) 进行变量选择来进一步放松对模型设定的约束并进行稳健性检验。

根据个体原始户口所在地区生成 7 个虚拟变量，作为控制地区差异的变量，分别是华北地区（北京、天津、河北、山西和内蒙古）、东北地区（黑龙江、吉林、辽宁）、华东地区（上海、江苏、浙江、安徽、福建、江西、山东）、华中地区（河南、湖北、湖南）、华南地区（广东、广西、海南）、西南地区（重庆、四川、贵州、云南、西藏）、西北地区（陕西、甘肃、青海、宁夏、新疆）。结果如图 5.8 所示，无论是否加入地区固定效应来控制地区差异，扩招政策的边际效应均随着录取率的提高而下降。只不过控制地区差异后政策的边际强度效应下降得更快，在 47% 的录取率下已经接近 0。

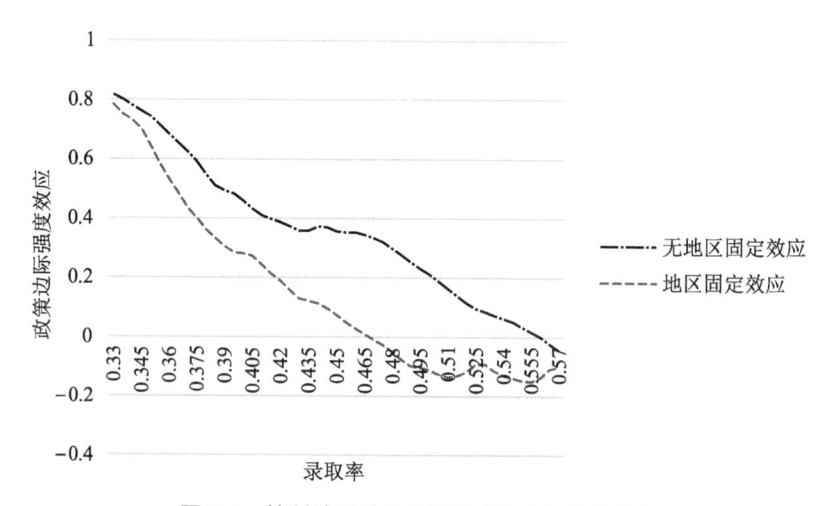

图 5.8 控制地区差异之后的政策边际强度效应

不通过高考年限的多项式而是通过参加高考年份的虚拟变量来控制时间趋势的估计结果如图 5.9 所示。扩招政策的边际影响随着录取率的提高而下降的趋势依然保持不变。

本章第四节在估计扩招政策的边际强度时采用了半线性模型设定。事实上，如何在灵活的模型设定和简便可行的估计之间取得较好的权衡是实证研究者普遍较为关心的问题。随着机器学习等大数据方法的出现，为解决该类问题提供了更多的办法。

图 5.9 不同时间趋势控制方法

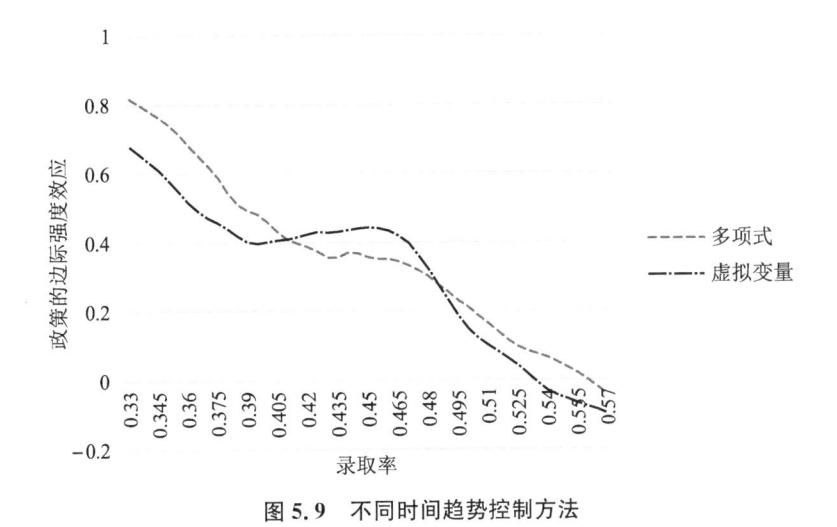

我们考虑在第四节半线性模型设定中，加入 X 的交互项和高阶项。但直接增加交互项和高阶项会极大地增加多重共线性的风险。而且从 (β_0, β_1) 的半参数估计结果可以看到，部分控制变量的影响并不显著。因此不加选择地直接增加交互项和高阶项，会导致模型中存在很多不显著的变量，这会对政策边际强度效应的估计结果产生不良影响。因此应该考虑在进行具体估计工作之前增加一个变量筛选过程。

在大数据时代，从众多变量中筛选出合适的变量是基于数据进行决策的重要问题，也是机器学习和人工智能研究中的热点问题。目前机器学习方法在经济学研究中主要应用于预测方面，而在因果推断方面应用较少。但相关研究正在快速推进，其中 Belloni et al. (2012) 以及 Belloni et al. (2014) 等创新性地将机器学习方法和因果推断相结合，提出首先通过 LASSO 或 post-LASSO 方法选择出最优的控制变量和工具变量组合，然后再进行正式的因果推断，并指出通过该方法可以实现高维数据因果推断。

这里，我们借鉴 Belloni et al. (2012) 的思想来进一步放松对模型设定的约束并进行稳健性检验。具体方法如下：首先构造出 X 的交互项、二次项和三次项；然后，通过 LASSO 的方法从上述所构造变量以及 X 中筛选出对 Y 具有非零影响的变量；最后，基于所筛选出来的控制变量采用半参数方法估计扩招政策的边际强度效应。显然惩罚项 λ 取不同的值会筛选出不同数目的变量，我们根据交叉验证法（Cross-Validation）计算出

不同 λ 下的拟合值和真实值之间的均方误差。如图 5.10 所示,其中横坐标为 $\log(\lambda)$ 的取值,而纵坐标则为均方误差,中间的曲线则是交叉验证曲线以及上下标准差曲线。如图 5.10 所示,随着 λ 不断接近零,模型的拟合度逐渐提高,因此均方误差不断下降。但在 $\log(\lambda) \approx -3$ 时,继续减小 λ 已不足以使均方误差下降一个标准误,$\log(\lambda) \approx -6.5$ 时,均方误差达到最小值。为防止模型出现过多不显著的变量,本文最终设定 $\log(\lambda) \approx -3.2$,并筛选出 13 个对个体收入具有非零影响的控制变量。

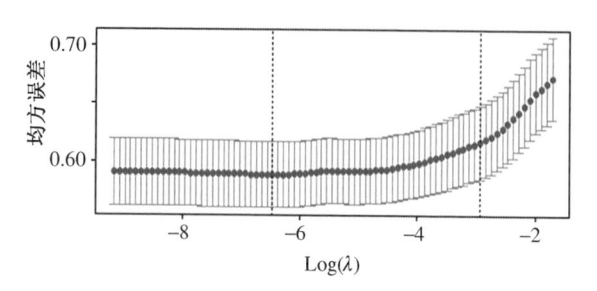

图 5.10　不同 λ 下的均方误差

基于以上方式筛选出的 13 个控制变量,再次估计 1999 年扩招政策的边际强度效应,其边际强度效应曲线如图 5.11 所示。其中实线为之前采用半线性模型估计的结果,虚线则为基于 LASSO 进行变量筛选后的边际强度效应曲线。从图中可以发现,进行变量筛选后的曲线和基准结果略有不同,尤其是在 43%~46% 的录取率下扩招政策的边际影响出现小幅上升。不过整体而言,扩招政策的边际强度效应依然随着录取率的上升而不断下降,并且在 55.5% 的录取率附近扩招政策的边际影响接近零。因此图 5.11 依然支持前文所述结论。

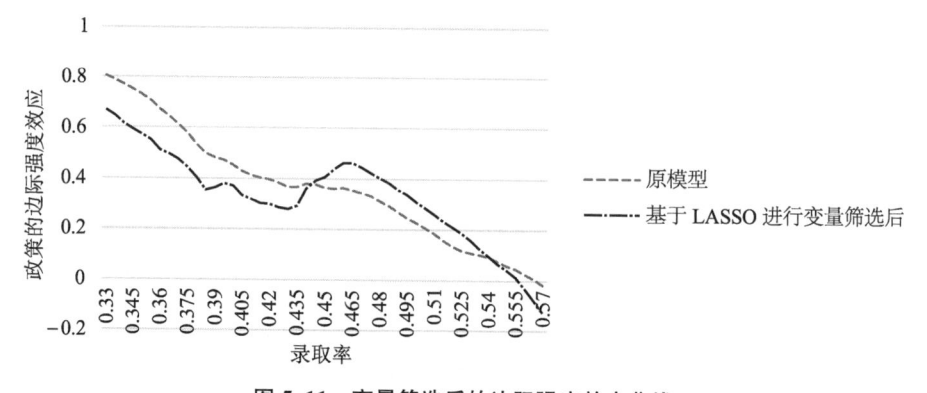

图 5.11　变量筛选后的边际强度效应曲线

综合上述，尽管在不同的设定下扩招政策的边际强度效应的大小有所不同，但其随着录取率的上升而下降的趋势均得到保持。因此由于个体异质性的存在，高等教育回报率因人而异，而扩招政策的边际影响随着录取率的上升而下降的结果是稳健的。

第六节　本 章 小 结

接受高等教育一般认为可以提升人力资本，使个人在劳动力市场上获得更高的工资。倘若如此，大学录取率是否设定得越高越好？本章关注这样一个实证问题：当其他因素不变时，提高大学录取率是否总能够提高全社会的平均人力资本？这一问题中，研究者感兴趣的因变量是个人的工资，核心解释变量是每个人在选择读大学时的录取率。倘若这些变量都可以在个人层面观测到充分的变化，那么使用线性回归就可以研究上述问题。然而，我们发现，大学录取率是一个宏观层面的变量；同一年龄段的人在选择读大学的时期（18岁左右）具有相同的大学录取率。为了使用微观数据准确估计录取率对个人收入的影响，本章创新性地构造了"政策边际强度"这一参数，用于反映当其他因素不变时，仅仅提高政策实施力度对因变量平均值的边际影响。在较弱的条件下，我们证明了政策边际强度等价于边际处理效应在某些特定值上的估值。既然对于边际处理效应的估计和推断，文献中已有成熟的方法可借鉴，因此政策边际强度效应亦可估计。

基于政策边际强度这一参数，本章从个体异质性的视角研究了扩招政策对我国人力资本积累的异质性影响。从平均意义上来看，1999年扩招对我国人力资本积累具有积极意义。但由于个体异质性的存在，读大学并不总是个体人力资本积累的最优方式。

我们通过一系列的估计和检验发现，扩招政策的边际影响随着录取率的提高而下降，在某些特定的录取率下甚至为负。因此，进一步提高大学录取率已经难以促进我国的人力资本积累。而对广大家长和考生而言，上大学并不总会带来更高的人力资本回报，因此接受高等教育并非通向成功的唯一选择。

当前，受新冠疫情的影响，大学毕业生的就业压力加大，研究生扩招又成为全社会关注的焦点。本章的研究结论，对当前新冠疫情下的研究生扩招政策设计具有重要启示。本文认为，当前的研究生扩招政策和

1999年的大学扩招具有相似的影响机制。从政府的扩招政策设计来看，应科学制定扩招的幅度，避免过度扩招对人力资本积累与教育回报的负面效应。对大学毕业生而言，学校教育和工作经验对人力资本积累的增长的替代关系依然存在，应根据个人情况理性分析研究生教育投资的成本和收益，不宜盲目跟进。

当然，本章的研究还存在诸多扩展空间。首先，我国不同地区之间教育资源状况差异较大，因此扩招政策的影响可能存在地区差异。尽管我们对这一问题进行了一些探讨，但分析仍然比较粗糙，通过更细致的数据分析不同地区的高等教育回报率以及扩招政策的差异性影响是值得拓展的方向。其次，新时代下，我国高质量发展对高素质人才培养提出了新的要求，高等教育扩张将是一个长期的动态过程。本章通过连续性假设把研究范围限定在扩招政策的局部影响，因此避免了市场均衡改变对高等教育收益率的影响。但是在不同时点上，扩招政策对高等教育投资回报率的影响可能有所不同，因此进一步讨论中国高等教育回报率的动态变化有助于我们更深入地理解我国扩招政策的影响。更重要的是，我国高等教育扩张与技术进步同步发生，那么长期来看高等教育扩招极有可能改变了我国劳动力市场的均衡状态。在"人口红利"已经消失的当下，我国整体教育水平的提高是否带来"人才红利"或"创新红利"？而深入讨论扩招政策的一般均衡效应将有助于回答以上问题。

本章参考文献

[1] 陈斌开，张川川. 人力资本和中国城市住房价格. 中国社会科学，2016，(05)：43-64+205.

[2] 李锋亮，岳昌君，侯龙龙. 过度教育与教育的信号功能. 经济学(季刊)，2009，8(02)：569-582.

[3] 李雪松，詹姆斯·赫克曼. 选择偏差、比较优势与教育的异质性回报：基于中国微观数据的实证研究. 经济研究，2004，(04)：91-99+116.

[4] 马光荣，纪洋，徐建炜. 大学扩招如何影响高等教育溢价?. 管理世界，2017，(08)：52-63.

[5] 吴要武. 寻找阿基米德的"杠杆"——"出生季度"是个弱工具变量吗？经济学(季刊)，2010，9(02)：661-686.

[6] 吴要武，赵泉. 高校扩招与大学毕业生就业. 经济研究，2010，45(09)：93-108.

[7] 邢春冰. 教育扩展、迁移与城乡教育差距——以大学扩招为例. 经济学(季刊)，2014，13(01)：207-232.

[8] 邢春冰,李实. 扩招"大跃进"、教育机会与大学毕业生就业. 经济学(季刊),2011,10(04): 1187-1208.

[9] 徐舒. 技术进步、教育收益与收入不平等. 经济研究,2010,45(09): 79-92+108.

[10] 杨沫,王岩. 中国居民代际收入流动性的变化趋势及影响机制研究. 管理世界,2020,36(03): 60-76.

[11] 赵西亮. 教育、户籍转换与城乡教育收益率差异. 经济研究,2017,52(12): 164-178.

[12] Angrist J D, Imbens G W, Rubin D B. Identification of Causal Effects Using Instrumental Variables. *Journal of the American Statistical Association*, 1996, 91(434): 444-455.

[13] Angrist J D, Krueger A B. Does Compulsory School Attendance Affect Schooling and Earnings? *The Quarterly Journal of Economics*, 1991, 106(4): 979-1014.

[14] Balestra S, Backes-Gellner U. Heterogeneous Returns to Education over the Wage Distribution: Who Profits the Most? *Labour Economics*, 2017, 44: 89-105.

[15] Becker G S. Investment in Human Capital: A Theoretical Analysis. *Journal of Political Economy*, 1962, 70(5, Part 2): 9-49.

[16] Belloni A, Chen D, Chernozhukov V, et al. Sparse Models and Methods for Optimal Instruments with an Application to Eminent Domain. *Econometrica*, 2012, 80(6): 2369-2429.

[17] Cameron S V, Taber C. Estimation of Educational Borrowing Constraints Using Returns to Schooling. *Journal of political Economy*, 2004, 112(1): 132-182.

[18] Carneiro P, Heckman J J, Vytlacil E J. Estimating Marginal Returns to Education. *American Economic Review*, 2011, 101(6): 2754-2781.

[19] Carneiro P, Lee S. Estimating Distributions of Potential Outcomes Using Local Instrumental Variables with An Application to Changes in College Enrollment and Wage Inequality. *Journal of Econometrics*, 2009, 149(2): 191-208.

[20] Che Y, Zhang L. Human Capital, Technology Adoption and Firm Performance: Impacts of China's Higher Education Expansion in the Late 1990s. *The Economic Journal*, 2018, 128(614): 2282-2320.

[21] Griliches Z. Estimating the Returns to Schooling: Some Econometric Problems. *Econometrica*, 1977, 45(1): 1-22.

[22] Heckman J J, Humphries J E, Veramendi G. Returns to Education: The Causal Effects of Education on Earnings, Health, and Smoking. *Journal of Political*

Economy, 2018, 126(S1): S197-S246.

[23] Heckman J J, Vytlacil E J. Local Instrumental Variables and Latent Variable Models for Identifying an Bounding Treatment Effects. *Proceedings of the national Academy of Sciences*, 1999, 96(8): 4730-4734.

[24] Heckman J J, Vytlacil E J. Structural Equations, Treatment Effects, and Econometric Policy Evaluation. *Econometrica*, 2005, 73(3): 669-738.

[25] Hungerford T, Solon G. Sheepskin Effects in The Returns to Education. *The Review of Economics and Statistics*, 1987, 69(1): 175-177.

[26] Meng X, Shen K, Xue S. Economic Reform, Education Expansion, and Earnings Inequality for Urban Males in China, 1988—2009. *Journal of Comparative Economics*, 2013, 41(1): 227-244.

[27] Mincer J. *Schooling, Experience, and Earnings*. New York: NBER Books, 1974.

[28] Robinson P M. Root-N-Consistent Semiparametric Regression. *Econometrica*, 1988, 56(4): 931-954.

[29] Rubin D B. Estimating Causal Effects of Treatments in Randomized and Nonrandomized Studies. *Journal of educational Psychology*, 1974, 66(5): 688-701.

[30] Taber C R. The Rising College Premium in the Eighties: Return to College or Return to Unobserved Ability? *The Review of Economic Studies*, 2001, 68(3): 665-691.

[31] Wang X, Fleisher B M, Li H, Li S. Access to College and Heterogeneous Returns to Education in China. *Economics of Education Review*, 2014, 42: 78-92.

第六章 中国的"退休—消费之谜"是否存在？来自断点回归分位数处理效应的证据

第一节 引　　言

在中国,60 周岁及以上老年人的比例已由 2000 年的 10.2% 上升至 2018 年的 17.9%。等到了 2050 年,老年人比例将达到 35%,彼时中国将成为世界上老龄化最严重的国家。不可逆转的老龄化趋势将对消费产生深远的影响,一方面会导致消费结构不平衡,抑制消费潜力的释放;另一方面老龄化趋势为以老年人为服务对象的相关产业提供了需求契机。

退休作为家庭成员从工作到养老的关键转换节点,在整个生命周期中起着关键作用。研究退休与家庭消费之间的关系日益重要。从理论上看,在生命周期内家庭消费应具有平滑特征。经典的生命周期理论指出,具有理性预期的个体在面对可预测的收入冲击时,会主动平滑消费的边际效用。如果退休引起的收入下降具有可预测性,退休对消费的影响就不会很大。然而,从现有的经验证据来看,大量国外研究发现退休后家庭消费显著下降的现象。这种理论预期与观察到的事实不一致的现象,称为"退休—消费之谜"(retirement consumption puzzle)。

中国退休政策具有强制性,要求政府和企业的正式员工达到法定退休年龄才能退休。通常男性的退休年龄是 60 岁,女性的退休年龄是 50 岁或 55 岁。除完全丧失工作能力或从事高风险工作的居民外,大多数居民都遵守以上退休年龄标准。图 6.1 展示了城镇男性户主在不同年龄的退休率,横坐标是户主年龄与 60 周岁的差距,纵坐标是退休概率。图 6.1 清晰地表明退休率在 60 周岁处存在明显跳跃。为了准确估计退休对消费的影响,须采用断点回归(RD)设计框架。

RD 方法最早由 Thistlethwaite *et al*. (1960)提出,目前已被广泛运用于劳动力市场、健康、环境和发展经济学领域的研究。Imbens *et al*.

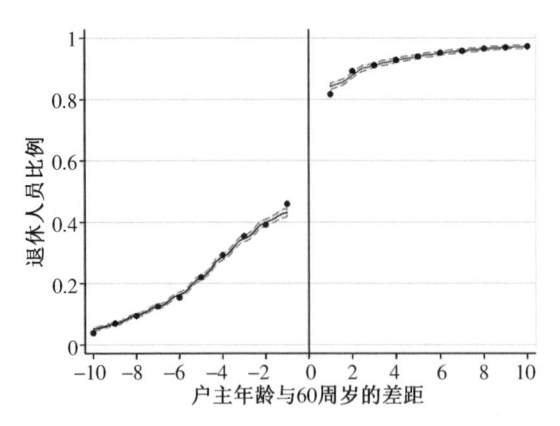

图 6.1 年龄与退休率之间的关系（数据来源：2002—2009 年 UHS 数据）

(2008)和 Lee et al. (2010)对断点回归方法进行了综述，这些研究基本上只关注政策平均效应的估计。正如我们在本书中反复强调的：在许多情况下，特别是当研究者感兴趣的因变量是"收入、工资、消费或成绩"这种变量，以及关心的问题与个人福利、收入不平等、共同富裕等有关时，研究者往往想要了解政策对因变量整个分布形状（不仅是均值）带来的影响。为了在 RD 框架内研究退休对家庭消费分布的影响，本章提出一种新的、能够在断点回归设计下识别和估计政策分位数处理效应(QTE)以及分布处理效应的方法。

研究 RD 模型的既往文献表明，一般情况下无法识别全体人群对应的 QTE（也包括 ATE）。Frandsen et al. (2012)在"样本中不存在违背者(defiers)"的前提下，给出了"局部顺从者"(local compliers)对应的 QTE 的识别和估计方法。与 Frandsen et al. (2012)的识别条件显著不同，本章提出一种新的非参数方法来估计断点处整个人群的 QTE。我们不再要求单调性假设，这意味着允许样本中存在少量的"违背者"。我们对结果方程施加了局部"秩相似"(local rank similarity)的约束。简单地说，局部"秩相似"要求 Y 方程中的扰动项在断点附近，无论是在受政策干预还是不受干预情形下，都具有相同的分布函数。以退休对消费的影响研究为例：在这一问题中，Y 是家庭消费，D 是表示是否退休的 0－1 变量。此时"秩相似"要求不可观测的家庭消费偏好（的分布）在退休前后保持不变。倘若退休对于家庭而言是"可预测"的，那么家庭有足够的时间和动机来减弱退休带来的收入冲击对消费偏好的影响。例如，由于退休后男性户主收入下降，家庭事务决策权可能从丈夫转移至妻子。由于性别心理差异,以及妻子预期寿命长于丈夫,这将导致家庭消费习惯和偏好发生转变(妻子更喜欢储蓄)。如果退休时间点是家庭事先知晓的,那么这种消费偏好转变在退休真正到来之前就已发生并逐步消化。在这种情况下"秩相似"就会成立。为了判别实际数据是否支持"秩相似"假设,我们还提出了检验"秩相似"的方法。

本章余下安排如下:第二节回顾并梳理近年来因果推断文献中与断点回归设计(RD)以及分位数处理效应(QTE)同时相关的主要理论结果,并对这些结论需要的关键假设进行了讨论。然后,我们提出在 RD 模型中引入"秩相似"这一条件来识别 QTE。我们结合具体实例讨论了"秩相似"的经济学含义。

第三节研究 RD 模型中 QTE 的识别。QTE 的识别依赖两个关键条件。第一是"秩相似",第二是雅可比(Jacobian)矩阵满秩。这两个看似抽象的假设所蕴含的基本思想在经典的多元线性回归模型中已有所反映。"秩相似"条件类似于多元线性回归(OLS)中对扰动项施加的条件均值独立假设 ($E(U\mid X)=0$)。"雅可比矩阵满秩"相当于"无多重共线性"($E(XX')$ 满秩)。在这些条件下,我们证明潜因变量的分布函数(也包括分位函数)可以表示成可观测变量联合分布的函数,因此 QTE 可识别。

在第三节建立的识别定理基础上,第四节给出了估计 QTE 的步骤,并证明了估计量的大样本性质。正如本书第二章指出的,所有"异质性政策参数"都可以看成值域是某个"函数空间"的参数。QTE 可以看成是定义在 $\tau\in(0,1)$ 上的函数。我们证明了 QTE 估计量一致收敛到某个高斯过程,这为后续检验像"政策效应在整个人群上的分布满足某一性质"这样的假设提供了必要的理论依据。

QTE 估计量具有十分复杂的渐近方差。此时若直接计算 QTE 的标准差,其计算量之大令人望而却步。本书第二章提到了这样一种观点:当估计量的渐近方差较为复杂时,我们可以借助 Bootstrap 进行统计推断。遵循这一思想,第五节采用乘数 Bootstrap(multiplier bootstrap)来计算 QTE 估计量的标准差,并完成各种假设检验。从这个意义上说,第五节是本书第二章所介绍的利用 Bootstrap 推断异质性政策参数的一个具体实例。

第六节讨论在估计 QTE 中,研究者会遇到的若干操作层面的问题。例如,估计量中的窗宽如何选择?由于估计量的可靠性依赖于关键性假设"秩相似"(假设 6.2.3)与"雅可比矩阵满秩"(假设 6.3.3)。如何检验实际数据是否支持这些假设？第六节讨论了窗宽的选择、估计量的小样本表现以及关键性识别假设的检验等问题。

第七节使用中国城镇调查微观数据(UHS)2002—2009 年数据，实证研究了退休对家庭消费分布的影响及机制。使用本章提出的 QTE 估计方法，我们发现退休前后位于消费分布不同分位点家庭的非耐用品消费水平存在显著差异。这表明"退休—消费之谜"在中国似乎存在。接着，本节从另外一个角度，即从"退休前后不可观测的家庭消费偏好是否发生改变"这一视角重新审视"退休—消费之谜"。利用本章提出的检验"秩相似"条件的方法，我们发现退休前后居民的消费偏好没有发生显著改变。这表明，从不可观测的消费偏好角度来看，中国家庭消费仍然具有平滑特征，这支持了生命周期假说。

第二节 从断点回归到分位数处理效应：文献综述

本节首先回顾了近年来因果推断文献中与断点回归设计(RD)以及分位数处理效应(QTE)同时有关的主要结果，并对这些结果施加的关键性识别假设进行了讨论。然后，我们提出在 RD 模型中引入"秩相似"这一条件来识别 QTE。

在处理效应模型中估计 QTE(或者分布处理效应 DTE)的研究由来已久。以最简单的静态处理效应模型为例：

$$Y_1 = m_1(X, U_1), Y_1 = m_0(X, U_0), Y = DY_1 + (1-D)Y_0. \tag{6.2.1}$$

其中，Y_d，$d=0,1$ 表示个体在 $D=d$ 状态下的潜因变量。这时 QTE 的定义是：

$$\delta(\tau) = q_1(\tau) - q_0(\tau), \tau \in (0, 1). \tag{6.2.2}$$

其中，$q_d(\tau)$ 表示 Y_d 的第 τ 分位数。从以上定义可以看出，QTE 等于潜因变量的无条件分位函数在受到和未受到政策干预时的差值。QTE 的估计可以根据识别条件的不同分成若干场景。首先，当控制了一组可观测的 X 后，D 独立于 (U_1, U_0)，即政策满足条件外生性，那么 Y_1 和 Y_0 的无条件分布均可识别，因此 $\delta(\tau)$ 也可识别。Firpo(2007)，Donald et al.(2014)分别研究了当政策满足条件外生性时，$\delta(\tau)$ 的点态

(pointwise)和一致(uniform)大样本性质。Chernozhukov *et al.*(2013)研究了政策满足条件外生性时,潜因变量分布函数的估计和一致推断问题。最近,Ai *et al.*(2021)将 Donald *et al.*(2014)只能用于 0—1 处理变量的 QTE 的一致推断结果推广到了处理变量是连续型的情形。

识别 QTE 的第二种方式是借助于工具变量(IV)。Abadie *et al.*(2002)在 IV 可得且满足单调性(Z 对 D 的影响作用对所有个体而言都是同一个方向)的假设下,使用加权分位数回归来计算 QTE。Frolich *et al.*(2013)在和 Abadie *et al.*(2002)相同的识别条件下,通过对分布函数求逆的方式计算 QTE。无论是 Abadie *et al.*(2002)还是 Frolich *et al.*(2013)的研究都依赖于 IV 的单调性,因此只能估计出整个人群中遵从者(compliers)对应的 QTE。一个有趣的问题是:有没有可能从其他类型(不依赖于 IV 的单调性)的识别条件出发估计出"全体人群"对应的 QTE 呢?Chernozhukov *et al.*(2006,2005)从结果方程扰动项满足秩相似(rank similarity, RS)约束出发,建立了一种新的可识别 Y 结构分位函数的方法,称为工具变量分位数回归(IVQR)模型。"秩相似"要求扰动项在受到政策干预以及未受干预时的潜在分布函数相同。本章所提出的适用于 RD 模型的 QTE 估计量借鉴了这一思路。

尽管 IV 提供了识别内生政策净效应的一般方法,但在实际运用中,寻找合适可靠的 IV 并不轻松。有鉴于此,近年来,应用研究者开始寻求不依赖 IV 也可以在内生性下识别政策净效应的方法,其中最具代表性的是双重差分设计(DID)、断点回归设计(RD)以及拐点回归设计(Kink Design)。由于本章重点在于讨论断点回归设计框架下分位数处理效应的识别和估计,因此以下仅回顾和 RD 相关的文献。

Frandsen *et al.*(2012)在 RD 模型中基于局部平均处理效应(LATE, Imbens *et al.*, 1994; Abadie *et al.*, 2002)框架研究了 QTE 的识别和估计。使用 LATE 框架识别政策净效应的一个显著特点是它需要对"选择方程"(D 的生成过程)施加一定的约束。特别地,在断点回归模型中,LATE 所能识别政策效应的最大子人群称为"局部遵从者"(或顺从者,local compliers)。所谓局部遵从者,是指当驱动变量从断点左侧变到断点右侧时,个体受政策干预的状态也发生改变的个体。正式地,记 D 是政策变量,R 是驱动变量,在不考虑存在控制变量 X 的前提下,D 的方程一般可以写成

$$D = 1\{\eta(R) > V\}.$$

用 $D(r)$ 表示当 $R=r$ 时，D 的潜在取值。此处需要强调的是，由于 D 是不可观测 V 的函数，因此 $D(r)$ 仍然是一个随机变量。用 r_0 表示断点。记 $D_0 = \lim_{r \to r_0^-} D(r)$，$D_1 = \lim_{r \to r_0^+} D(r)$。根据 D_0 和 D_1 的取值，Frandsen et al. (2012) 将所有个体分成互不相交的四类：

(1) 从不参与者(never takers，N)，对应于 $D_1 = D_0 = 0$。

(2) 总是参与者(always takers，A)，对应于 $D_1 = D_0 = 1$。

(3) 顺从者(compliers，C)，对应于 $D_1 = 1$，$D_0 = 0$。

(4) 违背者(defiers，D)，对应于 $D_1 = 0$，$D_0 = 1$。

使用 LATE 框架识别 QTE，需要如下假设：第一，不存在违背者(非理性的人)。或者等价地，对于每个 i，$D_{1i} \geqslant D_{0i}$。这一假设也称为"单调性假设"。第二，LATE 只能识别顺从者这一子人群的 QTE，即无法识别"从不参与者"与"总是参与者"这两类人的 QTE。

与 Frandsen et al. (2012) 的识别条件显著不同，本章提出一种新的非参数方法来估计断点处整个人群的 QTE。我们不再要求单调性假设，这意味着我们允许样本中存在少量的"违背者"。我们还对结果方程施加了局部"秩相似"(local rank similarity) 的约束。简单地说，局部"秩相似"要求 Y 方程中的扰动项在断点附近，在受政策干预或不受干预情形下，具有相同的分布函数。本章提出的断点回归模型设定和 Frandsen et al. (2012) 的是不嵌套的。我们采用"秩相似"代替 Frandsen et al. (2012) 中的单调性假设，这意味着对结果方程施加了结构约束，而对选择方程没有施加任何约束。与此正好相反，Frandsen et al. (2012) 对结果方程没有施加约束，而对选择方程施加了结构约束。下面，我们开始正式叙述模型的设定，以及主要的识别条件。

我们关心一个取值 0—1 的二元政策变量 D 对某个连续取值的结果变量 Y 产生的因果效应。样本包含 n 个观测值，记为 $i = 1, 2, 3, \cdots$。用 Y_{1i} 和 Y_{0i} 分别表示受处理和未受处理的潜在结果变量，个体 i 可观测的结果变量可以表示为 $Y_i = Y_{0i}(1 - D_i) + Y_{1i} D_i$。我们假设因变量的生成过程是：

$$Y_1 = q_1(R, X, U_1), Y_0 = q_0(R, X, U_0). \quad (6.2.3)$$

其中，R 是驱动变量，它会影响个体在临界点两侧接受处理的概率。我们不要求 R 独立于 (U_0, U_1)。X 是维度为 L 的协变量向量；U_d 是不可观测的扰动项，例如个人能力、意愿、偏好等，其决定了个体在潜在结果分布中的相对排序。对于任意的随机变量 A，令 S_A 表示 A 的支撑集。我们对模型施加如下假设：

假设 6.2.1 函数 $q_1(r, x, u)$ 和 $q_0(r, x, u)$ 对于任意 $(r, x) \in S_R \times S_X$ 关于 u 严格单调递增。

假设 6.2.2

(1) 对于任意 $x \in S_X$，

$$\lim_{r \to r_0^+} P(D=1 \mid R=r, X=x) \neq \lim_{r \to r_0^-} P(D=1 \mid R=r, X=x). \tag{6.2.4}$$

(2) 个体受处理状态由以下因素决定：

$$D = \rho(1\{R > r_0\}, R, X, V). \tag{6.2.5}$$

其中，$\rho(\cdot)$ 是指示函数，V 是不可观测的随机向量。此外，$\rho(1, r, x, v)$ 在 $r = r_0$ 处是右连续的，$\rho(0, r, x, v)$ 在 $r = r_0$ 处是左连续的。

假设 6.2.2-(1) 是 RD 的关键假设，即在驱动变量临界值两侧，受到处理的可能性是不连续的，会发生跳跃。在精确断点回归中，个体受到处理的概率从 0 直接跳跃到 1，换句话讲，个体受处理的状态完全取决于其与临界值的相对位置。而在模糊断点回归中，个体受到处理的概率发生从 x 到 y 的跳跃，且 $0 \leqslant x < y \leqslant 1$，即处理变量 D 不完全由驱动变量决定，存在对受处理状态产生影响的其他因素。本章关注更为一般的模糊断点回归，而将精确断点回归作为一种特殊情形进行考虑。同时，假设 6.2.2-(2) 意味着一旦控制了个体落在断点哪侧，那么接受处理的概率将依赖于临界值附近驱动变量的大小。值得注意的是，这里没有对选择方程生成过程(6.2.5)施加任何结构限制。举例来说，V 可以是多维的，处理变量 D 关于 V 的单调性也不需要进行考虑。

本章识别政策净效应的关键性假设是如下的秩相似（rank similarity，RS）的假设，即

假设 6.2.3 对于任意正数 $\delta_s \to 0$，在给定 $R \in (r_0 - \delta_s, r_0 + \delta_s)$，$X$ 和 V 时，U_1 和 U_0 服从相同的分布，等价于对于任意 $(u, x, v) \in (0, 1) \times S_X \times S_V$，$\lim_{r \to r_0} F_{U_1 \mid R, X, V}(u, r, x, v) = \lim_{r \to r_0} F_{U_0 \mid R, X, V}(u, r, x, v)$。

以上假设是模型识别的主要假设，它限制了个体在不同处理状态下在断点附近的排序。每个个体都拥有潜在的倾向性或者能力，例如，早亡、学得快或者个子高等，这些并不会随受处理状态的改变而发生变化。

现有文献的应用中,"秩不变"(rank preservation,RP)的成立并不难以理解,因为受到处理并不会使得弱者渐强抑或强者愈弱。Chernozhukov et al. (2005)发现"秩相似"是比"秩不变"更加弱的条件。从形式上来看,"秩相似"要求在给定可观测的协变量以及选择方程中的干扰项后,U_1和U_0服从相同的分布。为了更好地理解"秩不变"和"秩相似"之间的区别,考虑暑期学校培训对学生成绩影响的例子。假设那些期末考试没有及格的学生被要求参加暑期学校,现在有两名学生 A 和 B,他们的期末成绩相同,但是学生 A 比学生 B 的学习能力更出众。RP 表达的是无论他们是否都参加或者都不参加暑期学校,在暑假结束后的考核中,A 的成绩都将超过 B 的成绩。RP 认为:因为在暑期学校之前 A 的成绩高于 B 的成绩,因此暑期学校之后 A 的成绩也总是高于 B 的成绩。而 RS 表达的是如果我们认为在他们都没有参加暑期学校的情况下,学生 A 的成绩表现得比 B 更为优异,那么当他们都参加暑期学校时,我们的预期仍然应该是学生 A 的表现优于学生 B。这样的陈述允许了一些小概率事件的发生:即使学生 A 在暑期学校结束后的考核中表现不佳,最终被学生 B 超越,RS 仍然能够成立。换句话讲,RS 允许个人排序水平存在非系统性的、偶然的偏差。本章第五节讨论了如何利用数据检验"秩相似"是否成立。

Chernozhukov et al. (2005)在工具变量分位数回归模型中提出的 RS 条件是:

$$U_1 \sim^d U_0 \mid Z, X, V.$$

其中,Z是独立于(U_1, U_0)的工具变量。可以清楚地看出,假设 6.2.3 在形式上与 Chernozhukov et al. (2005)中的 RS 条件类似,但是有两个不同之处。第一,在 RD 中,驱动变量R可以和(U_1, U_0)任意相关,且并不存在工具变量Z。第二,假设 6.2.3 只要求在$R=r_0$周围的局部范围内成立,这比对任意$R=r, r \in S_R$都成立要弱,所以假设 6.2.3 可以看成是一种"局部形式"的秩相似条件。

在断点回归的某些应用中,局部秩相似是一个十分合理的假设。例如,收入方程中的扰动项通常被认为是一种天生的工作能力。"秩相似"条件要求人的先天能力的分布在临界值附近不随受处理状态的改变而发生变化,但是该假设并不排除人与人之间存在一定的能力差距。此外,秩相似假设在控制了更多的X之后更容易成立。再比如,在研究"退休"对消费的影响时,秩相似意味着不可观测的个人消费偏好的分布在退休前后不会发生系统性改变。如果退休对于个人来说是一个可预测的行为，那么假设消费偏好在退休前后不变就是合理的。

第三节 利用"秩相似"识别分位数处理效应

上一节引入的"秩相似"条件(假设 6.2.3)要求 RD 模型中结果方程扰动项在受政策干预以及不受干预时具有相同的分布函数。本节说明如何利用这一条件识别出 Y_1 和 Y_0 在 $R=r_0$ 附近的分布函数 $F_d(y) = P(Y_d \leqslant y \mid R=r_0)$，$d=0,1$。我们称 $F_d(y)$ 可识别，是指它可以表示成可观测变量 (Y, D, R, X) 联合分布的函数。整个识别过程较为复杂，可以分为三步：第一步，我们说明 $F_d(y \mid x) = P(Y_d \leqslant y \mid R=r_0, X=x)$ 满足一组矩条件，它包含待估计的 $F_d(y \mid x)$，$d=0,1$ 作为未知函数；第二步，在进一步的条件下(雅可比矩阵满秩)，通过该组矩条件可以唯一地求解出 $F_d(y \mid x)$；在此基础上，第三步通过 $F_d(y \mid x)$ 对 x 积分，得到 $F_d(y)$ 的表达式。一旦 $F_d(y)$ 可以识别，那么与该分布函数有关的其他参数，例如分位数处理效应、平均处理效应也都可以识别了。

3.1 参数满足的矩条件

定义 $d=0,1$，定义 Y_d 的条件分布函数

$$F_{Y_d \mid R, X}(y, r_0, x) = P(Y_d \leqslant y \mid R=r_0, X=x).$$

假设 6.3.1 在给定 $R=r_0$ 以及 $X=x$ 的条件下，随机变量 U_0 和 U_1 服从 $[0,1]$ 上的均匀分布。

由于 $Y_d = q_d(R, X, U_d)$，且 $q_d(r, x, u)$ 函数形式未知，因此上述假设仅仅是一个正则化(normalization)的表达。另外可以证明，在该假设下 $F_{Y_d \mid R, X}(y, r_0, x)$ 是 $q_d(r_0, x, u)$ 关于 u 的逆函数。因为对于任意 $\tau \in (0,1)$，成立

$$\begin{aligned}
& F_{Y_d \mid R, X}(q_d(r_0, x, \tau), r_0, x) \\
&= P(Y_d \leqslant q_d(r_0, x, \tau) \mid R=r_0, X=x) \\
&= P(q_d(r_0, x, U_d) \leqslant q_d(r_0, x, \tau) \mid R=r_0, X=x) \\
&= P(U_d \leqslant \tau \mid R=r_0, X=x) = \tau.
\end{aligned}$$

所有 RD 模型的另一个重要特点是，识别依赖于一系列的"光滑性"

条件。下面的假设就是这样一组条件。

假设 6.3.2

(1) 对于任意 $(v, x) \in S_V \times S_X$, $f_{R|VX}(r \mid v, x)$ 关于 r 在 $r = r_0$ 处是连续的。

(2) 对于任意 $(x, u) \in S_X \times S_U$, $q_0(r, x, u)$ 和 $q_1(r, x, u)$ 关于 r 在 $r = r_0$ 处是连续的。

(3) 对于 $d = 0, 1$, 给定 $R = r$, $X = x$ 和 $V = v$, U_d 的条件分布,即 $F_{U_d|R, X, V}(u, r, x, v)$ 关于 u 是连续的,且关于 r 在 $r = r_0$ 处也是连续的。

上述假设包含了一系列平滑条件,这些条件可以类比于 Frandsen et al. (2012) 中的假设 I2。从直觉上看,这些平滑性条件确保了在控制驱动变量 R 之后,断点两侧结果分布的差异是由受处理状态 D 的不同导致的。应该强调的是,这些平滑性条件对于证明下面矩条件的成立至关重要。另外,注意到 Chernozhukov et al. (2005) 中定理 1(也施加了秩相似假设)的成立不需要平滑性条件成立。

引理 6.3.1 假设数据生成过程服从式(6.2.3)、(6.2.5),假设 6.2.1—6.2.3,假设 6.3.1—6.3.2 成立,则对于任意 $\tau \in (0, 1)$, $x \in S_X$, 成立:

$$\lim_{\epsilon \to 0^+} P(Y \leqslant q_D(r_0, x, \tau) \mid r_0 < R < r_0 + \epsilon, X = x) = \tau, \tag{6.3.1}$$

$$\lim_{\epsilon \to 0^+} P(Y \leqslant q_D(r_0, x, \tau) \mid r_0 - \epsilon < R < r_0, X = x) = \tau. \tag{6.3.2}$$

其中, $q_D(r, x, \tau) = D q_1(r, x, \tau) + (1 - D) q_0(r, x, \tau)$。

注意到上述矩条件中包含了模型想要识别的参数,即 $q_1(r_0, x, \tau)$, $q_0(r_0, x, \tau)$。这意味着如果我们能够从这些矩条件中"唯一地"求解出 $q_1(r_0, x, \tau)$, $q_0(r_0, x, \tau)$,那么识别也就完成了。本节附录给出了以上引理的证明。在证明中,我们充分利用了"局部秩相似"条件,以及一系列平滑性条件假设。这些都是断点回归设计模型的特色。

3.2 从矩条件求解条件分布函数

接着我们考虑从式(6.3.1)、(6.3.2)中求解出 $q_1(r_0, x, \tau)$ 与

$q_0(r_0, x, \tau)$，或者等价地，求解出 $F_{Y_1|R,X}(y, r_0, x)$ 和 $F_{Y_0|R,X}(y, r_0, x)$。从直觉上说，式(6.3.1)、(6.3.2)是两个方程，要从中求解出两个未知参数，需要这两个方程蕴含的信息不能完全重合，即雅可比矩阵在真值处满秩。在叙述满秩条件之前，引入以下定义：

$$p(r_0^+, x) = \lim_{\epsilon \to 0^+} P(D=1 \mid r_0 < R < r_0 + \epsilon, X=x)$$
$$= \lim_{r \to r_0^+} P(D=1 \mid R=r, X=x),$$

$$p(r_0^-, x) = \lim_{\epsilon \to 0^-} P(D=1 \mid r_0 - \epsilon < R < r_0, X=x)$$
$$= \lim_{r \to r_0^-} P(D=1 \mid R=r, X=x),$$

$$F_{Y|D,R,X}(y, d, r_0^+, x) = \lim_{r \to r_0^+} P(Y \leq y \mid D=d, R=r, X=x),$$

$$F_{Y|DRX}(y, d, r_0^-, x) = \lim_{r \to r_0^-} P(Y \leq y \mid D=d, R=r, X=x).$$

且定义如下矩条件函数：

$$\Pi(y_1, y_0, x)$$
$$= \lim_{\epsilon \to 0^+} \begin{bmatrix} P(Y < Dy_1 + (1-D)y_0 \mid r_0 < R < r_0 + \epsilon, X=x) \\ P(Y < Dy_1 + (1-D)y_0 \mid r_0 - \epsilon < R < r_0, X=x) \end{bmatrix}.$$

由于 RD 模型中几乎所有参数（包括各种条件分布函数）都定义在 $r=r_0$ 附近。因此为了后续叙述清晰，我们将在下文中省略 $q_d(r, x, \tau)$ 中 r 的显示，即对于 $d=0, 1$，令 $q_d(x, \tau) = q_d(r_0, x, \tau)$。根据引理 6.3.1，对于任意 $\tau \in (0, 1)$，$x \in S_X$，都有：

$$\Pi(q_1(x, \tau), q_0(x, \tau), x) = 0.$$

又因为

$$\lim_{\epsilon \to 0^+} P(Y < Dy_1 + (1-D)y_0 \mid r_0 < R < r_0 + \epsilon, X=x)$$
$$= F_{Y|DRX}(y_1, 1, r_0^+, x) p(r_0^+, x) + F_{Y|DRX}(y_0, 0, r_0^+, x)(1 - p(r_0^+, x)),$$

那么 $\Pi(y_1, y_0, x)$ 关于 (y_1, y_0) 的雅可比矩阵如下所示：

$$\Pi'(y_1, y_0, x)$$
$$= \begin{bmatrix} f_{Y|DRX}(y_1, 1, r_0^+, x) p(r_0^+, x) & f_{Y|DRX}(y_0, 0, r_0^+, x)(1 - p(r_0^+, x)) \\ f_{Y|DRX}(y_1, 1, r_0^-, x) p(r_0^-, x) & f_{Y|DRX}(y_0, 0, r_0^-, x)(1 - p(r_0^-, x)) \end{bmatrix}.$$

下面的假设要求以上矩阵在真值处满秩：

假设 6.3.3

(1) 存在 $\delta>0$，使得在 $(Y_1,Y_0)\mid R\in(r_0-\delta,r_0+\delta)$，$X=x$ 上，$\Pi'(y_1,y_0,x)$ 关于 (y_1,y_0) 是连续的。

(2) 存在 $\delta>0$，使得在 $(Y_1,Y_0)\mid R\in(r_0-\delta,r_0+\delta)$，$X=x$ 上，$\Pi'(y_1,y_0,x)$ 关于 (y_1,y_0) 是满秩的。

为了更好地理解假设 6.3.3，下面的引理说明，RD 模型中的不连续条件(式(6.2.4))是雅可比矩阵满秩的"必要条件"。

引理 6.3.2 如果式(6.2.4)不成立，即 $p(r_0^+,x)=p(r_0^-,x)=p(r_0,x)$，在假设 6.3.2 之下，$\Pi'(y_1,y_0,x)$ 的行列式等于 0。

以上引理的证明见本节附录。Frandsen et al.(2012)识别 QTE 的一个关键假设是样本中不能存在违背者(defiers)。而雅可比矩阵满秩并不排除违背者的存在。下面的数值例子将说明：即使样本中存在违背者，满秩条件依然成立。假设数据由以下生成：

$$\begin{cases} Y_1=R+\omega U_1,\\ Y_0=R+U_0,\\ D=1\{R>0\}\cdot 1\{V_1>0\}+1\{R\leqslant 0\}\cdot 1\{V_0>1\}.\end{cases}$$
(6.3.3)

其中，R 服从标准正态分布，且独立于 (U_1,U_0,V_1,V_0)。由简单计算可知，顺从者(complier)满足 $\{V_1>0,V_0\leqslant 1\}$，违背者满足 $\{V_1\leqslant 0,V_0>1\}$。由于 $P(V_1\leqslant 0,V_0>1)>0$，因此 Frandsen et al.(2012)中单调性不成立。假设 (U_1,U_0,V_1,V_0) 服从联合正态分布：

$$\begin{pmatrix}U_1\\U_0\\V_1\\V_0\end{pmatrix}\sim N\left(\begin{pmatrix}0\\0\\0\\0\end{pmatrix},\begin{pmatrix}1&0.5&0.5&0.5\\0.5&1&0.5&0.5\\0.5&0.5&1&0.5\\0.5&0.5&0.5&1\end{pmatrix}\right).$$

注意到，$U_1\mid(V_1,V_0)\sim^d U_0\mid(V_1,V_0)$，$V_1\sim^d V_0$。对于任意 $(y_1,y_0)\in S_{Y_1}\times S_{Y_0}$，雅可比矩阵 $\Pi'(y_1,y_0)$ 的行列式等于

$$\det(\Pi'(y_1,y_0))$$
$$=f_{Y\mid DR}(y_1,1,r_0^+)p(r_0^+)f_{Y\mid DR}(y_0,0,r_0^-)(1-p(r_0^-))$$
$$-f_{Y\mid DR}(y_0,0,r_0^+)(1-p(r_0^+))f_{Y\mid DR}(y_1,1,r_0^-)p(r_0^-)$$

$$= \frac{1}{4} \big[f_{U_1|V_1}\left(\frac{y_1}{\omega} \,\big|\, V_1 > 0\right) f_{U_1|V_1}(y_0 \mid V_1 \leqslant 1) P\{V_1 \leqslant 1\}$$
$$- f_{U_1|V_1}\left(\frac{y_1}{\omega} \,\big|\, V_1 > 1\right) f_{U_1|V_1}(y_0 \mid V_1 \leqslant 0) P\{V_1 > 1\} \big]$$
$$> 0.$$

因此雅可比矩阵是满秩的。本章第五节将对"秩相似"以及"雅可比矩阵满秩"这两个关键性假设做进一步讨论。下面的定理说明,在现有假设下, $F_{d|X}(y \mid x) = P(Y_d < y \mid X = x, R = r_0)$ 可以唯一地表示成可观测变量联合分布的函数,因此可识别。

定理 6.1 假设数据生成过程服从式(6.2.3)、(6.2.5),假设 6.2.1—6.2.3,假设 6.3.1—6.3.3 成立,则

$$F_{1|X}(y \mid x) = F_{Y|DRX}(y, 1, r_0^+, x) p(r_0^+, x)$$
$$+ F_{Y|DRX}(\tilde{q}_0(\widetilde{F}_1(y, x), x), 0, r_0^+, x)(1 - p(r_0^+, x)), \tag{6.3.4}$$

$$F_{0|X}(y, x) = F_{Y|DRX}(\tilde{q}_1(\widetilde{F}_0(y, x), x), 1, r_0^-, x) p(r_0^-, x)$$
$$+ F_{Y|DRX}(y, 0, r_0^-, x)(1 - p(r_0^-, x)). \tag{6.3.5}$$

其中

$$\widetilde{F}_1(y, x) = F_{Y|DRX}(y, 1, r_0^+, x) p(r_0^+, x)$$
$$- F_{Y|DRX}(y, 1, r_0^-, x) p(r_0^-, x), \tag{6.3.6}$$

$$\widetilde{F}_0(y, x) = F_{Y|DRX}(y, 0, r_0^-, x)(1 - p(r_0^-, x))$$
$$- F_{Y|DRX}(y, 0, r_0^+, x)(1 - p(r_0^+, x)). \tag{6.3.7}$$

$\widetilde{F}_1(y, x)$ 和 $\widetilde{F}_0(y, x)$ 均关于 y 是严格单调的, $\tilde{q}_d(\cdot, x)$ 表示 $\widetilde{F}_d(\cdot, x)$ 的逆函数。

3.3 对 x 积分得到 QTE 表达式

定理 6.1 给出了在控制 X 之后潜因变量 Y_1 和 Y_0 分布函数的表达式。从定理 6.1 出发,得到 Y_1 和 Y_0 无条件分布函数,进而得到分布处理效应、分位数处理效应以及整个人群的平均效应都是非常容易的。下面的假设要求控制变量在断点附近是连续的。

假设 6.3.4 在 $r = r_0$ 处, $f_{X|R}(x \mid r)$ 关于 r 是连续的。

注意到假设 6.3.4 是可以检验的,因为 X 和 R 都是可观测的。

推论 6.1 定理 6.1 需要的条件都成立,且假设 6.3.4 成立,那么

$$F_1(y) = \int F_{1|X}(y \mid x) f_{X|R}(x \mid r_0) \mathrm{d}x,$$

$$F_0(y) = \int F_{0|X}(y \mid x) f_{X|R}(x \mid r_0) \mathrm{d}x.$$

从以上推论出发，我们知道分布处理效应 $\delta_{DTE}(y)$ 可识别，

$$\delta_{DTE}(y) = F_1(y) - F_0(y).$$

$\delta_{DTE}(y)$ 度量了受政策干预下的潜因变量和未受干预下潜因变量分布的水平差异。

所有人的平均处理效应 δ_{ATE} 也是可识别的，

$$\delta_{ATE} = \int_{S_Y} y \mathrm{d}(F_1(y) - F_0(y)).$$

本节附录

（一）引理 6.3.1 的证明

我们仅证明第一个矩条件，第二个等式的证明是类似的。对于 $d = 0, 1$，对于任意 r, x, u，令 $\eta_d(r, x, y)$ 表示 $q_d(r, x, u)$ 关于 u 的逆函数，即 $\eta_d(r, x, q_d(r, x, u)) = u$，那么

$$\lim_{\epsilon \to 0^+} P(Y \leqslant q_D(r_0, x, \tau) \mid r_0 < R < r_0 + \epsilon, X = x)$$

$$\overset{(1)}{=} \lim_{\epsilon \to 0^+} P(q_D(R, x, U_D) \leqslant q_D(r_0, x, \tau) \mid r_0 < R < r_0 + \epsilon, X = x)$$

$$\overset{(2)}{=} \lim_{\epsilon \to 0^+} P(U_D \leqslant \eta_D(R, x, q_D(r_0, x, \tau)) \mid r_0 < R < r_0 + \epsilon, X = x)$$

$$\overset{(3)}{=} \lim_{\epsilon \to 0^+} \frac{\int_{-\infty}^{+\infty} \int_{r_0}^{r_0+\epsilon} P(U_D \leqslant \eta_D(R, x, q_D(r_0, x, \tau)) \mid R = r, X = x, V = v) f_{RV|X}(r, v \mid x) \mathrm{d}r \mathrm{d}v}{P(r_0 < R < r_0 + \epsilon \mid X = x)}$$

$$\overset{(4)}{=} \lim_{\epsilon \to 0^+} \frac{\int_{-\infty}^{+\infty} \int_{r_0}^{r_0+\epsilon} P(U_{\rho(1, r, x, v)} \leqslant \eta_{\rho(1, r, x, v)}(r, x, q_{\rho(1, r, x, v)}(r_0, x, \tau)) \mid R = r, X = x, V = v) f_{RV|X}(r, v \mid x) \mathrm{d}r \mathrm{d}v}{P(r_0 < R < r_0 + \epsilon \mid X = x)}$$

$$=^{(5)} \lim_{\epsilon \to 0^+} \frac{\int_{-\infty}^{+\infty} \int_{r_0}^{r_0+\epsilon} P(U_0 \leqslant \eta_{\rho(1,r,x,v)}(r,x,q_{\rho(1,r,x,v)}(r_0,x,\tau)) \mid R=r, X=x, V=v) f_{RV|X}(r,v \mid x) \mathrm{d}r \mathrm{d}v}{P(r_0 < R < r_0+\epsilon \mid X=x)}$$

$$=^{(6)} \int_{-\infty}^{+\infty} \lim_{\epsilon \to 0^+} \frac{\int_{r_0}^{r_0+\epsilon} P(U_0 \leqslant \eta_{\rho(1,r,x,v)}(r,x,q_{\rho(1,r,x,v)}(r_0,x,\tau)) \mid R=r, X=x, V=v) f_{RV|X}(r,v \mid x) \mathrm{d}r}{\int_{r_0}^{r_0+\epsilon} f_{R|X}(r \mid x) \mathrm{d}r} \mathrm{d}v$$

$$=^{(7)} \int_{-\infty}^{+\infty} \lim_{\epsilon \to 0^+} \frac{P(U_0 \leqslant \eta_{\rho(1,\bar{r},x,v)}(\bar{r},x,q_{\rho(1,\bar{r},x,v)}(r_0,x,\tau)) \mid R=\bar{r}, X=x, V=v) f_{RV|X}(\bar{r},v \mid x)}{f_{R|X}(\check{r} \mid x)} \mathrm{d}v$$

$$=^{(8)} \frac{\int_{-\infty}^{+\infty} P(U_0 \leqslant \eta_{\rho(1,r_0,x,v)}(r_0,x,q_{\rho(1,r_0,x,v)}(r_0,x,\tau)) \mid R=r_0, X=x, V=v) f_{RV|X}(r_0,v \mid x) \mathrm{d}v}{f_{R|X}(r_0 \mid x)}$$

$$=^{(9)} \frac{\int_{-\infty}^{+\infty} P(U_0 \leqslant \tau \mid R=r_0, X=x, V=v) f_{RV|X}(r_0,v \mid x) \mathrm{d}v}{f_{R|X}(r_0 \mid x)}$$

$$=^{(10)} \int_{-\infty}^{+\infty} P(U_0 \leqslant \tau \mid R=r_0, X=x, V=v) f_{V|RX}(v \mid r_0,x) \mathrm{d}v$$

$$=^{(11)} P(U_0 \leqslant \tau \mid R=r_0, X=x) =^{(12)} \tau.$$

其中，等号(1)用到数据生成过程；等号(2)根据 $\eta_d(r,x,y)$ 的定义；等号(3)用到条件概率公式；等号(4)用到式(6.2.5)；等号(5)用到"秩相似"假设；等号(6)用到控制收敛定理；等号(7)用到积分中值定理，其中 $\bar{r}$, $\check{r} \in (r_0, r_0+\epsilon)$；等号(8)根据平滑性假设；等号(9)因为对于任意 d, r, x 和 u，都有 $\eta_d(r,x,q_d(r,x,u))=u$；等号(10)和(11)用到条件概率公式；等号(12)用到正则化假设。

（二）引理 6.3.2 的证明

注意到 $p(r_0^+,x) = p(r_0^-,x) = p(r_0,x)$ 意味着

$$\det(\Pi'(y_1,y_0,x))$$
$$= f_{Y|DRX}(y_1,1,r_0^+,x) p(r_0^+,x) f_{Y|DRX}(y_0,0,r_0^-,x)(1-p(r_0^-,x))$$
$$\quad - f_{Y|DRX}(y_0,0,r_0^+,x)(1-p(r_0^+,x)) f_{Y|DRX}(y_1,1,r_0^-,x) p(r_0^-,x)$$

$$=[f_{Y|DRX}(y_1, 1, r_0^+, x)f_{Y|DRX}(y_0, 0, r_0^-, x)$$
$$-f_{Y|DRX}(y_0, 0, r_0^+, x)f_{Y|DRX}(y_1, 1, r_0^-, x)]\times p(r_0, x)(1-p(r_0, x)).$$

根据定义,下式成立

$$f_{Y|DRX}(y_1, 1, r_0^+, x)$$
$$=f_{U_1|DRX}(\eta_1(r_0^+, x, y), 1, r_0^+, x)\frac{\partial}{\partial y}\eta_1(r_0^+, x, y).$$

由于给定 R 和 X,D 完全取决于 V。因此,根据光滑性假设,$f_{U_1|DRX}(u, d, r, x)$ 和 $\eta_1(r, x, y)$ 在 $r=r_0$ 处关于 r 是连续的,那么

$$f_{Y|DRX}(y_1, 1, r_0^+, x)$$
$$=f_{U_1|D^{(1)}RX}(\eta_1(r_0, x, y), 1, r_0, x)\frac{\partial}{\partial y}\eta_1(r_0, x, y),$$

其中,$D^{(1)}=\rho(1, r_0, x, V)$。类似地,可以推得

$$f_{Y|DRX}(y_1, 1, r_0^-, x)$$
$$=f_{U_1|D^{(0)}RX}(\eta_1(r_0, x, y), 1, r_0, x)\frac{\partial}{\partial y}\eta_1(r_0, x, y).$$

假设不存在跳跃,即 $D^{(1)}=D^{(0)}$,那么

$$f_{Y|DRX}(y_1, 1, r_0^+, x)=f_{Y|DRX}(y_1, 1, r_0^-, x).$$

类似地,

$$f_{Y|DRX}(y_0, 0, r_0^+, x)=f_{Y|DRX}(y_0, 0, r_0^-, x).$$

根据上述结果,易得 $\det(\Pi'(y_1, y_0, x))=0$,这与满秩的条件相矛盾。

(三) 定理 6.1 及其引理的证明

定理 6.1 的证明需要以下引理:

引理 6.3.3 定义

$$\widetilde{F}_1(y, x)=F_{Y|DRX}(y, 1, r_0^+, x)p(r_0^+, x)$$
$$-F_{Y|DRX}(y, 1, r_0^-, x)p(r_0^-, x),$$
$$\widetilde{F}_0(y, x)=F_{Y|DRX}(y, 0, r_0^-, x)(1-p(r_0^-, x))$$
$$-F_{Y|DRX}(y, 0, r_0^+, x)(1-p(r_0^+, x)).$$

假设定理 6.1 所需的条件都成立,则

(1) 对于任意 $\tau\in(0, 1)$,$x\in S_X$,

$$\widetilde{F}_1(q_1(x,\tau),x) = \widetilde{F}_0(q_0(x,\tau),x).$$

(2) $\widetilde{F}_1(y,x)$ 和 $\widetilde{F}_0(y,x)$ 均关于 y 是严格单调的。

证明：根据全概率公式，

$$\lim_{\epsilon \to 0^+} P(Y \leqslant q_D(r_0,x,\tau) \mid r_0 < R < r_0+\epsilon, X=x) = \tau$$

等价于

$$F_{Y|DRX}(q_1(x,\tau),1,r_0^+,x)p(r_0^+,x) + $$
$$F_{Y|DRX}(q_0(x,\tau),0,r_0^+,x)(1-p(r_0^+,x)) = \tau.$$

类似可得

$$F_{Y|DRX}(q_1(x,\tau),1,r_0^-,x)p(r_0^-,x) + $$
$$F_{Y|DRX}(q_0(x,\tau),0,r_0^-,x)(1-p(r_0^-,x)) = \tau.$$

重新整合后可以得到

$$F_{Y|DRX}(q_1(x,\tau),1,r_0^+,x)p(r_0^+,x) - $$
$$F_{Y|DRX}(q_1(x,\tau),1,r_0^-,x)p(r_0^-,x)$$
$$= F_{Y|DRX}(q_0(x,\tau),0,r_0^-,x)(1-p(r_0^-,x)) - $$
$$F_{Y|DRX}(q_0(x,\tau),0,r_0^+,x)(1-p(r_0^+,x)).$$

那么，引理 6.3.3 的第 1 个结论成立。

用 $\tau = F_{0|X}(y_0,x)$ 替代 $\widetilde{F}_1(q_1(x,\tau),x) = \widetilde{F}_0(q_0(x,\tau),x)$，可得

$$\widetilde{F}_1(q_1(x,F_{0|X}(y_0,x)),x) = \widetilde{F}_0(q_0(x,F_{0|X}(y_0,x)),x)$$
$$= \widetilde{F}_0(y_0,x).$$

上式等号两侧对于 y_0 求导得

$$\widetilde{f}_1(q_1(x,F_{0|X}(y_0,x)),x) \cdot (q_1 \circ F_0)'(y_0,x) = \widetilde{f}_0(y_0,x),$$

其中，$\widetilde{f}_d$ 和 $(q_1 \circ F_0)'$ 可以理解为 $\widetilde{F}_d$ 和 $q_1 \circ F_0$ 关于 y_0 的导数。因为 $q_1(x,\cdot)$ 和 $F_{0|X}(\cdot,x)$ 关于 x 严格单调递增，这意味着对于任意 y_0 和 x，$\widetilde{f}_1(q_1(x,F_{0|X}(y_0,x)),x)$ 和 $\widetilde{f}_0(y_0,x)$ 必须同时为正，同时为负或同时为零。

接下来，我们证明对于任意给定的 y_0 和 x，$\widetilde{f}_1(q_1(x,F_{0|X}(y_0,x)),x) \neq 0$ 且 $\widetilde{f}_0(y_0,x) \neq 0$。现假设其不成立，即存在 y_0 对于某一 x，$\widetilde{f}_1(q_1(x,F_{0|X}(y_0,x)),x) = 0$ 且 $\widetilde{f}_0(y_0,x) = 0$ 成立。直接计算

$\widetilde{F}_1(y, x)$ 和 $\widetilde{F}_0(y, x)$ 关于 y 的导数,可得

$$\widetilde{f}_1(y, x) = f_{Y|DRX}(y, 1, r_0^+, x)p(r_0^+, x)$$
$$- f_{Y|DRX}(y, 1, r_0^-, x)p(r_0^-, x),$$
$$\widetilde{f}_0(y, x) = f_{Y|DRX}(y, 0, r_0^-, x)(1 - p(r_0^-, x))$$
$$- f_{Y|DRX}(y, 0, r_0^+, x)(1 - p(r_0^+, x)).$$

那么

$$f_{Y|DRX}(y_0^*, 0, r_0^-, x)(1 - p(r_0^-, x))$$
$$= f_{Y|DRX}(y_0^*, 0, r_0^+, x)(1 - p(r_0^+, x)),$$
$$f_{Y|DRX}(q_1(x, F_{0|X}(y_0^*, x)), 1, r_0^+, x)p(r_0^+, x)$$
$$= f_{Y|DRX}(q_1(x, F_{0|X}(y_0^*, x)), 1, r_0^-, x)p(r_0^-, x).$$

这意味着

$$\det(\Pi(q_1(x, F_{0|X}(y_0^*, x)), y_0^*, x)) = 0,$$

这和雅可比矩阵满秩条件相矛盾。此外,根据雅可比矩阵连续性条件,对于任意 $y \in \{q_0(x, \tau), x \in S_X, \tau \in (0, 1)\}$, $\widetilde{f}_1(q_1(x, F_{0|X}(y_0, x)), x)$ 和 $\widetilde{f}_0(y_0, x)$ 必须为正或为负,因此引理 6.3.3 第 2 个结论成立。

定理 6.1 的证明:用 $F_{1|X}(y|x) = \tau$ 替代引理 6.3.3-(1) 中的 τ,得到

$$\widetilde{F}_1(y, x) \equiv \widetilde{F}_1(q_1(x, F_{1|X}(y, x)), x)$$
$$= \widetilde{F}_0(q_0(x, F_{1|X}(y|x)), x).$$

等价于

$$\widetilde{q}_0(x, \widetilde{F}_1(y, x)) = q_0(x, F_{1|X}(y|x)).$$

同理,用 $F_{1|X}(y|x) = \tau$ 替代 $F_{Y|DRX}(q_1(x, \tau), 1, r_0^+, x)p(r_0^+, x) + F_{Y|DRX}(q_0(x, \tau), 0, r_0^+, x)(1 - p(r_0^+, x)) = \tau$ 中的 τ,可得

$$F_{1|X}(y|x)$$
$$= F_{Y|DRX}(q_1(x, F_{1|X}(y|x)), 1, r_0^+, x)p(r_0^+, x)$$
$$+ F_{Y|DRX}(q_0(x, F_{1|X}(y|x)), 0, r_0^+, x)(1 - p(r_0^+))$$
$$= F_{Y|DRX}(y, 1, r_0^+, x)p(r_0^+, x)$$
$$+ F_{Y|DRX}(q_0(x, F_{1|X}(y|x)), 0, r_0^+, x)(1 - p(r_0^+))$$
$$= F_{Y|DRX}(y, 1, r_0^+, x)p(r_0^+, x)$$
$$+ F_{Y|DRX}(\widetilde{q}_0(x, \widetilde{F}_1(y, x)), 0, r_0^+, x)(1 - p(r_0^+)).$$

类似地，可以得到 $F_{0|X}(y\mid x)$ 的表达式。证毕。

第四节　QTE 估计量与大样本性质

上一节中定理 6.1 和推论 6.1 已经将 $F_1(y)$ 和 $F_0(y)$ 表示成了可观测变量 (Y, D, R, X) 联合分布的函数。从这些表达式出发，估计 $F_1(y)$ 和 $F_0(y)$，以及 QTE 是非常直截了当的。本节首先描述 QTE 的估计步骤，然后推导所提出估计量服从的极限分布（高斯过程）。

4.1　估计步骤

不失一般性，我们考虑某一特定分位点上的无条件分位数处理效应（unconditional QTE）的估计，即对于 $\tau \in (0, 1)$

$$\delta(\tau) = q_1(\tau) - q_0(\tau) = F_1^{-1}(\tau) - F_0^{-1}(\tau).$$

估计的思路非常直接：首先，用样本均值代替出现在 $F_1(y)$ 和 $F_0(y)$ 中的所有条件分布函数、条件概率以及条件分位函数。然后，对 $F_1(y)$ 和 $F_0(y)$ 取逆，就得到 $\delta(\tau)$ 的估计。

在断点回归文献中，经常使用局部线性（local linear）回归来估计条件期望。近年来，一些文献（例如 Chiang et al.（2019））已经证明：在 RD 模型中使用局部线性回归进行推断时，研究者往往选择过大的窗宽，如 $h \propto n^{-1/5}$。然而，这样选择窗宽，会使估计量小样本分布的中心不在零点（因而估计量在小样本情形下是有偏的），这导致计算置信区间时，区间覆盖参数真值的概率低于研究者预先设置的置信水平（名义值）。为了克服局部线性估计的这一缺点，本节使用局部二次回归（local quadratic regression），或者更一般地，局部多项式回归（local polynomial regression），来估计断点处的分布函数和条件概率。后面将会看到，这样做可以有效克服局部线性回归带来的小样本偏差过大问题。下面我们正式描述 $\delta(\tau)$ 的估计步骤。

对于任意随机变量 W，令 $m^+(W \mid x)$（或 $m^-(W \mid x)$）分别表示在 $R = r_0^+$（或 $R = r_0^-$），$X = x$ 处，W 的条件期望，即

$$m^+(W \mid x) = E(W \mid R = r_0^+, X = x),$$
$$m^-(W \mid x) = E(W \mid R = r_0^-, X = x).$$

同时，令 $\hat{m}^+(W \mid x)$（或 $\hat{m}^-(W \mid x)$）表示 $m^+(W \mid x)$（或 $m^-(W \mid x)$）的局部二次回归估计量。即 $\hat{m}^+(W \mid x)$ 等于以下最小化问题（局部最小二乘法）的最优解 a 的第一个分量：

$$\underset{a}{\operatorname{argmin}} \sum_{i=1}^{n} (W_i - \nu_i(r_0, x)'a)^2 K\left(\frac{X_i - x}{h_x}\right) K\left(\frac{R_i - r_0}{h}\right) 1\{R_i > r_0\}.$$

(6.4.1)

同理，$\hat{m}^-(W \mid x)$ 等于以下最小化问题的最优解 a 的第一个分量：

$$\underset{a}{\operatorname{argmin}} \sum_{i=1}^{n} (W_i - \nu_i(r_0, x)'a)^2 K\left(\frac{X_i - x}{h_x}\right) K\left(\frac{R_i - r_0}{h}\right) 1\{R_i < r_0\}.$$

(6.4.2)

其中，$\nu_i(r_0, x) = \left(1, \dfrac{(R_i - r_0)}{h}, \dfrac{(R_i - r_0)^2}{h^2}, \dfrac{(X_i^c - x^c)}{h_x}, \dfrac{(X_i^c - x^c)^2}{h_x^2}, \dfrac{(R_i - r_0)(X_i^c - x^c)}{hh_x}\right)'$。为了表达方便，式(6.4.1)—(6.4.2)中均假设 X 只包含一个连续型分量。如果 X 存在离散变量，例如 $X=(X^c, X^d)$，那么用 $K\left(\dfrac{X_i^c - x^c}{h_x}\right) 1\{X_i^d = x^d\}$ 代替 $K\left(\dfrac{X_i - x}{h_x}\right)$ 即可。

根据定理 6.1，$F_{1|X}(y \mid x)$ 可以表示为：

$$F_{1|X}(y \mid x) = E(1\{Y < y\}D \mid R = r_0^+, X = x)$$
$$+ E(1\{Y < \tilde{q}_0(\widetilde{F}_1(y, x), x)\}(1-D) \mid R = r_0^+, X = x).$$

因此，它的一个一致估计量是：

$$\hat{F}_{1|X}(y \mid x) = \hat{m}^+(1\{Y < y\}D \mid x)$$
$$+ \hat{m}^+(1\{Y < \hat{\tilde{q}}_0(\hat{\widetilde{F}}_1(y, x), x)\}(1-D) \mid x).$$

(6.4.3)

其中，$\hat{\tilde{q}}_0(\tau, x) = \inf\{a : \hat{\widetilde{F}}_0(a, x) \geq \tau\}$，$\hat{\widetilde{F}}_0(y, x)$ 和 $\hat{\widetilde{F}}_1(y, x)$ 分别是 $\widetilde{F}_0(y, x)$ 和 $\widetilde{F}_1(y, x)$ 的一致估计。

下面我们说明如何估计 $\widetilde{F}_0(y, x)$ 和 $\widetilde{F}_1(y, x)$。因为 $\widetilde{F}_1(y, x)$ 可以写成

$$\widetilde{F}_1(y, x) = E(1\{Y < y\}D \mid R = r_0^+, X = x)$$
$$- E(1\{Y < y\}D \mid R = r_0^-, X = x).$$

所以 $\hat{F}_1(y,x)$ 可以由下式估计：

$$\hat{F}_1(y,x) = \hat{m}^+ \left(1\{Y<y\}D \mid x \right) - \hat{m}^- \left(1\{Y<y\}D \mid x \right). \tag{6.4.4}$$

类似地，$\hat{F}_0(y,x)$ 可以由下式估计：

$$\hat{F}_0(y,x) = \hat{m}^- \left(1\{Y<y\}(1-D) \mid x \right) - \hat{m}^+ \left(1\{Y<y\}(1-D) \mid x \right). \tag{6.4.5}$$

同理，$F_{0|X}(y \mid x)$ 的估计量是：

$$\hat{F}_{0|X}(y \mid x) = \hat{m}^- \left(1\{Y < \hat{\tilde{q}}_1(\hat{\tilde{F}}_0(y,x),x)\}D \mid x \right) \\ + \hat{m}^+ \left(1\{Y<y\}(1-D) \mid x \right). \tag{6.4.6}$$

为了估计 $F_1(y)$ 和 $F_0(y)$，我们打算将 $\hat{F}_{1|X}(y \mid x)$ 和 $\hat{F}_{0|X}(y \mid x)$ 中 x 积分掉。这时，为了控制估计量的小样本偏差，我们同样不能采用直接对 X_i 求样本均值的方式，而继续采用局部二次函数逼近的方式。$F_1(y)$ 的估计量 $\hat{F}_1(y)$ 定义为以下局部最小化问题最优解 a 的第一个分量：

$$\operatorname*{argmin}_a \sum_{i=1}^n (\hat{F}_{1|X}(y \mid X_i) - \tilde{\nu}_i(r_0)'a)^2 K\left(\frac{R_i - r_0}{h_r}\right). \tag{6.4.7}$$

类似地，$F_0(y)$ 的估计量 $\hat{F}_0(y)$ 定义为以下局部最小化问题最优解 a 的第一个分量：

$$\operatorname*{argmin}_a \sum_{i=1}^n (\hat{F}_{0|X}(y \mid X_i) - \tilde{\nu}_i(r_0)'a)^2 K\left(\frac{R_i - r_0}{h_r}\right). \tag{6.4.8}$$

其中，$\tilde{\nu}_i(r_0) = \left(1, \dfrac{(R_i - r_0)}{h_r}, \dfrac{(R_i - r_0)^2}{h_r^2}\right)'$。

通过式(6.4.7)—(6.4.8)将 X 积分掉的基本想法是：只要 $f_{X|R}(x \mid r)$ 在 r_0 处是连续的，那么就可以采用局部二次回归的方法来减小偏差，在给定 $R=r_0$ 时对 X_i 进行平均。基于 $\hat{F}_0(y)$ 和 $\hat{F}_1(y)$，$\delta(\tau)$ 由下式估计：

$$\hat{\delta}(\tau) = \hat{q}_1(\tau) - \hat{q}_0(\tau). \tag{6.4.9}$$

其中，$\hat{q}_1(\tau) = \inf\{a : \hat{F}_1(a) \geqslant \tau\}$，$\hat{q}_0(\tau) = \inf\{a : \hat{F}_0(a) \geqslant \tau\}$。

上述估计步骤中多次涉及对分布函数取逆来得到分位数函数。在有限样本中,这些估计的条件分布函数可能是"非单调"的。为了改善估计量在有限样本中的表现,我们借鉴 Frandsen et al. (2012)中的做法,通过"重新排列"(rearrangement)使得分布函数估计量成为严格单调的。Chernozhukov et al. (2010)证明了,这种"重新排列"的处理步骤不会影响估计量的渐近性质。

通过类似的思路,我们还可以估计出分布处理效应和平均处理效应。例如,$\hat{\delta}_{DTE}(y) = \hat{F}_1(y) - \hat{F}_0(y)$ 来估计 $\delta_{DTE}(y)$。为了估计平均处理效应,首先构建 y 的网格:$y_0 < y_1 < y_2 < \cdots < y_{K-1} < y_K$,其中格点数 K 和样本容量 n 之间必须满足 $\frac{\sqrt{n}}{K} \to 0$。平均处理效应的估计量是:

$$\hat{\delta}_{ATE} = \sum_{k=1}^{K} y_k [(\hat{F}_1(y_k) - \hat{F}_0(y_k)) - (\hat{F}_1(y_{k-1}) - \hat{F}_0(y_{k-1}))].$$

4.2 估计量的极限分布

下面推导估计量式(6.4.9)的极限分布。当固定 $\tau \in (0, 1)$ 时,$\hat{\delta}(\tau)$ 服从正态分布。但是同时,$\hat{\delta}(\tau)$ 是 τ 的函数,因此 QTE 估计量其实是一个"函数取值"(function valued)的估计量。对于这样的估计量,研究者还希望了解 $\hat{\delta}(\tau)$ 作为一个"函数"的极限分布。本节证明 $\hat{\delta}(\tau)$ 收敛到一个高斯过程。

为了建立 $\hat{\delta}(\tau)$ 的极限性质,我们引入如下假设:

假设 6.4.1　(Y, D, R, X) 是定义在概率空间 $(\Omega^v, F^v, \mathbb{P}^v)$ 上的随机向量,$\{Y_i, D_i, R_i, X_i\}_{i=1}^{n}$ 是 (Y, D, R, X) 的 n 个独立同分布的观测值。

假设 6.4.2

(ⅰ) 密度函数 $f_{RX}(r, x)$ 在 $r=r_0$ 处关于 x 的连续性分量是连续可导、有界且非零的。

(ⅱ) 密度函数 $f_{RX}(r, x)$ 在 $r=r_0$ 附近关于 r 是连续可导、有界且非零的。

假设 6.4.3　对于 $d \in (0, 1)$,$j \in \{0, 1, 2, 3\}$,函数 $\frac{\partial^j}{\partial r^j} E[1\{Y \leqslant y, D=d\} | R=r, X=x]$ 和 $\frac{\partial^j}{\partial r^j} E[1\{D=d\} | R=r, X=x]$ 在 r_0 和 $x \in S_X$ 处关于 r 是 Lipschitz 连续的。

假设 6.4.4 令 $\Delta p = \lim_{r \to r_0^+} E(D \mid R = r) - \lim_{r \to r_0^-} E(D \mid R = r)$，那么 Δp 是严格为正的。

假设 6.4.5 $K(\cdot)$ 在 $[-1, 1]$ 上是波莱尔可测（Borel measurable）、有界、连续、对称、非负的，且积分为 1。$\{K(\cdot/h): h > 0\}$ 是 Vapnik-Cervonenkis（VC）类的。

定义：

$$\widetilde{\Gamma} = \int (1, u, u^2)' \cdot K(u) \cdot (1, u, u^2) \mathrm{d}u,$$

$$\Gamma^+ = \int (1, u, u^2, s, s^2, u, s)' \cdot K(u) K(t) \cdot (1, u, u^2, s, s^2, u, s) 1\{u > 0\} \mathrm{d}u \mathrm{d}s,$$

$$\Gamma^- = \int (1, u, u^2, s, s^2, u, s)' \cdot K(u) K(t) \cdot (1, u, u^2, s, s^2, u, s) 1\{u < 0\} \mathrm{d}u \mathrm{d}s.$$

其中，$\widetilde{\Gamma}$，Γ^+ 和 Γ^- 都是正定的。令 $\dfrac{h}{h_r} = \gamma^2$，且 $0 < \gamma < \infty$。此外，窗宽应该满足 $\dfrac{nhh_x^L}{\log n} \to \infty$ 和 $\sqrt{nh} \max\{h^3, h_x^3\} \to 0$。

总的来说，上述这些条件都是为了保证推导极限分布时，遇到的"样本均值"表达式或者"经验过程"具有良好的性质，例如适用于中心极限定理，以及泛函中心极限定理。

假设 6.4.6 对于 $d \in \{0, 1\}$，$\widetilde{F}_d(y, x)$（等式(6.3.6)和(6.3.7)）存在一个关于 y 的非零导数 $\widetilde{f}_d(y, x)$，它在 $S_Y \times S_X$ 上是一致有界和一致连续的。

假设 6.4.6 保证了出现在定理 6.1 和推论 6.1 中的显式解是 Hadamard 可微的。下面定理给出了 $\hat{\delta}(\tau)$ 的渐近分布，它来自潜因变量分布函数估计量的弱收敛过程以及泛函 delta 方法（functional delta method）的反复运用。

定理 6.2 推论 6.1 的假设均成立，且假设 6.4.1—6.4.6 成立时，

$$\sqrt{nh_r} \begin{pmatrix} \hat{q}_1(\tau) - q_1(\tau) \\ \hat{q}_0(\tau) - q_0(\tau) \end{pmatrix} \to^d \begin{pmatrix} \mathbb{Z}_{q_1}(\tau) \\ \mathbb{Z}_{q_0}(\tau) \end{pmatrix}.$$

其中，$\mathbb{Z}_{q_1}$ 和 $\mathbb{Z}_{q_0}$ 是 $\ell^\infty(\mathcal{T})^2$ 上的零均值高斯过程，$\mathcal{T} \subset (0, 1)$ 是一个紧区间（闭区间 $[0, 1]$ 中的有界闭集）。对于 $j, k \in \{1, 2\}$，协方差函数 $\Sigma^q(\tau, \widetilde{\tau})$ 是：

$$\Sigma_{jk}^{q}(\tau,\widetilde{\tau}) = \frac{\Sigma_{jk}^{F}(q_{2-j}(\tau), q_{2-k}(\widetilde{\tau}))}{f_{2-j}(q_{2-j}(\tau))f_{2-k}(q_{2-k}(\widetilde{\tau}))},$$

其中，$\Sigma_{jk}^{F}(y,\widetilde{y}) = c'\sigma_{jk}(y,\widetilde{y})c$，$c = (1,1,1,1,1)'$。此外，令

$$\widetilde{\lambda} = \widetilde{e}_1'\widetilde{\Gamma}^{-1}\widetilde{\Gamma}_2\widetilde{\Gamma}^{-1}\widetilde{e}_1,$$

$$\bar{\lambda} = \widetilde{e}_1'\widetilde{\Gamma}^{-1}(1,0,\mu_2)' \cdot (1,0,\mu_2)\widetilde{\Gamma}^{-1}\widetilde{e}_1,$$

$$\Delta^+ = \int\left[\int e_1'(\Gamma^+)^{-1}(1,t,t^2,u,u^2,tu)K(u)\mathrm{d}u\right]^2 K^2(t)1\{t>0\}\mathrm{d}t,$$

$$\Delta^- = \int\left[\int e_1'(\Gamma^-)^{-1}(1,t,t^2,u,u^2,tu)K(u)\mathrm{d}u\right]^2 K^2(t)1\{t<0\}\mathrm{d}t,$$

$$v_1^+(y,x) = (1+\omega_0^+(y,x), 1+\omega_0^+(y,x)),$$

$$v_1^-(y,x) = (-\omega_0^+(y,x), -\omega_0^+(y,x)),$$

$$v_0^+(y,x) = (-\omega_1^-(y,x), -\omega_1^-(y,x)),$$

$$v_0^-(y,x) = (1+\omega_1^-(y,x), 1+\omega_1^-(y,x)).$$

其中，$e_1 = (1,0,0,0,0,0)'$，$\widetilde{e}_1 = (1,0,0)'$，$\mu_2 = \int t^2 K(t)\mathrm{d}t$，

$$\widetilde{\Gamma}_2 = \int (1,u,u^2)' \cdot K^2(u) \cdot (1,u,u^2)\mathrm{d}u.$$

并且

$$\omega_0^+(y,x) = \frac{f_{Y|DRX}(\widetilde{q}_0(\widetilde{F}_1(y,x),x), 0, r_0^+, x)(1-p(r_0^+,x))}{\widetilde{f}_0(\widetilde{q}_0(\widetilde{F}_1(y,x),x), x), \omega_1^-(y,x)}$$

$$= \frac{f_{Y|DRX}(\widetilde{q}_1(\widetilde{F}_0(y,x),x), 1, r_0^-, x)p(r_0^-,x)}{\widetilde{f}_1(\widetilde{q}_1(\widetilde{F}_0(y,x),x), x)}.$$

对于 $j,k \in \{0,1\}$，定义

$$\sigma_{jk}(y,\widetilde{y})$$
$$= \frac{1}{f_R(r_0)}\begin{bmatrix} \widetilde{\lambda}\mathrm{Cov}(F_{2-j|X}(y,X), F_{2-k|X}(\widetilde{y},X) \mid R=r_0) & 0 \\ 0 & \widetilde{\sigma}_{jk}(y,\widetilde{y}) \end{bmatrix},$$

其中，

$$\widetilde{\sigma}_{jk}^+(y,\widetilde{y}) = \Delta^+ E[v_{2-j}^{+'}(y,X)\mathrm{Cov}(W_{2-j|X}(y,X), W_{2-k|X}(\widetilde{y},X) \mid R,X)v_{2-k}^+(y,X) \mid R=r_0^+],$$

$$\widetilde{\sigma}_{jk}^-(y,\widetilde{y}) = \Delta^- E[v_{2-j}^{-'}(y,X)\mathrm{Cov}(W_{2-j|X}(y,X), W_{2-k|X}(\widetilde{y},X) \mid R,X)v_{2-k}^-(y,X) \mid R=r_0^-],$$

$$W_1 = \begin{pmatrix} 1\{Y \leqslant y\}D \\ 1\{Y \leqslant \widetilde{q}_0(\widetilde{F}_1(y,x),x)\}(1-D) \end{pmatrix},$$
$$W_0 = \begin{pmatrix} 1\{Y \leqslant \widetilde{q}_1(\widetilde{F}_0(y,x),x)\}D \\ 1\{Y \leqslant y\}(1-D) \end{pmatrix}.$$

定理 6.2 的证明见本节附录。从定理 6.2 可以看出，QTE 估计量的收敛速度依赖于驱动变量在断点处窗宽 h_r 的大小。本章第六节将详细讨论在实际计算中如何选择有效的窗宽。同时，估计量的渐近方差具有十分复杂的形式，以至于对方差的直接估计是十分困难的。下一节将考虑采用 Bootstrap 方法计算估计量的渐近方差。从上述定理出发，很容易得到 $\hat{\delta}(\tau)$ 的极限过程：

推论 6.2 当定理 6.2 所需的假设成立时，

$$\sqrt{nh_r}(\hat{\delta}(\tau) - \delta(\tau)) \to \mathbb{Z}_\delta = \mathbb{Z}_{q_1}(\tau) - \mathbb{Z}_{q_0}(\tau).$$
$$\delta(\tau) = q_1(\tau) - q_0(\tau).$$

$\mathbb{Z}_\delta$ 的协方差函数是

$$\Sigma^\delta(\tau, \widetilde{\tau}) = \Sigma^q_{11}(\tau, \widetilde{\tau}) + \Sigma^q_{22}(\tau, \widetilde{\tau}) - \Sigma^q_{12}(\tau, \widetilde{\tau}) - \Sigma^q_{21}(\tau, \widetilde{\tau}).$$

本章提出的估计量同现有文献相比，特别是和 Chiang et al.（2019）相比，在三个方面更为复杂：第一，本章遇到的估计量必须解决控制 $X = x$ 时的"局部经验过程"。从技术上讲，标准核估计的一致收敛速度应该按 $\sqrt{\log n}$ 进行调整，所以不能在 x 上一致地建立高斯过程。第二，协变量 X 的存在使得最优窗宽的选择更加复杂。第三，由于 X 的存在，在推导中需要多次用到二阶 U 统计量的性质。

本节附录

定理 6.2 的证明

为陈述方便，我们假设 X 仅包含一个单独的连续变量，其支撑集为 S_X。定理 6.2 的证明需要用到以下引理：

引理 6.4.1 在定理 6.1 的假设下，对于任意给定的 $x \in S_X$，

$$\sqrt{nhh_x} \begin{bmatrix} \hat{m}^+(1\{Y<y\}D \mid x) - m^+(1\{Y<y\}D \mid x) \\ \hat{m}^+(1\{Y<y\}(1-D) \mid x) - m^+(1\{Y<y\}(1-D) \mid x) \\ \hat{m}^-(1\{Y<y\}D \mid x) - m^-(1\{Y<y\}D \mid x) \\ \hat{m}^-(1\{Y<y\}(1-D) \mid x) - m^-(1\{Y<y\}(1-D) \mid x) \end{bmatrix}$$

$$\to^d \begin{pmatrix} \mathbb{Z}_{m_D^+}(y \mid x) \\ \mathbb{Z}_{m_{1-D}^+}(y \mid x) \\ \mathbb{Z}_{m_D^-}(y \mid x) \\ \mathbb{Z}_{m_{1-D}^-}(y \mid x) \end{pmatrix}.$$

其中，$\mathbb{Z}_{m_D^+}$，$\mathbb{Z}_{m_{1-D}^+}$，$\mathbb{Z}_{m_D^-}$ 和 $\mathbb{Z}_{m_{1-D}^-}$ 是 $\ell^\infty(S_Y)^4$ 上的零均值高斯过程。

引理 6.4.2 在定理 6.1 的假设下，对于任意给定的 $x \in S_X$，

$$\sqrt{nhh_x}\begin{pmatrix} \hat{F}_{1|X}(y \mid x) - F_{1|X}(y \mid x) \\ \hat{F}_{0|X}(y \mid x) - F_{0|X}(y \mid x) \end{pmatrix} \to^d \begin{pmatrix} \mathbb{Z}_{F_1}(y \mid x) \\ \mathbb{Z}_{F_0}(y \mid x) \end{pmatrix}.$$

其中，$\mathbb{Z}_{F_1}$ 和 $\mathbb{Z}_{F_0}$ 是 $\ell^\infty(S_Y)^2$ 上的零均值高斯过程。

引理 6.4.3 假设 $\dfrac{h}{h_r} = \gamma^2$，且 $0 < \gamma < \infty$。在定理 6.1 的假设下，对于任意给定的 $x \in S_X$，

$$\sqrt{nh_r}\begin{pmatrix} \hat{F}_1(y) - F_1(y) \\ \hat{F}_0(y) - F_0(y) \end{pmatrix} \to^d \begin{pmatrix} \mathbb{Z}_1(y) \\ \mathbb{Z}_0(y) \end{pmatrix}.$$

其中，$\mathbb{Z}_1$ 和 $\mathbb{Z}_0$ 是 $\ell^\infty(S_Y)^2$ 上的零均值高斯过程。

定理 6.2 的证明：注意到分位数算子是 Hadamard 可微的，根据引理 6.4.3，使用泛函 delta 方法，可以得到

$$\sqrt{nh_r}\begin{pmatrix} \hat{q}_1(\tau) - q_1(\tau) \\ \hat{q}_0(\tau) - q_0(\tau) \end{pmatrix} \to^d \begin{pmatrix} \mathbb{Z}_{q_1}(\tau) \\ \mathbb{Z}_{q_0}(\tau) \end{pmatrix}.$$

其中，$\mathbb{Z}_{q_1}$ 和 $\mathbb{Z}_{q_0}$ 是 $\ell^\infty(S_Y)^2$ 上的零均值高斯过程。并且

$$\mathbb{Z}_{q_1}(\tau) = -\mathbb{Z}_{F_1}(q_1(\tau))/f_1(q_1(\tau)),$$
$$\mathbb{Z}_{q_0}(\tau) = -\mathbb{Z}_{F_0}(q_0(\tau))/f_0(q_0(\tau)),$$

其中，$f_d(\cdot)$ 表示 $F_d(\cdot)$ 的导数。此外，协方差函数 $\Sigma^q(\tau, \tilde{\tau})$ 可以写成如下所示，对于 $j, k \in \{1, 2\}$，

$$\Sigma^q_{jk}(\tau, \tilde{\tau}) = \frac{\Sigma^F_{jk}(q_{2-j}(\tau), q_{2-k}(\tilde{\tau}))}{f_{2-j}(q_{2-j}(\tau)) f_{2-k}(q_{2-k}(\tilde{\tau}))}.$$

证毕。

第五节 QTE 的 Bootstrap 一致推断

上一节中定理 6.2 和推论 6.2 表明，QTE 估计量具有十分复杂的渐近方差。这时，无论是计算任意给定 τ 时 $\hat{\delta}(\tau)$ 的标准差，还是将 $\hat{\delta}(\tau)$ 作为 τ 的一个函数看待来计算它的一致渐近标准差，其计算量都是令人生畏的。本书第二章提到这样一种观点：当估计量的渐近方差较为复杂时，我们可以采用 bootstrap 方法进行统计推断。本节将采用乘数 bootstrap(multiplier bootstrap)完成这一任务。因此本节也可以看成第二章介绍的利用 bootstrap 推断异质性政策参数的一个具体例子。

5.1 $F_1(y)$ 和 $F_0(y)$ 的乘数过程

我们首先定义 $F_1(y)$ 和 $F_0(y)$ 的乘数过程，然后再给出它们的估计量。

令 $\{\xi_i\}_{i=1}^n$ 表示从定义在 $(\Omega^\xi, \mathcal{F}^\xi, \mathbb{P}^\xi)$ 上的标准正态分布随机抽取的样本，它和定义在 $(\Omega^\upsilon, \mathcal{F}^\upsilon, \mathbb{P}^\upsilon)$ 上的 $\{Z_i\}_{i=1}^n = \{Y_i, D_i, R_i, X_i\}_{i=1}^n$ 是相互独立的。为了使记号简便，用 h 表示定理 6.2 和推论 6.2 中出现的 h_r。定义 $F_1(y)$ 和 $F_0(y)$ 的乘数过程如下：

$$\hat{\nu}_1^\xi(y) = \frac{1}{\sqrt{nh}} \sum_{i=1}^n \xi_i \tilde{e}_1' (\tilde{\Gamma} \hat{f}_R(r_0))^{-1} \hat{Q}_1(Z_i, y) K\left(\frac{R_i - r_0}{h}\right),$$

$$\hat{\nu}_0^\xi(y) = \frac{1}{\sqrt{nh}} \sum_{i=1}^n \xi_i \tilde{e}_1' (\tilde{\Gamma} \hat{f}_R(r_0))^{-1} \hat{Q}_0(Z_i, y) K\left(\frac{R_i - r_0}{h}\right).$$

其中，$\hat{f}_R(r_0)$ 是 $f_R(r_0)$ 的估计量(例如核估计)，

$$\begin{aligned}
\hat{Q}_1(Z_i, y) &= \hat{\tilde{\epsilon}}_i(y) \tilde{\nu}_i(r_0) + \hat{Q}_{11}(Z_i, y) \mathbf{1}\{R_i > r_0\} \\
&\quad + \hat{Q}_{12}(Z_i, y) \mathbf{1}\{R_i > r_0\} + \hat{Q}_{13}(Z_i, y) \mathbf{1}\{R_i < r_0\} \\
&\quad + \hat{Q}_{14}(Z_i, y) \mathbf{1}\{R_i < r_0\}, \\
\hat{Q}_0(Z_i, y) &= \hat{\tilde{\epsilon}}_i(y) \tilde{\nu}_i(r_0) + \hat{Q}_{01}(Z_i, y) \mathbf{1}\{R_i > r_0\} \\
&\quad + \hat{Q}_{02}(Z_i, y) \mathbf{1}\{R_i > r_0\} + \hat{Q}_{03}(Z_i, y) \mathbf{1}\{R_i < r_0\} \\
&\quad + \hat{Q}_{04}(Z_i, y) \mathbf{1}\{R_i < r_0\}.
\end{aligned}$$

令 $\bar{\nu}_i(r_0, u) = \left(1, \dfrac{R_i - r_0}{h}, \dfrac{(R_i - r_0)^2}{h^2}, u, u^2, \dfrac{(R_i - r_0)u}{h}\right)'$,

$$\bar{\Delta}_i^+ = \int e_1'(\Gamma^+)^{-1}\bar{\nu}_i(r_0, u)K(u)\mathrm{d}u \cdot (1, 0, \mu_2)',$$

$$\bar{\Delta}_i^- = \int e_1'(\Gamma^-)^{-1}\bar{\nu}_i(r_0, u)K(u)\mathrm{d}u \cdot (1, 0, \mu_2)'.$$

此外

$$\tilde{\epsilon}_i(y) = F_{1|X}(y \mid X_i) - E[F_{1|X}(y \mid X) \mid R = R_i],$$
$$\tilde{\varepsilon}_i(y) = F_{0|X}(y \mid X_i) - E[F_{0|X}(y \mid X) \mid R = R_i],$$
$$\epsilon_i(y) = 1\{Y_i \leqslant y\}D_i - E[1\{Y \leqslant y\}D \mid R = R_i, X = X_i],$$
$$\varepsilon_i(y) = 1\{Y_i \leqslant y\}(1 - D_i) - E[1\{Y \leqslant y\}(1 - D) \mid R = R_i, X = X_i],$$
$$Q_{11}(Z_i, y) = \epsilon_i(y)(1 + \omega_0^+(y, X_i))\bar{\Delta}_i^+,$$
$$Q_{12}(Z_i, y) = \varepsilon_i(\tilde{q}_0(\tilde{F}_1(y, X_i), X_i))(1 + \omega_0^+(y, X_i))\bar{\Delta}_i^+,$$
$$Q_{13}(Z_i, y) = -\epsilon_i(y)\omega_0^+(y, X_i)\bar{\Delta}_i^-,$$
$$Q_{14}(Z_i, y) = -\varepsilon_i(\tilde{q}_0(\tilde{F}_1(y, X_i), X_i))\omega_0^+(y, X_i)\bar{\Delta}_i^-,$$
$$Q_{01}(Z_i, y) = -\epsilon_i(\tilde{q}_1(\tilde{F}_0(y, X_i), X_i))\omega_1^-(y, X_i)\bar{\Delta}_i^+,$$
$$Q_{02}(Z_i, y) = -\varepsilon_i(y)\omega_1^-(y, X_i)\bar{\Delta}_i^+,$$
$$Q_{03}(Z_i, y) = \epsilon_i(\tilde{q}_1(\tilde{F}_0(y, X_i), X_i))(1 + \omega_1^-(y, X_i))\bar{\Delta}_i^-,$$
$$Q_{04}(Z_i, y) = \varepsilon_i(y)(1 + \omega_1^-(y, X_i))\bar{\Delta}_i^-.$$

如果对于 $(j,k) \in \{1, 2\} \times \{1, 2, 3, 4\}$，$\tilde{\epsilon}_i(y)$，$\tilde{\varepsilon}_i(y)$，$\epsilon_i(y)$，$\varepsilon_i(y)$ 和 $Q_{jk}(Z_i, y)$ 的一致估计量分别是 $\hat{\tilde{\epsilon}}_i(y)$，$\hat{\tilde{\varepsilon}}_i(y)$，$\hat{\epsilon}_i(y)$，$\hat{\varepsilon}_i(y)$ 和 $\hat{Q}_{jk}(Z_i, y)$，那么根据 Hadamard 导数法则，我们就可以构建如下乘数过程的估计量：

$$\hat{\mathbb{Z}}_\delta(\tau) = \hat{\mathbb{Z}}_{q_1}(\tau) - \hat{\mathbb{Z}}_{q_0}(\tau) = \frac{\hat{\mathbb{Z}}_0(\hat{q}_0(\tau))}{\hat{f}_0(\hat{q}_0(\tau))} - \frac{\hat{\mathbb{Z}}_1(\hat{q}_1(\tau))}{\hat{f}_1(\hat{q}_1(\tau))},$$

其中，$\hat{\mathbb{Z}}_1(y) = \hat{\nu}_1^\xi(y)$，$\hat{\mathbb{Z}}_0(y) = \hat{\nu}_0^\xi(y)$。这样就有望实现 QTE 的 bootstrap 推断。

5.2 乘数过程的估计量

上述定义的乘数过程中的每一部分都需要用相应的估计量代替。我们使用核估计来估计 $f_R(r_0)$：

$$\hat{f}_R(r_0) = \frac{1}{nh_{f_R}} \sum_{i=1}^{n} K\left(\frac{R_i - r_0}{h_{f_R}}\right).$$

对于 $d \in \{0, 1\}$，条件期望 $p_d(y, R_i) = E[F_{d|X}(y \mid X) \mid R = R_i]$ 的估计量是：

$$\hat{p}_d(y, R_i) = \sum_{j=1}^{n} \hat{F}_{d|X}(y \mid X_j) K\left(\frac{R_j - R_i}{h_p}\right) \Big/ \sum_{j=1}^{n} K\left(\frac{R_j - R_i}{h_p}\right).$$

接着对于 $d \in \{0, 1\}$，考虑估计 $\tilde{p}(y, d, R_i, X_i) = E[1\{Y \leqslant y\} 1\{D = d\} \mid R = R_i, X = X_i]$。注意到 $\tilde{p}(y, d, R_i, X_i)$ 在 $r = r_0$ 处是不连续的，那么可以如下联合估计 $\tilde{p}(y, d, R_i, X_i)$

$$\widetilde{\hat{p}}(y, d, R_i, X_i) 1\{R_i > r_0\} = 1\{R_i > r_0\}$$

$$\cdot \frac{\sum_{j=1}^{n} 1\{Y_j \leqslant y\} 1\{D_j = d\} 1\{R_j > r_0\} K\left(\frac{R_j - R_i}{h_{\tilde{p}}}\right) K\left(\frac{X_j - X_i}{h_{\tilde{p}}}\right)}{\sum_{j=1}^{n} 1\{R_j > r_0\} K\left(\frac{R_j - R_i}{h_{\tilde{p}}}\right) K\left(\frac{X_j - X_i}{h_{\tilde{p}}}\right)},$$

$$\widetilde{\hat{p}}(y, d, R_i, X_i) 1\{R_i < r_0\} = 1\{R_i < r_0\}$$

$$\cdot \frac{\sum_{j=1}^{n} 1\{Y_j \leqslant y\} 1\{D_j = d\} 1\{R_j < r_0\} K\left(\frac{R_j - R_i}{h_{\tilde{p}}}\right) K\left(\frac{X_j - X_i}{h_{\tilde{p}}}\right)}{\sum_{j=1}^{n} 1\{R_j < r_0\} K\left(\frac{R_j - R_i}{h_{\tilde{p}}}\right) K\left(\frac{X_j - X_i}{h_{\tilde{p}}}\right)}.$$

其余部分可以如下估计：

$$\hat{\omega}_0^+(y, x) = \frac{\hat{f}_{YD|RX}(\hat{\tilde{q}}_0(\hat{\tilde{F}}_1(y, x), x), 0, r_0^+, x)}{\hat{\tilde{f}}_0(\hat{\tilde{q}}_0(\hat{\tilde{F}}_1(y, x), x), x)},$$

$$\hat{\omega}_1^-(y, x) = \frac{\hat{f}_{YD|RX}(\hat{\tilde{q}}_1(\hat{\tilde{F}}_0(y, x), x), 1, r_0^-, x)}{\hat{\tilde{f}}_1(\hat{\tilde{q}}_1(\hat{\tilde{F}}_0(y, x), x), x)},$$

$$\hat{f}_{1|X}(y \mid x) = \hat{f}_{YD|RX}(y, 1, r_0^+, x)$$
$$\qquad + \hat{f}_{YD|RX}(\hat{\tilde{q}}_0(\hat{\tilde{F}}_1(y, x), x), 0, r_0^+, x),$$

$$\hat{f}_{0|X}(y \mid x) = \hat{f}_{YD|RX}(y, 0, r_0^-, x)$$
$$\qquad + \hat{f}_{YD|RX}(\hat{\tilde{q}}_1(\hat{\tilde{F}}_0(y, x), x), 1, r_0^-, x),$$

$$\hat{\tilde{f}}_1(y, x) = \hat{f}_{YD|RX}(y, 1, r_0^+, x) - \hat{f}_{YD|RX}(y, 1, r_0^-, x),$$

$$\hat{\tilde{f}}_0(y, x) = \hat{f}_{YD|RX}(y, 0, r_0^-, x) - \hat{f}_{YD|RX}(y, 0, r_0^+, x),$$

$$\hat{f}_1(y) = \sum_{i=1}^n \hat{f}_{1|X}(y \mid X_i) K\left(\frac{R_i - r_0}{h_f}\right) \Big/ \sum_{i=1}^n K\left(\frac{R_i - r_0}{h_f}\right),$$

$$\hat{f}_0(y) = \sum_{i=1}^n \hat{f}_{0|X}(y \mid X_i) K\left(\frac{R_i - r_0}{h_f}\right) \Big/ \sum_{i=1}^n K\left(\frac{R_i - r_0}{h_f}\right),$$

$$\hat{f}_{YD|RX}(y, d, r_0^+, x)$$
$$= \frac{h_{f_x}^{-1} \sum_{i=1}^n K\left(\frac{Y_i - y}{h_{f_x}}\right) K\left(\frac{R_i - r_0}{h_{f_x}}\right) K\left(\frac{X_i - x}{h_{f_x}}\right) 1\{D_i = d\} 1\{R_i > r_0\}}{\sum_{i=1}^n K\left(\frac{R_i - r_0}{h_{f_x}}\right) K\left(\frac{X_i - x}{h_{f_x}}\right) 1\{R_i > r_0\}},$$

$$\hat{f}_{YD|RX}(y, d, r_0^-, x)$$
$$= \frac{h_{f_x}^{-1} \sum_{i=1}^n K\left(\frac{Y_i - y}{h_{f_x}}\right) K\left(\frac{R_i - r_0}{h_{f_x}}\right) K\left(\frac{X_i - x}{h_{f_x}}\right) 1\{D_i = d\} 1\{R_i < r_0\}}{\sum_{i=1}^n K\left(\frac{R_i - r_0}{h_{f_x}}\right) K\left(\frac{X_i - x}{h_{f_x}}\right) 1\{R_i < r_0\}}.$$

在适当的条件下(详见下面定理 6.3),可以证明 $\hat{\mathbb{Z}}_\delta(\tau)$ 弱收敛到 $\mathbb{Z}_\delta(\tau)$。基于以上乘数过程估计量,我们可以检验有关 QTE 的多种假设,例如 QTE 在每个分位点上都等于零,以及各个分位点上的 QTE 是一个常数(无政策效应异质性)。除此以外,还可以利用乘数过程估计量来构建 QTE 的一致置信区间(或称置信带(confidence band))。以下总结了利用乘数 bootstrap 计算 QTE 一致置信区间的具体步骤:

算法 6.1 (构建 QTE 一致置信区间)

第 1 步:在因变量取值范围内选择一组有限的取值 $\mathcal{Y} \subset S_Y$,同时对于 $0 < a < \frac{1}{2}$,选择一组有限的分位点 $\mathcal{T} \subset [a, 1-a]$。对于所有的 $y \in \mathcal{Y}$,估计 $\hat{F}_1(y)$ 和 $\hat{F}_1(y)$。

第 2 步:对于任意 $\tau \in \mathcal{T}$,计算 $\hat{q}_1(\tau)$ 和 $\hat{q}_0(\tau)$,然后对于每一 $\tau \in \mathcal{T}$,计算 $\hat{\delta}(\tau) = \hat{q}_1(\tau) - \hat{q}_0(\tau)$。

第 3 步:对于 $(j, k) \in \{1, 2\} \times \{1, 2, 3, 4\}$,计算 $\hat{f}_R(r_0)$,$\hat{f}_1(\hat{q}_1(\tau))$,$\hat{f}_0(\hat{q}_0(\tau))$,$\tilde{\varsigma}_i(y)$,$\hat{\bar{\varepsilon}}_i(y)$,$\hat{\varsigma}_i(y)$,$\hat{\varepsilon}_i(y)$ 和 $\hat{Q}_{jk}(Z_i, y)$。

第 4 步:对于每一次的迭代 $b = 1, 2, \cdots, B$,生成 $\xi^b = \{\xi_i^b\}_{i=1}^n$,其是从独立于数据的标准正态分布中抽取。然后,对于每一 $y \in \mathcal{Y}$,计算 $\hat{\nu}_{1,b}^\xi(y)$ 和 $\hat{\nu}_{0,b}^\xi(y)$。

第5步：对于每一 $\tau \in \mathcal{T}$，构建 $\hat{\mathbb{Z}}_{\delta,b}(\tau)$：

$$\hat{\mathbb{Z}}_{\delta,b}(\tau) = \frac{\hat{\nu}_{0,b}^{\xi}(\hat{q}_0(\tau))}{\hat{f}_0(\hat{q}_0(\tau))} - \frac{\hat{\nu}_{1,b}^{\xi}(\hat{q}_1(\tau))}{\hat{f}_1(\hat{q}_1(\tau))}.$$

第6步：令 $\hat{\mathcal{C}}^B(a, 1-a; l)$ 等于 $\{\max_{\tau \in T} |\hat{\mathbb{Z}}_{\delta,b}(\tau)|\}_{b=1}^{B}$ 的 $(1-l)$ 分位数，并且构建在 $[a, 1-a]$ 上 $100(1-l)\%$ 的一致置信区间

$$\left[\hat{\delta}(\tau) \pm \frac{1}{\sqrt{nh}} \hat{\mathcal{C}}^B(a, 1-a; l) : \tau \in \mathcal{T} \right].$$

6.3 乘数过程估计量的极限分布

以上定义了 RD 模型中 QTE 对应的经验乘数过程。理论上一个重要的问题是：如此定义的乘数过程与 QTE 估计量是否具有相同的渐近表现？或者说，乘数过程估计量 $\hat{\mathbb{Z}}_\delta(\tau)$ 是否可以有效逼近 QTE 估计量的极限过程 $\sqrt{nh}(\hat{\delta}(\tau) - \delta(\tau))$？

在正式分析 multiplier bootstrap 估计量的理论性质之前，我们先介绍一些有用的符号。令 $\to^p$ 表示在概率测度 $\mathbb{P}^v$ 下依概率收敛；令 $E_{\xi|v}$ 表示给定事件 $\mathcal{F}^v$，在概率测度 $\mathbb{P}^v \times \mathbb{P}^\xi$ 下的期望；令 E_v 表示在概率测度 $\mathbb{P}^v$ 下的期望。用 $Z_n \rightsquigarrow_\xi^p \mathbb{Z}$ 表示依概率条件弱收敛，用 $\sup_{T \in BL_1} |E_{\xi|v} T(Z_n) - ET(\mathbb{Z})| \to_v^p 0$ 表示自助法下条件极限分布的收敛，其中 BL_1 是包含常数并且上确界范数为 1 的函数集。

假设 6.5.1 $\{\xi_i\}_{i=1}^n$ 是从定义在 $(\Omega^\xi, \mathcal{F}^\xi, \mathbb{P}^\xi)$ 上的标准正态分布中随机抽取的样本，它和定义在 $(\Omega^v, \mathcal{F}^v, \mathbb{P}^v)$ 上的数据 $\{Y_i, D_i, R_i, X_i\}_{i=1}^n$ 是相互独立的。

假设 6.5.2 窗宽应该满足：(1) 对于 $\tilde{h} \in \{h_{f_R}, h_p, h_{\tilde{p}}, h_f, h_{f_x}\}$，$\tilde{h} \to 0$。(2) $nh_{f_R} \to \infty$，$nh_f \to \infty$，$\frac{\log n}{nh_p} \to 0$，$\frac{\log n}{nh_x^{1+L}} \to 0$，$\frac{\log n}{nh_p^{2+L}} \to 0$。

定理 6.3 设定理 6.1 所需的条件均成立，当假设 6.5.1—6.5.2 成立时，

$$\begin{pmatrix} \hat{\nu}_1^\xi(y) \\ \hat{\nu}_0^\xi(y) \end{pmatrix} \rightsquigarrow_\xi^p \begin{pmatrix} \mathbb{Z}_1(y) \\ \mathbb{Z}_0(y) \end{pmatrix},$$

$$\begin{pmatrix} \hat{\mathbb{Z}}_{q_1}(\tau) \\ \hat{\mathbb{Z}}_{q_0}(\tau) \end{pmatrix} \rightsquigarrow_\xi^p \begin{pmatrix} \mathbb{Z}_{q_1}(\tau) \\ \mathbb{Z}_{q_1}(\tau) \end{pmatrix}.$$

且 $\hat{\mathbb{Z}}_\delta(\tau) \rightsquigarrow^p_\xi \mathbb{Z}_\delta(\tau)$.

定理 6.3 的证明见附录。定理 6.3 说明了 $\hat{\mathbb{Z}}_\delta(\tau)$ 实际上可以用来对极限过程 $\sqrt{nh}(\hat{\delta}(\tau) - \delta(\tau))$ 进行近似。算法 6.1 仅给出了使用 bootstrap 计算 QTE 置信区间的方式。实际上 multiplier bootstrap 也可以用于构建 DTE 和 ATE 的置信区间。例如，构建 DTE 的置信区间时，算法 6.1 中第 1—4 步是相同的，第 5 步可以被省略，第 6 步进行如下更改：用 $\hat{v}^\xi_{1,b}(y) - \hat{v}^\xi_{0,b}(y)$ 和 $\hat{F}_1(y) - \hat{F}_0(y)$ 分别替代 $\hat{\mathbb{Z}}_{\delta,b}(\tau)$ 和 $\hat{\delta}(\tau)$。构建 ATE 的置信区间时，令 $\mathcal{Y} = \{y_0, y_1, \cdots, y_K\}$，算法 6.1 中第 1—4 步与 QTE 相同，然后对于 $b = 1, 2, \cdots, B$，计算

$$\hat{\mathbb{Z}}_b = \sum_{k=1}^{K} y_k [(\hat{v}^\xi_{1,b}(y_k) - \hat{v}^\xi_{0,b}(y_k)) - (\hat{v}^\xi_{1,b}(y_{k-1}) - \hat{v}^\xi_{0,b}(y_{k-1}))].$$

用 std 表示标准差。$\hat{\delta}_{ATE}$ 的 $100(1-l)\%$ 的置信区间如下所示：

$$\left[\hat{\delta}_{ATE} \pm \mathrm{std}(\hat{\mathbb{Z}}_b)\Phi^{-1}\left(1 - \frac{l}{2}\right)\right].$$

其中，Φ^{-1} 是 Φ 的逆函数，Φ 是标准正态分布的累积分布函数。

本节附录

定理 6.3 的证明及相关引理

定理 6.3 的证明需要用到引理 6.5.1—6.5.6。其中，引理 6.5.1—6.5.5 的目的在于证明第一阶段估计量是一致的。引理 6.5.6 阐述了上确界范数中依概率收敛与高斯过程中半度量 $\mathbb{T}$ 下依概率收敛之间的关系。

引理 6.5.1 在定理 6.3 所需的条件下，$\hat{f}_R(r_0) - f_R(r_0) = o^v_p(1)$.

引理 6.5.2 在定理 6.3 所需的条件下，对于 $d \in \{0, 1\}$，$\sup |\hat{p}_d(y, r) - p_d(y, r)| = o^v_p(1)$.

引理 6.5.3 在定理 6.3 所需的条件下，对于 $d \in \{0, 1\}$，

$$\sup_{(y, x) \in S_Y \times S_X} |\hat{f}_{YD|RX}(y, d, r_0^+, x) - f_{YD|RX}(y, d, r_0^+, x)| = o^v_p(1),$$

$$\sup_{(y, x) \in S_Y \times S_X} |\hat{f}_{YD|RX}(y, d, r_0^-, x) - f_{YD|RX}(y, d, r_0^-, x)| = o^v_p(1),$$

$$\sup_{(y, r, x) \in S_Y \times S_R \times S_X} |\hat{\tilde{p}}(y, d, r, x)1\{r > r_0\}$$

$$- \tilde{p}(y, d, r, x)1\{r > r_0\}| = o^v_p(1),$$

$$\sup_{(y, r, x) \in S_Y \times S_R \times S_X} |\hat{\tilde{p}}(y, d, r, x)1\{r < r_0\}$$

$$- \tilde{p}(y, d, r, x)1\{r < r_0\}| = o^v_p(1).$$

引理 6.5.4 在定理 6.3 所需的条件下,对于 $d \in \{0, 1\}$,

(1) $\sup\limits_{(y,\,x)\in S_Y\times S_X} |\hat{\widetilde{f}}_1(y,\,x)-\widetilde{f}_1(y,\,x)|=o_p^v(1)$,

$\sup\limits_{(y,\,x)\in S_Y\times S_X} |\hat{\widetilde{f}}_0(y,\,x)-\widetilde{f}_0(y,\,x)|=o_p^v(1)$,

(2) $\sup\limits_{(y,\,x)\in S_Y\times S_X} |\hat{f}_{1|X}(y\mid x)-f_{1|X}(y\mid x)|=o_p^v(1)$,

$\sup\limits_{(y,\,x)\in S_Y\times S_X} |\hat{f}_{0|X}(y\mid x)-f_{0|X}(y\mid x)|=o_p^v(1)$,

(3) $\sup\limits_{(y,\,x)\in S_Y\times S_X} |\hat{\omega}_0^+(y,\,x)-\omega_0^+(y,\,x)|=o_p^v(1)$,

$\sup\limits_{(y,\,x)\in S_Y\times S_X} |\hat{\omega}_1^-(y,\,x)-\omega_1^-(y,\,x)|=o_p^v(1)$.

引理 6.5.5 在定理 6.3 所需的条件下,对于 $d \in \{0, 1\}$, $\sup\limits_{y\in S_Y}|\hat{f}_d(y)-f_d(y)|=o_p^v(1)$。

引理 6.5.6 定义

$$\mathbb{T}(t_1(\tau),\,t_2(\tau))=\lim_{n\to\infty}\Big(\sum_{i=1}^n E\mid f_{ni}(t_1(\tau))-f_{ni}(t_2(\tau))\mid^2\Big)^{1/2},$$

其中

$$f_{ni}(y)=\frac{1}{\sqrt{nh}}\widetilde{e}\,'_1(\widetilde{\Gamma}f_R(r_0))^{-1}Q_1(Z_i,\,y)K\Big(\frac{R_i-r_0}{h}\Big),$$

或者

$$f_{ni}(y)=\frac{1}{\sqrt{nh}}\widetilde{e}\,'_1(\widetilde{\Gamma}f_R(r_0))^{-1}Q_0(Z_i,\,y)K\Big(\frac{R_i-r_0}{h}\Big).$$

在定理 6.3 所需的条件下,$\sup\limits_{\tau\in\mathcal{T}}\mid t_1(\tau)-t_2(\tau)\mid\to_v^p 0$ 意味着 $\sup\limits_{\tau\in\mathcal{T}}\mathbb{T}(t_1(\tau),t_2(\tau))\to_v^p 0$。

定理 6.3 证明:我们仅证明 $\hat{v}_1^\xi(y)\rightsquigarrow_\xi^p \mathbb{Z}_1(y)$,其余部分的证明是类似的。首先,定义

$$v_1^\xi(y)=\frac{1}{\sqrt{nh}}\sum_{i=1}^n\xi_i\widetilde{e}\,'_1(\widetilde{\Gamma}f_R(r_0))^{-1}Q_1(Z_i,\,y)K\Big(\frac{R_i-r_0}{h}\Big).$$

根据 Kosorok (2003)中定理 2,可以得到 $v_1^\xi(y)\rightsquigarrow_\xi^p \mathbb{Z}_1(y)$。

根据 Chiang et al. (2019)的引理 2,如果以下条件成立

$$\sup_{y\in S_Y}|\hat{v}_1^\xi(y)-v_1^\xi(y)|\to_{v\times\xi}^p 0, \tag{A.1}$$

则 $\hat{\nu}_1^\xi(y) \rightsquigarrow_\xi^p \mathbb{Z}_1(y)$。因此我们仅需证明条件式(A.1)成立。

$$\hat{\nu}_1^\xi(y) - \nu_1^\xi(y)$$
$$= \frac{1}{f_R(r_0)\hat{f}_R(r_0)} \sum_{i=1}^n \xi_i \frac{\tilde{e}_1'(\tilde{\Gamma})^{-1}}{\sqrt{nh}} K\left(\frac{R_i - r_0}{h}\right) (\hat{Q}_1(Z_i, y) f_R(r_0)$$
$$- Q_1(Z_i, y) \hat{f}_R(r_0))$$
$$= \frac{f_R(r_0)}{f_R^2(r_0) + o_p^{\nu\times\xi}(1)} \sum_{i=1}^n \xi_i \frac{\tilde{e}_1'(\tilde{\Gamma})^{-1}}{\sqrt{nh}} K\left(\frac{R_i - r_0}{h}\right) (\hat{Q}_1(Z_i, y)$$
$$- Q_1(Z_i, y)) - \frac{o_p^{\nu\times\xi}(1)}{f_R^2(r_0) + o_p^{\nu\times\xi}(1)} \sum_{i=1}^n \xi_i \frac{\tilde{e}_1'(\tilde{\Gamma})^{-1}}{\sqrt{nh}} K\left(\frac{R_i - r_0}{h}\right) Q_1(Z_i, y)$$
$$= \dagger_1 - \dagger_2.$$

其中，第2个等号成立是因为 $\hat{f}_R(r_0) - f_R(r_0) = o_p^{\nu\times\xi}(1)$。对于某一 $\mathbb{R} \times \ell^\infty(S_Y)$ 上的零均值高斯过程，可以证明

$$\sum_{i=1}^n \xi_i \frac{\tilde{e}_1'(\tilde{\Gamma})^{-1}}{\sqrt{nh}} K\left(\frac{R_i - r_0}{h}\right) \to^d \mathbb{Z}_1^\xi,$$
$$\sum_{i=1}^n \xi_i \frac{\tilde{e}_1'(\tilde{\Gamma})^{-1}}{\sqrt{nh}} K\left(\frac{R_i - r_0}{h}\right) Q_1(Z_i, y) \to^d \mathbb{Z}_1^\xi(y).$$

根据 Prohorov 定理，

$$\sum_{i=1}^n \xi_i \frac{\tilde{e}_1'(\tilde{\Gamma})^{-1}}{\sqrt{nh}} K\left(\frac{R_i - r_0}{h}\right) = O_p^{\nu\times\xi}(1),$$
$$\sum_{i=1}^n \xi_i \frac{\tilde{e}_1'(\tilde{\Gamma})^{-1}}{\sqrt{nh}} K\left(\frac{R_i - r_0}{h}\right) Q_1(Z_i, y) = O_p^{\nu\times\xi}(1).$$

因此，

$$\dagger_2 = \frac{o_p^{\nu\times\xi}(1)}{f_R^2(r_0) + o_p^{\nu\times\xi}(1)} O_p^{\nu\times\xi}(1) = o_p^{\nu\times\xi}(1).$$

然后考虑 $\dagger_1$。引理 6.5.1—6.5.5 意味着 $\hat{Q}_1(Z_i, y) - Q_1(Z_i, y) = o_p^{\nu\times\xi}(1)$，

以及

$$\dagger_1 = \frac{f_R(r_0)}{f_R^2(r_0) + o_p^{\nu\times\xi}(1)} \sum_{i=1}^n \xi_i \frac{\tilde{e}_1'(\tilde{\Gamma})^{-1}}{\sqrt{nh}} K\left(\frac{R_i - r_0}{h}\right) \times o_p^{\nu\times\xi}(1)$$
$$= \frac{f_R(r_0)}{f_R^2(r_0) + o_p^{\nu\times\xi}(1)} O_p^{\nu\times\xi}(1) \times o_p^{\nu\times\xi}(1) = o_p^{\nu\times\xi}(1).$$

因此条件式(A.1)成立。根据相似的方法可以得到 $\hat{v}_0^\xi(y) \rightsquigarrow_\xi^p \mathbb{Z}_0(y)$。

接下来证明 $\begin{pmatrix} \hat{\mathbb{Z}}_{q_1}(\tau) \\ \hat{\mathbb{Z}}_{q_0}(\tau) \end{pmatrix} \rightsquigarrow_\xi^p \begin{pmatrix} \mathbb{Z}_{q_1}(\tau) \\ \mathbb{Z}_{q_1}(\tau) \end{pmatrix}$：

通过自助法的泛函 delta 方法(参考 Kosorok(2008)的定理 2.9)，可以得到

$$\begin{pmatrix} \widetilde{\mathbb{Z}}_{q_1}(\tau) \\ \widetilde{\mathbb{Z}}_{q_0}(\tau) \end{pmatrix} = \begin{pmatrix} -\hat{v}_1^\xi(q_1(\tau))/f_1(q_1(\tau)) \\ -\hat{v}_0^\xi(q_0(\tau))/f_0(q_0(\tau)) \end{pmatrix} \rightsquigarrow_\xi^p \begin{pmatrix} \mathbb{Z}_{q_1}(\tau) \\ \mathbb{Z}_{q_0}(\tau) \end{pmatrix}.$$

进一步，可以得到

$$\sup_{\tau \in \mathcal{T}} |\hat{\mathbb{Z}}_{q_1}(\tau) - \widetilde{\mathbb{Z}}_{q_1}(\tau)| \to_{v \times \xi}^p 0,$$

$$\sup_{\tau \in \mathcal{T}} |\hat{\mathbb{Z}}_{q_0}(\tau) - \widetilde{\mathbb{Z}}_{q_0}(\tau)| \to_{v \times \xi}^p 0.$$

再次运用 Chiang et al.(2019)的引理 2，

$$\begin{pmatrix} \hat{\mathbb{Z}}_{q_1}(\tau) \\ \hat{\mathbb{Z}}_{q_0}(\tau) \end{pmatrix} \rightsquigarrow_\xi^p \begin{pmatrix} \mathbb{Z}_{q_1}(\tau) \\ \mathbb{Z}_{q_0}(\tau) \end{pmatrix}.$$

证毕。

第六节　数值模拟与识别条件的检验

第四、五节中已经说明了如何在 RD 模型中估计整个人群的 QTE，以及如何构造估计量的一致置信区间。在实际操作层面，研究者还会关心两个问题。第一，在估计过程中如何选择窗宽？第二，QTE 估计量的可靠性依赖于两个关键性识别假设："秩相似"(假设 6.2.3)与"雅可比矩阵满秩"(假设 6.3.3)。因此该如何从实际数据出发，检验这些假设是否成立？本节中，我们首先讨论如何在估计时选择合适的窗宽。其次，我们通过数值模拟评价估计量以及 bootstrap 推断步骤在小样本中的表现。最后讨论如何检验关键性识别假设。

6.1　窗宽的选择

定理 6.2 要求窗宽满足 $\frac{nhh_x^L}{\log n} \to \infty$ 和 $\sqrt{nh}\max\{h^3, h_x^3\} \to 0$。为了确定 h 和 h_x 的收敛速度，我们假设 h 和 h_x 与样本量的关系可以由

$$h \propto n^{-\zeta}, \quad h_x \propto n^{-\zeta_x}$$

表示。在此表示下，假设 6.4.5 就要求

$$\zeta + L\zeta_x < 1, \quad \zeta + 6\min\{\zeta, \zeta_x\} > 1,$$

其中，第一个和第二个不等式分别限制了估计量方差和偏差的收敛速率。当 X 包含至多三个连续变量时，可以选择 $\zeta = \zeta_x = 1/5$，此时窗宽的收敛速度与常见的由最小化 MSE 得到的窗宽是一致的。当 $4 \leqslant L \leqslant 5$ 时，仍然可以选择 $\zeta = 1/5$，但是 h_x 趋于零的速度需要比 h 趋于零的速度更慢，并使得下式成立：

$$\frac{2}{15} < \zeta_x < \frac{4}{5L}.$$

如果 X 中包含的连续变量个数大于 6，那么需要使用更高阶的局部多项式回归。一般地，当使用 p 阶局部多项式回归时，需要满足

$$\zeta + L\zeta_x < 1, \quad \zeta + 2(1+p)\min\{\zeta, \zeta_x\} > 1.$$

此时可以照常选择 $\zeta = 1/5$，同时选择一个更慢的收敛速度 ζ_x，并且 ζ_x 需要满足

$$\frac{2}{5(1+p)} < \zeta_x < \frac{4}{5L}.$$

综上所述，在实际操作过程中，可以将窗宽设置为 $h_r = c_r n^{-\zeta}$，$h = c n^{-\zeta}$ 和 $h_x = c_x n^{-\zeta_x}$。其中，ζ 和 ζ_x 的选择规则已经在上面给出，剩下需要选择的就是常数 c_r，c 和 c_x，这些常数可以通过网格搜索法来决定。首先构建 c_r 的格点：$\underline{c_r} < c_r^1 < c_r^2 < \cdots < c_r^L < \bar{c_r}$，然后选择在这些格点中使得目标函数式 (6.4.7) 或 (6.4.8) 最小化的 c_r^*，其中目标函数中 a 被其估计值所替代。对于 c_x，令 $c_x = \tilde{c} \hat{\sigma}_x$，其中 $\hat{\sigma}_x$ 是 X 的标准差的向量，$\tilde{c}$ 是一个待定的常数。同样地，在选择了 c_r 后，可以通过二维网格搜索来同时确定 $\tilde{c}$ 和 c。

为了便于应用研究者参考，以下算法详细描述了实际中如何选择有效的窗宽来估计 QTE。

算法 6.2 （QTE 估计中的窗宽选择与估计步骤）

第 1 步：在因变量取值范围（支撑集）中选择一组有限的取值 $\mathcal{Y} \subset S_Y$，同时对于 $0 < a < 1/2$，选择一组有限的分位点 $\mathcal{T} \subset [a, 1-a]$。对于任意的 $y \in \mathcal{Y}$ 和 $W \in \{1\{Y < y\}D, 1\{Y < y\}(1-D)\}$，分别估计 m^+

$(W\mid X_i)$ 和 $m^-(W\mid X_i)$。通过 $h=cn^{-\zeta}$ 和 $h_x=c_x n^{-\zeta_x}$ 选择窗宽 h 和 h_x，其中 $\zeta=1/5$，并且

$$\zeta_x = \begin{cases} \dfrac{1}{5}, & L \leqslant 3, \\ \left(\dfrac{2}{15}, \dfrac{4}{5L}\right), & 4 \leqslant L \leqslant 5, \\ \left(\dfrac{2}{5(1+p)}, \dfrac{4}{5L}\right), & L \geqslant 6. \end{cases}$$

常数 c 和 c_x 的确定通过网格搜索法决定。

第2步：对于任意 $y\in\mathcal{Y}$，计算 $\hat{\tilde{F}}_1(y,X_i)$ 和 $\hat{\tilde{F}}_0(y,X_i)$。对于任意 $\tau\in\mathcal{T}$，通过对 $\hat{\tilde{F}}_1(y,X_i)$ 和 $\hat{\tilde{F}}_0(y,X_i)$ 关于 y 取逆，分别计算 $\hat{\tilde{q}}_1(\tau,X_i)$ 和 $\hat{\tilde{q}}_0(\tau,X_i)$。

第3步：对于任意 $y\in\mathcal{Y}$，计算 $\hat{F}_{1|X}(y\mid X_i)$ 和 $\hat{F}_{0|X}(y\mid X_i)$。

第4步：对于任意 $y\in\mathcal{Y}$，通过式(6.4.7)和(6.4.8)计算 $F_1(y)$ 和 $F_0(y)$。窗宽 h_r 按 $h_r=c_r n^{-\zeta_r}$ 进行选择，其中 $\zeta_r=1/5$，c_r 通过网格搜索法决定。

第5步：对于任意 $\tau\in\mathcal{T}$，通过对 $\hat{F}_1(y)$ 和 $\hat{F}_0(y)$ 关于 y 取逆，分别计算 $\hat{q}_1(\tau)$ 和 $\hat{q}_0(\tau)$。

第6步：对于任意 $\tau\in\mathcal{T}$，计算 $\hat{\delta}(\tau)$。

第7步：通过算法 6.1 构建 $\hat{\delta}(\tau)$ 的一致置信区间。窗宽 h_{f_R}，h_p，$h_{\tilde{p}}$，h_f 和 h_{f_x} 通过拇指法则(rule of thumb)决定(Li and Racine, 2007, p26)。

上述讨论给出了模型中包含协变量 X 时，窗宽的有效选择步骤。但是这种步骤并没有理论上最优性。这是因为当存在协变量时，窗宽的选择机制(需要同时选择多个窗宽)十分复杂，难以做到理论上最优性。但是当模型中不存在协变量时，研究者可以根据某种准则，例如"估计量的均方误差(MSE)最小"来选择最优的窗宽。本节附录提供了协变量不存在时窗宽的最优选择策略。

6.2 估计量的小样本表现

我们通过一个 Monte Carlo 模拟来考察估计量的小样本表现。考虑如下数据生成过程：

$$\begin{cases} Y_i = R_i + D_i + \gamma X_i + (1+D_i)\cdot U_i, \\ D_i = 1\{\alpha\cdot 1\{R_i \geqslant 0\} - 2 \geqslant V_i\}. \end{cases}$$

其中 $\gamma=0.3$, $\alpha>0$, (R, X, U, V) 各个分量相互独立且每个分量服从标准正态分布。在这个数据生成过程中,R 的断点 r_0 为 0。样本量 n 和受处理概率在断点处的跳跃程度 Δp 是影响估计量表现的两个关键因素,参数 α 控制了在断点处的跳跃程度 $\Delta p = \Phi(\alpha-2) - \Phi(-2)$。

我们基于 2 500 次 bootstrap 重复抽样和 200 次的蒙特卡洛重复抽样,分别在 $N \in \{2\,000, 3\,000, 5\,000\}$ 的样本量下进行了模拟。同时,我们还考虑了 $\alpha=2$ 作为"小跳跃"(small jump)、$\alpha=3$ 作为"大跳跃"(large jump)来探究估计量的表现。从直觉上来说,跳跃度太小将破坏断点回归的基本定义,从而影响估计量的小样本表现。因此我们预期 Δp 越大,估计效果越好。

经过直接计算,上述数据生成过程在断点 $r=0$ 处对应的分位数处理效应等于

$$1 + (\sqrt{4+\gamma^2} - \sqrt{1+\gamma^2}) \Phi^{-1}(\tau).$$

我们在模拟中使用均匀核函数,并且将 95% 作为置信水平。图 6.2 和图 6.3 给出了不同样本量下,QTE 估计量以及相应的 95% 置信区间。图 6.2 报告了"小跳跃"情形下的结果,此时断点右侧比左侧受处理的概率高 47.72%。可以观察到,和图 6.3 的"大跳跃"情形相比,图 6.2 中的置信区间更宽,但是估计偏差仍然小到可以忽略不计。图 6.3 显示了"大跳跃"下的结果,此时断点右侧比左侧受处理的概率高大约 81.86%。无论哪种情形,估计量的偏误都控制得非常好。断点处的跳跃程度越大,估计精度越高。

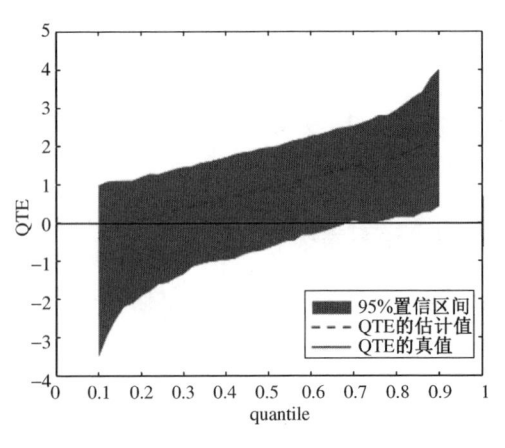

$N=2\,000$

$N=3\ 000$

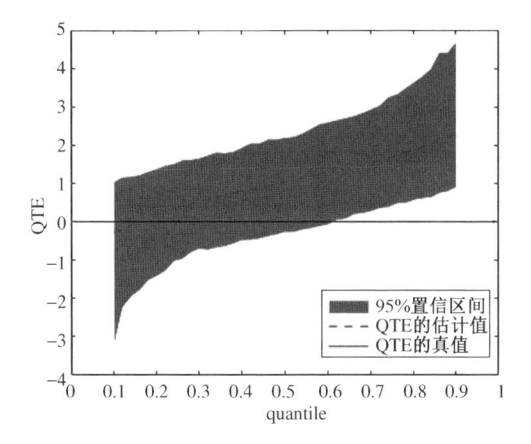

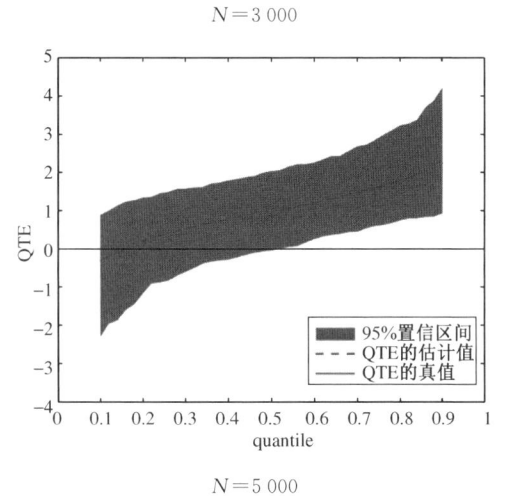

$N=5\ 000$

图 6.2 "小跳跃"($\alpha=2$)情形下 QTE 估计值与 95% 置信区间

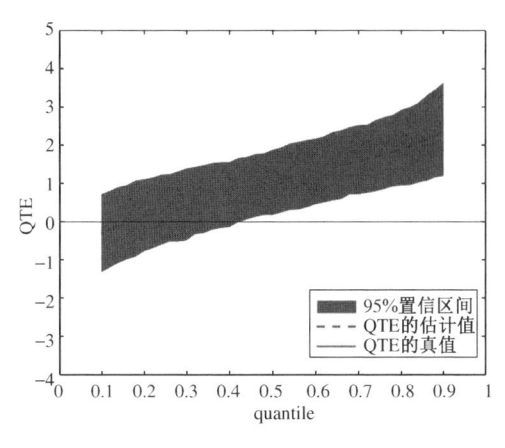

$N=2\ 000$

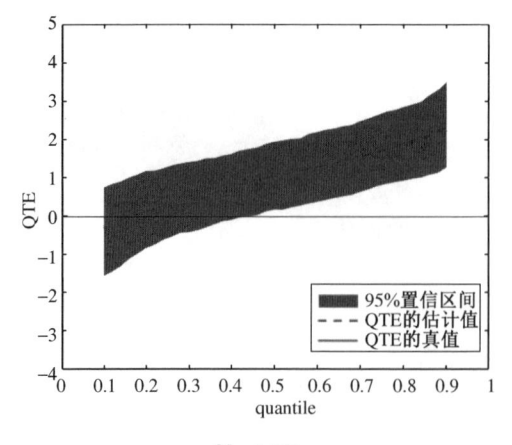

$N=3\,000$

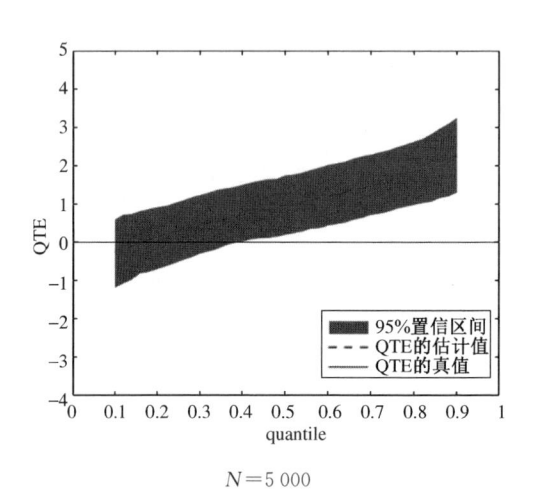

$N=5\,000$

图 6.3 "大跳跃"($\alpha=3$)情形下 QTE 估计值与 95%置信区间

前面提到,本章提出的 QTE 估计方法和已有文献的一个显著不同之处是,我们允许样本中存在"违背者"。违背者是指驱动变量取值在断点左侧时受政策干预,但是在断点右侧反而不受政策干预的个体。本章第三节给出了含有"违背者"的一个数值例子,见式(6.3.3),即

$$\begin{cases} Y_1 = R + \omega U_1, \\ Y_0 = R + U_0, \\ D = 1\{R > 0\} \cdot 1\{V_1 > 0\} + 1\{R \leqslant 0\} \cdot 1\{V_0 > 1\}. \end{cases}$$

在这个数据生成过程中,违背者满足 $V_1 \leqslant 0$ 且 $V_0 > 1$。研究者关心的问题是:当样本中存在一定数量的违背者时,是否会对估计效果产生影响?

为了回答这一问题,假设数据由上述过程生成,令 $\omega \in \{1, 1.5\}$,我们在 $N=5\,000$ 时,基于 500 次重复抽样,使用均匀核函数估计了 QTE 并报告了 95% 置信区间,结果见图 6.4。从图中可以看出,即使存在违背者,只要雅可比矩阵满秩条件存在,本章提出的估计量依然十分可靠。

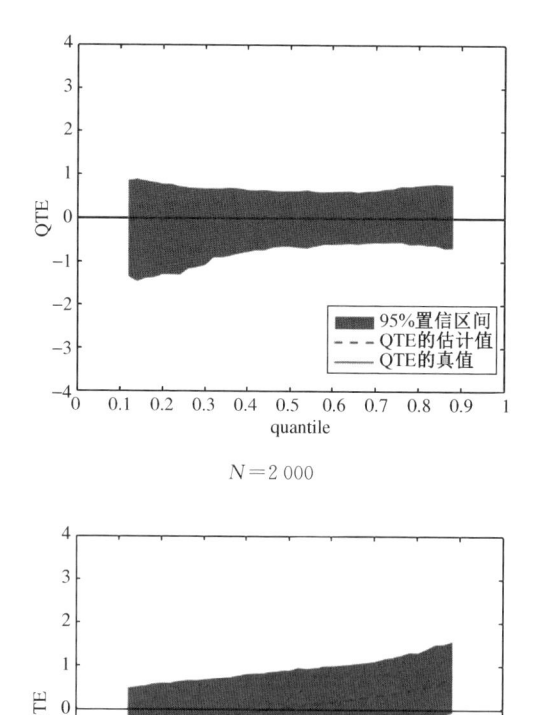

$N=2\,000$

$N=3\,000$

图 6.4　存在"违背者"时 QTE 估计量与置信区间

6.3 "秩相似"条件的检验

"秩相似"要求结果方程扰动项的分布函数在受干预和不受干预时保持不变。这一条件对于本章估计 QTE 是至关重要的识别假设。一个重要的问题是:如何从实际数据出发检验这一假设?本节提出一个可用于检验"秩相似"是否成立的回归方法。当"秩相似"被拒绝时,并不意味着无法继续使用本章提出的方法。研究者可以通过包含更多的控制变量（需要搜集更多的数据），使得秩相似条件得以成立。

我们提出的检验过程和 Frandsen et al.(2018)相似。他们研究了在 Chernozhukov et al.(2005)的 IVQR 模型框架内，如何使用前定变量（predetermined）信息检验"秩相似"。我们将他们的思路拓展到了断点回归的框架下。下一节中，我们还将利用这里提出的"秩相似"检验方法来判别不可观测的家庭消费偏好是否在退休前后保持不变。

首先必须明确一点，在没有任何额外信息的前提下，"秩相似"假设是不可检验的。这与在处理效应模型中"基于可观测变量的选择"（政策条件外生性）是不可检验的道理是一样的。因此，为了完成检验，需要利用额外的信息。我们假设在识别所需的协变量 X 外，还存在一个可观测的前定变量 S。我们要求 S 只和结果变量相关（S 进入结果变量方程）；但是在给定 X 时，S 和处理变量无关（S 不进入 D 的方程）。例如，在研究退休对家庭消费的影响时，家庭所在地区（过去一年的）人均消费是一个很好的前定变量。地区人均消费显然和位于该地区的家庭消费水平高度相关，但是同时对个人的退休决策影响不大。

为了符号的简便，以下叙述中假设不存在协变量 X。我们打算检验的命题是：

H_0：对于任意的 $s \in S_S$，给定 $R = r_0, S = s$，U_1 和 U_0 的分布是相同的。

因为 $U_d = F_{Y_d|R}(q_d(r_0, U_d), r_0)$，$d = 0, 1$，所以给定 $R = r_0$ 时，个体在未受处理和受处理分布中的秩分别为 U_0 和 U_1。正则化后，给定 $R = r_0$ 时，U_1 和 U_0 的边际分布是均匀分布。但是，如果前定变量 S 对 U_1 和 U_0 的边际分布具有预测能力（S 能够预测受干预以及未受干预时的"秩"），那么 U_1 和 U_0 的边际分布就可能不是均匀分布。因此，前定变量 S 对观测到的数据施加了可检验的限制，即给定 S 时，处理变量 D 不影响秩的分布。检验步骤为：

第 1 步：给定 $R = r_0$，对于任意 $y \in S_Y$，估计潜因变量的 CDF $\hat{F}_1(y)$ 和 $\hat{F}_0(y)$（采用本章第四节提出的估计方法）。

第 2 步：构造秩的估计量：

$$\hat{U}_i = D_i \hat{F}_1(Y_i) + (1 - D_i) \hat{F}_0(Y_i).$$

第 3 步：利用断点附近的样本，使用局部加权最小二乘法估计下述方程

$$\hat{U}_i = \gamma_0 + \gamma_1(R_i - r_0)1\{R \geq r_0\} + \gamma_2(R_i - r_0)1\{R < r_0\}$$
$$+ \alpha_1 D_i + S_i\alpha_2 + D_iS_i\eta + \varepsilon_i$$

中的参数 $\beta = (\gamma_0, \gamma_1, \gamma_2, \alpha_1, \alpha_2, \eta)'$，其中 $(1\{R_i \geq r_0\}, 1\{R_i \geq r_0\}S_i)$ 是 (D_i, D_iS_i) 的工具变量，权重为 $K\left(\dfrac{R-r_0}{h}\right)$。令

$P_i = (1, 1\{R_i \geq r_0\}(R_i - r_0), 1\{R_i < r_0\}(R_i - r_0), D_i, S_i, D_iS_i)'$,
$Z_i = (1, 1\{R_i \geq r_0\}(R_i - r_0), 1\{R_i < r_0\}(R_i - r_0),$
$1\{R_i \geq r_0\}, S_i, 1\{R_i \geq r_0\}S_i)'$.

那么 β 的加权 2SLS 估计值可以写成

$$\hat{\beta} = \left\{\sum_{i=1}^n Z_i P_i' K\left(\frac{R_i - r_0}{h}\right)\right\}^{-1}\left\{\sum_{i=1}^n Z_i \hat{U}_i K\left(\frac{R_i - r_0}{h}\right)\right\}.$$

第 4 步：对 $\eta = 0$ 构建 t 统计量。具体而言，计算统计量

$$\hat{\Delta} = nh\hat{\beta}'e(e'\hat{V}e)^{-1}e'\hat{\beta}.$$

其中，$e = (0, \cdots, 0, 1)'$，$\hat{V}$ 是 $\hat{\beta}$ 渐进方差协方差矩阵的估计。当原假设正确时，$\hat{\Delta}$ 是正态分布估计量的二次型，将收敛于服从 $\chi^2(1)$ 分布的随机变量。

6.4 雅可比矩阵满秩条件（假设 6.3.3）的进一步讨论

本章提出的估计方法依赖于两个核心识别条件："秩相似"和"雅可比矩阵满秩"。前面已对"秩相似"条件进行了充分的讨论。本节聚焦讨论"雅可比矩阵满秩"的经济学意义以及它成立的充分条件。事实上，本章第三节已经证明了：RD 模型中要求的驱动变量在断点处具有跳跃是雅可比矩阵满秩的"必要条件"（引理 6.3.2）。本节首先给出雅可比矩阵满秩成立的充要条件，然后我们建立了若干在实际中便于验证的充分但非必要条件。

按照本章之前的记号，

$$\Pi'(y_1, y_0) = \begin{bmatrix} f_{Y|DR}(y_1, 1, r_0^+)p(r_0^+) & f_{Y|DR}(y_0, 0, r_0^+)(1-p(r_0^+)) \\ f_{Y|DR}(y_1, 1, r_0^-)p(r_0^-) & f_{Y|DR}(y_0, 0, r_0^-)(1-p(r_0^-)) \end{bmatrix},$$
$$\widetilde{F}_1(y) = F_{Y|DR}(y, 1, r_0^+)p(r_0^+) - F_{Y|DR}(y, 1, r_0^-)p(r_0^-),$$
$$\widetilde{F}_0(y) = F_{Y|DR}(y, 0, r_0^-)(1-p(r_0^-)) - F_{Y|DR}(y, 0, r_0^+)(1-p(r_0^+)).$$

引理 6.6.1 以下两个表述等价：

表述 1：存在 $\delta > 0$，使得在 $(Y_1, Y_0) \mid R \in (r_0 - \delta, r_0 + \delta), X = x$ 上，$\Pi'(y_1, y_0, x)$ 关于 (y_1, y_0) 是满秩的。

表述 2：对于 $d \in \{0, 1\}$，$\widetilde{F}_d(y)$ 存在关于 y 的非零导数 $\widetilde{f}_d(y)$。

引理 6.6.1 的证明见本节附录。该引理指出，从技术上来说，施加"雅可比矩阵满秩"确保了定理 6.1（识别定理）中出现的 $\widetilde{F}_1(y, x)$，$\widetilde{F}_0(y, x)$ 都是良好定义的。但是引理 6.6.1 并没有回答 $\widetilde{F}_1(y, x)$，$\widetilde{F}_0(y, x)$ 对应的究竟是哪一类子人群的条件分布函数。因此，为了应用研究者便于理解，我们还需要一组充分条件来说明如何判别雅可比矩阵是否满秩。

令 $\lim_{r \to r_0^-} D(r)$ 和 $\lim_{r \to r_0^+} D(r)$ 分别记为 D_0 和 D_1。参考 Frandsen et al. (2012)，个体可以分为以下四类：从不参与者（never takers, N）($D_1 = D_0 = 0$)、总是参与者（always takers, A）($D_1 = D_0 = 1$)、顺从者（compliers, C）($D_1 = 1, D_0 = 0$) 和违背者（defiers, D）($D_1 = 0, D_0 = 1$).

注意到

$$\begin{aligned}\widetilde{F}_1(y) &= E[1\{Y \leqslant y\}D \mid R = r_0^+] - E[1\{Y \leqslant y\}D \mid R = r_0^-] \\ &= E[1\{Y_1 \leqslant y\}D_1 \mid R = r_0^+] - E[1\{Y_1 \leqslant y\}D_0 \mid R = r_0^-] \\ &= E[1\{Y_1 \leqslant y\}D_1 \mid R = r_0] - E[1\{Y_1 \leqslant y\}D_0 \mid R = r_0] \\ &= E[1\{Y_1 \leqslant y\}(D_1 - D_0) \mid R = r_0] \\ &= E[1\{Y_1 \leqslant y\} \mid C, R = r_0]\pi_C - E[1\{Y_1 \leqslant y\} \mid F, R = r_0]\pi_F,\end{aligned}$$

其中，π_C 和 π_F 表示在给定 $R = r_0$ 时，顺从者和违背者的占比。类似地，$\widetilde{F}_0(y) = E[1\{Y_0 \leqslant y\} \mid C, R = r_0]\pi_C - E[1\{Y_0 \leqslant y\} \mid F, R = r_0]\pi_F.$

上述推导表明：$\widetilde{F}_0(y)$ 和 $\widetilde{F}_1(y)$ 都可以表示成顺从者和违背者对应的潜因变量分布的线性组合。假设单调性条件成立，即 $\pi_F = 0$，那么对于 $d \in \{0, 1\}$，$\widetilde{F}_d(y) = F_{Y_d \mid C, R}(y, r_0)\pi_C$。此外，根据不连续假设，顺从者的占比 $\pi_C > 0$。因此表述 2 可以等价地表示为对于 $d \in \{0, 1\}$，$f_{Y_d \mid C, R}(y, r_0) > 0$。换言之，在单调性的假设（无违背者）下，顺从者人群对应的潜因变量分布 $F_{Y_d \mid C, R}(y, r_0)$ 具有非零导数，等价于雅可比矩阵满秩。

现在考虑单调性假设不成立（存在违背者）的情况下，雅可比矩阵满秩的充分条件。

引理 6.6.2 存在顺从者的子样本 C_F 满足

(1) $\pi_F = \pi_{C_F}$，其中 π_{C_F} 表示在给定 $R = r_0$ 时，子样本 C_F 的比例。

(2) 对于 $d \in \{0, 1\}$，对于任意给定的 y，$F_{Y_d|C_F, R}(y, r_0) = F_{Y_d|F, R}(y, r_0)$。

那么雅可比矩阵满秩成立。

引理证明见附录。引理 6.6.2 中的条件要求整个样本中，顺从者子样本的比例和违背者子样本的比例是相同的，并且具有相同的潜在结果分布，那么此时雅可比矩阵满秩。引理 6.6.2 的条件仍然比较抽象。因此，我们再给出一个更容易解释和验证的充分条件。对于 $d \in \{0, 1\}$，令 $\pi_{C|Y_d}(\pi_{F|Y_d})$ 表示在给定 Y_d 和 $R = r_0$ 时，顺从者（违背者）的占比。

引理 6.6.3 倘若对于 $d \in \{0, 1\}$ 和任意的 $y \in S_{Y_d}$，$\pi_{F|Y_d} \leqslant \pi_{C|Y_d}$，则引理 6.6.2 的条件成立。

引理 6.6.3 要求 Y_d 的每一个子群体中，顺从者的比例（人数）高于违背者。当不存在违背者时，这一要求自动成立。

最后，我们以一个数值例子结束本节。考虑数据生成过程：

$$\begin{cases} Y_1 = R + \omega U_1, \\ Y_0 = R + U_0, \\ D = 1\{R > 0\} \cdot 1\{V_1 > 0\} + 1\{R \leqslant 0\} \cdot 1\{V_0 > 1\}, \end{cases}$$

根据假设对于 $d \in \{0, 1\}$，$(V_1, V_0) | U_d \sim^d (V_0, V_1) | U_d$，因此

$$\pi_{F|Y_d=y, X=x} = P\{V_1 \leqslant 0, V_0 > 1 | Y_d = y, X = x, R = 0\}$$
$$= P\left\{V_1 \leqslant 0, V_0 > 1 \mid U_d = \frac{y-x}{d(\omega-1)+1}\right\},$$

$$\pi_{C|Y_d=y, X=x} = P\{V_1 > 0, V_0 \leqslant 1 | Y_d = y, X = x, R = 0\}$$
$$= P\left\{V_1 > 0, V_0 \leqslant 1 \mid U_d = \frac{y-x}{d(\omega-1)+1}\right\}$$
$$= P\left\{V_1 \leqslant 1, V_0 > 0 \mid U_d = \frac{y-x}{d(\omega-1)+1}\right\},$$

显然 $\pi_{C|Y_d=y, X=x} > \pi_{F|Y_d=y, X=x}$，因此引理 6.6.3 中的条件满足。

本节附录

（一）协变量不存在时窗宽的选择

这里，我们依据 Chiang et al.（2019），基于"估计量均方误差最小"

准则提出了在不存在协变量时窗宽的选择方法。特别地,采用局部二次回归计算的 QTE(正如本章所描述的估计步骤那样)的最优窗宽将从局部三次回归中得到。为确定起见,下文的叙述以均匀核函数为例来说明。定义 $r(u)=(1, u, u^2)'$ 和 $e_1=(1, 0, 0)'$,

$$\Gamma^+ = \int r(u) \cdot K(u) \cdot r(u)' 1\{u>0\} du,$$

$$\Gamma^- = \int r(u) \cdot K(u) \cdot r(u)' 1\{u<0\} du,$$

$$\Gamma_2^+ = \int r(u) \cdot K^2(u) \cdot r(u)' 1\{u>0\} du,$$

$$\Gamma_2^- = \int r(u) \cdot K^2(u) \cdot r(u)' 1\{u<0\} du,$$

$$\Lambda_{2,3}^+ = \int u^3 \cdot r(u) \cdot K(u) 1\{u>0\} du,$$

$$\Lambda_{2,3}^- = \int u^3 \cdot r(u) \cdot K(u) 1\{u<0\} du,$$

$$\Gamma = \Gamma^+ + \Gamma^-, \quad \Gamma_2 = \Gamma_2^+ + \Gamma_2^-, \quad \Lambda_{2,3} = \Lambda_{2,3}^+ + \Lambda_{2,3}^-.$$

那么,窗宽的选择步骤如下所示:

第 1 步:根据 Silverman 的拇指法则选择估计(条件)概率密度 $f_R(r_0)$ 和 $f_{YD|R}(y, d, r_0^\pm)$ 时的窗宽,即

$$h_{f_R} = 1.06 \hat{\sigma}_R n^{-1/5},$$

$$h_{f_1} = 1.06 \hat{\sigma}_Y n^{-1/6},$$

$$h_{f_2} = 1.06 \hat{\sigma}_R n^{-1/6}.$$

其中,$\hat{\sigma}_R$ 和 $\hat{\sigma}_Y$ 分别表示样本 $\{Y_i\}_{i=1}^n$ 和 $\{R_i\}_{i=1}^n$ 的标准差。此外,h_{f_1} 和 h_{f_2} 分别表示估计 $f_{YD|R}(y, d, r_0^\pm)$ 时 Y 和 R 的窗宽。那么,估计 $E[W \mid R = r_0^\pm]$ 的初步窗宽为:

$$h^0 = \left(\frac{1}{6} \frac{C_0'}{C_0^2}\right)^{1/5} n^{-1/5},$$

其中,常数项 C_0 和 C_0' 如下所示:

$$C_0 = e_1' \left[\frac{(\Gamma^+)^{-1} \Lambda_{2,3}^+}{3!} \mu_+^{-(3)} - \frac{(\Gamma^-)^{-1} \Lambda_{2,3}^-}{3!} \mu_-^{-(3)}\right],$$

$$C_0' = e_1' [\bar{\sigma}_+^2 (\Gamma^+)^{-1} \Gamma_2^+ (\Gamma^+)^{-1} + \bar{\sigma}_-^2 (\Gamma^-)^{-1} \Gamma_2^- (\Gamma^-)^{-1}] e_1 / \hat{f}_R(r_0).$$

其中，$\bar{\mu}_{\pm}^{(3)}$ 可以通过三次回归来估计，并且 $\bar{\sigma}_{\pm}^2$ 是 $\bar{\mu}_{\pm}^{(3)}$ 的样本方差，即 $\bar{\mu}_{+}^{(3)}$ 可以被下面目标方程的解 d 来估计：

$$\arg\min_{a,b,c,d} \sum_{i=1}^{n} 1\{R_i > r_0\} \Big(W_i - a - b(R_i - r_0) - \frac{c}{2!}(R_i - r_0)^2 - \frac{d}{3!}(R_i - r_0)^3\Big)^2.$$

同时，$\bar{\mu}_{-}^{(3)}$ 可以被下面目标方程的解 d 来估计：

$$\arg\min_{a,b,c,d} \sum_{i=1}^{n} 1\{R_i < r_0\} \Big(W_i - a - b(R_i - r_0) - \frac{c}{2!}(R_i - r_0)^2 - \frac{d}{3!}(R_i - r_0)^3\Big)^2.$$

第 2 步：使用初步窗宽 h^0，$\check{\alpha}'_+ = (\check{\mu}_+(r_0), \check{\mu}_+^{(1)}(r_0), \check{\mu}_+^{(2)}(r_0), \check{\mu}_+^{(3)}(r_0))'$ 可以被下面目标方程的解 α'_+ 来估计：

$$\arg\min_{\alpha_+} \sum_{i=1}^{n} 1\{R_i > r_0\}$$
$$\cdot \Big(W_i - \Big(1, (R_i - r_0), \frac{(R_i - r_0)^2}{2!}, \frac{(R_i - r_0)^3}{3!}\Big)' \alpha_+\Big)^2 K\Big(\frac{R_i - r_0}{h^0}\Big),$$

并且 $\check{\alpha}'_- = (\check{\mu}_-(r_0), \check{\mu}_-^{(1)}(r_0), \check{\mu}_-^{(2)}(r_0), \check{\mu}_-^{(3)}(r_0))'$ 可以被下面目标方程的解 α'_- 来估计：

$$\arg\min_{\alpha_-} \sum_{i=1}^{n} 1\{R_i < r_0\}$$
$$\cdot \Big(W_i - \Big(1, (R_i - r_0), \frac{(R_i - r_0)^2}{2!}, \frac{(R_i - r_0)^3}{3!}\Big)' \alpha_-\Big)^2 K\Big(\frac{R_i - r_0}{h^0}\Big),$$

那么，协方差估计可以由下式计算得到

$$\check{\sigma}_+^2(r_0) = \frac{\sum_{i=1}^{n}(W_i - \check{\mu}(r_0))^2 K\Big(\frac{R_i - r_0}{h^0}\Big) 1\{R_i > r_0\}}{\sum_{i=1}^{n} K\Big(\frac{R_i - r_0}{h^0}\Big) 1\{R_i > r_0\}},$$

$$\check{\sigma}_-^2(r_0) = \frac{\sum_{i=1}^{n}(W_i - \check{\mu}(r_0))^2 K\Big(\frac{R_i - r_0}{h^0}\Big) 1\{R_i < r_0\}}{\sum_{i=1}^{n} K\Big(\frac{R_i - r_0}{h^0}\Big) 1\{R_i < r_0\}}.$$

第 3 步：最后，窗宽为：
$$h^{MSE} = \left(\frac{1}{6}\frac{\hat{C}'}{\hat{C}^2}\right)^{1/7} n^{-1/7}.$$

其中，常数项 $\hat{C}$ 和 $\hat{C}'$ 为：

$$\hat{C} = e_1'\left[\frac{(\varGamma^+)^{-1}\varLambda_{2,3}^+}{3!}\breve{\mu}_+^{(3)}(r_0) - \frac{(\varGamma^-)^{-1}\varLambda_{2,3}^-}{3!}\breve{\mu}_-^{(3)}(r_0)\right],$$

$$\hat{C}' = \frac{e_1'[\breve{\sigma}_+^2(r_0)(\varGamma^+)^{-1}\varGamma_2^+(\varGamma^+)^{-1} + \breve{\sigma}_-^2(r_0)(\varGamma^-)^{-1}\varGamma_2^-(\varGamma^-)^{-1}]e_1}{\hat{f}_R(r_0)}.$$

（二）引理 6.6.1 的证明

充分性的证明可以在定理 6.1（也包括引理 6.3.3）的证明中找到。为了证明必要性，从引理 6.3.3 的证明中可以得知，$\tilde{f}_1(y)$ 和 $\tilde{f}_0(y)$ 具有相同的符号。考虑当 $\tilde{f}_1(y)$ 和 $\tilde{f}_0(y)$ 同时为正的情况，即

$$\tilde{f}_1(y) = f_{Y|DR}(y, 1, r_0^+)p(r_0^+) - f_{Y|DR}(y, 1, r_0^-)p(r_0^-) > 0,$$
$$\tilde{f}_0(y) = f_{Y|DR}(y, 0, r_0^-)(1-p(r_0^-)) - f_{Y|DR}(y, 0, r_0^+)(1-p(r_0^+))$$
$$> 0.$$

那么，

$$f_{Y|DR}(y, 1, r_0^+)p(r_0^+)f_{Y|DR}(y, 0, r_0^-)(1-p(r_0^-))$$
$$> f_{Y|DR}(y, 1, r_0^-)p(r_0^-)f_{Y|DR}(y, 0, r_0^+)(1-p(r_0^+)).$$

这意味着 $\det(\Pi'(y_1, y_0)) \neq 0$。$\tilde{f}_1(y)$ 和 $\tilde{f}_0(y)$ 同时为负的情况类似可证，证毕。

（三）引理 6.6.2 的证明

令 $C_V = \frac{C}{C_F}$，$\pi_{C_V} = \pi_C - \pi_{C_F}$。在引理 6.6.2 的假设下，

$$\tilde{F}_d(y) = E[1\{Y_d \leqslant y\} \mid C, R=r_0]\pi_C - E[1\{Y_d \leqslant y\} \mid F, R=r_0]\pi_F$$

$$= \left(\frac{\pi_{C_V}}{\pi_C}E[1\{Y_d \leqslant y\} \mid C_V, R=r_0]\right.$$

$$\left. + \frac{\pi_{C_F}}{\pi_C}E[1\{Y_d \leqslant y\} \mid C_F, R=r_0]\right)\pi_C$$

$$- E[1\{Y_d \leqslant y\} \mid F, R=r_0]\pi_F$$

$$= (\pi_C - \pi_F)E[1\{Y_d \leqslant y\} \mid C_V, R=r_0].$$

根据非连续条件，$\pi_C - \pi_F > 0$。$\widetilde{F}_d(y)$ 具有非零导数，因此雅可比矩阵满秩成立。

（四）引理 6.6.3 的证明

为了证明引理 6.6.3，首先引用以下引理：

引理 6.6.4：如果定义在 S_{Y_d} 上的实值函数 g，对于 $d \in \{0, 1\}$，满足 $0 \leqslant g(\delta, r_0) \leqslant f_{Y_d|C, R}(\delta, r_0)\pi_C$，对于每一 $\delta \in S_{Y_d}$ 几乎处处成立，

$$\int_{S_{Y_d}} g(\delta, r_0) \mathrm{d}\delta = \pi_F,$$

$$\int_{S_{Y_d}} 1\{\delta \leqslant y\} \frac{g(\delta, r_0)}{\pi_F} \mathrm{d}\delta = F_{Y_d|F, R}(y, r_0).$$

那么，顺从者的子样本 C_F 满足引理 6.6.2 的条件。

根据引理 6.6.4，可以找到一个满足引理 6.6.4 条件的实值函数 g 来证明引理 6.6.3。令 $g_1 = f_{Y_d|F, R} \cdot \pi_F$，在引理 6.6.3 的条件下，容易证明 g_1 满足引理 6.6.4 的条件，因此引理 6.6.2 的条件成立。证毕。

第七节　实证研究：中国的"退休—消费之谜"是否存在？

中国经济已经由高速增长阶段转向高质量发展阶段。党的十九大报告中首次指出，要完善促进消费的体制与机制，增强消费对经济发展的基础性作用。十九届五中全会通过的《中共中央关于制定国民经济和社会发展第十四个五年规划和二〇三五年远景目标的建议》中也提出了"全面促进消费"的论述，把消费作为经济增长的关键驱动力。相关数据显示，2000 年中国的消费率为 46.9%；之后逐年下降，到 2010 年消费率仅为 34.6%，虽然近几年消费率缓慢上升，在 2018 年时达到 38.7%，但是 OECD 成员国的平均消费率一直维持在 55% 左右，与发达国家相比，中国的消费率明显落后，消费需求不足[①]。

在中国，60 周岁及以上老人的比例已由 2000 年的 10.2% 上升至 2018 年的 17.9%，根据世界卫生组织预测，该比率将在 2050 达到 35%，彼时中国将成为世界上老龄化最严重的国家。我国老龄化趋势正在影响消费增长。人口老龄化的加剧一方面造成了消费结构的不平衡，抑制了

---

① 居民消费率是指居民消费占 GDP 的比重，此处的数据主要来源于 OECD 数据库和《中国统计年鉴》。

消费潜力的释放；另一方面，也为老龄产业的发展提供了更加广阔的空间。对退休后居民消费行为的研究，不仅有利于老年人的福利保障，而且在老龄化程度不断加深的背景下，对促进消费的稳定增长和宏观经济的可持续发展也具有重要意义。

在中国养老保障体系下，劳动者在退休后仍然可以获得养老金收入，可是和退休前的工资性收入相比，会明显地下降。如果消费仅和当期收入相关，那么退休后消费相应地会有所降低。但消费者理论除了当期收入，还考虑了储蓄的影响。传统的生命周期理论（Modigliani et al., 1954；Friedman, 1957）认为，理性的消费者会根据一生的收入平滑整个生命周期的消费，那么即使退休后消费水平也不会发生显著改变。但是国内外的研究发现，居民在退休后消费会发生下降，这和生命周期理论相悖，被称为退休—消费之谜（retirement consumption puzzle）。近年来，国内研究者开始关注退休和消费之间的关系，相关的研究也逐渐出现。Li et al. (2016)使用9个省份的城镇住户调查（UHS）数据，发现男性户主退休导致家庭非耐用品消费下降19%，他们将非耐用品消费进一步分解，发现在剔除与工作相关的消费、在家饮食消费和闲暇消费后，其他非耐用品消费在退休后并没有下降。邹红等(2015)利用广东省的UHS数据，同样在断点回归的框架下，利用参数和非参数估计方法，发现退休显著地降低了城镇家庭非耐用品支出的9%，但这种减少主要源于与工作相关支出和文化娱乐支出的减少，其他非耐用品支出在退休前后基本是平滑的。他们主要试图从不同非耐用品消费类型的角度解释退休—消费之谜。

本节在这些研究的基础上，从三个方面，特别是从退休对不同消费水平家庭带来的异质性影响这一角度，对中国退休—消费之谜是否存在进行了检验。具体来说，第一，本节使用国家统计局中国城镇调查微观数据（UHS）2002—2009年16个省份的数据，在估计出退休对消费的平均影响基础之上，将退休后家庭消费的变化更系统全面地细分成三个方面，进行深度探究。第二，我们利用平滑性检验，发现家庭收入在退休后发生骤降，其可能是导致退休后家庭消费下降的原因之一。我们使用本章提出的QTE估计方法估计退休前后位于不同消费分位点的家庭非耐用品消费，发现退休前后的家庭消费函数存在显著差异。第三，虽然我们无法观测居民对于非耐用品的消费偏好或倾向，但是本节从"秩相似"检验的角度（见本章第六节提出的"秩相似"检验步骤），发现退休对于居民的消费偏好分布并没有显著的影响,居民在退休前后的消费偏好分布并没有发生改变。此外,我们还使用最新几轮的家庭追踪调查数据,通过检验发现,退休前后家庭的非耐用品消费偏好仍然没有发生改变,结果具有稳健性。

7.1 中国的强制退休制度

我国施行强制退休政策,和其他部门相比,政府、机关事业单位、国有企业和集体企业对强制退休制度的执行更为规范。国家于1953年和1958年颁布的《劳动保险条例》和《关于工人、职员退休处理的暂行规定(草案)》规定,男性职工的退休年龄为60周岁,女性职工的退休年龄为50周岁;但从事高危职业或对身体有害的职业的男性,其退休年龄为55周岁,女性则为45周岁;除此之外,从事管理或科研工作的女性的退休年龄为55周岁。中央分别于1955年、1978年和1993年颁布了《国家机关工作人员退休处理暂行办法》《关于工人退休、退职的暂行办法》和《国家公务员暂行条例》,相关政策文件规定男性干部的退休年龄为60周岁,女性干部为55周岁;对于因劳致疾丧失劳动能力的政府机关工作人员,男性和女性的退休年龄分别为55周岁和45周岁;对于因劳致疾丧失劳动能力的事业单位人员,男性和女性的退休年龄可以提前至50周岁和45周岁。此外,1994年的《国务院关于若干城市试行国有企业破产有关问题的通知》中规定,对于破产的国企,距离退休年龄不足5年的职工,可提前离退休。

7.2 数据与变量说明

本章使用的数据来源于国家统计局2002—2009年中国城镇住户调查(UHS)数据,其调查地区涵盖了中国所有省(市、区),而本文使用了包括北京、山西、辽宁、黑龙江、上海、江苏、安徽、江西、山东、河南、湖北、广东、重庆、四川、云南、甘肃在内的16个省(市、区)的数据,在区域和经济发展情况上具有较好的代表性。该数据库包含详细的城镇家庭人口基本情况、家庭现金收支、家庭消费支出等信息,其样本每年替换1/3,而全部样本每三年进行一次更换,因此本文的数据为混合截面数据。

相对于其他部门,我国政府、机关事业单位、国有企业和集体企业会更严格地执行强制退休政策,而且男性的退休情况也比女性更简单,因此本章将样本限制在上述四个部门,并且仅保留户主为男性的家庭。本章将户主年龄限制为50—70周岁。同时,对于户主年龄为60周岁的家庭,我们不能区分退休前和退休后的消费,所以我们剔除了这部分家庭。经过筛选后,本文的总样本为 47 487 个家庭。

和 Li et al.(2016)保持一致,本章主要考察非耐用品消费,主要包括和工作相关的消费、在家饮食消费、闲暇消费和其他非耐用品消费。此外,和 Li et al.(2016)中对消费的定义保持一致,和工作相关的消费包括外出就餐、交通、通信、衣着支出;在家饮食消费是 24 种在家消费的食品的支出总和;闲暇消费包括旅游支出、健身支出和其他娱乐项目支出;其他非耐用品消费包括物业管理支出、租金、水电费、个人护理及其他。退休变量是一个哑变量,表示家庭中男性户主的退休状态。若就业状态为已退休人员,取值为 1,否则取值为 0。对于离退休再就业人员,退休状态取值为 0。

表 6.1 给出了主要变量的描述性统计。从户主特征部分看,户主的平均年龄是 58.65 岁,平均受教育年限为 11.58 年,49.6% 的被调查者在问卷调查时已经退休;从家庭特征看,平均家庭规模为 2.84 人,平均住房面积为 80.09 平方米;从消费支出看,非耐用品消费为 17 827.19 元,其中和工作相关消费为 6 190.53 元(34.73%),在家饮食消费 8 330.52 元(46.73%),闲暇消费 1 023.97 元(4.74%),其他非耐用品消费 2 282.17 元(12.80%)。此外,从表 6.1 还可以看出,年龄小于 60 周岁的户主退休率只有 20.7%,而大于 60 周岁的户主退休率高达 92.6%,退休概率显著提升。但在间断点两侧,除消费支出外,户主的教育年限、民族、家庭规模、住房面积等并没有明显的区别。

表 6.1　　主要变量描述性统计

	全样本		间断点左侧 (小于 60 周岁)		间断点右侧 (大于 60 周岁)	
	均值	标准差	均值	标准差	均值	标准差
A. 户主特征						
年龄	58.647	6.056	54.256	2.806	64.194	2.828
教育年限	11.577	3.101	11.714	2.949	11.374	3.305
少数民族	0.027	0.163	0.028	0.166	0.026	0.159
是否退休	0.496	0.500	0.207	0.405	0.926	0.261
B. 家庭特征						
家庭人口数	2.841	0.987	2.868	0.874	2.801	1.133
住房面积(平方米)	80.088	39.407	79.727	40.121	80.625	38.313
非耐用品消费(元)	17 827.190	11 547.450	18 738.370	12 188.060	16 468.560	10 372.770

续表

	全样本		间断点左侧 (小于 60 周岁)		间断点右侧 (大于 60 周岁)	
	均值	标准差	均值	标准差	均值	标准差
其中:						
和工作相关消费(元)	6 190.534	6 464.645	7 204.422	7 020.896	4 678.771	5 174.938
其中:						
衣着支出(元)	2 254.085	2 433.354	2 674.544	2 673.856	1 624.665	1 852.089
外出就餐支出(元)	1 814.897	3 252.663	2 087.325	3 601.992	1 411.183	2 594.431
交通支出(元)	930.917	1 983.288	1 053.122	2 127.639	748.702	1 730.126
通信支出(元)	1 189.636	1 137.991	1 388.431	1 227.978	893.221	911.502
在家饮食消费(元)	8 330.518	4 340.130	8 428.729	5 469.304	8 184.080	4 767.099
闲暇消费(元)	1 023.969	2 604.331	1 074.044	2 564.602	949.305	2 659.349
其他非耐用品消费(元)	2 282.167	1 982.939	2 280.663	1 982.275	2 284.409	1 983.980
C. 地区特征						
城镇单位人均工资(元)	22 121.53	10 668.97	22 298.70	10 949.31	21 857.37	10 231.30
家庭人均可支配收入(元)	12 161.770	4 878.134	12 213.200	4 940.953	12 084.100	4 782.037
各地区养老保险参保 人数(万人)	534.566	444.575	543.608	449.550	523.576	436.789
城镇家庭人均消费(元)	8 840.676	3 259.795	8 909.241	3 321.313	8 738.442	3 163.176
观测值	47 487		28 424		19 063	

7.3 计量模型设定

模型设定如下所示：

$$Y = Y^0(1-retire) + Y^1 retire, \quad (6.7.1)$$

$$Y^1 = q_1(R, X, U_1), \quad (6.7.2)$$

$$Y^0 = q_0(R, X, U_0), \quad (6.7.3)$$

$$retire = p(1\{R \geqslant r_0\}, R, X, V). \quad (6.7.4)$$

其中，Y 表示非耐用品消费的对数，不同年份的消费支出均用消费者价格指数(以 2002 年为基期)进行平减；上标表示户主的退休状态，Y^1 为已退休户主家庭的非耐用品消费的对数，Y^0 为未退休户主家庭的非耐用品消费的对数，我们不能同时观测到两个变量的值；R 是户主年龄；r_0 表示法定退休年龄 60 周岁；X 表示除了退休之外，其他影响消费的控制变量；

U_1 和 U_0 分别表示已退休家庭和未退休家庭与非耐用品消费相关的不可观测的扰动项,如消费偏好或倾向等;户主的退休状况为 $retire$,$retire=1$ 表示户主已退休,$retire=0$ 表示户主未退休,$retire$ 是和 $1\{R \geqslant r_0\}$,R,X 有关的二元变量,而 V 表示与退休相关的不可观测的扰动项;假定 $q_1(r_0, x, U_1)$ 和 $q_0(r_0, x, U_0)$ 关于 (U_1, U_0) 单调递增,即给定 $R=r_0$,$X=x$ 时,消费偏好越强,家庭非耐用品消费得越多;使用 RD 模型进行计量分析的一个显著优势是:(X, U_0, U_1, V) 各分量之间不要求相互独立。

从模型的设定中我们可以看出,退休前后非耐用品消费的变化可能由以下三个方面导致:一是退休前后控制变量 X 的变化;二是在给定 X,U 的情况下,$q_1(\cdot)$ 和 $q_0(\cdot)$ 消费函数形式的差异;三是 U_0 和 U_1 的差异,即退休前后消费偏好是否改变。

图 6.5 展示了城镇男性户主在不同年龄的退休率,横坐标是户主年龄与 60 周岁的差距,纵坐标是退休概率。如图所示,户主年龄为 50 周岁时,退休率仅为 4%;当户主年龄为 59 周岁时,该概率逐步上升至 46%;然而,在 59—61 周岁之间,退休率经历了一个明显的跳跃,61 周岁的退休率高达 82%。图 6.5 清晰地表明了退休率在 60 周岁处存在断点,为使用模糊断点回归进行分析提供了基础。

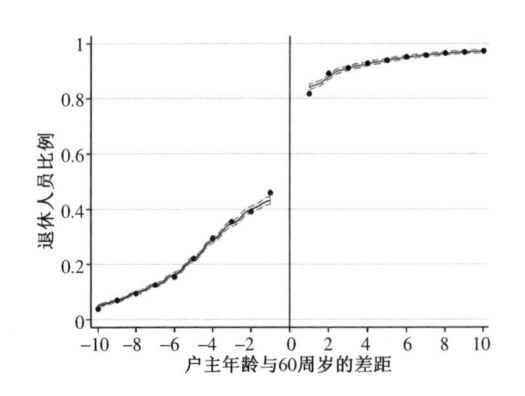

图 6.5 年龄与退休率之间的关系

注:(1) 数据来源于国家统计局 2002—2009 年中国城镇住户调查(UHS)数据。
(2) 户主年龄为 60 周岁的家庭已被剔除。
(3) 每个点代表城镇男性户主在不同年龄的退休比例。
(4) 断点(60 周岁)两侧的曲线由局部线性函数拟合。

7.4 退休对消费的平均影响

我们使用 2SLS 估计退休对消费的平均影响。在估计平均效应时,

遵循文献中的惯常做法,我们将模型设定成

$$Y = \beta_0 + \beta_1 \cdot retire + g(\widetilde{R}) + \varepsilon, \tag{6.7.5}$$

$$retire = \alpha_0 + \alpha_1 \cdot 1\{\widetilde{R} \geqslant 0\} + h(\widetilde{R}) + \mu. \tag{6.7.6}$$

其中 Y 代表家庭 i 的非耐用品消费支出的对数,不同年份的消费支出均用消费者价格指数(以 2002 年为基期)进行平减;$retire$ 为户主的退休状态,若户主已退休,那么取值为 1,否则为 0;R 是户主年龄,是一个驱动变量(forcing variable),而 $\widetilde{R}$ 是户主年龄 R 与断点 r_0 的差距(即户主年龄－法定退休年龄 60);$1\{\widetilde{R} \geqslant 0\}$ 是一个外生的干预变量,由于退休受健康状况、职业性质等多方面因素的影响,直接用 OLS 估计会存在内生性的问题,导致估计有偏,因此使用 $1\{\widetilde{R} \geqslant 0\}$ 作为 $retire_i$ 的工具变量(2SLS),当户主年龄超过 60 周岁时取值为 1,否则为 0;$g(\cdot)$ 和 $h(\cdot)$ 是关于驱动变量的多项式,多项式的阶数由赤池信息准则 AIC 进行判断。此时,β_1 估计的是政策的平均处理效应。另外,我们还可以将(6.7.5)中的 Y 更换成控制变量 X,再次估计 β_1 的显著性。这样做的目的是判断 X 在断点前后是否发生跳跃,即平滑性检验。

图 6.6 分别显示了退休对城镇家庭总非耐用品消费和分类别非耐用品消费的影响。图中,横坐标是户主年龄与 60 周岁的差距,纵坐标是各类非耐用品消费在各年龄处的均值。从图中我们可以看出,无论是总非耐用品消费还是各类非耐用品消费,在退休前后都有一个向下的跳跃,其中总非耐用品消费、和工作相关消费和在家饮食消费下降得最为明显,而闲暇消费和其他非耐用品消费则相对较为平滑。

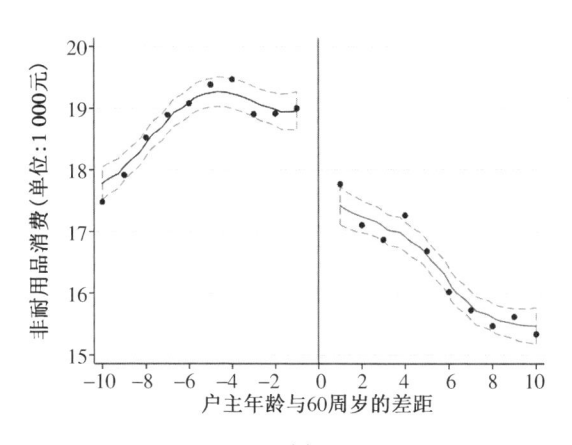

(a)

(b)

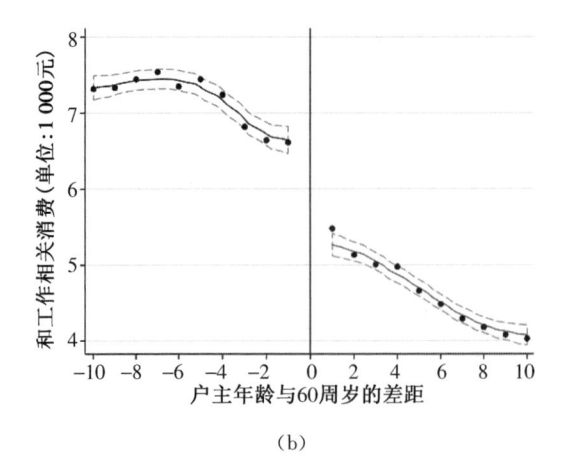

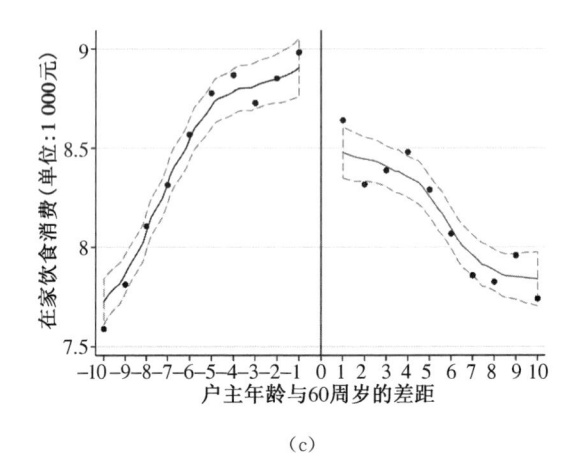

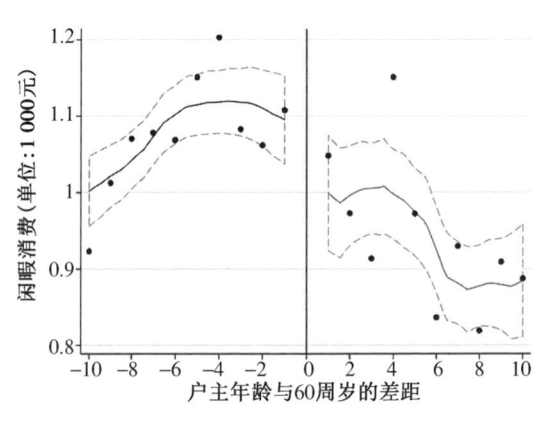

(c)

(d)

(e)

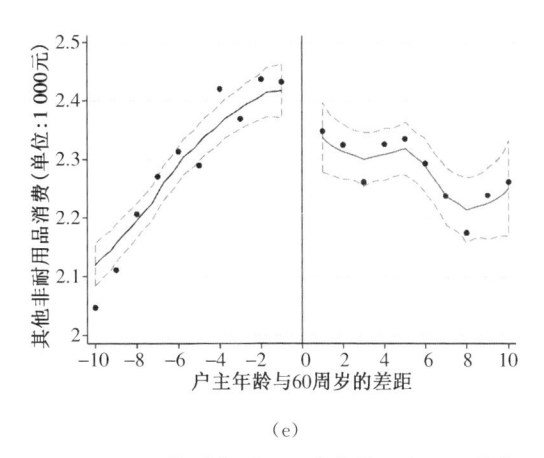

图 6.6　退休对非耐用品消费的平均处理效应

注：(1) 户主年龄为 60 周岁的家庭已被剔除。
(2) 每个点代表城镇家庭非耐用品在不同户主年龄上的均值。
(3) 断点(60 周岁)两侧的曲线由局部线性函数拟合。

表 6.2 报告了 2SLS 方法下的估计结果。从表中我们发现退休使得总非耐用品消费与和工作相关消费在 1% 的显著水平下分别下降 17.8% 和 27.3%，使得在家饮食消费在 5% 的显著水平下下降 10.8%，而对于闲暇消费和其他非耐用品消费，退休变量前的系数虽然为负，但在 10% 的水平下不显著，退休对它们并没有显著影响。这和 Li et al.(2016)中得到的结果是相似的。Li et al.(2016)使用国家统计局 2008 年时间利用调查，证实了这一点，他们的结果显示退休使得居民每天在购物上和食品准备上的时间分别显著增加了 43 分钟和 26 分钟；同时，他们也证实了退休后食品的单价的确有所下降。Li et al.(2016)认为与工作相关消费、在家饮食消费和闲暇消费的减少，都可以用包含家庭生产的扩展的生命周期理论来解释，不能说明存在退休—消费之谜。为了检验生命周期模型，在将这些显著下降的非耐用品消费剔除后，其他非耐用品消费并没有发生显著的下降，因此，不存在退休—消费之谜。

表 6.2　退休对非耐用品消费的影响

	(1) Ln(非耐用品消费)	(2) Ln(和工作相关消费)	(3) Ln(在家饮食消费)	(4) Ln(闲暇消费)	(5) Ln(其他非耐用品消费)
退休(大于 60 岁作为工具变量)	−0.178 (0.041)***	−0.273 (0.052)***	−0.108 (0.044)**	−0.111 (0.094)	−0.130 (0.092)
常数项	9.796 (0.028)***	8.625 (0.033)***	8.923 (0.027)***	6.210 (0.063)***	7.273 (0.058)***

续表

	(1)	(2)	(3)	(4)	(5)
	Ln(非耐用品消费)	Ln(和工作相关消费)	Ln(在家饮食消费)	Ln(闲暇消费)	Ln(其他非耐用品消费)
省份固定效应	是	是	是	是	是
年份固定效应	是	是	是	是	是
多项式阶数	1	2	1	2	6
观测值	47 487	47 487	47 487	47 487	47 487
R 平方	0.262	0.226	0.319	0.101	0.137

注：(1) 户主年龄为 60 周岁的家庭已被剔除。
(2) 多项式阶数通过 AIC 准则判断。
(3) 括号中为聚类稳健标准误，在省份—年龄层面聚集。*、**、*** 分别表示在 10%、5%、1% 的显著性水平下通过检验。

7.5 平滑性检验

前面的估计结果告诉我们：从平均意义上看，非耐用品消费在退休后有不同程度的下降。消费下降的原因是什么？下面我们将从三个角度探究下降的原因。首先，我们将检验除了退休之外，其他影响消费的控制变量在断点两边是否存在明显的跳跃。从图 6.7 中可以看出，除家庭收入外，受教育年限、是否为少数民族、家庭人口数和住房面积四个变量并没有在断点处出现跳跃。在方程(6.7.5)中用 X 代替 Y 作为因变量，并用 2SLS 加以估计作为检验平滑性的方法。检验结果如表 6.3 所示。可以看出，同样除家庭收入外，其余四个变量对退休变量回归的系数均不显著，满足连续性假设的条件。因此，退休后消费的下降可能是由退休后家庭收入不可避免的急剧下降导致的。

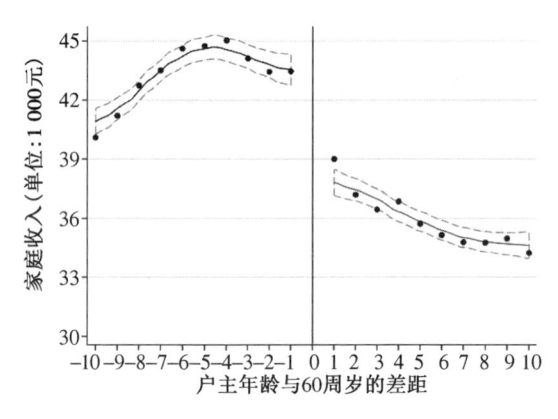

(a)

(b)

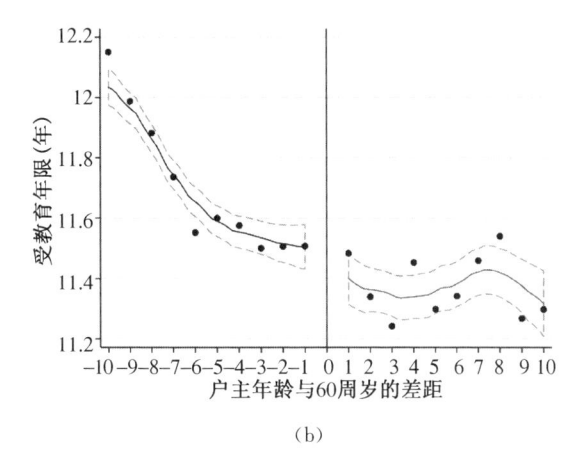

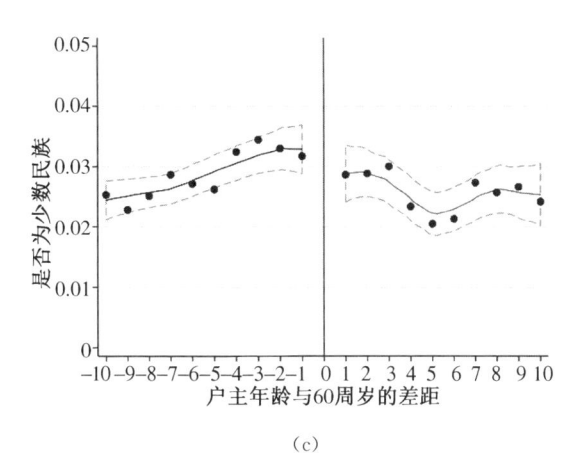

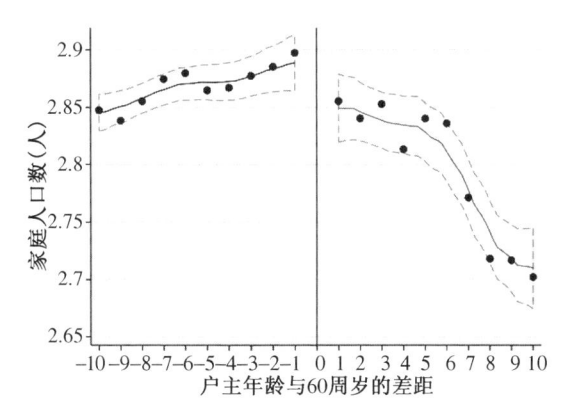

(c)

(d)

(e)

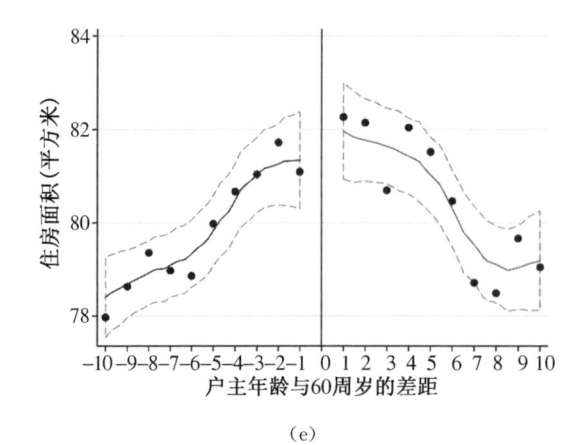

图 6.7　连续性假设检验

注：(1) 户主年龄为 60 周岁的家庭已被剔除。
　　(2) 每个点代表城镇男性户主和其家庭在不同年龄上相关变量的均值。
　　(3) 断点(60 周岁)两侧的曲线由局部线性函数拟合。

表 6.3　　　　　　　　　连续性假设检验

	(1)	(2)	(3)	(4)	(5)
	Ln(家庭收入)	受教育年限	少数民族	家庭人口数	住房面积
退休(大于 60 岁作为工具变量)	−0.145 (0.054)***	−0.429 (0.366)	−0.015 (0.009)	−0.138 (0.153)	−1.441 (4.952)
常数项	10.588 (0.034)***	11.892 (0.237)***	0.069 (0.007)***	3.091 (0.094)***	63.108 (3.921)***
省份固定效应	是	是	是	是	是
年份固定效应	是	是	是	是	是
多项式阶数	3	4	2	3	5
观测值	47 487	47 487	47 487	47 487	47 487
R 平方	0.343	0.032	0.026	0.017	0.093

注：括号中为聚类稳健标准误，在省份—年龄层面聚集。多项式阶数通过 AIC 准则判断。*、**、*** 分别表示在 10%、5%、1% 的显著性水平下通过检验。

7.6　退休前后消费分布的差异

接着，我们利用本章第四节提出的方法，对第 τ 分位数上已退休和未退休户主家庭非耐用品消费进行估计,图 6.8 给出了估计结果。我们发现除了位于低分位点的闲暇消费外,退休后的非耐用品消费曲线均位于退休前非耐用品消费曲线的下方。其中,和工作相关消费两条曲线的距离随着分位点的增加逐渐变大,意味着与工作相关消费高的家庭在退休后,该类型消费下降得更多。与工作相关消费低的家庭,其衣着、在外就餐、交通和通信支出大部分是一些维持正常生活所需的基本支出,退休对其影响相对较低,而与工作相关消费高的家庭,由于工作中对出差、应酬等的要求,其退休前的该消费中很大比例是用于工作,但是退休后,因为其退出劳动力市场,这部分消费显著降低,因此退休对与工作相关消费高的家庭在与工作相关消费上的负向作用更强。而在家饮食消费两条曲线的距离随着分位点的增加逐渐变小。在家饮食消费低的家庭,其在日常生活中的消费习惯可能比较节省,退休后随着空闲时间的增加,其有更多的时间用来寻找物美价廉的食物,从而在家饮食消费降低程度较大。而在家饮食消费高的家庭,其日常生活中更注重食物品质,因此随着退休后收入的减少、闲暇时间的增加,其在家饮食消费会下降,但因为对食物品质的追求,其下降幅度相对较低。我们从本节的估计结果中,可以合理地推测,退休后非耐用品消费的下降,可能是由退休前后消费函数的差异导致的。当我们将消费函数假定为线性函数时,我们可以通过比较不同变量退休前后系数的差异,进一步比较不同变量在退休前后对于非耐用品消费影响的差别。

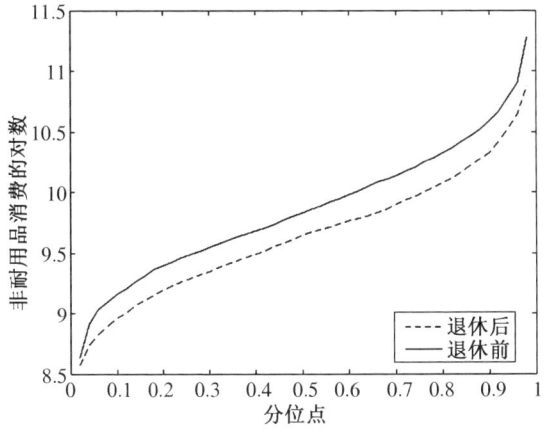

(a)

(b) 和工作相关消费的对数 vs 分位点（退休后/退休前）

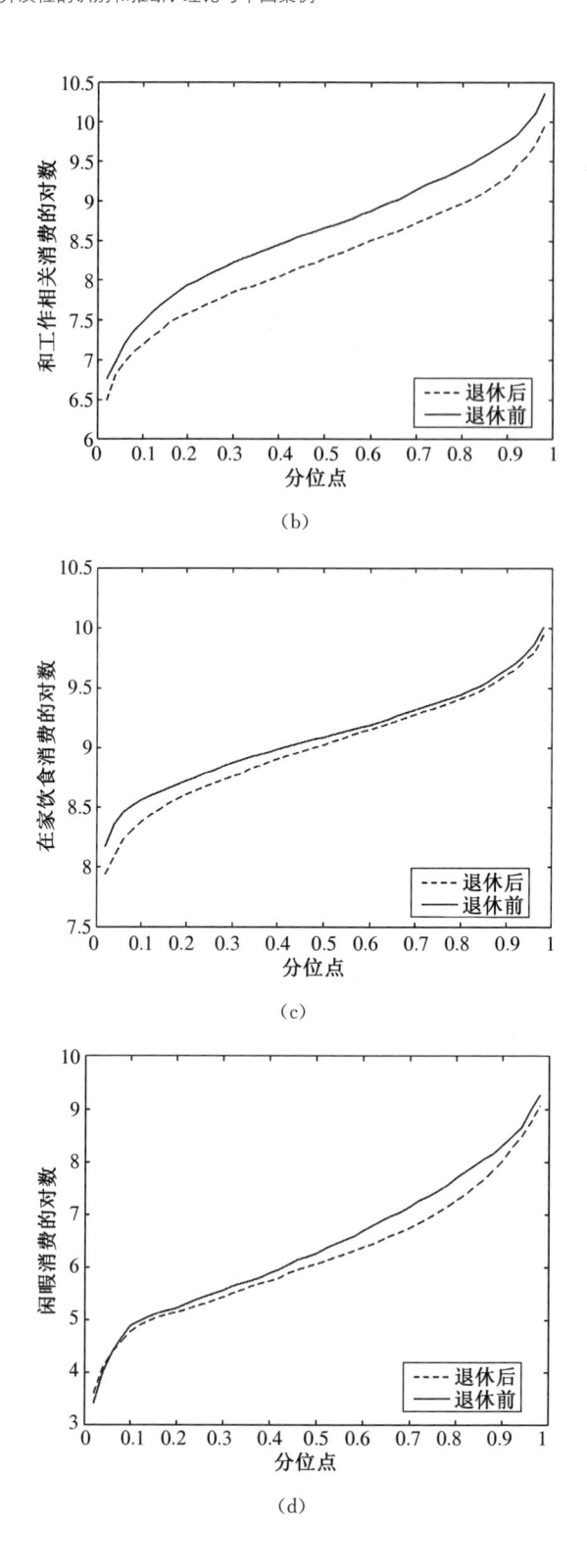

(c) 在家饮食消费的对数 vs 分位点（退休后/退休前）

(d) 闲暇消费的对数 vs 分位点（退休后/退休前）

(e)

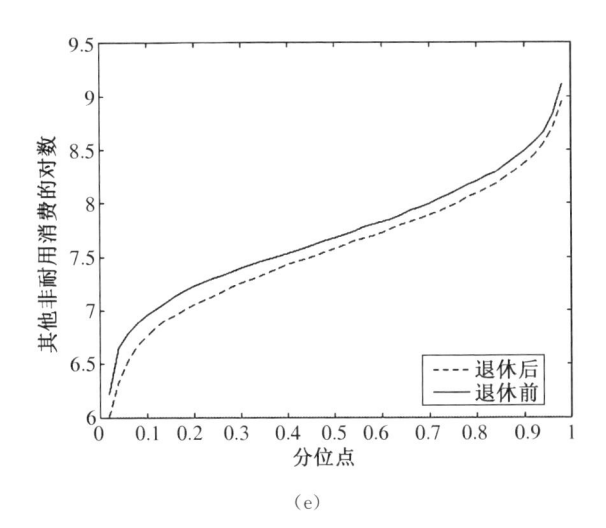

图 6.8　不同分位点 τ 上退休前后非耐用品消费的估计

注：(1) 户主年龄为 60 周岁的家庭已被剔除。
　　(2) 选取教育年限、是否为少数民族、家庭人口数和家庭住房面积作为控制变量。

7.7　退休前后家庭消费偏好是否发生变化？

前面分析显示，中国家庭非耐用品消费在退休后确实有所下降，因此"退休—消费之谜"在中国看似存在。QTE 的估计表明，消费函数在退休后的变化可以在一定程度上解释谜团。本节从另外一个角度检验"退休—消费之谜"，即检验退休前后家庭消费观念、偏好是否发生显著变化。例如，通常中国家庭男性收入高于女性，这使得男性退休前掌握家庭话语权。退休后，丈夫收入下降，话语权从丈夫向妻子转移。由于妻子通常比丈夫寿命更长，其更愿意储蓄，因此话语权的转移可以解释家庭消费显著下降。由于计量模型设定中 X 没有包含"话语权偏向"变量，因此需要检验 U_1 和 U_0 的分布是否发生显著变化。

本章第六节提出了一种检验 U_1 和 U_0 在断点附近分布是否相同的方法。利用这一检验，我们可以检查退休前后家庭消费偏好的分布是否发生了改变。根据第六节对这一检验的描述，检验进行的关键在于找到前定变量 S，它影响家庭消费，但是对户主退休决策没有影响。

我们从个人层面、家庭层面和地区层面选择 8 个候选前定变量，然后通过检验从中选出真正有效的前定变量开展秩相似检验。这八个候选变量是：户主教育年限、是否为少数民族、家庭人口数、住房面积、各省城镇单位人均工资水平、各省家庭人均可支配收入、各省养老保险参保人数和各省城镇家庭人均消费。前定变量要求与结果变量相关,但与处理变量不相关。因此,我们运用 probit 模型,检验这些变量是否会影响户主的退休状态,结果如表 6.4 所示。从表中我们可以看出,户主教育年限和住房面积对退休状态有显著的负向影响,家庭人口数对其有显著的正向影响,这些结果和 Li et al. (2016)是一致的。此外,城镇单位人均工资对退休状态也有显著的正向影响,而户主是否为少数民族、家庭人均可支配收入、各省养老保险参保人数和城镇家庭人均消费对退休状态没有显著影响,可以考虑作为 S。除了和处理变量不相关,S 还需要和结果变量相关,户主是否为少数民族对非耐用品消费没有显著的影响。家庭人均可支配收入和城镇家庭人均消费对家庭非耐用品消费的影响很明显。而养老保险的参保人数多的省份,居民退休后收入相对更加稳定,家庭非耐用品消费也相应更多。所以,我们最终选用家庭人均可支配收入、各省养老保险参保人数和城镇家庭人均消费作为前定变量。

表 6.4　　　　　　　　　前定变量有效性检验

	户主是否退休
户主年龄是否大于 60 周岁	0.746
	(0.746)***
(年龄 − 60)	0.166
	(0.003)***
教育年限	−0.081
	(0.003)***
民族	0.054
	(0.047)
家庭人口数	0.023
	(0.008)***
住房面积	−0.001
	(0.000)***
城镇单位人均工资	0.161
	(0.058)***
家庭人均可支配收入	0.099
	(0.179)

续表

	户主是否退休
各地区养老保险参保人数	0.066
	(0.294)
城镇家庭人均消费	−0.162
	(0.123)
省份固定效应	是
年份固定效应	是
观测值	47 487

注：(1) 使用 probit 模型检验相关变量与退休状态变量之间的关系。
(2) 加入了省份和年份的虚拟变量。
(3) *、**、*** 分别表示在 10%、5%、1% 的显著性水平下通过检验。

为了说明秩相似检验的效果，我们进行一个小规模的蒙特卡洛模拟。数据生成过程如下所示：

$$Y_0 = D + S + U_0,$$
$$Y_1 = (1-\omega)(D + S + U_0) + \omega U_1,$$
$$D = 1\{1\{R \geqslant 0\} + U \geqslant 0\},$$
$$Y = (1-D)Y_0 + DY_1.$$

其中，(D, S, U_0, U_1, R, U) 各分量独立，且都服从标准正态分布。$\omega \in [0,1]$，ω 控制了数据生成过程与"秩相似"假设的背离程度。当 $\omega = 0$ 时，完全符合秩相似假设，随着 ω 的增大，偏离程度逐渐加大。我们利用本章第六节中提出的检验方法，基于 500 次的重复抽样，在 $N = 5\,000$ 时，报告了当 $\omega = 0$ 时（此时接受秩相似假设），交互项 DS 前系数的 p 值的分布。

另外，我们还选取 51 个不同的 ω 值（此时应拒绝秩相似），报告了拒绝秩相似假设的概率。窗宽 $h = 1.059 \times s n^{-0.2}$，系数的标准误由基于 500 次重复抽样的 bootstrap 得到。结果如图 6.9—图 6.10 所示。从图中可以看出，当 $\omega = 0$ 时，在 5% 的显著性水平下，我们只有 3.6% 的概率拒绝秩相似的原假设。随着 ω 的增加，在 5% 的显著性水平下拒绝原假设的概率也逐渐上升。因此，本章提出的秩相似检验步骤具有较好的小样本功效。

我们运用第六节介绍的检验方法，在窗宽 $h = 10, 8, 6$ 情况下，对总耐用品消费和其他非耐用品消费分别进行秩相似检验。前定变量，以及

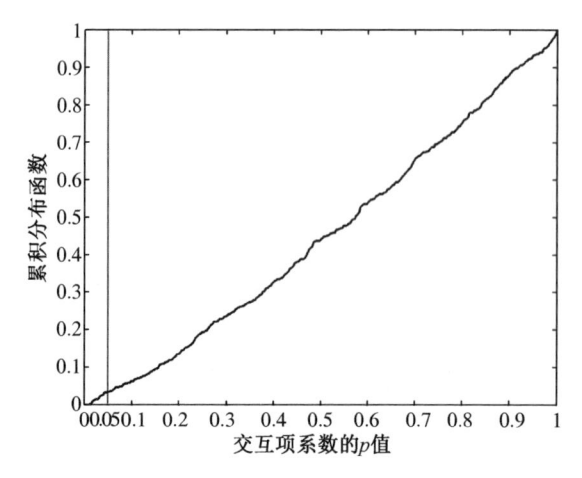

图 6.9 ω＝0 时，交互项前系数 p 值累计分布

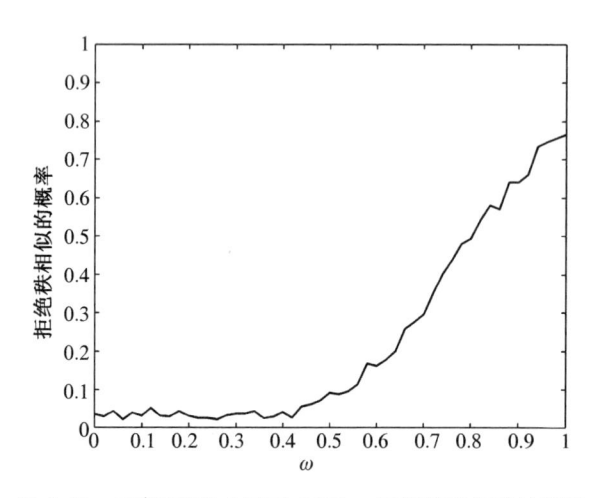

图 6.10 5%显著性水平下，不同 ω 下拒绝秩相似的概率

前定变量与处理变量交互项系数的 p 值如图 6.9 所示。前定变量系数均在 5%的显著性水平下显著，可见我们选择的 S 可以较好地预测消费。对于非耐用品消费，交互项前的系数均在 10%的显著性水平下不显著；对于其他非耐用品消费，除了窗宽为 6 的情况，其他情况下交互项前的系数也均在 10%的显著性水平下不显著，我们不能拒绝秩相似的原假设。因此，我们有理由认为家庭对于非耐用品和其他非耐用品的消费偏好在退休前后没有发生改变。

表 6.5　　　　　　　　　　　秩相似检验结果

窗宽	非耐用品消费						其他非耐用品消费					
	各地区城镇家庭人均消费		各地区人均可支配收入		各地区养老保险参保人数		各地区城镇家庭人均消费		各地区人均可支配收入		各地区养老保险参保人数	
	S	$S*retire$	S	$S*retire$	S	$S*retire$	S	$S*retire$	S	$S*retire$	S	$S*retire$
$h=10$	0.00	0.91	0.00	0.50	0.00	0.80	0.00	0.91	0.00	0.47	0.00	0.79
$h=8$	0.00	0.27	0.00	0.66	0.00	0.32	0.00	0.26	0.00	0.65	0.00	0.32
$h=6$	0.00	0.11	0.00	0.12	0.00	0.11	0.00	0.01	0.00	0.01	0.00	0.11

注：标准误由基于 500 次重复抽样的 bootstrap 得到。

前面，我们使用 2002—2009 年 UHS 数据检验发现，退休前后中国家庭不可观测的消费偏好并未发生明显改变。这在一定程度上减弱了"退休—消费之谜"的严重程度。然而，2002—2009 年的数据距离今天毕竟已经有所时日。随着社会发展水平的提升、社会保障的完善，出生于不同年代的老年人的消费模式可能有所不同。为了进一步确认"退休前后消费偏好没有变化"的观点，我们使用家庭追踪调查数据（CFPS）2014年、2016 年和 2018 年的调查数据再次检验"秩相似"假设。根据表 6.6 中的 probit 回归结果，我们最终选择家庭人口数、城镇单位人均工资、家庭人均可支配收入和城镇家庭人均消费四个变量作为前定变量进行秩相似检验，检验结果如表 6.7—表 6.8 所示。对于非耐用品消费和其他非耐用品消费，无论在何种窗宽和前定变量下，前定变量前系数均在 5% 的显著性水平下显著，可以较好地对消费进行解释，而前定变量与退休的交互项系数均在 10% 的显著性水平下不显著，表明退休前后居民的非耐用品的消费偏好没有发生改变。这表明，从不可观测的消费偏好角度来看，中国家庭消费仍然具有平滑特征。

表 6.6　　　　　　　　　前定变量有效性检验

	户主是否退休
户主年龄是否大于 60 周岁	1.297 7
	(0.153 3)***
（年龄－60）	0.137 6
	(0.014 3)***
教育年限	0.045 3
	(0.011 3)***

续表

	户主是否退休
住房面积	0.000 2
	(0.000 1)*
家庭人口数	−0.031 2
	(0.023 6)
城镇单位人均工资	−0.000 1
	(0.000 0)
家庭人均可支配收入	0.000 1
	(0.000 1)
各地区养老保险参保人数	−0.000 4
	(0.000 4)
城镇家庭人均消费	0.000 1
	(0.000 1)
省份固定效应	是
年份固定效应	是
观测值	2 110

注：(1) 使用 probit 模型检验相关变量与退休状态变量之间的关系。
(2) 加入了省份和年份的虚拟变量。
(3) *、**、*** 分别表示在 10%、5%、1% 的显著性水平下通过检验。

表 6.7　　　　　　　　　　秩相似检验结果

	非耐用品消费							
窗宽	家庭人口数		城镇单位人均工资		家庭人均可支配收入		城镇家庭人均消费	
	S	$S*retire$	S	$S*retire$	S	$S*retire$	S	$S*retire$
$h=10$	0.000	0.872	0.000	0.335	0.000	0.433	0.000	0.514
$h=8$	0.000	0.928	0.000	0.477	0.000	0.725	0.000	0.800
$h=6$	0.000	0.802	0.000	0.884	0.000	0.863	0.000	0.801

表 6.8　　　　　　　　　　秩相似检验结果

	其他非耐用品消费							
窗宽	家庭人口数		城镇单位人均工资		家庭人均可支配收入		城镇家庭人均消费	
	S	$S*retire$	S	$S*retire$	S	$S*retire$	S	$S*retire$
$h=10$	0.000	0.653	0.000	0.103	0.000	0.105	0.000	0.160
$h=8$	0.000	0.840	0.000	0.477	0.000	0.229	0.000	0.102
$h=6$	0.000	0.814	0.000	0.145	0.000	0.249	0.000	0.287

本章参考文献

［1］邹红，喻开志. 退休与城镇家庭消费：基于断点回归设计的经验证据. 经济研究，2015，50(01)：124-139.

［2］Abadie A，Angrist J，Imbens G. Instrumental Variables Estimates of the Effect of Subsidized Training on the Quantiles of Trainee Earnings. *Econometrica*，2002，70(1)：91-117.

［3］Ai C，Linton O，Zhang Z. Estimation andInference for the Counterfactual Distribution and Quantile Functions in Continuous Treatment Models. *Journal of Econometrics*，2022，228(1)：39-61.

［4］Chernozhukov V，Fernández-Val I，Galichon A. Quantile and Probability Curves Without Crossing. *Econometrica*，2010，78(3)：1093-1125.

［5］Chernozhukov V，Fernández-Val I，Melly B. Inference on Counterfactual Distributions. *Econometrica*，2013，81(6)：2205-2268.

［6］Chernozhukov V，Hansen C. An IV Model of Quantile Treatment Effects. *Econometrica*，2005，73(1)：245-261.

［7］Chernozhukov V，Hansen C. Instrumental Quantile Regression Inference for Structural and Treatment Effect Models. *Journal of Econometrics*，2006，132(2)：491-525.

［8］Chiang H D，Hsu Y C，Sasaki Y. Robust Uniform Inference for Quantile Treatment Effects in Regression Discontinuity Designs. *Journal of Econometrics*，2019，211(2)：589-618.

［9］Donald S G，Hsu Y C. Estimation and Inference for Distribution Functions and Quantile Functions in Treatment Effect Models. *Journal of Econometrics*，2014，178：383-397.

［10］Firpo S. Efficient Semiparametric Estimation of Quantile Treatment Effects. *Econometrica*，2007，75(1)：259-276.

［11］Frandsen B R，Frölich M，Melly B. Quantile Treatment Effects in the Regression Discontinuity Design. *Journal of Econometrics*，2012，168(2)：382-395.

［12］Frandsen B R，Lefgren L J. Testing Rank Similarity. *The Review of Economics and Statistics*，2018，100(1)：86-91.

［13］Friedman M. The permanent income hypothesis. *A Theory of the Consumption Function*. New Jersey：Princeton university press，1957：20-37.

［14］Frölich M，Melly B. Unconditional Quantile Treatment Effects Under Endogeneity. *Journal of Business & Economic Statistics*，2013，31(3)：346-357.

[15] Imbens G W, Angrist J D. Identification and Estimation of Local Average Treatment Effects. *Econometrica*, 1994, 62(2): 467-475.

[16] Imbens G W, Lemieux T. Regression Discontinuity Designs: A Guide to Practice. *Journal of Econometrics*, 2008, 142(2): 615-635.

[17] Kosorok M R. Bootstraps of Sums of Independent But Not Identically Distributed Stochastic Processes. *Journal of Multivariate Analysis*, 2003, 84(2): 299-318.

[18] Lee D S, Lemieux T. Regression Discontinuity Designs in Economics. *Journal of Economic Literature*, 2010, 48(2): 281-355.

[19] Li H, Shi X, Wu B. The Retirement Consumption Puzzle Revisited: Evidence From the Mandatory Retirement Policy in China. *Journal of Comparative Economics*, 2016, 44(3): 623-637.

[20] Modigliani F, Brumberg R. Utility Analysis and the Consumption Function: An Interpretation of Cross-section Data. *The Collected Papers of Franco Modigliani*, Vol. 6, Massachusetts: MIT Press, 1954: 388-436.

[21] Thistlethwaite D L, Campbell D T. Regression-Discontinuity Analysis: An Alternative to the Ex-Post Facto Experiment. *Journal of Educational psychology*, 1960, 51(6): 309.